Democracia e governança financeira global

Murilo Gaspardo

Democracia e governança financeira global

alameda

Grafia atualizada segundo o Acordo Ortográfico da Língua Portuguesa de 1990, que entrou em vigor no Brasil em 2009.

Edição: Haroldo Ceravolo Sereza & Joana Monteleone
Editora assistente: Danielly de Jesus Teles
Projeto gráfico, diagramação e capa: Maria Beatriz de Paula Machado
Assistente acadêmica: Tamara Santos
Revisão: Alexandra Colontini
Imagem da capa: Desenho geométrico, de Kevin Phillips por *Pixabay*

Este livro foi publicado com o apoio da Fapesp. Número do processo: 2020/09489-6.
As opiniões, hipóteses e conclusões ou recomendações expressas neste material são de responsabilidade do autor e não necessariamente refletem a visão da Fapesp

CIP-BRASIL. CATALOGAÇÃO-NA-FONTE
SINDICATO NACIONAL DOS EDITORES DE LIVROS, RJ

G232d

Gaspardo, Murilo
Democracia e governança financeira global / Murilo Gaspardo. - 1. ed. - São Paulo : Alameda, 2021.
396 p. ; 23 cm.

Inclui bibliografia e índice
ISBN 978-65-5966-065-0

1. Democracia. 2. Capitalismo. 3. Capital (Economia). 4. Globalização. 5. Finanças internacionais. I. Título.

21-73508 CDD: 321.8
CDU: 321.7:339.9

ALAMEDA CASA EDITORIAL
Rua 13 de Maio, 353 – Bela Vista
CEP 01327-000 – São Paulo, SP
Tel. (11) 3012-2403
www.alamedaeditorial.com.br

Para meu pai, Carlos Alberto Gaspardo (*in memoriam*)

Sumário

Apresentação e agradecimentos

Este livro foi originalmente apresentado como tese para obtenção do título de "Livre-docente" em Teoria do Estado, junto ao Departamento de Direito Público da Faculdade de Ciências Humanas e Sociais (FCHS) da Universidade Estadual Paulista "Júlio de Mesquita Filho" (UNESP) - Campus de Franca - São Paulo, em novembro de 2019. Seu objeto enquadra-se no conjunto de preocupações que me acompanham desde os primórdios da Graduação na Faculdade de Direito da Universidade de São Paulo (USP), em 2001: compreender a democracia, em seu *ser* e *dever-ser*, como um projeto de emancipação humana, e que encontra nas diferentes formas de desigualdade e injustiça, em particular na socioeconômica, seu maior obstáculo de realização.

Após tratar de diferentes aspectos sobre tema na iniciação científica ("Os dilemas de uma governabilidade democrática") e na dissertação de mestrado ("O Parlamento e o controle do poder político"), concluí que a dimensão global é indispensável para seu estudo no contexto contemporâneo, de maneira que, na tese de doutorado, defendida em 2013, voltei meu olhar para "Democracia e policentrismo do poder: uma análise da proposta de democracia cosmopolita frente a organização institucional brasileira".

Nos seis anos que se passaram até a redação deste trabalho, desenvolvi pesquisas pontuais sobre diferentes aspectos e níveis do processo democrático, inclusive o das políticas públicas e da Administração local, ao mesmo tempo em que amadurecia a ideia de que não seria possível avançar em meu projeto acadêmico e político de conhecimento e defesa dos ideais democráticos sem aprofundar o diálogo com as questões referentes ao sistema econômico, mais precisamente ao capitalismo financeiro global.

Assim nasceu o projeto de pesquisa *Democracia e Governança Financeira Global: mapeamento de alternativas*. Também inspirado pela "Crise Financeira de 2008" e seus desdobramentos, o tema ganhou contornos mais dramáticos uma década depois, com o avanço de ideias e líderes autoritários, nacionalistas e xenófobos no Brasil e no mundo, ao mesmo tempo em que se aprofunda a desigualdade entre uma pequena elite financeira e o restante da população, a descrença com a democracia e o desalento em face de uma aparente ausência de perspectivas. Assim, mapear *alternativas democráticas*, além de uma tarefa científica relevante, é uma exigência política indispensável para todo democrata que não esteja disposto a se render aos tempos sombrios, buscando sinais de esperança nas elaborações teóricas, nas instituições políticas e nos movimentos sociais.

Entre a defesa da tese e o envio dos originais à Editora, em maio de 2020, período em que nos propusemos a fazer pequenos ajustes e revisão do texto, o mundo passou a enfrentar a pandemia de Covid-19, causada pelo novo Coronavírus, a qual tem provocado muitas mortes e sofrimento, além de terríveis consequências econômicas e sociais. Os impactos sobre o direito, os regimes democráticos, as finanças globais e sua governança ainda não podem ser compreendidos, mas certamente serão significativos. Assim, não há elementos suficientes para justificar e realizar de maneira sistemática uma revisão deste trabalho em face desse novo fenômeno, o que poderá ser explorado em pesquisas futuras. Registra-se, porém, que o tema abordado neste livro ganha ainda maior urgência e relevância em face diante desses acontecimentos.

Embora um trabalho desta natureza seja por definição individual, e toda responsabilidade por equívocos e omissões seja minha, sua realização e eventuais méritos não seriam possíveis sem o apoio decisivo de um conjunto de instituições e pessoas.

Diante disso, agradeço à Universidade de São Paulo (USP), instituição onde realizei toda minha formação, professores e colegas de graduação e pós-graduação da Faculdade de Direito, sobretudo a meu sempre orientador Professor Doutor Sebastião Botto de Barros Tojal.

Agradeço à UNESP, onde trabalho desde 2013, e em particular aos colegas docentes e servidores técnico-administrativos da FCHS, bem como aos nossos estudantes de graduação e pós-graduação, pela estrutura oferecida para as atividades de ensino, pesquisa e extensão, e oportunidades de diálogo e debate de ideias, essenciais à atividade científica. Na impossibilidade de nominar a todos, agradeço especialmente a Márcio Augusto Garcia, ex-assessor do Departamento de Direito Público e atualmente assessor da Diretoria da FCHS, por todo o suporte administrativo que me permitiu ter o tempo necessário para a conclusão deste trabalho.

O projeto que resultou nesta pesquisa começou a ser construído em estágio de três semanas na Universidade de Durham, Reino Unido, sob a supervisão do Professor David Held, em 2015, financiado por edital da Pró-Reitoria de Pós-graduação da UNESP. Seu desenvolvimento ocorreu em nova temporada em Durham, desta vez com apoio da FAPESP, entre julho de 2017 e janeiro de 2018. Por essa razão, registro indispensáveis agradecimentos pelas condições materiais proporcionadas pelas instituições financiadoras. Agradeço também à Universidade de Durham pela acolhida e condições oferecidas para realizar esta pesquisa, ao grupo do *Global Policy Institute*, com destaque para o Professor Pietro Maffetone, com quem tive profícuos diálogos, e à equipe da Biblioteca *Bill Bryson*, onde encontrei a maior parte do referencial teórico aqui empregado e passei longos dias de solitário e instigante trabalho e reflexões.

É imperioso que eu faça uma menção destaca ao Professor David Held (*in memoriam*), supervisor de meus dois períodos de estágio na Inglaterra, e que também visitou o Brasil a meu convite em 2017, por toda sua disponibilidade em discutir o desenvolvimento desta pesquisa, por ser uma referência teórica fundamental para minhas reflexões sobre a democracia e, sobretudo, pelo grande exemplo de acadêmico.

Agradeço ainda aos componentes da Banca do Concurso de Livre-docência pelas valiosas críticas e pelo excelente diálogo que pudemos estabelecer, os Professores Doutores: Daniel Damásio Borges (UNESP/Presidente), Agnaldo de Sousa Barbosa (UNESP), Maria Paula Dallari Bucci (USP), Nina Beatriz Stocco Ranieri (USP) e Rubens Beçak (USP).

Enfim, agradeço à minha família: aos meus pais Carlos *(in memorian)* e Fátima, por seu apoio incondicional a tudo que fiz ao longo de minha vida; e, muito especialmente, à minha esposa Márcia e ao nosso filho Matheus, que muitas vezes renunciaram a seus projetos para tornar possíveis meus sonhos e, sem hesitar, embarcaram na jornada que resultou neste livro – ainda que algumas tarefas exijam que eu esteja distante, saibam que são a razão de tudo que faço.

Murilo Gaspardo

Franca – SP, setembro de 2021.

Prefácio

O livro *Democracia e governança financeira global* é uma contribuição interessante e original para uma reflexão sobre os rumos da democracia mundial no contexto da globalização financeira. A questão, que já era importante, tornou-se premente com a eclosão da pandemia, para repensar as instituições em que se baseia a ordem social vigente. Se a globalização produziu interdependência e algumas práticas benéficas, como a maior circulação de pessoas e ideias, além da cooperação de Estados entre si e também desses com entes não estatais, a vulnerabilidade global é a outra face dessa moeda. O problema, como adverte o autor, é que "a estrutura vigente não é representativa nem responsável perante as necessidades da população que ela deveria servir". Sem controles democráticos o capitalismo financeirizado do final do século XX seguirá produzindo desigualdade e destruição ambiental e minando as condições para a vida da humanidade.

Murilo Gaspardo nos oferece um valioso roteiro metodológico sobre as relações entre política, instituições jurídicas e poder econômico no capitalismo globalizado. Num texto fluente e agradável, o jovem Diretor da Faculdade de Ciências Humanas e Sociais (FCHS) da Universidade Estadual Paulista Júlio de Mesquita Filho (UNESP), em Franca, conduz o leitor pela complexa teia de interesses e procedimentos da finança internacional que parecem impermeáveis aos movimentos de resistência, limitando as possibilidades dos "99%" influenciarem a condução de seus próprios destinos e terem seus direitos assegurados.

A governança financeira do capitalismo globalizado depois da década de 1980 padece de um déficit democrático "original". Coincidindo no tempo com o fim da URSS e do contrapeso que os trabalhadores organizados em partidos e sindicatos exerciam sobre as decisões do capital industrial, a principal chave para compreender o problema é o declínio do Estado e das instituições em que tradicionalmente se dá o exercício da política, descolando-se a gestão da economia de suas implicações sociais.

> Governança é um conceito que se contrapõe ao de governo. Ambos se referem ao exercício de alguma forma de autoridade para assegurar o funcionamento e estabilidade de um sistema [...]. Porém, o governo é uma organização hierárquica e com algum grau de centralização, uma autoridade formalmente reconhecida e com capacidade para estabelecer regras e impor seu cumprimento, se necessário pelo recurso à força. Já a governança refere-se à ordenação de um determinado sistema por meio de instituições e regras que facilitam a cooperação e a coordenação entre diversos atores, ou seja, não há um poder central com capacidade para impor sua vontade nem necessariamente uma autoridade formalmente reconhecida, recorrendo-se a arranjos variados e mecanismos diversificados de efetivação, como acordos voluntários e padrões de conduta aos quais os atores aderem em função da repercussão disso para sua reputação.

O que se passa com a soberania dos Estados nas relações internacionais também pode ser aplicado no âmbito interno, explicando a inflexão dos modos de ação do Estado contemporâneo em direção a formas fluidas, típicas das políticas públicas. Segundo Cassese, nesse tipo de arranjo os procedimentos prevalecem sobre as estruturas e a hierarquia cede lugar à organização em rede, composta de elementos jurídicos diversos, em que aspectos técnicos tendem a sobrepujar a política. O efeito dessa aparente "despolitização das relações de poder" é reduzir problemas de cidadania, representação e democracia a questões técnicas sobre normas jurídicas, eficiência, transparência e prestação de contas.

Para explorar as possibilidades e limites da democracia no campo da governança financeira internacional, o autor faz uma competente apresentação do processo histórico que leva o capitalismo financeiro globalizado ao protagonismo da cena mundial. Com riqueza conceitual e rigor analítico, combinando documentação jurídica e fática informativa com fundamentação teórica minuciosa, o livro traz um precioso inventário sistemático que servirá de base para o "mapeamento de alternativas" dos capítulos seguintes.

Uma questão flagrante sobre a importância de decisões políticas e configurações institucionais no funcionamento da sociedade contemporânea é o aumento da desigualdade. Com o enriquecimento exponencial dos mais ricos, graças à produtividade das inovações tecnológicas e seus critérios injustos de apropriação, dados do livro informam que a riqueza privada cresceu 60% no mundo desde a crise financeira de 2008 (US$ 60 trilhões, de uma base inicial de US$ 92,4 trilhões), enquanto a erradicação da pobreza, se considerarmos as estratégias da ONU (critério de 5 dólares por dia), levará 207 anos! E se isso depender exclusivamente do crescimento econômico, será necessário aumentar em 175 vezes o PIB global, o que, entre outras coisas, seria ambientalmente insustentável. Por isso, afirma o autor, apoiando-se em Stiglitz:

> Interessante a caracterização da face política (e jurídico-institucional) da financeirização desregulada, o que justifica tratá-la para além das variáveis econômicas. [...] Não obstante seja verdade que a escassez e as transformações tecnológicas são fatores importantes para explicar o crescimento da desigualdade (seu crescimento após a Revolução Industrial é prova disso), as forças políticas são mais determinantes do que as econômicas, pois nas economias modernas são os governos que determinam as regras do jogo – por exemplo: o que é competição justa e quais ações são anticompetitivas e ilegais; quem perde e quem paga a conta quando ocorrem falências; o que são práticas fraudulentas proibidas; quais os parâmetros para a tributação; como será a oferta de bens públicos, como educação, seguridade social e infraestrutura etc.

A desigualdade econômica e a desigualdade de poder político são fenômenos sujeitos a dinâmicas específicas, ainda que mutuamente implicadas. E o direito cumpre um duplo papel, podendo legitimar a dominação ou expressar escolhas que a refreiem.

> Nas últimas décadas ocorreu uma ação exitosa das elites financeiras para construir regras sobre o funcionamento da economia que lhes favorecem amplamente, em prejuízo do restante da sociedade. Isso, por sua vez, faz crescer a desigualdade de poder político, de maneira que a elite econômica continua a utilizar seu poder para moldar as regras do jogo a seu favor, contendo políticas redistributivas e perpetuando o crescimento da desigualdade econômica, constituindo um

> círculo vicioso. Portanto, a verdadeira inovação do "1%" foi criar mecanismos para se apropriar do dinheiro dos outros sem que esses tenham consciência desse processo, manipulando o direito a seu favor. Consequentemente, a grande divisão existente nas sociedades (não apenas na norte-americana ou na brasileira) é entre os muito ricos e o restante, ou entre o 1% e os 99%, os quais têm diferentes preocupações, aspirações e estilos de vida. Se a explicação para o problema é essencialmente política, isso significa, primeiramente, que não *é* inevitável, é uma questão de escolhas; em segundo lugar, a solução não se encontra no mercado em si mesmo, mas na política.

No terreno da política, a pergunta fundamental é se não haveria uma incompatibilidade intrínseca entre a democracia e a governança financeira global. É forçoso reconhecer, como faz o autor, com base em Boaventura dos Santos, "a dissociação entre o tempo instantâneo do mercado financeiro internacional e o tempo diferido dos processos democráticos, que demandam reflexão, argumentação e negociação."

> A democracia é possível no capitalismo financeiro? [...] São fartas as análises, especialmente de inspiração marxista, que apontam a incompatibilidade entre capitalismo e democracia. Especificamente no que se refere à governança financeira global, também é tentador responder que não há possibilidade de democracia em tal esfera.

Mas o autor recusa dogmatismos e esse é outro grande mérito do livro. Seu "mapeamento" se contrapõe a determinismos *a priori*, considerando, na revisão da literatura sobre democracia, um espectro amplo, que vai desde posições reformistas (ou *problem-solving theory*), moderadas ou ambiciosas, até as teorias críticas (ou radicais), considerando também visões procedimentais ou substantivas da democracia. E se reconhece, com David Held, a complementariedade do ceticismo liberal sobre o poder político e do ceticismo marxista sobre o poder econômico, termina refutando os dois extremos, com base em argumentos históricos, no primeiro caso, e institucionais, no segundo. Essa robustez metodológica confere autoridade intelectual ao trabalho.

> [...] afirmar a incompatibilidade entre capitalismo financeiro e democracia, da perspectiva analítica, bloquearia as possibilidades de com-

> preender as diversas gradações da democracia, que ela é um processo histórico e inacabado (não uma questão de "tudo ou nada") e que já possibilitou significativas conquistas políticas, sociais e econômicas para a humanidade. [...] Tanto a resposta positiva como a negativa nos parecem simplificadoras e com resultado idêntico: a prostração intelectual e política.

Com isso, o livro se diferencia de vasta bibliografia crítica, ao apontar caminhos para a superação de ceticismo e ingenuidade e assumir a democracia como projeto emancipatório (e jurídico). Com urgente senso de ação, destaca o papel do trabalho intelectual nessa tarefa.

> os maiores obstáculos para as transformações não se encontram na resistência daqueles que a ordem estabelecida favorece, mas na crença dos demais de que seriam impossíveis em razão dos fracassos históricos das alternativas ao sistema vigente e ao desespero dos indivíduos em razão de suas condições de vida. Assim, a viabilidade de um projeto de transformação social também depende da capacidade de convencimento de que é possível, o que "[...] não implica engajar-se em um otimismo fácil que ignore as reais restrições para a mudança".

Isso implica, com Jacques Rancière, confrontar a estratégia de despolitização dos assuntos públicos e as perspectivas teóricas que, consciente ou inconscientemente, lhe dão sustentação.

> As relações de poder, seja entre os Estados ou classes sociais, que atravessam os diferentes níveis de governança financeira, constituem obstáculos para a democracia, mas isto não significa que as instituições e o direito não importem, que não ajudem a moldar processos mais ou menos democráticos. Se há alternativas substantivas (como a tributação e o controle sobre o capital, a eliminação das dívidas dos países mais pobres etc.), deve haver instituições inclusivas que permitam que sejam colocadas em disputa com as hegemônicas. Não é o caso de negar o saber técnico, mas, como há divergências entre os experts, é necessário assegurar que diferentes posições tenham igual condição de influenciar o debate.

Implica também não superestimar as possibilidades das instituições, considerando o balanço de poder por trás de sua construção e funcionamento.

> [...] as instituições são imprescindíveis para a democracia, sem elas o que resta para a solução de conflitos – cada vez mais profundos em sociedades escandalosamente desiguais – é a força. Os exemplos históricos são muitos e as ameaças contemporâneas cada vez mais sérias. Por outro lado, a questão da democracia não se resolve nas instituições: ela é, antes de tudo, um problema de disputa de poder – ou de "poderes" político, econômico e ideológico. As instituições podem tanto cumprir o papel de legitimar a dominação, como de consolidar conquistas emancipatórias, bloquear retrocessos e deslegitimar quaisquer tentativas de opressão e ataques a tais conquistas.

Por fim, cabe realçar a contribuição do trabalho no campo da renovação metodológica, consubstanciada no inovador "mapeamento de alternativas", apoiado na obra de Mangabeira Unger. Se a Teoria do Estado "conserva uma fundamental dimensão normativa, pela centralidade do elemento jurídico na constituição de seu objeto, enquanto fator de institucionalização das relações políticas", compreender de forma sistemática os movimentos de transformação da sociedade e as respostas pensadas ou experimentadas no plano da ação estatal é a base de um publicismo renovado, que combine capacidade crítica de observação, análise e prescrição das instituições públicas.

> Dentro do quadro epistemológico definido da Teoria do Estado, o método especificamente empregado foi o mapeamento crítico de alternativas. Por mapeamento, entendemos a observação crítica das instituições e projetos institucionais, a análise de suas falhas, limites, qualidade e potenciais, buscando-se alternativas para seu aperfeiçoamento (UNGER, 1996), o que confere um caráter normativo e propositivo a esta investigação. Para tanto, contribuiu de maneira fundamental a ideia de "experimentalismo democrático", desenvolvida por Unger (1996, 1999, 2001, 2015), da qual extraímos as seguintes diretrizes: (1) a urgência da imaginação de novos arranjos institucionais para enfrentarmos os problemas de nosso tempo exige a superação da prostração intelectual e política diante da suposta ausência de alternativas, a qual decorre do "fetichismo institucional" e do "fetichismo estrutural"; (2) as transformações institucionais não precisam assumir um caráter global e revolucionário, pois podem ocorrer por meio da somatória de pequenas mudanças orientadas pela ideia de "reforma radical", e a partir da identificação das "oportunidades transformadoras"; (3) para tanto,

> a imaginação institucional deve partir das circunstâncias históricas, tomadas como condicionantes e não como impedimentos absolutos, para então construir ideias programáticos realistas; (4) os modelos teórico-normativos não devem ser dissociados da análise empírica na avaliação e projeção de instituições; (5) as propostas de experimentação democrática não são neutras; (6) é preciso combinar a mobilização social com a participação institucionalizada por meio de desenhos ousados e inclusivos; (8); as instituições não devem ser desenhadas para um cidadão idealizado, mas considerar os sujeitos reais com suas limitações.

Sem descuidar da importância da contribuição teórica para a produção de um "contradiscurso", o registro e análise das experiências e "alternativas" de democratização documentadas no livro demonstra quão promissor pode ser o campo do estudo das instituições. Nele há uma condição privilegiada para o estudo e projeção de arranjos democráticos, com base no acúmulo de experiências com razoável densidade e viabilidade prática, identificando tendências que possam ser expandidas (inclusive nas situações de crise), como indica a "sociologia das emergências", de Boaventura Santos, ao invés de apenas conceber abstratamente soluções idealizadas.

Em resumo, o livro, que resulta da tese de Livre-Docência defendida pelo autor no Departamento de Direito Público da UNESP de Franca, traz importante contribuição da universidade pública para os desafios de reconstrução do Estado e das instituições após a pandemia. Com uma percepção refinada e lucidez na análise, proporciona ao leitor elementos para uma compreensão autônoma dos problemas da democracia.

Maria Paula Dallari Bucci
Professora da Faculdade de Direito da Universidade de São Paulo
Julho de 2020

Introdução

A democracia é possível no capitalismo financeiro? Qual o papel e quais os limites das instituições jurídico-políticas na realização da democracia? Como conhecer a democracia sob a perspectiva da Teoria do Estado? Essas três grandes questões de natureza política, jurídica e epistemológica constituem as motivações deste livro, cujo objeto específico é o mapeamento crítico de alternativas político-institucionais para a democratização da governança financeira global.

Nesta Introdução, estabeleceremos as bases a partir das quais desenvolveremos o trabalho. Primeiramente, tanto em função de se tratar de um tema pouco explorado no âmbito da Teoria do Estado, como das controvérsias a propósito do objeto e do método da disciplina, discorreremos sobre seus "sentidos contemporâneos", o enfoque proposto e o enquadramento temático do objeto. Em segundo lugar, delimitaremos o conceito de democracia adotado como referencial normativo. Na sequência, descreveremos a configuração atual da desigualdade de renda e riqueza, sua relação com a globalização financeira, e demonstraremos como representa um dos principais desafios para a realização da democracia. Posteriormente, trataremos do contexto político da investigação, o qual é bastante adverso para a democracia, especialmente para projetos de democracia global, e marcado por impasses na governança global. Enfim, dedicaremos as três últimas seções a: delimitação do objeto, especificação do método e das técnicas empregados na pesquisa, e apresentação da organização do livro.

Teoria do Estado: breve histórico, sentidos contemporâneos e uma proposta de enfoque de estudos sobre a democracia

A sede epistemológica desta obra é a Teoria do Estado, em um contexto de reflexões sobre seus "sentidos contemporâneos" (BUCCI & GASPARDO,

2018) e, em particular, sobre como pesquisar o campo temático da democracia sob sua ótica (GASPARDO & TOJAL, 2018).

Desde o seu nascimento como disciplina científica no final do Século XIX e início do Século XX, com destaque para obra de Jellinek (1954), a definição do objeto e do método da Teoria do Estado é marcada por grandes controvérsias, com a contraposição entre o "formalismo jurídico" (KELSEN, 1973) e a "Sociologia do Estado" (HELLER, 1942).

Jellinek (1954) definiu a Teoria do Estado como uma "ciência de síntese", que congrega as perspectivas jurídica e sociopolítica para um conhecimento geral sobre o Estado, situada epistemologicamente entre as ciências sociais explicativas (ciência do *ser*), e não "de aplicação", procurando distingui-la da Política (ciência do *dever-ser*), a qual seria baseada em "juízos de valoração" e estaria voltada para fins práticos. O método proposto pelo autor consiste na busca por elementos análogos entre os diferentes Estados para desenvolver classificações e elaborar conceitos unificadores, construindo *tipos empíricos* (método indutivo). Em suas análises, porém, predomina o viés jurídico-formal, o qual foi radicalizado por Kelsen (1973). O autor, em obra publicada originalmente em 1925, criticou a ideia de uma "ciência unitária do Estado", e defendeu a Teoria Geral do Estado como uma disciplina normativa, cujo objeto é o Estado enquanto "a totalidade da ordem jurídica ou uma ordem jurídica parcial".[1]

Heller (1942), por sua vez, em obra de 1934, ponderou que Jellinek e Kelsen, ao tentarem despolitizar a Teoria do Estado, acabaram por reduzi-la a "[...] pouco mais que a história e a construção de alguns conceitos de Direito Político", de maneira que resultou em uma "teoria pela teoria", ou uma "Teoria do Estado sem Estado", portanto, sem qualquer utilidade prática. Diante disso, o autor propôs outra concepção de Teoria do Estado, cujo objeto não seria o "Estado em geral", mas os Estados reais com suas especificidades, com um caráter prático, e em cuja produção do conhecimento não é possível a radical separação ente sujeito e objeto, por se tratar de uma "ciência cultural".

No Brasil, Reale (1960), em 1940, defendeu uma "doutrina culturalista realista do Estado e do Direito", apresentada como um "justo equilíbrio" entre as posições consideradas exageradas dos que, por um lado, "confundem o

1 As traduções de citações literais de trabalhos publicados em Inglês e Espanhol foram realizadas livremente pelo autor.

Estado com a própria realidade social", ou, por outro lado, "fazem abstração da sociedade, para só apreciar o mundo jurídico como um mundo puro de normas". Assim, para Reale (1960, p. 29-30), a autonomia científica da Teoria do Estado depende do conhecimento de seu objeto a partir de uma "tríplice perspectiva" (jurídica, sociológica e política), que seja capaz de conhecer essas três dimensões da realidade estatal unificadas pelo fenômeno do poder, o qual não pode ser compreendido por quaisquer desses prismas isoladamente.

Dallari (2013), em obra fundamental publicada pela primeira vez em 1971, segue uma linha muito próxima ao culturalismo realista de Reale, apresentando a Teoria Geral do Estado como "uma disciplina de síntese, que sistematiza conhecimentos" de várias outras disciplinas a fim de "buscar o aperfeiçoamento do Estado", o qual é concebido, simultaneamente, como "um fato social e uma ordem jurídica, que procura atingir seus fins com eficácia e com justiça". Ressaltamos, dentro dessa concepção, que a importância atribuída pela Teoria Geral do Estado aos elementos jurídicos para a compreensão de seu objeto é o que a diferencia da Ciência Política. Ranieri (2013, p. 2), em manual mais recente da disciplina, também adota posição nesse sentido, afirmando que, não obstante a existência de diversas perspectivas de estudo e teorias sobre o Estado, "[...] quando se trata, porém, de estudar o *Estado como pessoa jurídica*, dotado de direitos e obrigações jurídicas, a TGE apresenta um campo de investigação próprio: o das inter-relações entre a vida em sociedade, o Estado – como epicentro do domínio político – e o Direito".

Nos anos 1990, Tojal (1997) denunciou a "crise de degenerescência de seus paradigmas epistemológicos" e defendeu que a Teoria do Estado conserva uma fundamental dimensão normativa, pela centralidade do elemento jurídico na constituição de seu objeto, enquanto fator de institucionalização das relações políticas, mas deveria ser compreendida como uma nova ciência social, de natureza discursiva, não empírica. A Teoria do Estado deveria abandonar a pretensão irrealizável de um conhecimento total sobre o seu objeto, bem como sua idealização axiológica, desenvolvendo uma pesquisa interdisciplinar, não formalista, na qual o Estado é considerado em sua dinâmica social. Enfim, tratando-se de um objeto de natureza cultural, a neutralidade do conhecimento sobre ele seria impossível. Isso porque, o conhecimento é condicionado pelos valores e interesses inerentes ao pesquisador e ao espaço geopolítico e social que ocupa. (B. S. SANTOS, 2001). A postura metodológica a ser adotada diante disso não deve ser a de disfarçar os valores sob o discurso da neutralidade, mas sim explicitá-los, de maneira que os interlocutores tenham clareza sobre as condições em que o conhecimento foi produzido.

Nessa linha, Stuchi (2018), retomando ideias de Heller, salienta a inadequação da aplicação de concepções de Estado e soberania formuladas para a compreensão dos Estados centrais para a análise da realidade estatal periférica e semiperiférica. Assim, a autora (2018, p. 141) defende uma teoria *realista* do Estado, a qual deve considerar sua posição na "economia-mundo", para compreender o exercício real do poder[2] e "[...] os fatores históricos que determinam ou influenciam o conteúdo do direito, a estruturação do ordenamento jurídico e os limites de imposição do próprio direito no âmbito nacional".

Concluindo este breve histórico, destacamos a posição de Bucci (2018, p. 29-31), para quem a Teoria do Estado é uma disciplina de base jurídica, cujo objeto, em apertada síntese, é o estudo dos "[...] mecanismos institucionais que tornam possível o exercício do poder e seu controle em uma ordem institucionalizada", o que exige a "[...] compreensão das relações entre o direito e a política, especialmente no que se refere à criação do direito, isto é, a tradução de demandas geradas na sociedade em construções jurídica e formalmente estruturadas". Assim, a Teoria do Estado se diferencia tanto do Direito Constitucional, que tem como campo o direito positivo, como da Ciência Política, cujo objeto encontra-se nas "relações entre o poder e a sociedade". Já o método da Teoria do Estado consiste, para Bucci (2018, p. 71), em "[...] observar criticamente práticas de contato entre o poder e o direito, analisá-las, produzir a condensação em esquemas teóricos e representação cognitiva, traduzi-las em modelos jurídicos, em que as normas e instituições são as peças básicas".

Não obstante todas as controvérsias assinaladas, podemos afirmar que, em seu sentido contemporâneo, a Teoria do Estado tem como objeto a institucionalização das relações políticas pelo direito e suas implicações recíprocas. A análise de instituições jurídico-políticas, portanto, é central na definição do objeto da Teoria do Estado.

A centralidade do estudo institucional não se deve a um entendimento de que as instituições definiriam os resultados dos processos políticos e de que

---

2 Cf. Cox, 1995.

os fatores reais de poder não seriam relevantes. Porém, sem instituições, o que resta é a vontade dos governantes e demais agentes poderosos, com os riscos do arbítrio e do recurso à violência como meio tanto para a imposição da vontade dominante como de resistência.[3] (WALDRON, 2013, p. 1-2). Referindo-se à Teoria Política, Waldron (2013, p. 5-10) ressalta que sua tarefa primeira não seria o estudo nem das virtudes nem das instituições, mas sim dos "objetivos e ideais que dirigem nossa política". Todavia, como há grande divergência sobre quais seriam esses fins e ideais, o autor retoma o caráter fundamental da análise das instituições, pois são elas que definem os processos e regras por meio dos quais os conflitos políticos são resolvidos sem que degenerem em processos violentos. Ele sugere, então, o conhecimento comparativo sobre as instituições em seus detalhes operacionais como campo da Teoria Política normativa, e não apenas da Ciência Política empírica, pois, ainda que se parta de elementos empíricos, sempre há escolhas nos desenhos institucionais, orientadas por valores e posições políticas.

Feitas essas considerações sobre a importância das instituições e de seu estudo, que retomaremos posteriormente, precisamos indagar, em face do objeto da pesquisa se, enquanto Teoria *do Estado*, o âmbito de abrangência da disciplina estaria ou não restrito às instituições e relações de poder delimitadas pela soberania e pelas fronteiras estatais, bem como se haveria espaço para considerações, além das relações entre direito e política, sobre a interface desses com a dimensão econômica. Retomemos, diante disso, algumas obras clássicas da disciplina no Brasil.

O mais tradicional manual de Teoria do Estado, escrito por Dallari (2013), já abordava a posição do Estado na Ordem Internacional, destacando

3 Cf. Anheier, 2014; Wiens, 2012. Em panorama sobre o desenvolvimento da Teoria Política, Waldron (2013, p. 21-22) assinala que "[...] o estudo das instituições políticas tem sido o foco da teoria política desde Aristóteles. No início da tradição moderna, temos Hobbes tratando da estrutura da soberania e o desafio absolutista ao "rule of law". Há John Locke com sua paradoxal combinação entre supremacia legislativa e limitação legislativa e suas perspectivas de separação de poderes. Nós temos Rousseau com as diferenças entre e produção democrática do direito e o governo democrático, e seu repúdio à representação, pelo menos quando considera a primeira dessas funções. E, em oposição a Rousseau, temos Madison, claro, sobre as maneiras pelas quais uma república popular pode se estabelecer em um país de grande extensão sem ficar preso nas armadilhas da democracia direta".

que o mundo é uma sociedade de Estados, com imperfeita integração entre os âmbitos jurídicos e o político, dedicando um capítulo ao tema, com destaque para as origens e o papel da Organização das Nações Unidas (ONU). A globalização, a resposta da regionalização e seus impactos sobre a soberania constituíram o objeto da Tese de Titularidade em Teoria Geral do Estado na Faculdade de Direito da Universidade de São Paulo de Lewandowski (2002), na qual o autor desenvolveu uma análise histórica descritiva e explicativa sobre os fenômenos, com importante diálogo com a perspectiva econômica, em especial a dinâmica da "globalização financeira". Em obra de referência mais recente, Ranieri (2013) trata do "Estado internacionalizado", avançando para além das organizações internacionais, ao considerar os fenômenos da globalização e da regionalização (constituição de vários níveis de governo), com seus impactos sobre a soberania estatal, a formação de uma "aldeia global", as crises financeiras de 2008 e 2012 etc. A autora insere entre os cenários e desafios futuros para os Estados a ideia de uma responsabilidade comum, que implicaria uma significativa revisão da concepção de soberania, além de temas como o constitucionalismo e a cidadania global, mencionando brevemente o problema do déficit democrático nas relações internacionais.

Partindo desses trabalhos precedentes, propomos o alargamento da abrangência da Teoria do Estado por meio da consideração em maior profundidade da democracia na esfera global[4] e da ampliação da interdisciplinaridade com a Economia Política Internacional.

Como o exercício da soberania estatal (e, portanto, da produção do direito e das políticas públicas), por um lado, é considerado legítimo apenas se ocorrer em bases democráticas e, por outro, é condicionado pela globalização, a democracia em sua dimensão global constitui um campo por excelência para o conhecimento sobre a institucionalização das relações políticas pelo direito. Isso se aplica de forma particularmente relevante à governança financeira (e monetária) global, pois o controle sobre a moeda e os fluxos financeiros, ao lado do monopólio da produção do direito e do uso legítimo da força, é um elemento constitutivo central do Estado moderno e da soberania. Além disso, ponderamos que o fato de pensarmos a democracia na dimensão global não

4 Já fizemos isso em nossa Tese de Doutorado defendida em 2013. Cf. Gaspardo, 2016.

significa que o Estado tenha perdido sua centralidade. Enfim, a divisão dos objetos entre diferentes disciplinas existe para facilitar o trabalho científico, sendo a interdisciplinaridade recomendável (e mesmo indispensável) quando a melhor compreensão de determinado problema assim o exigir.

O diálogo com a Economia Política é essencial para a Teoria do Estado porque o capitalismo é a força mais poderosa na determinação das relações políticas, da configuração do Estado e do funcionamento da democracia. Não é possível estudar como as democracias realmente funcionam sem considerar devidamente como o capitalismo as limita e conforma, o poder exercido por grupos de interesse e grandes corporações. (ELKIM, 2006). A Economia Política Internacional,[5] por sua vez, refere-se à "maneira como a economia mundial é organizada politicamente", ou à "conexão entre política e economia nas relações internacionais", tendo como fundamento a compreensão de que a existência de qualquer sistema econômico depende do quadro político que lhe é subjacente. Assim, "a economia mundial e o sistema político internacional não podem ser analisados adequadamente de forma separada". Exige-se, pois, "a superação das distinções artificiais entre a economia e a política, o âmbito doméstico e o internacional", acrescentando-se a essa dicotomia a sociedade civil. (HETTNE, 1995, p. 1-6).

Embora pareçam campos antagônicos (uma trataria de fatos e a outra de normas, a partir de diferentes metodologias – observação empírica e julgamentos morais), a Economia Política Internacional e a Teoria Democrática Normativa (outra disciplina importante para este trabalho) podem atuar de forma muito próxima e articulada na compreensão da maneira como a globalização afeta a autonomia dos Estados e as democracias liberais, aproveitando reciprocamente suas reflexões. Isso porque, como já destacado, não existe análise empírica neutra de fenômenos políticos e econômicos, e a teoria (inclusive a normativa) não é independente do contexto histórico concreto no qual está inserida, voltando-se sempre para algum propósito: a manutenção ou a transformação da ordem social existente. (AGNÉ, 2011).

5 Para uma análise sobre diferentes perspectivas da Economia Política Internacional e as influências de Gramsci, Polanyi, Strange e Cox no seu desenvolvimento, cf. Belfrage e Worth, 2012.

No que se refere ao método da Teoria do Estado, em síntese, consideramos que, atualmente, a disciplina: (1) busca um conhecimento realista sobre o Estado; (2) adota uma abordagem interdisciplinar e não formalista; (3) reconhece a impossibilidade de um conhecimento neutro sobre o Estado; (4) opera por meio da observação crítica das relações entre o direito e a política, com análise das instituições.[6]

Acrescentamos a esses quatro elementos a ideia de *projeção de instituições*, ou seja, de que cabe à Teoria do Estado identificar alternativas de desenhos institucionais emergentes, analisá-las criticamente e desenvolvê-las – uma perspectiva prescritiva.[7]

Nesse sentido, Wiens (2012, p. 45-67) propõe uma abordagem para a Teoria Política que denomina de "*clinical institutional theory*". O autor explica que sua proposta contrapõe-se ao método mais usual de prescrição de instituições, de acordo com o qual se busca a elaboração de projetos institucionais para a superação ou mitigação das injustiças vigentes a partir de "teorias normativas ideais" ("princípios de regulação") formuladas pela Filosofia Política. Parte-se, pois, de modelos idealizados e contrapostos às instituições e condições políticas existentes. Já a "*clinical institutional theory*" tem como ponto de partida a identificação de falhas nas instituições existentes (descrição) e os processos causais que as provocaram (diagnóstico). Assim, a prescrição de soluções não é orientada por um ideal de justiça, mas pelas situações de injustiça realmente existentes e pelas insatisfações com as instituições. Não há um plano preexistente, ele é definido a partir da análise sobre as falhas. O autor adverte, porém, que os objetivos do desenho institucional pretendido não são apenas

6 Podemos estabelecer paralelos entre a concepção adotada de Teoria do Estado e o enquadramento que Dryzek, Honig e Philip (2006, p. 4-6) estabelecem para a Teoria Política, considerada como um "esforço interdisciplinar" situado entre os conceitos universais da Filosofia Política e o trabalho empírico da Ciência Política, e cuja tarefa consiste em "teorizar, criticar e promover o diagnóstico sobre normas, práticas e organização da ação política no passado e no presente", com um enfoque mais interpretativo. Para tanto, os "[...] teóricos da Política se valem de estudos empíricos da Ciência Política, da Economia, da Sociologia e do Direito para informar suas reflexões". Além disso, a maior parte da Teoria Política apresenta um componente normativo essencial, independentemente das perspectivas metodológica e política adotadas.

7 Tratamos dessas ideias com maiores detalhes em Gaspardo e Tojal, 2018.

tecnicamente apurados, mas também politicamente determinados. Aliás, o posicionamento político interfere na própria identificação das falhas – a compreensão da desigualdade socioeconômica como um problema, por exemplo, depende da posição em que o indivíduo ou uma coletividade se encontram na sociedade. O autor divide os problemas enfrentados por sua perspectiva metodológica em duas categorias: "de arquitetura" e "de engenharia". Aqueles remetem à organização criativa de diferentes componentes para atender a determinadas funcionalidades, ou como "diferentes composições institucionais incorporam distintos conjuntos de valores". Estes, por sua vez, referem-se às questões técnicas que tais desenhos envolvem (a aplicação de princípios científicos para determinar quais requisitos as instituições devem preencher para suportar as diferentes pressões e restrições às quais são submetidas no desempenho de suas funções). Ambas as perspectivas são indispensáveis e articuladas na projeção de instituições. Todavia, o enfoque predominante tem sido nos "problemas de arquitetura", e o descuido com as "questões de engenharia" tem como consequência a disfuncionalidade dos projetos de reforma institucional (instituições que não são efetivas e estáveis). Assim, seria necessário considerarmos adequadamente as duas abordagens na análise e elaboração de projetos institucionais, de maneira que sejam descartadas tanto as hipóteses que se se afastam demasiadamente dos ideais normativamente estabelecidos a partir de determinados valores, como as que se revelem disfuncionais (ou pouco plausíveis/viáveis), o que também possibilitaria antecipar potenciais fragilidades a fim de efetuar correções. Trata-se, pois, de solucionar problemas realmente existentes, de forma temporária, contingente e experimental, e não de superar a distância entre a realidade e modelos ideais.

A proposta apresentada por Wiens (2012) pode ser considerada uma típica abordagem de projeção de instituições classificada como "*problem-solving theory*", à qual se contrapõem a *teoria crítica*.

De acordo com Cox (1995), uma "*problem-solving theory*" objetiva fornecer orientações para a correção de disfuncionalidades da ordem estabelecida, considerada boa em seu conjunto, enquanto que as "teorias críticas" preocupam-se com a transformação da ordem existente, com estratégias para mudanças de caráter estrutural. As primeiras tratam de problemas específicos, já as últimas consideram a ordem em sua perspectiva global – mesmo quando se voltam para questões determinadas, o fazem em vista do quadro completo. Esta é histórica e aquela a-histórica. As teorias críticas perdem em precisão para as "*problem-solving theories*", as quais, todavia, baseiam-se na falsa premissa de que a ordem vigente pode ser reparada. Assim, estas têm propósito conservador, enquanto aquelas almejam a transformação. O autor ressalta que, não obstante as teorias críticas contenham um elemento utópico, este é condicionado pela compreensão dos processos históricos, de maneira que alternativas improváveis são rejeitadas.[8]

Da perspectiva da teoria crítica, as instituições são consideradas reflexos das relações de poder prevalecentes e instrumentos para estabilização e perpetuação da ordem estabelecida, prestando-se, pois, à consolidação de uma "hegemonia" (em conjunto com as relações materiais e a ideologia), à minimização da necessidade de recurso à força para o exercício da dominação, pois os mais fracos a aceitam como legítima. (COX, 1981).

Além disso, a adoção de uma perspectiva crítica significa a rejeição da crença em uma verdade objetiva única, da rígida distinção entre fatos e valores. Não se trata apenas de desconstruir o conhecimento e as práticas dominantes, mas também de construir um conhecimento alternativo sobre o que existe, bem como sobre o que deveria existir para transformar as relações de poder, ou seja, "utopias fundamentadas", concebidas como "alternativas que nunca existiram", mas que podem existir no futuro, a partir da identificação de tendências históricas.[9] (MITTELMAN, 2011).

As teorias críticas, em geral, deparam-se com a indagação acerca da viabilidade do que propõe, da ausência de propostas alternativas minimamente factíveis, o que enfraquece seu próprio potencial crítico.

Todavia o problema da viabilidade, situado entre a possibilidade e a probabilidade, não precisa ser necessariamente abordado de forma binária ("tudo ou nada"), mas também escalar, variando conforme as condições fáticas de de-

8 Cf. Cox, 1981.

9 Bosweel e Chase-Dunn (2006, p. 329) fazem uma advertência importante a propósito do pensamento utópico: ele pode servir como um recurso para os que não são capazes de pensar em transformações efetivas e possíveis das instituições existentes, ao mesmo tempo que pode deslegitimar esforços efetivos para promover a mudança social, por considerá-la impossível. Assim, os autores defendem a estratégia de se pensar nos próximos passos plausíveis e atingíveis dentro de um contexto histórico determinado.

terminado momento, as restrições de caráter econômico, institucional e cultural existentes. (LAWFORD-SMITH, 2013). Além disso, é preciso ter clareza de que os maiores obstáculos para as transformações não se encontram na resistência daqueles que a ordem estabelecida favorece, mas na crença dos demais de que seriam impossíveis em razão dos fracassos históricos das alternativas ao sistema vigente e ao desespero dos indivíduos em razão de suas condições de vida. Assim, a viabilidade de um projeto de transformação social também depende da capacidade de convencimento de que é possível, o que "[...] não implica engajar-se em um otimismo fácil que ignore as reais restrições para a mudança". Portanto, não se pode confundir viabilidade com a restrição das opções políticas disponíveis. (CALLINICOS, 2000, p. 128).

Entendemos que as duas abordagens para a projeção de instituições são possíveis no campo da Teoria do Estado, tratando-se de uma questão de escolha metodológica que pode ser informada por determinada posição política. Podemos, inclusive, pensar na *solução de problemas* orientada pela *crítica global* ao sistema e com o propósito de, pela via incremental, promover sua transformação radical. Nesse sentido, um dos propósitos deste livro é identificar as alternativas para democratização da governança financeira global conforme sua orientação pela perspectiva crítica ou pela solução de problemas, explicitando seus limites e potenciais.

Uma terceira possibilidade que também consideraremos é o que Boaventura de Sousa Santos (2011) denomina de "sociologia das emergências",[10] a qual também não consiste em conceber abstratamente soluções idealizados, mas sim em identificar tendências que possam ser expandidas (inclusive nas situações de crise), interpretando de "maneira expansiva" as demandas e ideias de movimentos de resistência ao neoliberalismo.[11]

---

10 A sociologia das emergências compreende uma "amplificação simbólica de sinais, pistas e tendências latentes que, embora dispersas, embrionárias e fragmentadas, apontam para novas constelações de sentido tanto no que respeita à compreensão como à transformação do mundo". (B. S. SANTOS, 2010, p. 42).

11 Essa proposta de Boaventura de Sousa Santos (2011, p. 16-17, 21-22) enquadra-se em seu projeto de "epistemologias do sul" (diversidade de conhecimentos produzidos no âmbito do "Sul geopolítico global"), o qual se apoia em três premissas fundamentais: (1) "a compreensão do mundo é muito mais ampla do que a compreensão ocidental do mundo"; (2) "a diversidade do mundo é infinita", mas é "desperdiçada porque, devido ao pensa-

Nesse sentido, Boaventura de Sousa Santos (2013, p. 8) também destaca que, embora atravessemos uma época na qual as duas estratégias modernas de transformação social (revolução e reformismo jurídico) se encontram em crise, bem como em que o direito instrumentaliza e legitima a dominação dos interesses e grupos hegemônicos, ele também pode desempenhar um papel emancipatório, desde que seja reinventado de forma a adequar-se às reivindicações normativas dos grupos sociais subalternizados e de seus movimentos, inclusive daqueles que integram as lutas globais de tipo contra-hegemônico, que atuam por alternativas ao modelo neoliberal de globalização. Assim, apresenta-se a tarefa científica e política de "[...] reinventar o direito para lá do modelo liberal e demo-socialista e sem cair na agenda conservadora – e, mais ainda, como fazê-lo de modo a combater esta última de modo mais eficaz".

Por essa razão, além da produção teórica e das próprias instituições, também consideramos movimentos sociais e organizações da sociedade civil como fontes de alternativas relevantes para esta pesquisa.

Dessa perspectiva epistemológica resulta que este trabalho é simultaneamente técnico e político. É técnico porque compreende a análise de alternativas institucionais orientada pelos critérios de coerência e funcionalidade, e baseada em tendências empiricamente verificadas. Mas também é político, porque os procedimentos políticos decisórios não são neutros, podem favorecer a manutenção do *status quo* ou sua transformação, envolvendo, portanto, conflitos de interesses. Assim, uma pesquisa neste campo deve ser objetiva, mas é impossível que seja politicamente neutra: objetividade e neutralidade do conhecimento não se confundem.[12] (B. S. SANTOS, 2003). Isso implica confrontar a estratégia hegemônica de despolitizar os assuntos

mento hegemônico que temos, permanece invisível", de maneira que precisamos não só de alternativas, mas de "um pensamento alternativo de alternativas"; (3) "esta grande diversidade do mundo pode e deve ser ativada, assim como transformada teoricamente e praticamente de muitas maneiras plurais, não pode ser monopolizada por uma teoria geral". Além disso, é necessária uma maior abertura para o diálogo entre teoria e prática, inclusive com a adoção de uma postura de acordo com a qual a teoria "aprende com a prática", com as lutas sociais, e seu papel fundamental consiste em buscar "aprofundar alguns elementos da prática", sobretudo no sentido de trazer "elementos de comparação com outras experiências de emancipação".

12 Cf. Tojal, 1997.

públicos e as perspectivas teóricas que, consciente ou inconscientemente, lhe dão sustentação. (RANCIÈRE, 2014).

A democracia como projeto emancipatório

Considerando-se que a democracia é um conceito bastante controverso, que passou por profundas transformações ao longo da história e que assume tanto conotações descritivas como normativas, é necessário fixar o sentido de democracia empregado neste livro e justificar sua escolha, pois servirá como critério normativo de análise das alternativas para a democratização da governança financeira global.

Partimos de uma perspectiva bastante ampla de acordo com a qual a democracia corresponde a uma forma de convivência coletiva regida pela liberdade e pela igualdade, cujo objetivo é a autodeterminação das pessoas e dos povos, e a emancipação humana contra todas as formas de opressão,[13] que pode assumir diferentes modelos e formas institucionais e é um processo histórico e gradativo (não é uma questão de "tudo ou nada"), inclusive sujeito a retrocessos.

O fundamento filosófico da democracia é o reconhecimento da igualdade intrínseca entre todos os seres humanos, o que implica o igual direito de todos participarem das decisões coletivas, requerendo-se o atendimento tanto de condições substantivas como formais, de maneira que haja uma concretização desse ideal por meio dos desenhos institucionais. (SONG, 2012).

Da perspectiva substantiva, os direitos humanos constituem o referencial fundamental para a consideração de um regime político e de uma sociedade como democráticos. Não é concebível haver democracia sem a garantia dos

13 Cf. Rosanvallon, 2006. O modelo normativo de Held (1987, p. 241 e ss.), fundado no *princípio da autonomia*, tem como pressuposto a "[...] complementariedade do ceticismo do liberalismo acerca do poder político e do ceticismo do marxismo acerca do poder econômico". Assim, a democracia *deveria* compreender "um sistema coletivo de tomada de decisões que permitisse extenso envolvimento dos cidadãos nas questões públicas", combinado com outras garantias institucionais, como "separação de poderes", Constituição e Judiciário independente, bem como com direitos econômicos e sociais efetivamente assegurados, de maneira que os sujeitos sejam autônomos tanto perante o Estado como em face do mercado.

direitos humanos (cuja máxima materialização já observada foi o Estado de Bem-estar Social), o que não se aplica apenas em contextos estritamente autoritários, mas também em regimes formalmente democráticos. (LAUK, 2014). Não há democracia sem garantias de liberdades e condições que possibilitem uma participação com influência efetiva (não bastam direitos formais), requerendo-se, para tanto, condições razoáveis de igualdade material (o que inclui recursos econômicos e tempo disponível para se dedicar às questões públicas), de acesso às informações necessárias para a tomada de decisão e de motivação para participar. (SONG, 2012).

Em termos formais, a democracia consiste em regimes políticos nos quais todos os que participam de uma comunidade política ou são afetados por suas decisões são igualmente livres, bem informados e capazes de influenciar desde a formação da agenda até a tomada de decisão propriamente (princípio da inclusão)[14] (KOENIG-ARCHIBUGI, 2016; HELD, 2014), e o exercício do poder submete-se ao direito (princípio liberal). (BOGDANDY, 2017). No contexto da globalização e da existência de autoridades globais, tal exigência ultrapassa as fronteiras dos Estados nacionais.[15] (FALK, 2012).

---

14 Fraser (2014) defende uma inclusão ainda mais abrangente, a qual compreende até mesmo os que não são afetados pelas decisões, não em razão de possíveis consequências políticas para eles, mas sim das possibilidades que sua participação trazem para a qualificação das decisões, com um incremento da imparcialidade, em benefício dos próprios afetados.

15 Song (2012), sem deixar de reconhecer a importância do caráter radicalmente inclusivo do "princípio da inclusão de todos os afetados/interessados" para além dos Estados, considerando-se a humanidade como um todo, tal como defendido por Held, ressalta que há grandes dificuldades práticas para sua implementação, sobretudo a manutenção de vínculos de solidariedade e igualdade política em uma escala tão abrangente. Além disso, haveria grande instabilidade e complexa operacionalização na definição de diferentes grupos de interessados/afetados que deveriam ter direito a participação a depender da decisão a ser tomada, de maneira que as "fronteiras democráticas" mudariam constantemente, sem vinculação com fronteiras territoriais, gerando grande indeterminação e tendo como grandes problemas políticos e práticos que poderiam comprometer as próprias condições substantivas para a democracia: a definição de quem seriam os interessados (quais os critérios e a quem caberia tal definição?); como determinar critérios mínimos de igualdade de recursos e de acesso a informações necessárias para tomada de decisão livre e suficientemente instruída em questões altamente complexas; provável queda da

Há diferentes modelos de democracia (HELD, 2006), ou diferentes formas institucionais ótimas para concretização do conceito de democracia para cada um dos diferentes níveis de governança (local, nacional, regional/global) e momentos da história. Em meio à sua grande diversidade, podemos classificar esses modelos institucionais em três grandes categorias: (1) democracia direta; (2) democracia representativa; e (3) democracia deliberativa.[16] O modelo institucional de democracia para o âmbito da governança financeira global deve ser adequado às especificidades deste nível. Coloca-se, a esse propósito, o problema da possibilidade racional do modelo, o qual não se confunde com a questão da possibilidade política, que é contingente e pertencente ao campo da luta política.[17]

Não parece logicamente possível a ideia do voto direto em assembleias como modelo institucional de democracia no campo da governança financeira global. Por outro lado, também não seria logicamente coerente um modelo institucional que esvaziasse completamente o conteúdo do conceito com pro-

---

motivação para participar diante da percepção de que, quanto maior a escala de participação, menor a efetiva influência de cada participante.

16 Rosanvallon (2006, p. 200-209) também defende a pluralidade de formas e procedimentos para a democracia, para a participação na vida pública, que não podem se limitar ao voto e à representação política, sobretudo em face da complexidade e das transformações da sociedade, ressaltando que, inclusive nos primórdios da democracia moderna, já se reconheciam maneiras não institucionalizadas de expressão da opinião pública. Por exemplo, o autor afirma que aqueles que são eleitos são os representantes de primeira ordem do povo, mas não os únicos representantes, havendo outros que possam falar em nome do povo, admitindo-se a diversidade da representação. A diversidade de modelos também deve considerar o complexo problema da temporalidade da democracia, dos diferentes ritmos dos processos democráticos, a duração das instituições, bem como o campo de abrangência da democracia, ou seja, quais questões devem ser submetidas às decisões coletivas e quais se referem ao âmbito da liberdade individual, problema que acompanha a história das relações entre liberalismo e democracia dentro do programa emancipatório da modernidade.

17 Nesse sentido, como observam Hale, Held e Young (2013), quanto maior o número de participantes e a escala de participação, torna-se mais difícil a obtenção de consensos, sendo que na esfera da política internacional, em geral, as decisões pressupõem consensos (ou quase-consensos).

clamações genéricas sobre transparência, consultas e *accountability*, restando apenas o rótulo "democracia".

Enfim, destacamos que a democracia exige a efetividade tanto da participação nas decisões como das próprias decisões – ou seja, não é suficiente que o cidadão participe dos processos decisórios, é necessário que existam condições para a concretização do que for decidido.

Diante do exposto, podemos sintetizar os critérios normativos para avaliação das alternativas para a democratização da governança financeira global em seis requisitos: (1) promoção da emancipação de todos os seres humanos; (2) garantia dos direitos humanos; (3) adequação e viabilidade dos modelos de participação ao nível e às particularidades da instância em que ocorre; (4) disponibilidade de informações suficientes e diversificadas, e capacidade de compreensão e crítica dos problemas colocados para as decisões a serem tomadas pelos interessados e afetados; (5) capacidade efetiva e equitativa de influenciar as decisões; (6) concretização, ou exequibilidade das decisões democraticamente tomadas.

Confrontando-se a perspectiva normativa com uma análise empírica sobre a governança global, observamos que as finanças globais constituem um dos campos em que a democratização é, paradoxalmente, mais urgente e mais difícil de ser implementada. (HELD & YOUNG, 2013).

É urgente porque: (1) as finanças estão no centro das relações econômicas do capitalismo contemporâneo, o regime vigente favorece o crescimento da concentração de riquezas e da desigualdade, e constituem um fator de instabilidade, crises fiscais e insegurança para a vida das pessoas (CHESNAIS, 2005; PIKETTY, 2013; B. S. SANTOS, 2003), o que foi particularmente demonstrado pela crise internacional iniciada nos Estados Unidos em 2008; (2) o modelo hegemônico de globalização, dominado pela elite dos possuidores, no qual as finanças globais desempenham um papel central, acarreta "efeitos devastadores" para os países em desenvolvimento, especialmente para as pessoas mais pobres. Por exemplo, as políticas do FMI, guiadas pela ideologia neoliberal, apresentam resultados ruins e, ao não admitirem alternativas, também se revelam antidemocráticas (STIGLITZ, 2002); (3) o sistema de governança das finanças globais, composto por grande diversidade de instituições (Bancos Centrais, Banco Mundial, Fundo Monetário Internacional, G20, "Basel Committee on Banking Supervision" etc.) com variados níveis de formalização, tem se mostrado incapaz de promover a cooperação e assegurar a estabilidade, em razão da sobreposição de regimes e da fragmentação institucional (HALE, HELD & YOUNG, 2013); (4) em comum, essas instituições têm o fato de não serem nem representativas nem responsivas em relação às necessidades das pessoas a quem deveriam servir (HELD & YOUNG, 2013), havendo grande concentração de poder nas mãos dos tecnocratas (SCHOLTE, 2002); (5) os processos decisórios dessas instituições também apresentam um "desequilíbrio de poder tanto entre os Estados como entre Estados e atores não-estatais", com grande desigualdade em benefício dos Estados mais poderosos (retratando a correlação de forças que emergiu da Segunda Guerra Mundial, a qual não reflete o cenário econômico contemporâneo) e exclusão da maior parte da população mundial (HELD, 2014, p. 300); (6) a desigualdade política marginaliza a maioria da população dos processos decisórios sobre as finanças globais e retroalimenta a desigualdade de distribuição de riqueza, que têm raízes profundamente políticas. (PIKETTY, 2013).

Não obstante essas razões de urgência, a democratização da governança das finanças globais encontra obstáculos de difícil transposição, como: (1) a atual configuração global do poder político e as restrições ideológicas ao multilateralismo (HELD & YOUNG, 2013); (2) os conhecimentos técnicos altamente especializados exigidos pela governança financeira (GERMAIN, 2007), os quais são dominados por uma elite bastante restrita; (3) a dissociação entre o tempo instantâneo do mercado financeiro internacional e o tempo diferido dos processos democráticos, que demandam reflexão, argumentação e negociação. (B. S. SANTOS, 2003).

Globalização financeira, desigualdade e democracia

Em termos morais, a desigualdade econômica apresenta-se como um problema em face dos princípios de justiça social, de quais níveis de desigualdade seriam aceitáveis e sob quais justificativas, bem como de suas consequências. (ATKINSON & BOURGUIGNON, 2015).

Dentro do Capitalismo, alguma desigualdade é inevitável, e é até mesmo moralmente justificável recompensar os esforços dos que trabalham mais, além de necessário para o funcionamento da economia de mercado, para a produção de inovações.[18] O problema é que, em primeiro lugar, os níveis de desigualdade

18 Historicamente, "[...] aqueles com poder usam esse poder para fortalecer suas posições econômicas e políticas ou, pelo menos, para mantê-las. Eles também tentam moldar o pen-

observados atualmente não favorecem a eficiência nem o crescimento econômico, porque resultam de regras que não incentivam a criação de riqueza, mas a apropriação de riqueza produzida por outros. Nada justifica a dimensão da desigualdade atualmente existente, ainda mais quando se constata que sua causa principal não é o mérito dos que ocupam o extrato econômico superior e se observa as condições de vida dos indivíduos mais pobres. A apropriação dos benefícios do progresso econômico por uma elite cada vez mais restrita provoca o crescimento de conflitos e mesmo a desintegração social, gerando, inclusive, uma oposição política à globalização como um todo e a defesa de práticas protecionistas.[19] (STIGLITZ, 2012; BOURGUIGNON, 2015).

Em termos políticos, três questões são fundamentais para esta pesquisa: (1) como a desigualdade econômica evoluiu historicamente e qual a relação de sua evolução com a mundialização financeira? (2) O que explica essa evolução? (3) Quais as implicações da desigualdade econômica para a democracia? Há especificidades decorrentes da mundialização financeira?

Essas questões já eram enfrentadas nos primórdios da Economia Política clássica no Reino Unido e na França, no final do século XVIII e início do XIX, por Ricardo, por exemplo, mas foi com Marx (2008) que o problema ganhou novos contornos. Diferenciando-se tanto dos capitalistas bur-

---

samento para tornar aceitáveis diferenças de renda que, de outra forma, seriam odiosas". Com o Renascimento, o Iluminismo e a Revolução Industrial, afastou-se a ideia de justificação da desigualdade pelo direito divino, tornando-se, então, necessário encontrar novas formas de justificação, sobretudo em razão das severas críticas feitas ao sistema, como a de Marx. A teoria dominante para legitimar a desigualdade desenvolvida na segunda metade do século XIX foi a "teoria da produtividade marginal", de acordo com a qual os sujeitos mais produtivos recebem maior renda em razão de sua grande contribuição para o conjunto da sociedade, sendo o valor da contribuição de cada indivíduo determinada pelos mercados competitivos por meio das leis de oferta e procura, sendo tal processo influenciado por dois fatores fundamentais: a escassez e a tecnologia. (STIGLITZ, 2012, p. 29-30).

19 Da perspectiva da Economia, o tema da desigualdade vem ganhando crescente destaque na produção acadêmica dos últimos anos. O aprofundamento dessa perspectiva não se enquadra no escopo deste livro, porém, destacamos o manual organizado por Atkinson e Bourguignon (2015) como uma das obras de referência de que nos valemos para uma melhor compreensão do tema. Para um aprofundamento sobre as consequências da desigualdade em termos de ineficiência econômica – dentre as quais a queda da demanda devido à concentração de renda – e instabilidade econômica e social, cf. Stiglitz, 2012.

gueses (Smith) - que viam no mercado um sistema autorregulado que por si só tendia ao equilíbrio, como dos socialistas utópicos (Proudhon) - que denunciavam a miséria sem, porém, explicar a sua dinâmica, Marx procurou compreender a lógica do sistema capitalista, chegando à conclusão de que há uma "tendência inexorável do capital de se acumular e de se concentrar nas mãos de uma parcela cada vez mais restrita da população, sem que houvesse um limite natural para esse processo". Embora os níveis de concentração do capital não tenham atingido um patamar suficiente para levar à derrocada completa do sistema capitalista, tal como previsto por Marx, estudos empíricos confirmam a tendência por ele descrita desde a Revolução Industrial até nossos dias. (PIKETTY, 2014, p. 9-17).

Na sequência da Revolução Industrial (e em função dela), foram atingidos os maiores níveis de concentração de riqueza da história. No final do século XIX os salários dos trabalhadores começaram a aumentar, mas a desigualdade extrema persistiu e mesmo cresceu até a I Guerra Mundial, quando iniciou um declínio substancial nos países ricos. Essa queda na desigualdade não ocorreu devido ao equilíbrio natural dos fatores de produção promovido pelo mercado, como defendem economistas liberais, mas sim em razão das duas Guerras Mundiais, dos choques econômicos (especialmente a "Crise de 1929") e políticos (como a "Revolução Bolchevique"), e das medidas adotadas pelos Estados em resposta a eles. Trata-se, pois, de uma explicação política, destacando-se o advento do Estado Social e suas políticas públicas sociais, de regulação e intervenção no campo econômico, a tributação progressiva sobre a renda e o capital, e os investimentos na reconstrução da Europa devastada pela II Guerra que estimularam fortemente o crescimento econômico. Sobre a tributação, salientamos que, até por volta de 1910, quase não havia impostos sobre a renda do capital ou o lucro das empresas e, quando existentes, eram muito baixos, o que favorecia o acúmulo e a transmissão hereditária de fortunas. (PIKETTY, 2014; BOURGUIGNON, 2015).

Entretanto, a partir dos anos 1970, a desigualdade voltou a crescer nos países ricos.[20] Nos Estados Unidos, por exemplo, onde esse processo é mais

20 Há um conjunto de pesquisas empíricas sobre o tema, com destaque para o trabalho citado de Piketty (2014), que fundamentam essa constatação. Em apertada síntese, a metodologia utilizada pelo referido autor (2014) consistiu na análise de longas séries históricas de dados sobre desigualdade e distribuição de renda, e distribuição de riqueza

intenso, já supera os recordes históricos verificados nos anos 1910 a 1920, com uma concentração de renda e riqueza acentuada entre as parcelas de 1% e 0,1% mais ricas da população, o que está relacionado tanto com a desigualdade entre salários, como entre a renda dos salários e a do capital. (PIKETTY, 2014; BOURGUIGNON, 2015; STIGLITZ, 2012).

Entre os países emergentes e subdesenvolvidos, há uma diversidade de contextos: há casos como os da Índia e da China (que na verdade deve ser considerada como uma potência global), nos quais ocorreu expressivo crescimento da desigualdade (nesta, o *coeficiente de Gini* passou de 0,28 para 0,42 nos anos 2000); já na América Latina, não obstante permaneça como a região mais desigual do mundo com exceção da África, pesquisas vinham apontando uma queda da desigualdade no período considerado. (BOURGUIGNON, 2015). Nesse sentido, Stiglitz (2012, p. 5) cita o exemplo do Brasil, onde políticas públicas de inclusão na educação e de redução da fome e da pobreza provocaram sua redução e promoveram estabilidade social.

Todavia, tal análise não considera o que de fato se passou no Brasil entre o "1%" mais rico e o restante da população, como demonstram pesquisas recentes realizadas a partir de dados tributários. Além disso, a partir de 2013 e, sobretudo 2014, o quadro de divisão e desintegração social passa por uma alteração substancial, sendo que a desigualdade e a pobreza voltaram a se agravar com a crise econômica ainda em curso. Assim, se havia alguma tendência no Brasil diferente daquela dos países desenvolvidos, ela foi revertida,

---

e a relação entre riqueza e renda. O autor trabalha com uma gama de fontes ricas e diversificadas, mas as mais relevantes e objetivas são as fiscais (registros tributários), sendo sua fonte primária a "World Top Incomes Database (WTID)". Cf. também Krugman, 2014. Como as críticas ao trabalho de Piketty não interferem nas consequências de suas conclusões para esta pesquisa, não entraremos neste debate. Registramos, porém, que essas críticas podem ser encontradas, por exemplo, em: Arbache, 2014; Cheisnais, 2015; Pessoa, 2014; e Soto, 2015. Para a verificação de dados detalhados e atualizados sobre o tema, cf. o "World Inequality Report 2018" (CHANCEL *et al.*, 2018), disponível em: (<https://wid.world/>). Acesso em 27 ago. 2019. Veja-se, ainda, os relatórios da *Oxfam*, disponíveis em: <https://www.oxfam.org.br>. Acesso em 27 ago. 2019.

e a resposta política adotada tem sido a mesma: redução de gastos sociais com os pobres e da tributação dos mais ricos.[21]

Dados de pesquisas domiciliares (por exemplo, as PNADs do IBGE) indicavam estar em curso uma queda significativa na desigualdade social. Porém, pesquisas baseadas em dados da "Declaração de Ajuste Anual do Imposto de Renda da Pessoa Física" (DIRPF) referente ao período compreendido entre 2006 e 2012, com foco nos 0,1%, 1% e 5% mais ricos, em comparação com o conjunto da população, levaram à conclusão de que, na verdade, não houve redução na desigualdade de renda; pelo contrário, a depender do enfoque metodológico adotado, os resultados indicam um ligeiro aumento na desigualdade entre 2006 e 2008. A explicação para esta diferença de resultados provavelmente encontra-se no fato de que aquelas pesquisas, em razão da metodologia empregada, subestimam as rendas mais altas. Isso porque, as pesquisas por amostras domiciliares foram capazes de identificar o movimento de redução da desigualdade na base e no meio da pirâmide de distribuição de renda, ou seja, entre os mais pobres e a "classe média", mas não o que se passou no topo, do qual também depende a medida da desigualdade total e onde ocorre a maior concentração de renda. Mais precisamente, de acordo com os dados obtidos nessa pesquisa, aqueles que compõem a parcela de 0,1% mais ricos da população brasileira receberam 11% da renda total, o que implica que sua renda média é 110 vezes maior do que a média nacional. Quando se expande a análise para o 1% mais rico, observa-se que se apropriou de 25% da renda nacional, enquanto que os 5% mais ricos receberam 44%. Ressalvada a imprecisão decorrente de diferenças metodológicas, para se compreender melhor a dimensão da desigualdade brasileira, estudos baseados em dados tributários nos Estados Unidos registraram que a parcela de renda apropriada pelo 1% mais rico gira em torno de 20% da renda nacional, enquanto que em outros países desenvolvidos os percentuais variam entre 10% e 15%, ou me-

21 O caráter concentrador de renda e riqueza da estrutura tributária brasileira é notório. Com as medidas de desoneração tributária adotadas a partir de 2011 o quadro se agravou. Cf. Leal, 2015.

nos, naquelas mais igualitários. Isso permite concluir que os mais ricos resistem mais à queda da desigualdade.[22] (MEDEIROS, SOUZA, CASTRO, 2015).

Embora ainda não existam dados precisos e sistemáticos no momento em que concluímos a revisão deste livro, os economistas já fazem projeções catastróficas sobre o crescimento da pobreza, a queda da renda dos trabalhadores e o aumento da desigualdade e da concentração de capital em função da pandemia de Covid-19.[23]

Se no interior dos Estados observamos o crescimento da desigualdade, quando se compara a situação entre os Estados, temos que, depois de dois séculos de crescimento, ela começou a cair nos últimos vinte anos. (PIKETTY, 2014; BOURGUIGNON, 2015). Isso, porém, não fez com que a desigualdade de renda entre países ricos e pobres tenha deixado de ser abissal: nos países ricos (Europa Ocidental, América do Norte, Japão), onde a renda mensal gira em torno de 2.500,00 e 3.000,00 Euros, as pessoas ganham em média 20 vezes mais do que os moradores dos países mais pobres (África Subsaariana e Índia) – onde não passa de 150,00 a 250,00 Euros mensais, destacando-se que a renda mensal média global (encontrada aproximadamente, por exemplo, na China) é de 600,00 a 800,00 Euros mensais. (PIKETTY, 2014).

No que se refere à evolução da pobreza, de acordo com dados do Banco Mundial, em 1981, 52% da população mundial vivia com menos de US$ 1,25

---

22 Morgan (2017), partindo da mesma perspectiva metodológica mas construindo séries de contabilidade nacional distributiva, chega a resultados semelhantes, demonstrando que os 10% mais ricos da população brasileira concentram mais da metade da renda nacional, enquanto os 40% que compõem a classe média recebem menos de um terço do total, bem como que, não obstante o pequeno crescimento da renda dos 50% que compõe a "base da pirâmide", os 10% mais ricos também apresentaram crescimento de renda no período analisado, em um movimento de compressão da classe média. Assim, se diminui a desigualdade entre os 90% da população brasileira, isso se deu às custas do crescimento da concentração entre os 10% mais ricos, o que se intensifica quando considerado o grupo integrante do 1%.

23 Cf. por exemplo: THE ECONOMIST. *How covid-19 exacerbates inequality*. London: March 26th 2020. Disponível em: <https://www.economist.com/britain/2020/03/26/how-covid-19-exacerbates-inequality >. Acesso em 15 abr. 2020; FOLHA DE SÃO PAULO. *Extrema pobreza aumenta e pode piorar com o Coronavírus*. São Paulo: 04 de abril de 2020. Disponível em: <https://www1.folha.uol.com.br/mercado/2020/04/extrema-pobreza-aumenta-e-pode-piorar-com-coronavirus.shtml >. Acesso em 15 abr. 2020.

por dia (extrema pobreza) e 75% com menos de US$ 2,00. Em 2002, esses números caíram, respectivamente, para 22% e 43%, não obstante o crescimento de um terço do número de habitantes da Terra. Por outro lado, os números continuam assustadores. Em 2012, ainda de acordo com o Banco Mundial, 1,3 bilhão de pessoas viviam em extrema pobreza e 2,5 bilhões com menos de US$ 2,00 por dia.[24] (HALE, HELD e YOUNG, 2013). Além disso, essa melhoria das condições de vida da população mundial considerada como um todo precisa ser ponderada com o fato de que, na verdade, concentrou-se em alguns países mais populosos, com destaque para o crescimento econômico da China[25] e do leste asiático, enquanto outros pequenos países mais pobres não foram beneficiados pelo crescimento da prosperidade global. Assim, não houve melhoria na qualidade de vida das pessoas mais pobres dos países mais pobres do mundo e, pelo menos, um sexto da humanidade continua a viver em condições de extrema pobreza. (BOURGUIGNON, 2015; STIGLITZ, 2015). Tal situação, como já mencionado, está se agravando em razão dos impactos sociais e econômicos da pandemia de Covid-19.

Ressalta-se também que, mesmo se considerarmos que o patamar fixado pela ONU seja adequado, em razão da distribuição desigual dos resultados do crescimento global, a erradicação da pobreza levaria 100 anos e, em uma perspectiva mais realista, tomando-se um critério ainda baixo (em torno de 5 dólares por dia), esse processo levaria 207 anos. Enfim, se a estratégia para a superação da pobreza for focada exclusivamente no crescimento econômico, para que os objetivos traçados sejam atingidos, seria necessário um crescimento de 175 vezes o PIB global, o que é ambientalmente insustentável. Isso implica a necessidade de um olhar crítico sobre as estatísticas a propósito da redução da pobreza no mundo, as quais, não raro, são manipuladas com o propósito de legitimar o sistema econômico. (PICTON, 2017).

---

24 Dados atualizados que reforçam essa tendência podem ser encontrados em: WORLD BANK GROUP. *World Bank Open Data*. Washington, DC: World Bank Group, 2019. Disponível em: <https://data.worldbank.org/>. Acesso em: 04 set. 2019; WORLD BANK GROUP. *Global Poverty Line Update*. Washington, DC: World Bank Group, 2019. Disponível em: <http://www.worldbank.org/en/topic/poverty/brief/global-poverty-line--faq>. Acesso em: 04 set. 2019.

25 Cf. Rodrik, 2011.

A Crise de 2008 não impediu a sequência desse movimento de crescimento da desigualdade no interior dos países, pelo contrário, ele até se intensificou.[26] (PIKETTY, 2014). A crise implicou substancial diminuição do crescimento econômico, o que provocou a redução pela metade dos salários médios globais entre 2008 e 2009 em comparação com os anos anteriores. Além disso, o desemprego mundial cresceu significativamente: em 2009 havia 29 milhões de pessoas desempregadas a mais do que nos anos anteriores. Embora em um primeiro momento o desemprego tenha atingido de forma mais intensa os países desenvolvidos, nos demais, a Crise levou, no mínimo, à precarização das condições de trabalho. Os impactos sobre a pobreza também são impressionantes: dados do Banco Mundial previam que em 2015 haveria 20 milhões de pessoas a mais em extrema pobreza na África Subsaariana e 53 milhões em todo o mundo, dentre outros indicadores negativos que indiretamente resultam da crise, por exemplo, nas áreas de educação e mortalidade infantil. (HALE, HELD & YOUNG, 2013). A recente retomada do crescimento da economia mundial não possibilitou uma reversão do processo de aumento da desigualdade. Além disso, teve suas expectativas frustradas a partir eventos como a "guerra comercial" entre a China e os Estados Unidos, dificuldades nas economias europeias e uma nova "crise do petróleo", sendo abatida pela pandemia de Covid-19.[27]

Nos Estados Unidos, depois da Crise, centenas de bilhões de recursos públicos foram empregados para salvar os bancos, e pouco para ajudar os proprie-

---

26 Cf. Krugman, 2014. De acordo com a consultoria de gestão *Boston Consulting Group*, "a riqueza privada do planeta – dinheiro administrado por instituições de gestão de fortunas e banco voltados para a alta renda – cresceu 14,6% de 2012 para 2013, passando de US$ 132,7 trilhões para US$ 152 trilhões. [...] Dentre os principais motivos estão o vigor dos mercados de ações, a estabilidade das economias industrializadas (EUA e Europa) e as políticas monetárias favoráveis da parte dos bancos centrais. Desde a crise financeira de 2008, a riqueza privada cresceu 60%, ou US$ 60 trilhões, de uma base inicial de US$ 92,4 trilhões. (FINANCIAL TIMES/FOLHA DE SÃO PAULO, 2014, p. B5).

27 O Fundo Monetário Internacional (FMI) prevê uma contração da economia global de 3% em 2020, a qual, se confirmada, representará o pior resultado desde 1930. Cf. GUIMÓN, Pablo. *FMI prevê contração de 3% na economia mundial em 2020, a maior desde 1930. Washington*: El Pais, 14 abr. 2020. Disponível em: <https://brasil.elpais.com/economia/2020-04-14/fmi-preve-contracao-de-3-na-economia-mundial-em-2020-a-maior-desde-1930.html>. Acesso em 16 abr. 2020.

tários de casas que se encontravam ameaçados pela incapacidade de pagarem suas hipotecas. Além disso, com o foco das medidas na recuperação do valor das ações e não no financiamento de pequenas e médias empresas, o que se observou foi o restabelecimento da riqueza dos ricos. Trilhões de dólares foram desnecessariamente desperdiçados para atender à demanda da parcela "1%" (ou menos) mais rica da população. Assim, nos três primeiros anos do denominado período de "recuperação" da economia norte-americana, 95% do crescimento da renda ocorreu entre os componentes do "1%". Embora as medidas adotadas no Governo Obama possam ter impedido evento semelhante à "Grande Depressão" dos anos 1930, não possibilitou uma recuperação econômica robusta, nem da renda da maioria dos norte-americanos. (STIGLITZ, 2015).

No Brasil, de acordo com estudo realizado em conjunto por IPEA (Instituto de Pesquisas Econômicas Aplicadas), PNUD (Programa das Nações Unidas para o Desenvolvimento) e Fundação João Pinheiro, o percentual de pessoas pobres cresceu 22% em 2015 em relação ao ano anterior, passando de 8,1% (menor percentual histórico) para 9,96% da população, o que significa que 4,1 milhões de pessoas ingressaram na pobreza. No mesmo período, 1,4 milhão de pessoas passaram à condição de extrema pobreza (crescimento de 3,01% para 3,63%). Tratou-se do primeiro aumento da pobreza observado na década, revertendo uma curva de redução na qual se registrou que o percentual de pobres caiu de 27,9% para 8,1% entre 2000 e 2014. O número de pessoas vulneráveis à pobreza também aumentou, passando de 22,1% para 24,3% (crescimento de 10%), índice que havia caído de 48,4% para 22,1% entre 2000 e 2014. Apurou-se, ainda, a primeira redução da renda *per capta* na década: passou de R$ 803,36 em 2014 para R$ 746,84 em 2015. Enfim, o IDHM (Índice de Desenvolvimento Humano Municipal) ficou estagnado pela primeira vez na década em razão da queda da renda, não obstante os dois outros componentes do indicador (longevidade e educação) tenham continuado a melhorar em 2015 (o primeiro se manteve no mesmo ritmo e o segundo desacelerou, mas continuou a melhorar).[28] (MADEIRO, 2017). Nos anos seguintes

28 Cf. o estudo completo: IPEA (Instituto de Pesquisas Econômicas Aplicadas), PNUD (Programa das Nações Unidas para o Desenvolvimento) e Fundação João Pinheiro. *Radar IDHM 2015*. Brasília: agosto, 2017.

os indicadores de emprego, renda e pobreza continuaram a se deteriorar, com projeções ainda piores com a pandemia de Covid-19.[29]

Persiste e se amplia uma profunda desigualdade entre os indivíduos ricos e pobres, seja dentro de um mesmo país (inclusive nos Estados Unidos e na Europa), ou entre diferentes países. (STIGLITZ, 2015). Bourguignon (2015, p. 38) denomina esse processo de "internalização da desigualdade global", de maneira que "[...] a desigualdade entre americanos e chineses será parcialmente substituída por mais desigualdade entre os ricos e os pobres nos Estados Unidos da América e na China".

Em síntese, está em curso um processo de aprofundamento da desigualdade entre os indivíduos ricos e pobres, seja no interior de cada país, ou entre diferentes país, e a formação dessa elite transnacional do 1% ou 0,1% mais ricos da população global tem relação direta com a mundialização financeira e constitui uma condicionante material fundamental para o déficit democrático da governança financeira global e para a análise das alternativas propostas para superá-lo ou mitigá-lo. Mais particularmente, temos a questão de como as instituições conferem instrumentos e legitimação jurídico-política para que essa diminuta parcela da população mundial exerça seu poder sobre a governança financeira global em seu favor, e se/como as instituições poderiam servir ao empoderamento dos 99%.

Isto posto, passamos a apresentar com maiores detalhes o que explica essa dinâmica de concentração de renda e capital.

A renda dos indivíduos pode ter dois tipos de origem: a remuneração do trabalho e as receitas decorrentes da propriedade do capital[30] (alugueis, juros, lucros, dividendos etc.). Assim, o aumento da desigualdade pode ocorrer

29 Cf. ORTE, Paola de. *FMI: PIB do Brasil encolherá 5,3% e desemprego chegará a 14,7% neste ano*. Rio de Janeiro: O Globo, 14 abr. 2020. Disponível em: <https://oglobo.globo.com/economia/fmi-pib-do-brasil-encolhera-53-desemprego-chegara-147-neste-ano-1-24370004>. Acesso em 16 abr. 2020.

30 Por capital entende-se "o conjunto de ativos não humanos que podem ser adquiridos, vendidos e comprados em algum mercado. Assim, o capital compreende, especificamente, o conjunto formado pelo capital imobiliário (imóveis, casas), utilizado para moradia, e pelo capital financeiro e profissional (edifícios e infraestrutura, equipamentos, máquinas, patentes etc.), usado pelas empresas e pela administração pública". (PIKETTY, 2014, p. 51-52). *Cf. Schneider, 2017.*

devido ao crescimento da diferença entre as remunerações pelo trabalho (em razão de nível educacional ou produtividade, por exemplo), ou então entre estas e aquelas oriundas do capital. A principal causa da volta do crescimento da desigualdade de renda a partir dos anos 1970 encontra-se nesta última dicotomia: em todos os países, é a propriedade desigual do capital e as receitas obtidas em função disso que determina a concentração de renda, sobretudo quando se considera o topo da pirâmide. A primeira explicação para isso é o crescimento econômico relativamente baixo observado tanto no século XIX como nas últimas décadas, quadro no qual "a taxa de remuneração do capital excede substancialmente a taxa de crescimento da economia", o que faz com que aumente a desigualdade entre os ganhos do capital e a remuneração do trabalho, realimentando, por sua vez, a capitalização patrimonial. Nessas condições, a herança exerce um papel fundamental na definição da hierarquia de rendas, pois "a riqueza herdada aumenta mais rápido do que a renda da produção", bastando para tanto que os herdeiros poupem uma parcela limitada da renda de seu capital. Assim, o enriquecimento, em regra, não é determinado pelo "mérito" (produtividade, esforço, vida austera etc.). Tende-se, assim, a uma sociedade "hiper-patrimonial" (ou uma "sociedade de rentistas"), ou seja, extremamente desigual (algo como 90% do patrimônio concentrado nos 10% mais ricos, e 50% para o "1%).[31] No que se refere à diferença de remuneração do trabalho, contribui também para o crescimento da desigualdade um fenômeno observado especialmente nos Estados Unidos, mas não só: o estratosférico aumento da remuneração das "supercelebridades" e dos "superexecutivos" das grandes corporações, os quais conseguem estabelecer sua própria remuneração por não serem disciplinados pelo mercado, nem encontrarem barreiras em normas sociais ou forças políticas, processo que também foi favorecido pelo desenvolvimento tecnológico e pela globalização (já que esses atores também se tornaram globais).[32] (PIKETTY, 2014, p. 9, 17-18, 24, 30, 33-34, 46, 48, 239, 259). Grandes rentistas e "superexecutivos" são dois tipos de atores que se beneficiam especialmente da globalização financeira e do déficit (ou ausência?) de controle democrático sobre sua governança.

---

31 Sobre a relação entre a "financeirização da economia", o crescimento da participação da renda no PIB e a formação de uma classe de rentistas, cf. Cornia, 1999; Singer, 2009.

32 Cf. Bourguignon, 2015; Krugman, 2014.

Nesse contexto, os rendimentos dos ativos financeiros cresceram a taxas muito mais altas do que a economia real, o que foi observado de forma complacente pelas autoridades financeiras, que viam na financeirização algo positivo para a economia global.[33] Dois efeitos importantes disso foram o crescimento do endividamento em relação ao PIB e a drenagem de recursos do setor produtivo pelo financeiro (deixa-se de investir no primeiro para se aplicar no segundo), o que, por sua vez, também dificulta o crescimento da economia real. (DAVIES, 2015).

A globalização constitui um fator importante para essa dinâmica, aparentemente paradoxal, de redução da desigualdade entre os países e de crescimento no interior de cada país. No que se refere à redução da desigualdade entre os países, a globalização propiciou transferências tecnológicas, a mobilidade de capital e trabalho altamente especializado, a abertura de mercados do Norte para países do Sul, bem como o incremento do comércio entre os últimos. Tudo isso possibilitou a transferência de empregos da agricultura e atividades artesanais para o setor industrial, com melhores remunerações nos países emergentes. Por outro lado, a globalização também favoreceu o crescimento da desigualdade nos países desenvolvidos devido à competição internacional no mercado de trabalho e a realocação de fatores de produção que exigem menor qualificação, pressionando pela redução dos salários dessa categoria de trabalhadores e, sobretudo, levando à desindustrialização de países desenvolvidos, ao mesmo tempo que ocorre a precarização do trabalho em outras regiões. No caso dos países subdesenvolvidos e emergentes, em primeiro lugar, em razão de especificidades internas, nem todos tiraram o mesmo proveito desse processo, sendo a performance espetacular da China a grande responsável pela redução dos níveis globais de desigualdade entre os países. Em segundo lugar, esse processo permitiu, particularmente no caso da China, a acumulação de fortuna por uma nascente classe empresarial dentro do processo de transição para o capitalismo, ao que se somam os diferentes níveis

---

33 "Entre 1980 e 2007 o PIB global nominal cresceu a uma taxa anual composta de 6,3 por cento. Na Europa, o crescimento nominal foi ligeiramente inferior a 5,9 por cento ao ano. Durante o mesmo período, os ativos dos bancos do mundo cresceram a uma taxa composta de 7,9 por cento por ano, enquanto os bancos europeus cresceram quase três vezes mais rápido do que a economia, a 19 por cento ao ano". (DAVIES, 2015, p. 6-7).

de desenvolvimento alcançados em cada região – fenômeno semelhante ao em curso na Índia. Enfim, em todos os casos, o capital (e não o trabalho) foi o principal beneficiário do processo de globalização comercial e da aceleração do crescimento econômico. Isso também vale para os países exportadores de produtos agrícolas e minerais, nos quais os grandes proprietários (e algumas vezes os Estados) é que mais se beneficiaram do aumento da demanda e dos preços das commodities.[34] (BOURGUIGNON, 2015).

Assim, a globalização atua na dinâmica da desigualdade em função do comércio internacional, mas também devido a liberalização do mercado financeiro e dos ajustes estruturais impostos em função dos interesses da elite financeira, como já descrevemos. A ausência de regulação e o livre fluxo de capitais facilita enormemente o contágio de crises financeiras e, ao final, quem arca com os custos são os trabalhadores e contribuintes: nas crises os ricos ficam mais ricos em razão das regras que moldaram a seu favor. Por outro lado, o fluxo de trabalhadores poderia levar à maior eficiência do mercado, bem como a melhorias salarias e nas condições de trabalho, mas isso não ocorre porque não atende aos interesses do "1%", e essa elite impede que tal decisão política seja tomada. As decisões políticas que modelam a globalização e a atuação dos Estados são, pois, decisivas para o crescimento da desigualdade. Não se trata de um fenômeno espontâneo, natural ou inevitável. (STIGLITZ, 2012).

Foram fatos políticos e políticas públicas, como já registramos, que permitiram a queda da desigualdade até os anos 1960, assim como foram decisões políticas, sobretudo no campo da tributação e das finanças que possibilitaram que ela voltasse a crescer a partir dos anos 1970.

Isso significa que a desigualdade é uma função da disputa de forças e de sentidos travadas entre os diferentes atores (e classes sociais) ao longo da história. Diante da estagnação econômica, do crescimento da inflação e da crise fiscal dos anos 1970, a opção política consistiu em privatizações, reduções de serviços públicos prestados diretamente pelo Estado, liberalização econômica e desregulamentação do mercado de trabalho, dos mercados financeiro e dos fluxos de capitais.

---

34 É o caso do Brasil, que, desde os anos 1990, vive um processo de desindustrialização e crescente dependência dos setores primários da economia, notadamente a mineração e o agronegócio. Cf. Wentzel, 2016.

Nesse contexto, uma escolha especialmente importante é a forma de financiar as despesas do Estado e, principalmente, para responder aos déficits fiscais enfrentados tanto por países ricos como pelos pobres partir dos anos 1970. Há apenas duas opções disponíveis: a tributação e o endividamento público, sendo a primeira o meio mais justo e eficaz, pois, *grosso modo*, com ela toma-se dinheiro daqueles que recebem maior renda e dispõem de maior riqueza para financiar as despesas públicas, ao passo o endividamento consiste em fazer empréstimos dessas pessoas, o qual, além de ter que ser devolvido, é remunerado com juros – aumentando, portanto, sua renda e seu patrimônio. Todavia, deu-se preferência à segunda alternativa – registrando-se, inclusive, uma diminuição dos impostos cobrados dos mais ricos – veja-se, no Brasil, a política de "desonerações tributárias", por exemplo. Com isso, observa-se no início do século XXI um crescimento significativo da dívida pública, aproximando-se, em muitos países, de seus picos históricos. (PIKETTY, 2014; BOURGUIGNON, 2015).

A dívida pública expressa, em todos os contextos, "relações de classe e o poder político que permitem aos ricos escapar amplamente, ou mesmo quase completamente, dos impostos". Com o crescimento do endividamento dos Estados, "os juros devidos sobre o principal da dívida (o serviço da dívida) absorvem uma fração sempre maior do orçamento do Estado, das receitas das exportações e das reservas do país, de sorte que a única maneira de fazer face aos compromissos do serviço da dívida é tomar um novo empréstimo". Chega-se, assim, ao que se denomina de "ditadura dos credores" ou "tirania dos mercados", ou ainda do "capital patrimonial". (CHESNAIS, 2005c, p. 39-40).

As dívidas soberanas constituem um problema para os países em desenvolvimento, não apenas em razão das "crises da dívida", ou seja, quando os governos não têm condições de pagar juros e parcelas de amortização em dia, mas também abrange sua própria gestão ordinária, pois seu pagamento drena enorme soma de recursos que poderiam ser empregados no desenvolvimento social e econômico dos países. Assim, há um fluxo de recursos dos países pobres para os ricos. Uma maneira de compreender o problema seria que os países pobres teriam emprestado muito dinheiro de forma irresponsável e utilizado mal esses recursos, de maneira que deveriam arcar com as consequências. Mas a questão não é simples assim. Em primeiro lugar, porque quem arca com os custos é o povo como um todo, e a decisão de emprestar muitas vezes foi tomada por governos autoritários ou fragilmente democráticos. Em segundo lugar, é comum o fato de os credores terem sido irresponsáveis ao emprestar, sem considerar os riscos envolvidos, além de haver uma assimetria de informações entre eles e os governos em favor dos primeiros. Diante das situações extremas, os Estados se veem diante de duas opções ruins: não pagar as dívidas, com o risco de colapso de suas economias, em razão da necessidade permanente do Estado e dos agentes privados por novos financiamentos internacionais; ou aceitar a assistência financeira do FMI acompanhada das condicionalidades que limitam drasticamente sua soberania econômica. (STIGLITZ, 2006).

A dívida pública, portanto, "alimenta continuamente a acumulação financeira por intermédio das finanças públicas", tanto pelas taxas de juros elevadas como pela redução dos impostos sobre a renda financeira. Assim, a riqueza construída por salários e lucros de atividades produtivas é tributada e depois transferida na forma de pagamento de juros para o setor financeiro por meio da parcela (crescente) do orçamento público reservada para essa finalidade. Além disso, acaba atuando como o "pilar do poder das instituições que centralizam o capital portador de juros", pressiona as políticas de austeridade que afetam aqueles que tem rendas menores e cria as condições para as políticas de privatização nos países "em desenvolvimento", pois, de um lado, temos o Estado endividado e precisando de dinheiro e, de outro, temos capital concentrado no setor financeiro que pode ser investido na aquisição do controle acionário de companhias estatais. (CHESNAIS, 2005c, p. 41-42).

O crescimento da dívida pública e das taxas de juros pagas pelo Estado, e a redução da tributação sobre o capital e a renda do capital são, pois, os principais instrumentos políticos por meio dos quais se transfere renda para a elite financeira e se favorece o crescimento da desigualdade. Esse padrão de relações não se alterou com a redução das taxas básicas de juros observadas recentemente no Brasil e no mundo em razão dos altos níveis de endividamento do Poder Público.

Além disso, não são os únicos instrumentos de concentração de renda. O setor financeiro também drena recursos diretamente da sociedade de outras formas, como: (1) manipulação de mercados, práticas monopolistas e anticompetitivas, abusos nas tarifas e juros de cartões de créditos, de "empréstimos predatórios e discriminatórios", valendo-se da assimetria de informações em relação aos clientes; (2) atuação desonesta que provoca instabilidade econômica e, consequentemente, reduz o crescimento da economia – e, como já descrito, nos contextos de baixo crescimento econômico a desigualdade tende a aumentar; (3) absorção de parte significativa dos recursos econômicos, os quais, caso contrário, poderiam ser investidos em atividades produtivas. (STIGLITZ, 2015; STIGLITZ, 2012).

Portanto, embora seja difícil mensurar seu impacto, são fartas as evidências de que a financeirização da economia e a mundialização financeira são decisivas para o crescimento da desigualdade que observamos hoje.[35] Provas disso são, por exemplo, a sobre-representação do setor financeiro no extrato social de mais alta renda, a maneira como a natureza de suas atividades tem possibilitado a obtenção de altíssimas rendas por operadores e executivos, e a oligopolização desse segmento econômico após a liberalização – cujo objetivo inicialmente declarado, registra-se, era incrementar a competitividade. (BOURGUIGNON, 2015; STIGLITZ, 2015; DAVIES, 2015).

Isso tudo só é possível porque existem regras jurídicas que autorizam tais práticas, pois todo sistema econômico tem regras e essas apresentam consequências para a distribuição da riqueza e da renda, para a eficiência e a estabilidade econômica. Não obstante seja verdade que a escassez e as transformações tecnológicas são fatores importantes para explicar o crescimento da desigualdade (seu crescimento após a Revolução Industrial é prova disso), as forças políticas são mais determinantes do que as econômicas, pois nas economias modernas são os governos que determinam as regras do jogo – por exemplo: o que é competição justa e quais ações são anticompetitivas e ilegais; quem perde e quem paga a conta quando ocorrem falências; o que são práticas fraudulentas proibidas; quais os parâmetros para a tributação; como será a oferta de bens públicos, como educação, seguridade social e infraestrutura etc. Nas últimas décadas ocorreu uma ação exitosa das elites financeiras para construir regras sobre o funcionamento da economia que lhes favorecem amplamente, em prejuízo do restante da sociedade. Isso, por sua vez, faz crescer a desigualdade de poder político, de maneira que a elite econômica continua a utilizar seu poder para moldar as regras do jogo a seu favor, contendo políticas redistributivas e perpetuando o crescimento

35 Nesse sentido, Cf. Davies, 2015; Boughton, Lombardi e Malkin, 2017.

da desigualdade econômica, constituindo um círculo vicioso. Portanto, a verdadeira inovação do "1%" foi criar mecanismos para se apropriar do dinheiro dos outros sem que esses tenham consciência desse processo, manipulando o direito a seu favor. Consequentemente, a grande divisão existente nas sociedades (não apenas na norte-americana ou na brasileira) é entre os muito ricos e o restante, ou entre o 1% e os 99%, os quais têm diferentes preocupações, aspirações e estilos de vida. Se a explicação para o problema é essencialmente política, isso significa, primeiramente, que não é inevitável, é uma questão de escolhas; em segundo lugar, a solução não se encontra no mercado em si mesmo, mas na política. (STIGLITZ, 2015, 2012).

A operacionalização dessa dominação política pelo setor financeiro ocorre por meio de diferentes estratégias, como: a "captura" dos reguladores, seja por benefícios financeiros (vêm do setor e retornam para ele após sua atuação no órgão regulador), como por adesão ideológica; e o *lobby* junto a reguladores e representantes eleitos; além, evidentemente, do financiamento eleitoral. (DAVIES, 2015, STIGLITZ, 2012).

Além disso, o crescimento da desigualdade econômica que, como destacado, se trata de uma tendência de longo prazo intensificada após a Crise, favorece a polarização política entre os "ganhadores" e os "perdedores" com a globalização e as transformações tecnológicas, o que se manifesta de forma intensa, inclusive, em termos espaciais, com a divisão entre as chamadas "cidades globais" (como Londres, Nova York e Shangai), em contraste com áreas rurais ou pouco industrializadas. Isso tudo contribui com rupturas nos vínculos políticos, essenciais à democracia, e com o crescimento de lideranças e movimentos populistas e nacionalistas. (HALE & HELD, 2017).

Em síntese, a acumulação e a concentração de riqueza são características inatas do sistema capitalista e, embora a desigualdade social tenha apresentado um declínio a partir da I Guerra Mundial, ela voltou a crescer dos anos 1970 em diante. Não se trata, porém, de um fato natural, decorrente das "leis do mercado", mas de uma construção política, sendo as decisões mais importantes neste campo a liberalização econômica, notadamente dos fluxos de capitais, e o crescimento do endividamento público ao invés da tributação da elite econômica, ambas opções que favorecem os rentistas, atores fundamentais do capitalismo financeiro, em detrimento do conjunto dos povos. A mundialização financeira expressa, pois, uma nova face da desigualdade econômica e da dominação política no sistema capitalista. Assim, não existirá efetiva democracia, pelo menos para 99% da população mundial, sem que essa consiga submeter as finanças globais ao seu controle.

Uma década após a Crise: impasses na governança global e ameaças à democracia liberal

A Crise de 2008, como veremos com maiores detalhes no Capítulo 1, suscitou, por um lado, muitas análises sobre as falhas e o déficit democrático da governança financeira global, bem como sobre os limites e contradições das democracias nacionais e, por outro, propostas e expectativas de reformas democratizantes.

Desde, pelo menos, os protestos de Seattle, em 1999, crescem movimentos de contestação ao modelo neoliberal de globalização, com atos simultâneos a reuniões subsequentes da Organização Mundial do Comércio (OMC), do Fundo Monetário Internacional (FMI) e do Banco Mundial, atuação de organizações como a ATTAC, mobilizações de estudantes, feministas, negros, e campanhas pelo perdão das dívidas dos países pobres, além do Fórum Social Mundial (FSM) como instância de articulação a partir da ideia de que "um outro mundo é possível".

Mais recentemente, observamos ações como o "Occupy Wall Street" nos Estados Unidos, a "Revolução das Panelas" na Islândia, os "Indignados" na Espanha e as "Jornadas de Junho de 2013" no Brasil, que se valeram das possibilidades trazidas pela internet para se articularem em redes e defendem a "reinvenção da democracia". Havia, portanto, sinais de esperança para transformação na ordem vigente, tanto nesses movimentos, como na crescente multipolaridade do poder global,[36] na deslegitimação do neoliberalismo e em diferentes projetos de reforma da governança global (do Conselho de Segurança da Organização das Nações Unidas (ONU) ao FMI, por exemplo). Porém, há grande distância entre a esperança que suscitaram e a implementação de mudanças políticas duradouras. (CASTELLS, 2013).

36 Nesse sentido, um fator importante é a influência crescente dos BRICS (Brasil, Rússia, Índia, China e África do Sul), em particular da China. Para análise mais aprofundada sobre o tema, cf. Mikko, 2014; Stuenkel, 2013.

Crises costumam ser consideradas momentos oportunos para mudanças significativas, mas qual seria o legado da "Crise de 2008"?

Trataremos dessa questão ao longo deste trabalho. Todavia, podemos desde já destacar que, da perspectiva econômica, embora as situações variem entre os diferentes países, além da dinâmica da desigualdade já discutida, de forma geral, a "Crise de 2008" não apresentou um desfecho tão grave quanto à "Grande Depressão" iniciada em 1929. Uma razão fundamental para isso foi a decisão dos Estados de intervirem para assegurar a liquidez do sistema bancário, diferentemente da opção "liquidacionista" adotada naquela época. Entretanto, as medidas adotadas não representaram "uma resposta duradoura para os problemas estruturais que tornaram possível a Crise", de maneira que o mundo continua suscetível a novas crises.[37] (PIKETTY, 2014, p. 460-461). E uma nova crise, mais intensa que a de 2008, chegou com a pandemia de Covid-19.

Na Crise de 2008, atuação dos governos dos Estados Unidos e de outros países para salvar os bancos permitiu que o capitalismo corporativo e a elite financeira sobrevivessem e regressassem à sua rotina de negócios, mas o restante das pessoas continuou a sofrer com estagnação ou queda de suas rendas, insegurança no trabalho e desemprego, de maneira que ganhos foram privatizados e perdas socializadas. (Polychroniou, 2017; SOLIMANO, 2014). Com a pandemia, os Estados mais uma vez precisaram intervir, tanto para enfrentar a doença como para tentar evitar o completo colapso das economias e a tragédia social. O que virá depois ainda se desconhece.

Tais desdobramentos sociais e econômicos têm repercussões políticas no âmbito doméstico, e essas, por sua vez, impactam na governança global, sobretudo aquelas que ocorrem nos Estados mais poderosos, pois as mudanças políticas internas levam a diferentes posturas em face da cooperação global.[38] (HALE, HELD & YOUNG, 2013).

---

37 Para uma minuciosa análise histórica comparativa entre a "Grande Depressão" iniciada em 1929, e a "Grande Recessão" que começou em 2007, destacando seus paralelos e suas diferenças, causas, efeitos, processos e respostas econômicas, e incluindo a "Crise Europeia" iniciada em 2010, cf. Eichengreen, 2015.

38 Há implicações recíprocas entre o regime político interno dos Estados e a governança global: se os governos forem autocráticos, as decisões no campo da governança global também tendem a ser tomadas por elites que exercem o poder, sem quaisquer possibili-

Depois do final da II Guerra Mundial, e especialmente na sequência da "Queda do Muro de Berlim", observou-se, no mundo ocidental, grande expansão e desenvolvimento da democracia, tanto no que se refere às eleições de dirigentes políticos e às franquias liberais, como às condições materiais de vida, notadamente nos países onde se edificou o "Estado de Bem-estar Social". Com diversos problemas, é verdade, também havia uma razoável aposta em relações internacionais pautadas pelo Direito Internacional e por procedimentos no âmbito de organizações de governança global (multilateralismo).

No caso brasileiro, o processo de redemocratização representou, em tese, a derrota do autoritarismo (e, de certa forma, do conservadorismo), com a construção de um pacto, consubstanciado na Constituição Federal de 1988, que combinou elementos do liberalismo político com a social-democracia. Nesses trinta anos, não faltaram crises e muitos problemas permaneceram, sejam políticos (dois processos de impeachment, diversos casos de corrupção, persistência de práticas patrimonialistas, clientelistas e fisiológicas etc.), sociais (desigualdade extrema de renda e riqueza, insuficiência e ineficiência nos serviços públicos de saúde e educação, violência urbana etc.), bem como no âmbito das liberdades civis (como a homofobia, os índices de feminicídio e a violência policial). Todavia, também existiam vários elementos indicativos de um processo de consolidação democrática, por exemplo: o respeito às regras e aos resultados eleitorais, com alternância de poder entre partidos com projetos distintos; o funcionamento independente do Judiciário e demais instituições do sistema de Justiça (inclusive garantindo a concretização de direitos civis e sociais por meio de decisões judiciais e desempenhando um importante papel no combate à corrupção); a estabilização monetária a partir do "Plano Real"; a redução da pobreza, da fome e das desigualdades (com as ressalvas já apontadas) por meio de políticas públicas sociais, como o Sistema Único de Saúde; crescimento econômico e mesmo algum protagonismo internacional.

---

dades de participação da sociedade civil; por outro lado, regimes democráticos tendem a favorecer a democratização da governança global (ressalvando-se a resistências de todo e qualquer Estado em ceder parcelas de suas competências soberanas). Por outro lado, as condições externas podem estimular práticas internas dos Estados tanto autocráticas como democráticas. (ARCHIBUGI & CELLINI, 2016).

Em termos globais, os ataques terroristas aos Estados Unidos de 11 de setembro de 2001 e, sobretudo, a crise econômico-financeira de 2007 - 2008 podem ser considerados como um ponto de virada para a denominada "crise das democracias maduras", com dois elementos estruturantes: (1) a ascensão de líderes e partidos políticos com perfil autoritário; (2) e o crescimento do nacionalismo.[39] Os grandes exemplos que demonstrariam a ocorrência desse fenômeno seriam a eleição de Donald Trump nos Estados Unidos, o *Brexit* no Reino Unido, o avanço de partidos, lideranças e movimentos nacionalistas, xenófobos e autoritários em diversas partes da Europa, como na França, o fim do bipartidarismo e a crise do Estado na Espanha, dentre outros.[40] (HELD, 2016, 2017; CASTELLS, 2017).

No Brasil, as manifestações de junho de 2013 podem ser consideradas o ponto de inflexão. Tendo como principal ideia-força a expressão "não me representa", elas compreenderam uma severa "crítica contra a forma como

39 O autoritarismo contemporâneo, na perspectiva de Levitsky e Ziblatt (2018), apresenta quatro características: (1) a "rejeição das regras democráticas (ou compromisso débil com elas)"; (2) a "negação da legitimidade dos oponentes"; (3) a "tolerância ou encorajamento à violência"; (4) a "propensão a restringir liberdades civis de oponentes, inclusive a mídia". O nacionalismo, por sua vez, tem como elementos fundamentais: (1) a xenofobia e a culpabilização dos imigrantes por todos os males econômicos e sociais (desemprego, queda de renda, terrorismo etc.); (2) restrições à globalização econômica e a rejeição a organizações de governança internacional e transnacional.

40 Chevallier (2009, p. 190-192) descreve esse fenômeno como uma "crise do liame político", que compreende a interconexão de três crises: econômica, social e moral ("traduzida pela perda das referências e pela elevação do sentimento de insegurança"). Cresce, assim, a desconfiança dos cidadãos em face dos representantes políticos, o que pode, inclusive, ser empiricamente observado no aumento das abstenções nas eleições, na queda da filiação e do engajamento partidário, e por meio de pesquisas de opinião. No mesmo sentido, Castells (2017, p. 7-8) assevera que está em curso "[...] a ruptura da relação entre governantes e governados. A desconfiança nas instituições, em quase todo o mundo, deslegitima a representação política e, portanto, nos deixa órfãos de um abrigo que nos proteja em nome do interesse comum", de maneira que estaríamos diante do "colapso gradual de um modelo político de representação e governança: a democracia liberal". Há, portanto, uma crise de legitimidade política, ou seja, "o sentimento majoritário de que os atores do sistema político não nos representam". Na verdade, todas as instituições de mediação política atravessam uma crise de legitimidade: parlamentos, governos, partidos, sindicatos, imprensa.

operam e funcionam os partidos e o sistema partidário existentes", bem como a própria forma de organização política baseada nos partidos, um clamor por uma profunda reforma política, não apenas uma "reforma eleitoral", mas também uma transformação na "cultura política". (NOBRE, 2013, p. 143).

O que se observou na sequência (não necessariamente como uma relação de causalidade), porém, foi a passagem de um momento de grande confiança no progresso político e econômico do país, para uma prolongada crise econômica e política, com descrença generalizada nos partidos e lideranças em torno das quais se equilibrava o processo democrático, destacando-se, dentre outros fatos: a "Operação Lava-jato" (iniciada antes das manifestações) que representou a quebra de um sistema corrupto, mas, por outro lado, de regras e procedimentos consagrados no universo jurídico; o controverso processo de impeachment de Dilma Rousseff; retrocessos sociais e a crise ética no Governo Temer; o Judiciário, em particular o STF, com sua postura errática e incapacidade de garantir segurança jurídica e estabilização de expectativas; a eleição de Jair Bolsonaro Presidente da República e um governo marcado por discursos e práticas autoritárias e populistas, incapacidade de diálogo, coordenação administrativa e articulação política, e de confronto permanente com seus opositores e instituições essenciais à democracia, como Congresso Nacional, Supremo Tribunal Federal, imprensa, universidades, institutos de pesquisa e a comunidade científica em geral, movimentos sociais, defensores de direitos humanos, organizações da sociedade civil e instâncias participativas e, no limite, com a própria Constituição de 1988 e o regime por ela estabelecido.[41]

A análise sobre as explicações para esse fenômeno extrapola os objetivos deste livro, destacando-se, todavia, que costumam compreender seis hipóteses: (1) crescimento da desigualdade de renda e riqueza, com especial prejuízo para a classe média; (2) crise de governança dos Estados e das organizações internacionais, transnacionais e regionais; (3) crise do sistema de representação por partidos e participação política e cidadã, e diminuição da confiança no Estado e no representante político; (4) movimentos identitários e narrativas fragmentadas das lutas por direitos; (5) influência

41 Cf. Avritzer, 2018.

do "mundo midiático multimodal" no processo político; (6) falhas nos arranjos institucionais.

Além do debate já apresentado anteriormente sobre o crescimento da desigualdade, desses fatores, destacamos a crise da governança global. Hale e Held (2017) afirmam que a ordem internacional liberal, construída a partir de 1945, estaria a caminho do colapso, o que nos leva a uma situação paradoxal, pois vivemos em uma época cujos destinos dos diferentes povos são mais interdependentes do que em qualquer outro momento histórico, o que exige cooperação global, ao mesmo tempo em que o crescimento do populismo e do nacionalismo criam grandes obstáculos a avanços nessa cooperação e levam a buscas de alternativas centradas em cada Estado. Isso ocorre, conforme assinalado pelos referidos autores, em uma relação de mútuo reforço: as falhas na governança global e os consequentes problemas delas decorrentes favorecem a ascensão do nacionalismo e do populismo, e esses, por sua vez, inviabilizam nossa capacidade de cooperação global.

A pandemia de Covid-19 constitui exemplo extremo da interdependência dos destinos dos povos, da exigência de coordenação global e da predominância de respostas de caráter nacionalista, não obstante os esforços de cooperação empreendidos pela Organização Mundial da Saúde (OMS). No enfrentamento da dimensão econômico-financeira da crise, instituições como o Fundo Monetário Internacional (FMI) e o Banco Mundial, dentre outros atores da governança financeira global, têm um papel fundamental a desempenhar.

A gravidade dos problemas presentes, porém, tem levado muitos analistas a superestimar ou simplificar demais as tendências negativas, além de gerar uma incapacidade de se perceber processos positivos. Isso tem muito a ver com a tendência que temos a idealizar o passado, bem como a enfatizar os aspectos negativos. A avaliação do contexto atual é influenciada por uma "nostalgia dos anos 1990 e início dos anos 2000 como um período de forte comprometimento global com normas liberais". Todavia, naquele período também havia manifestações de forças antiliberais e antidemocráticas. Isso não significa que os desafios para a democracia não tenham aumentado recentemente, mas não existiu um momento ideal da democracia liberal após o final da Guerra Fria, e os problemas enfrentados atualmente variam em grau, mas não em gênero (CAROTHERS & YOUNGS, 2017), tratando-se, muitas vezes, da exacerbação de limites estruturais dos modelos liberais de democracia.

Outra possível leitura do atual contexto político é que, não obstante as implicações terríveis para as perspectivas de justiça social e econômica, de sustentabilidade ambiental etc. de fatos como a eleição de Donald Trump, eles também representam um grande revés para o neoliberalismo hegemônico nos últimos 50 anos, o que abre possibilidades para o fortalecimento de alternativas progressistas. Assim, o pessimismo da análise deve estar acompanhado de uma visão sobre as oportunidades que podem se abrir. Oportunidades para construir a contra-hegemonia política, ou seja, sistemas de ideias e significados sociais que orientem os esforços para confrontar a hegemonia e superar a dominação política. (KAUFMAN, 2017).

Há, portanto, por um lado, uma série de grandes obstáculos para os regimes democráticos contemporâneos, e maiores ainda para projetos de democracia global, sobretudo em função dos impasses na governança global, da crise da democracia liberal, com o crescimento do autoritarismo e do nacionalismo, e limites estruturais impostos pelo capitalismo financeiro global. Por outro lado, as oportunidades para a concretização de alternativas democráticas que situações de crise possibilitam não podem ser desprezadas. O fato é que a superação dos impasses na governança global e, sobretudo, sua democratização, exigirão mudanças políticas radicais que só podem ser concebidas como um projeto de longo prazo.

Um último fenômeno que ressaltamos para concluir este panorama sobre o contexto político-econômico de nossa análise é a ascensão da China, que pode se tornar, em poucos anos, a maior economia global, e assume crescente liderança geopolítica, rivalizando com a Europa e, particularmente, com os Estados Unidos. Embora não existam condições para predição segura sobre o futuro nestes tempos de enorme incerteza, é inegável que o balanço real de poder, como veremos na sequência deste livro, altera-se profundamente, e isso se reflete em demandas por revisão das estruturas e dos processos decisórios de governança global.[42] O fato de a China adotar um regime político autoritário é um elemento crucial a ser considerado nessa nova configuração geopolítica.

42 Sobre os impactos do Coronavírus na redefinição da ordem global, cf. Campbell & Doshi, 2020.

Objeto da obra: alternativas para a democratização da governança financeira global

O objetivo geral desta obra é, como já assinalado, mapear alternativas político-institucionais para a reforma da governança das finanças globais que apresentem como propósito (explícito ou implícito) a ampliação de sua legitimidade política e sua democratização. Já os objetivos específicos compreendem:

(1) diagnosticar as diferentes dimensões do déficit democrático da governança financeira global e as relações que estabelecem entre si. Embora a investigação tenha como propósito o "mapeamento de alternativas", a análise dessas tem como pressuposto uma adequada compreensão do problema ao qual pretendem responder. Nesse diagnóstico consideramos tanto a perspectiva *liberal* como a *crítica*;

(2) sistematizar as diferentes propostas teóricas de democracia na esfera global e democratização da governança financeira global a partir das grandes categorias "reformistas" (ou *problem-solving theory*) e críticas (ou radicais), diferenciando-se, ainda, as de natureza procedimental e as substantivas. As primeiras compreendem variantes da democracia cosmopolita e a proposta de *global stakeholder democracy*. As últimas abrangem autores marxistas que se dedicam à temática da globalização e outras perspectivas radicais vinculadas, por exemplo, à ideia de "cosmopolitismo dos subalternizados". Entre ambas,[43] tamos a *democracia discursiva global* e a *democracia interativa*, que podem ser consideradas críticas no sentido de que rompem com elementos estruturantes da democracia liberal, mas mantêm a centralidade da racionalização dos conflitos políticos e não questionam os fundamentos do sistema capitalista. Consideramos inicialmente seus argumentos críticos, mas excluímos de nosso campo analítico as perspectivas teóricas sobre a governança financeira global

43 De maneira bastante simplificada, podemos contrapor o Liberalismo e o Marxismo como as grandes correntes da teoria política, o primeiro fundado no individualismo e o segundo na centralidade das classes sociais na definição dos conflitos políticos, com suas diferentes visões sobre o papel do mercado (organizar os interesses individuais ou produzir desigualdade e opressão) e perspectivas metodológicas (abstração a-histórica e análise da história determinada pelas forças materiais). Todavia, é preciso ir além dessas categorias, considerando-se tanto perspectivas críticas do liberalismo, como diferentes variantes de inspiração marxista. (DRYZEK, HONIG & PHILLIP, 2006).

de acordo com as quais sua democratização não é uma questão necessária ou relevante (neoliberais) ou que, embora reconhecendo sua relevância e necessidade em tese, a consideram impossível (céticos ou realistas), de maneira que caberiam apenas respostas no sentido de "renacionalização";

(3) sistematizar as principais propostas de reforma com propósitos de democratização da governança financeira global implementadas ou projetadas por organizações internacionais ou transnacionais e cúpulas de Chefes de Estado ou de Governo, verificando se apresentam caráter apenas incremental ou também radical, se almejam apenas a promoção de ajustes no sistema hegemônico ou se assumem uma perspectiva contra-hegemônica;

(4) estabelecer um quadro nos mesmos moldes do item anterior para propostas apresentadas por organizações não-governamentais e movimentos sociais. Registramos que os movimentos em si não são nosso objeto de estudo, mas as alternativas por eles formuladas;

(5) analisar criticamente as alternativas mapeadas, considerando-se tanto critérios normativos (conceito normativo de democracia) como empíricos (adequação e plausibilidade em face do diagnóstico sobre as dimensões do déficit democrático da governança financeira global e das forças que poderiam concretizá-las ou bloqueá-las). Para tanto, procuramos explicitar os potenciais e os limites tanto das perspectivas reformistas como das radicais, considerando-se, por exemplo, aspectos como a efetividade da participação nos processos decisórios e as possibilidades de as decisões serem concretizadas diante da desigualdade real de poder e conhecimentos técnicos. Um aspecto fundamental nessa discussão é a possibilidade de se obter mudanças radicais pela via incremental.

Em se tratando de uma abordagem no âmbito da Teoria do Estado, a análise tem como ênfase as instituições jurídico-políticas, ressaltando-se que não realizamos um estudo econômico sobre as medidas econômicas e regulatórias adotadas ou projetadas, mas sim uma análise jurídica e política de possíveis reformas das instituições a partir da ideia de "democratização". As reformas regulatórias citadas apresentam apenas o propósito de ilustrar espécies de controvérsias que deveriam ser objeto de decisões democráticas – ou seja: sobre o que se decide quando nos referimos à governança financeira global? Enfim, assinalamos que nosso recorte temporal tem como marco inicial a crise econômica e financeira de 2008 e julho de 2019 como final, embora tenham sido necessárias incursões sobre debates propositivos anteriores e sobre transformações políticas, sociais e econômicas posteriores.

Método e técnicas empregados: o mapeamento de alternativas

Dentro do quadro epistemológico definido da Teoria do Estado, o método especificamente empregado foi o mapeamento crítico de alternativas. Por mapeamento, entendemos a observação crítica das instituições e projetos institucionais, a análise de suas falhas, limites, qualidade e potenciais, buscando-se alternativas para seu aperfeiçoamento (UNGER, 1996), o que confere um caráter normativo e propositivo a esta investigação.

Para tanto, contribuiu de maneira fundamental a ideia de "experimentalismo democrático", desenvolvida por Unger (1996, 1999, 2001, 2015), da qual extraímos as seguintes diretrizes: (1) a urgência da imaginação de novos arranjos institucionais para enfrentarmos os problemas de nosso tempo exige a superação da prostração intelectual e política diante da suposta ausência de alternativas, a qual decorre do "fetichismo institucional" e do "fetichismo estrutural"; (2) as transformações institucionais não precisam assumir um caráter global e revolucionário, pois podem ocorrer por meio da somatória de pequenas mudanças orientadas pela ideia de "reforma radical", e a partir da identificação das "oportunidades transformadoras"; (3) para tanto, a imaginação institucional deve partir das circunstâncias históricas, tomadas como condicionantes e não como impedimentos absolutos, para então construir ideias programáticos realistas; (4) os modelos teórico-normativos não devem ser dissociados da análise empírica na avaliação e projeção de instituições; (5) as propostas de experimentação democrática não são neutras; (6) é preciso combinar a mobilização social com a participação institucionalizada por meio de desenhos ousados e inclusivos; (8); as instituições não devem ser desenhadas para um cidadão idealizado, mas considerar os sujeitos reais com suas limitações.

Neste mapeamento de alternativas, a principal técnica utilizada foi a revisão bibliográfica orientada pelas questões formuladas na definição do problema de pesquisa. A coleta e a análise do material bibliográfico foram desenvolvidas em cinco etapas:

(1) leitura dos trabalhos previamente selecionados que, a partir de conhecimentos prévios, entendemos ser os mais representativos das diferentes

correntes teóricas que abordam os temas da democracia na esfera global e, em particular, da democracia no âmbito da governança financeira, além de um conjunto de referências sobre "mundialização financeira", "Crise de 2008" e "desigualdade de patrimônio e renda no século XXI";

(2) coleta e análise de trabalhos que apareceram como referências recorrentes no primeiro bloco de leituras;

(3) busca complementar no sistema dos acervos físico e digital da Biblioteca *Bill Bryson* da Universidade de Durham a partir das palavras-chave "governança financeira global e democracia";

(4) busca, desde a primeira edição de 2008 (corte temporal inicial estabelecido no projeto) até a última disponível em janeiro de 2018 (quando encerramos o período de coleta), nas seguintes revistas consideradas de destaque para o campo da investigação:[44] *American Political Science Review, American Review of Political Economy, European Journal of International Relations, European Political Science Review, Global Governance, Global Policy Journal, Governance, Historical Materialism, International Political Science Review, International Politics, International Review of Finance, International Theory, Journal of Democracy, New Left Review, Review of International Law & Politics, Review of International Organizations, Review of International Political Economy, The Journal of Political Philosophy*;

(5) pesquisa sobre a produção brasileira disponível na plataforma *Scielo* (todos os arquivos disponíveis, sem recorte temporal) e no *Google Acadêmico* (2008 a 2019), considerando-se as seguintes palavras-chave: "governança financeira global e democracia". Na *Scielo* encontramos apenas oito artigos pertinentes ao objeto da pesquisa, enquanto no *Google Acadêmico* foram seis trabalhos.

Nos blocos 2 a 5 realizamos uma verificação preliminar do material coletado e aprofundamos o estudo dos textos que se mostraram efetivamente relevantes para o objeto da investigação. Desta forma, procuramos controlar tanto a publicação já consolidada em livros, como os mais recentes artigos pertinentes ao problema investigado (tanto de natureza teórica como resultantes de pesquisas empíricas), compondo um acervo bibliográfico interdisciplinar que compreende os campos da Ciência Política, do Direito, da Economia, das

44 As revistas foram selecionadas considerando-se suas citações nas obras lidas, sugestões do supervisor do estágio de pesquisa e sua notoriedade.

Relações Internacionais e da Sociologia. Ressalva-se que, embora fosse nosso intento inicial, decidimos não avançar na análise da produção latino-americana, o que poderá ser objeto de futuras pesquisas, visto que o material utilizado já é bastante vasto e diversificado.

Em caráter complementar, também a partir das mesmas questões, realizamos a coleta de documentos[45] produzidos por dois tipos de fontes: órgãos oficiais (em sentido amplo) e organizações não-governamentais e movimentos sociais que militam no âmbito da democracia e da justiça globais. No primeiro caso, tratam-se de normas, projetos normativos, relatórios e declarações; no segundo, referem-se a diferentes formas de manifestação escrita de caráter propositivo. Em ambos os casos, são materiais produzidos a partir de 2008, coletados em seus portais na internet, que tratam de reformas na governança financeira global que, direta ou indiretamente, e com diferentes sentidos, refiram-se à ideia de "democratização".

Tais documentos não foram analisados em profundidade, mas utilizados para verificação e complementação de informações apresentadas na bibliografia, e constitui acervo já organizado para o desenvolvimento de pesquisas futuras. Os órgãos oficiais compreenderam: ONU, Grupo dos 20 (G20), Banco Mundial, FMI, Banco de Compensações Internacionais (*Bank for International Settlements - BIS*), Conselho de Estabilidade Financeira (*Financial Stability Board - FSB*), Organização Internacional de Comissões de Valores Mobiliários (*International Organization of Securities Commissions - IOSCO*), *International Association of Insurance Supervisors (IAIS)*, Força Tarefa de Ação Financeira (*Financial Action Task Force - FATF*), Fórum Conjunto sobre Conglomerados Financeiros (*Joint Forum on Financial Conglomerates*), Bancos Centrais, Normas dos Estados Unidos da América em matéria de regulação do sistema financeiro. Já as organizações não-governamentais e os movimentos sociais considerados foram: *Advocacy International, ATTAC, Europa Global Justice Movement, Finance Watch, Fórum Social Mundial, Global Solidarity Summit, International Jubilee Debt Campaign, Make Finance Work, New Rules for Global Finance, Occupy Wall Street, Os Indignados, Revolução das Panelas* e *The Tax Justice Network*.[46]

45 Cellard, 2010, p. 295-316.

46 Todo esse material está disponível em <cidadaniaativa.franca.unesp.br>.

Organização do Livro

Este livro é dividido em três capítulos. No primeiro, tratamos da governança financeira global e de seu déficit democrático, compreendendo: a conceituação de globalização e governança global, a configuração das finanças globais e de sua governança; a descrição da complexa rede de instituições responsáveis pela governança financeira global; uma análise sobre a "Crise de 2008"; e, finalmente, uma discussão sobre as várias dimensões do déficit democrático da governança financeira global. No segundo capítulo, tratamos das diferentes alternativas para a democratização da governança financeira global formuladas no âmbito da produção teórica. Já o terceiro capítulo é dividido em duas grandes partes: uma dedicada à análise das alternativas concebidas no âmbito das instâncias de governança global; e outra dos projetos que identificamos em movimentos sociais e organizações não-governamentais.

Assim, esperamos contribuir com o avanço da Teoria do Estado no Brasil de duas formas: (1) pela ampliação de um campo de estudos (democracia e globalização financeira) sob a ótica da disciplina; (2) pela análise de uma produção teórica estrangeira pouco explorada em seu âmbito. Temos consciência da amplitude do objeto deste livro. Todavia, almejamos apenas empreender um mapeamento crítico – ou seja, analisar e sistematizar rotas já desbravadas, de maneira que possam ser percorridas com diferentes olhares por nós e outros pesquisadores e, possivelmente, sinalizar caminhos alternativos. Não se pretende, pois, oferecer respostas consolidadas, mas abrir novos campos de investigação.

Governança financeira global e seu déficit democrático

Mapear criticamente alternativas político-institucionais significa identificá-las e avaliá-las quanto à sua adequação e viabilidade. Esse exercício avaliativo, por sua vez, pressupõe critérios de natureza normativa, empírica ou mista (adequado e viável em relação a que?). Toda avaliação em matéria política implica escolhas valorativas - não existe avaliação neutra. Assim, na Introdução já fixamos o conceito de democracia empregado e os valores que o informam, os quais constituem os parâmetros políticos que utilizaremos. Por outro lado, a avaliação da adequação e da viabilidade das alternativas também requer a compreensão da realidade em que são apresentadas. Disso decorre a exigência deste capítulo preparatório para o mapeamento de alternativas a ser empreendido, tendo como objetivo o diagnóstico (descrição/explicação) do déficit democrático da governança financeira global.

Para tanto, inicialmente, discutiremos os dois fenômenos gerais que constituem o campo desta investigação, ambos científica e politicamente controvertidos: a globalização e a governança global. Em seguida, trataremos especificamente das finanças globais e de sua governança, procurando compreender suas características fundamentais e a maneira como foram historicamente construídas, quais as forças políticas e econômicas que determinaram essa configuração, com um destaque para as transformações do capitalismo e o papel do Estado. Em terceiro lugar, faremos um panorama sobre a complexa rede de instituições responsáveis pela governança financeira global. Posteriormente, cuidaremos da caracterização, das explicações e de algumas consequências da "Crise de 2008", a qual colocou novamente a governança financeira no centro da agenda política e acadêmica, e suscitou vários projetos de reforma. Com isso, teremos os elementos necessários para delimitarmos o sentido, as dimensões e o alcance do déficit democrático da governança financeira global.

Globalização e governança global

A integração e a interdependência entre os povos é um fenômeno em curso desde as primeiras migrações humanas, intensificando-se nos séculos XV e XVI. Porém, a partir dos anos 1970 e, sobretudo, do final da Guerra Fria, ganhou proporções em termos de escopo e consequências que fizeram com que a ideia de globalização se tornasse central para a compreensão dos processos políticos, econômicos e culturais, assim como objeto de muitas controvérsias: seria um fenômeno real ou uma construção ideológica com o propósito de legitimar novas formas da velha dominação capitalista? Seria um fenômeno novo? Estaria se esgotando?

O interesse da Teoria do Estado pela globalização se deve especialmente à sua associação com a perda do controle do Estado sobre o governo da economia – um dos elementos fundamentais do exercício da soberania. Estaríamos diante do fim ou de uma radical transformação no sentido da soberania?

As respostas a essas indagações são complexas e aparentemente paradoxais, pois: a globalização é tanto um fato como um discurso ideológico, um processo histórico de séculos, mas que assumiu características peculiares nas últimas décadas, e o Estado é simultaneamente agente e objeto desse processo, transformando-se, mas subsistindo como ente fundamental da organização política.

Embora seja um processo em desenvolvimento ao longo de séculos, não há precedentes para os atuais níveis de compartilhamento de riscos e destinos nos campos ambiental, da segurança e econômico, exemplificados, respectivamente, pelas mudanças climáticas, pelas ameaças do terrorismo, da criminalidade internacional e de guerras nucleares, e do contágio das crises financeiras. O mesmo vale para a aceleração das interações e dos processos globais, em razão do desenvolvimento das tecnologias de transporte e comunicação, do crescimento das dimensões das redes e fluxos comerciais, financeiros, de investimentos, culturais etc., e o caráter transfronteiriço assumido pelas atividades políticas, econômicas e sociais.

Os Estados tornaram-se incapazes de responder satisfatoriamente de forma isolada a diversos problemas e demandas da sociedade, tendo sua autonomia, especialmente em matéria de política econômica, restringida, de maneira que tendem muito mais a perseguir estratégias de adaptação às exigências da economia global do que objetivos nacionalmente definidos. Por outro lado, a globalização não é simplesmente uma tendência histórica inevitável, mas uma construção política a partir de determinadas circunstâncias econômicas, de maneira que foram os Estados que determinaram suas regras, particularmente as elites daqueles mais poderosos, industrializados e desenvolvidos. Além disso, embora seja a tendência dominante da economia global, não é a única, sendo acompanhada pela regionalização. Assim, a globalização é desigual e hierarquizada em função das relações de poder: manifesta-se de forma distinta entre países, grupos e mesmo indivíduos, não afeta a todos da mesma maneira em termos de oportunidades e bem-estar; o acesso às redes globais é assimétrico, e não se funda em regras justas e equitativas, mas desenhadas conforme os interesses da elite capitalista. Diante disso, os Estados (de forma assimétrica e desigual) não perderam sua importância e mesmo protagonismo, mas precisam compor com outros atores na resposta a problemas individuais e comuns. Em suma, a globalização não constitui nem um fenômeno autorreferenciado, nem a simples projeção do poder dos Estados dominantes em determinado momento histórico – os britânicos e os norte-americanos na história recente, mas sim o resultado de uma interação dialética entre o nacional (e local) e o global, decisões políticas e condicionantes econômicos estruturais.[1]

Essa interdependência que caracteriza a globalização e a existência de problemas comuns que não são adequadamente resolvidos no âmbito dos Estados gera a demanda pelo que se denomina de *governança global* (KOENIG-ARCHIBUGI, 2002), a qual, por sua vez, reforça a interdependência.

1 Sobre a compreensão do fenômeno da globalização, com diferentes perspectivas, cf. Held e Maffetone, 2016a; Held e Mcgrew, 2007; Held, 1998; Cassese, 2010; Germain, 2010; Castells, 2004; Rouseneu, 2002; Faria, 2002; *Gill, 2002*. De acordo com Castells (2004, p. 99), "o termo *globalização* se refere ao fato de que vivemos em sociedades cujas funções centrais são determinadas por processos globalmente articulados em tempo real. As tecnologias de comunicação e transporte, os meios de comunicação globalmente inter-relacionados e a criação da internet e de outras redes de informática são a espinha dorsal desse processo de interdependência global que, naturalmente, embora não tenha sido ocasionado pela tecnologia, é por ela intermediado".

A ideia de governança foi incorporada ao debate político a partir do diagnóstico da "crise do Estado", o qual não é novo: no início do século XX já fora apontada diante da emergência de atores internos que confrontavam o poder soberano do Estado, como sindicatos e grupos industriais; posteriormente, o tema foi retomado em face da emergência de poderes públicos internacionais; e, finalmente, em razão de problemas relacionados à ineficiência dos serviços públicos estatais e à transferência de suas atividades para sujeitos privados.[2] (CASSESE, 2010).

Governança é um conceito que se contrapõe ao de governo. Ambos se referem ao exercício de alguma forma de autoridade para assegurar o funcionamento e a estabilidade de um sistema, tendo em vista determinados objetivos. Porém, o governo é uma organização hierárquica e com algum grau de centralização, uma autoridade formalmente reconhecida e capacidade para estabelecer regras e impor seu cumprimento, se necessário pelo recurso à força – refere-se, pois, à estrutura e à forma de atuar dos Estados soberanos. Já a governança refere-se à ordenação de um determinado sistema por meio de instituições e regras que facilitam a cooperação e a coordenação entre diferentes atores, ou seja, não há um poder central com capacidade para impor sua vontade nem necessariamente uma autoridade formalmente reconhecida, recorrendo-se a arranjos variados e mecanismos diversificados de efetivação, como acordos voluntários e padrões de conduta aos quais os atores aderem em função da repercussão disso para sua reputação. Tanto o governo como a governança podem ou não ser efetivos em face dos problemas cuja solução lhes é demandada. (HELD & MAFFETTONE, 2016a; HALE & HELD, 2011; KOENIG-ARCHIBUGI, 2006; ROUSENEU, 2002; CZEMPIEL, 2000). Um cuidado especial que precisa ser tomado na aplicação desse conceito é não despolitizar a análise sobre as relações de poder, reduzindo-as a meras questões técnicas, de eficiência.

A aplicação do conceito de governança à esfera global foi bastante influenciada por uma transformação fundamental na Teoria das Relações

2 Nesse contexto, governança tornou-se um conceito muito empregado, porém, inclusive em função disso, é bastante impreciso, referindo-se, pelo menos, a seis sentidos: "Estado mínimo; governança corporativa; a nova Administração Pública; 'boa governança'; sistemas *socio-cibernéticos*; e redes auto-organizadas". (RHODE, 1996).

Internacionais a partir das ideias desenvolvidas por Keohane e Nye em *Power and Interdependence*, publicado originalmente em 1977, e aprofundadas por Keohane em *After Hegemony* (1984) e outras obras. A teoria que desenvolveram, denominada de teoria dos "regimes internacionais" e classificada como um "institucionalismo neoliberal" ou um "realismo estrutural modificado/atenuado", contrapunha-se às teorias neorrealistas então dominantes, ao enfatizar a importância e os limites das instituições internacionais como "[...] uma resposta racional para a crescente interdependência entre os países". (HALE & HELD, 2011, p. 6). Outros dois aspectos centrais de sua argumentação são a atribuição da mesma importância às questões econômicas que aquela até então dispensada para as de segurança, e a ênfase no fato de que não apenas os governos, mas também outros atores, sobretudo as corporações transnacionais, seriam ativos e relevantes na política internacional. (CZEMPIEL, 2000). Vejamos com maior detalhamento como os referidos autores constroem sua teoria.

Keohane (1984) explica que, de acordo com a perspectiva realista, a política mundial se organiza como uma espécie de *estado de natureza hobbesiano*, ou de forma anárquica - pois não há uma autoridade governamental global capaz de promulgar normas para reger o comportamento dos Estados e com poder para assegurar seu cumprimento. Assim, os conflitos e as guerras ocorreriam porque cada Estado é o juiz de seus próprios interesses e, muitas vezes, vale-se da força para tentar atingir os objetivos que julga legítimos. Além disso, só haveria estabilidade e cooperação na vigência da hegemonia de um Estado, não haveria a institucionalização da cooperação com fundamento em objetivos compartilhados - o que na prática se observa em uma série de acordos nos campos do comércio, das finanças, das telecomunicações, da proteção ambiental etc. No extremo oposto, temos os "institucionalistas", de acordo com os quais a interdependência econômica e os interesses compartilhados geram a demanda por cooperação, instituições e regras internacionais. A ênfase dessa perspectiva no papel das instituições acarreta, porém, o risco de se negligenciar o peso dos conflitos e do poder na política internacional, bem como se revelando excessivamente otimista com o comportamento ético e racional dos líderes políticos. Isso não significa que os institucionalistas acreditem que a cooperação sempre prevalecerá, mas que a interdependência cria interesse na cooperação e que os padrões de práticas estabelecidos pelas instituições promoveriam a convergência dos interesses.

Keohane e Nye (2012) apontam a insuficiência tanto da perspectiva realista como da institucionalista para a compreensão do sistema político global que emergiu a partir dos anos 1970, ao mesmo tempo em que reconhecem em ambas elementos importantes para tanto. Isso porque, se por um lado, a interdependência afeta a política global e a ação dos Estados, por outro, esta influencia a maneira como ocorre a interdependência por meio de regras, instituições e procedimentos que criam para regular as relações internacionais e transnacionais. Como não há apenas uma resposta possível para cada um dos problemas globais e eles não afetam igualmente a todos, não obstante exista de fato uma interdependência, ela não elimina os conflitos de interesses. Por sua vez, embora os conflitos permaneçam, as teorias neorrealistas não permitem compreender adequadamente os problemas da interdependência econômica e ecológica. Mas em que consiste exatamente a interdependência? Trata-se de situações em que diferentes Estados ou atores de diferentes Estados são reciprocamente afetados como consequência de transações internacionais, como fluxos de dinheiro, bens, pessoas e informações, os quais têm crescido muito desde a II Guerra Mundial. Sempre que houver significativos custos recíprocos, há interdependência, tratando-se de interconexão quando tais custos não são significativos. Um aspecto fundamental ressaltado pelos autores é que os custos não precisam ser necessariamente simétricos, de maneira que pode haver – e frequentemente há, assimetria nas relações de interdependência. Assim, os atores menos dependentes na relação podem se valer da interdependência como uma fonte de poder para obter vantagens em negociações. Porém, não se trata de interdependência quando todos os custos da relação afetam um dos atores, quando temos na verdade dependência. A assimetria na relação de interdependência, enquanto fonte de poder, implica a possibilidade de controle sobre recursos e direcionamento dos resultados de negociações. O poder de um ator em relações assimétricas de interdependência depende de dois fatores: a sensibilidade e a vulnerabilidade dos demais atores. A sensibilidade refere-se à velocidade e à intensidade que decisões tomadas internamente por um ator em uma relação de interdependência alteram os custos que outros têm em razão dessa relação. Já a vulnerabilidade corresponde à disponibilidade e aos custos relativos de alternativas que cada ator pode encontrar em face dos outros. A vulnerabilidade é o elemento mais importante para definir o poder de um ator em uma relação assimétrica de interdependência, pois se um ator puder reduzir seus custos por meio de alternativas políticas disponíveis, sua sensibilidade às decisões tomadas por outros não terá grande impacto. Enquanto para os pequenos países é bastante custoso resistir a mudanças exigidas pela globalização, países mais poderosos, como os Estados Unidos, e blocos regionais, como a União Europeia, podem, unilateralmente ou agindo em aliança com alguns parceiros, forçar mudanças políticas de outros Estados ou nos regimes internacionais.

Assim, de acordo com Keohane e Nye (2012), deve-se ir além do realismo, não abandoná-lo. Não abandonar o realismo significa reconhecer uma interação entre poder e riqueza, ou seja, as relações de poder determinam os padrões de direitos de propriedade conforme os quais a riqueza é produzida e distribuída, mas mudanças na eficiência produtiva e acesso a recursos também afetam as relações de poder. Trata-se de uma relação dinâmica, porque poder e riqueza passam por constantes transformações e, nas relações internacionais, estão vinculados por meio da atuação independente de diferentes atores (como corporações multinacionais), dentre os quais os Estados são os mais importantes, sem que exista uma hierarquia governamental global, de maneira que deverão negociar se pretenderem obter benefícios por meio da coordenação de suas políticas. E nesse processo, os objetivos de longo prazo dos Estados são confrontados por objetivos de curto prazo de seus agentes econômicos. Além disso, a força militar continua a ser aquela que domina os demais recursos de poder, é empregada em situações extremas e permanece como um instrumento importante nas relações políticas, mas sua utilização tem um custo significativo e, em muitas situações, recorrer à força não é a alternativa adequada para atingir certos objetivos. Assim, o "soft power" tem ganhado importância em face do "hard power", de maneira que recursos de poder como a credibilidade tornam-se fundamentais tanto para governos como para organizações não-governamentais.

A condição fundamental para que a cooperação subsista é a interdependência, ressalvando-se que se trata de uma condição necessária, mas não suficiente, e a ampliação desta não é necessariamente benéfica. É o que ocorre, por exemplo, quando os Estados mais poderosos cooperam para explorar os mais pobres, de maneira que pode haver desacordo quanto ao grau de cooperação mais adequado, mas o mundo seria pior se não houvesse nenhuma cooperação. A cooperação não depende apenas da existência de interesses comuns, mas também de conflitos de interesses atuais ou potenciais. Aliás, não existissem esses conflitos, não haveria necessidade de cooperação, pois estar-se-ia diante de uma situação de harmonia. Portanto, a cooperação deve ser compreendida como "ajustes mútuos". Além disso, nem sempre que há interesses comuns existe cooperação, prevalecendo a discórdia. Por isso, as instituições também são necessárias. As instituições (ou regimes internacionais) "[...] contribute to cooperation not by implementing rules that states must follow, but by changing the context within which states make decisions based on self-interests". Seu papel fundamental é criar condições que facilitem acordos que gerem benefícios recíprocos para os Estados. Embora não sejam capazes de substituir a perseguição do autointeresse, internamente, os regimes internacionais permitem certo grau de vinculação dos sucessores de um governo, gerando estabilidade, e, externamente, ampliam a previsibilidade sobre o comportamento dos demais governos, o que confere maior racionalidade às relações internacionais, mesmo com a permanência de comportamentos egoístas. (KEOHANE, 1984, p. 9-16).

Keohane e Nye (2012) esclarecem que, na política internacional, as regras e procedimentos não são tão completos e dotados de mecanismos para garantir sua efetividade como na política nacional, da mesma maneira que as instituições internacionais não são dotadas do mesmo poder e autonomia que os Estados. Porém, em graus variados conforme a área, o momento e os arranjos adotados, os regimes internacionais apresentam alguma efetividade e impactam as relações de interdependência.

Os regimes internacionais são constituídos, primeiramente, por princípios, os quais expressam os propósitos de seus instituidores. Em segundo lugar, temos as normas que definem os comportamentos legítimos e ilegítimos, responsabilidades e obrigações em termos relativamente gerais. Em terceiro lugar, temos as regras, as quais são difíceis de se distinguir das normas, mas se caracterizam por serem mais específicas e mais facilmente alteradas. Enfim, com o mesmo nível de especificação das regras, há previsão de procedimentos decisórios para implementação de princípios e alteração de regras. Em comum, esses quatro elementos têm o fato de prescrever certas ações e proibir outras, bem como implicar obrigações, não obstante seu cumprimento não possa ser exigido nos mesmos termos que nos sistemas legais hierárquicos estatais. Na política global, os componentes dos regimes são necessariamente frágeis devido a possíveis conflitos com o princípio da soberania. Assim, não dispõem de um fundamento sólido como os sistemas legais estatais, o que, porém, não impossibilita a cooperação. Os regimes internacionais não devem ser idealizados como uma "nova ordem internacional 'além do Estado-nação'", mas sim como arranjos institucionais motivados por interesses egoístas em um sistema em que a soberania permanece como um princípio fundamental de organização. Consequentemente, tal como ressaltam os realistas, os regimes são moldados conforme os interesses de seus membros mais poderosos, mas também podem influenciar os interesses estatais, afetando expectativas e valores. Assim, em termos teóricos, os regimes podem ser considerados como "variáveis intervenientes" colocadas entre as características da política global, notadamente a distribuição internacional de poder, e o comportamento dos Estados e atores não-estatais. (KEOHANE, 1984, p. 58-64). Mas como desempenham esse papel?

De acordo com Keohane (1984), afetando os custos de transação. Primeiramente porque, ainda que não tenham força vinculante, os regimes possibilitam uma crítica de ilegitimidade de eventuais ações dos Estados que os contrariem. Em segundo lugar, as organizações e procedimentos que estabelecem, com seus fóruns e espaços de negociação, facilitam a celebração de acordos. Em terceiro lugar, suas regras e princípios permitem que não haja necessidade de realizar negociações caso a caso dentro de seu campo normativo. Em quarto lugar, os regimes possibilitam a redução da assimetria de informações, o que é essencial para viabilizar a cooperação, pois aqueles que dispõem de menos informações sobre a questão em negociação tendem a se recusar a cooperar por acreditar que o acordo pode ser injusto dada a superioridade de informações de que outros dispõem. Não se trata apenas de um problema de insuficiência de informações, mas também de informações enviesadas. Os secretariados das organizações criadas pelos regimes podem atuar não apenas facilitando as negociações, mas também fornecendo informações não enviesadas para todas as partes envolvidas. Assim, os regimes fornecem informações para seus membros reduzindo os riscos na celebração de acordos. Todavia, as informações providas podem não ser suficientemente detalhadas.

O fato de os regimes atuarem como instituições descentralizadas e de não disporem de um poder sancionador como os Estados para atuar contra sua violação não significa que não existam mecanismos destinados a assegurar o cumprimento de suas regras e princípios. Assim, os regimes preveem procedimentos e regras por meio dos quais sanções a serem aplicadas por seus membros individualmente podem ser coordenadas. Além disso, o desrespeito a um regime não tem consequências apenas no seu âmbito, mas também sobre os outros a que os membros estão vinculados, pois isso gera uma desconfiança em relação ao comportamento geral do ator que cometeu a infração, afetando sua reputação, e também podendo estimular a violação de regras por outros atores. (KEOHANE, 1984).

Desenvolve-se, assim, a ideia de governança global para se referir às "soluções globais" para os problemas decorrentes da interdependência, seja em termos de seu alcance ou dos participantes em sua formulação. Decisões tomadas por um Estado, mas com repercussão global, podem ser compreendidas como um problema de governança global, assim como aquelas tomadas e implementadas por formas internacionais (entre Governos) ou transnacionais (com atores não-governamentais) de governança. O ponto fundamental é a existência de diversificadas formas de governança global sem que exista um governo global, um Estado mundial com o monopólio do uso legítimo da violência. Os arranjos de governança remetem às diferentes formas de interação entre diversos atores em busca da consecução de objetivos comuns, ou seja, remetem à articulação entre a demanda por governança global e às estruturas que são forjadas com o propósito de supri-la. A classificação desses arranjos é difícil em razão de sua grande diversidade e alta complexidade, o que inclui o uso de "hard law" ou de "soft law", a presença ou não de mecanismos para assegurar a aplicação das normas e a disponibilidade de recursos financeiros, dentre outros. Em uma perspectiva geral, três critérios são fundamentais na classificação desse arranjos: (1) o caráter público dos arranjos (exclusivamente dirigidos por atores estatais, ou por atores privados, ou mistos, e a forma como esses atores públicos e privados interagem); (2) a delegação (criação ou não de uma instituição específica para desempenhar certa função e quais funções são delegadas a ela, quais os tipos de delegação compreende (legislativa, executiva e judicial), e qual o grau de autonomia da instituição em face dos atores que a instituíram); e (3) a inclusão (compartilhamento do poder decisório com todos ou a maioria dos atores afetados pelas políticas e regras estabelecidas pelos arranjos, ou concentrado em apenas alguns deles). Esse último aspecto remete à maneira como as instituições de governança global expressam ou modificam as desigualdades de poder existentes nas relações internacionais (caráter inclusivo e igualitário ou exclusivo e hierárquico, em diferentes graus). Essas relações de poder podem se expressar pela ação unilateral dos Estados mais poderosos, pela diplomacia, por organizações multilaterais com membros restritos, ou então abertas à participação de todos os Estados. Colocam-se, neste ponto, indagações sobre quais fatores explicam o caráter mais ou menos inclusivo de determinada organização e as relações de poder entre seus membros em termos de determinação da agenda, processos decisórios e influência efetiva.[3] (KOENIG-ARCHIBUGI, 2006, 2002).

Rouseneu (2002, p. 72-73) observa esse sistema de governança global como bifurcado: de um lado, há o sistema de Estados e de seus governos nacionais e, de outro, um "multicêntrico" composto por diversas coletividades que interagem, cooperam ou competem como fontes de autoridade com o sistema de Estados. Esse sistema não se apresenta em vias de desintegração, nem o Estado deixou de ser um dos protagonistas da política global, porém ele não

3 Na interpretação de Cassese (2010, p. 24-30), como resposta à globalização é que foram construídos os "ordenamentos jurídicos globais", os quais, por sua vez, podem escapar ao domínio dos Estados que os instituíram, pelo menos quando considerados individualmente. Tais ordenamentos são construídos não a partir da ideia de sobreposição e supremacia, tal como os Estados nacionais o foram, mas sim de cooperação. Não há um poder soberano nem uma estrutura definida, mas "um conjunto de organizações gerais e setoriais e de acordos". É justamente por isso que esse processo é denominado de "governança global", e não de "governo". Os procedimentos prevalecem sobre as estruturas, e sua organização não é hierárquica, mas em rede, compondo-se e justapondo-se "elementos jurídicos diversos, estatais, internacionais e supraestatais", almejando-se o predomínio da técnica sobre a política em sua condução, razão pela qual não implicaria problemas de cidadania, representação e democracia, mas sim de respeito às normas jurídicas, conhecimento técnico, eficiência, transparência e prestação de contas. "Por conseguinte, seria inútil listar os aspectos da democracia política (direito de voto, eleições, Parlamento, maioria e oposição, referendum, partidos políticos e direito de petição) e procurá-los – sem encontrar – nos ordenamentos globais ou em suas partes". Há, porém, mesmo na visão autor, aspectos da governança global que envolvem questões políticas, quando tais questões se colocariam, mas não nos mesmos termos em que isso ocorre no âmbito dos Estados. Diante disso, o autor adverte que "se, por um lado, podemos estar certos de que a via do poder político global não é a mesma dos Estados nacionais; por outro, é difícil dizer, no estado caótico atual, que via poderá ser". Cf. Slaughter, 2004; Dubrow, 2013.

é mais o único protagonista, tendo perdido parte de sua autoridade e legitimidade, as quais são dimensões fundamentais do poder do Estado moderno. Já Germain (2010, p. 3) atribui um papel maior ao Estado, pois permaneceria como "o *locus* central de autoridade na economia global".

A leitura das relações políticas e econômicas internacionais a partir dos conceitos de interdependência e governança, de matriz liberal, tem como interpretação rival a teoria do imperialismo, construída a partir do marxismo. Em *sentido lato*, o imperialismo consiste no controle de certos Estados por outros. Já na concepção marxista clássica, formulada por Lenin, refere-se a "um estágio especial de desenvolvimento do capitalismo", no qual a enorme desigualdade de distribuição de poder econômico e militar limita as condições de vida da maior parte da população mundial, e a junção dessas duas formas de poder nas "Grandes Potências" permite que exerçam o domínio sobre o restante do mundo. Todavia, mais do que essa relação de dominação do "Norte" geopolítico sobre o "Sul" (ou do "centro" sobre a "periferia"), são as disputas entre as "Grandes Potências" (inclusive para exercer tal dominação) que constituem a característica fundamental do imperialismo. Tais disputas devem ser compreendidas como uma consequência das transformações do capitalismo no final do Século XIX, sobretudo a concentração de poder econômico e sua articulação com os Estados. Recentemente, tal abordagem ganhou novamente destaque, especialmente a partir da obra "Império", de Michael Hardt e Antonio Negri (a qual, todavia, adota uma perspectiva crítica em relação à marxista clássica), bem como de outros trabalhos que, partindo de Marx, não se limitam a repeti-lo, indo além dele na compreensão do mundo em constante transformação, com destaque para os de David Harvey, com suas análises sobre a intersecção entre as competições econômica e geopolítica. (CALLINICOS, 2009).

Callinicos (2009, p. 16-18) posiciona-se entre os autores que não consideram a competição geopolítica obsoleta, mas sim que ela permanece central para a compreensão do imperialismo contemporaneamente. Tal competição estaria organizada a partir de três blocos: Estados Unidos da América, Leste Asiático e Europa Ocidental, não obstante a assimetria de poder entre os EUA e os demais, e os conflitos de interesses dentro de cada bloco. O autor (2009, p. 190, 210) destaca que o imperialismo praticado pelos EUA ocorre de forma "não-territorial", ou seja, valendo-se dos benefícios de uma ordem internacional liberal para os capitais lá sediados, bem como para outros Estados capitalistas, a fim de assegurar certa estabilidade nas relações internacionais. Os impactos a ascensão da China constituem uma das questões mais complexas do imperialismo contemporâneo.[4]

Nessa perspectiva, as estruturas e os processos de *governança global* não existiriam para resolver problemas comuns decorrentes da interdependência, mas seriam instrumentos de uma forma "não-territorial" de *imperialismo* fundado na competição geopolítica.

Por sua vez, Hardt e Negri (2001, p. xi-xiv, 8-9, 340-342) valem-se da categoria "Império" para descrever as relações capitalistas globais de poder no mundo contemporâneo. Os autores afirmam que, após o colapso dos regimes coloniais e do sistema soviético, emergiram a globalização econômica e cultural, bem como uma ordem global, que implicam uma nova forma de soberania: o "Império", o "sujeito político que efetivamente regula essas trocas globais". Isso não significa que a soberania dos Estados tenha deixado de ser efetiva, mas se encontra em declínio progressivo, pois seu poder para regulação dos principais fatores de troca e produção (dinheiro, tecnologia, pessoas e bens), que atravessam as fronteiras, e submeter a economia à sua autoridade seria cada vez menor. Assim, a hipótese central dos autores é que "a soberania assumiu uma nova forma, composta por uma série de organismos nacionais e supranacionais unidos sob uma única lógica normativa". Essa nova forma de soberania difere, pois, da clássica, a qual consistia no fundamento do imperialismo das "Grandes Potências" europeias no final do século XIX e início do século XX. *Império*, portanto, distingue-se de imperialismo, pois não apresenta um "centro territorial de poder e não depende de fronteiras ou barreiras fixas". Trata-se, pois, de "um aparato normativo decentralizado e desterritorializado que incorpora progressivamente todo o domínio global por meio de suas fronteiras abertas e em expansão", valendo-se de redes e hierarquias flexíveis.[5] Nesse quadro, não há nenhum Estado na posição de "poder central",

4 Uma referência fundamental sobre os processos de transformação da "economia capitalista mundial" e suas crises é Arrighi, 1994. Cf. também Chase-Dunn e Babones, 2006.

5 A compreensão do direito e da autoridade política são centrais neste conceito de *Império*: "este é realmente o ponto de partida para nosso estudo sobre o Império: uma nova noção de direito, ou melhor, compreensão de autoridade e um novo desenho de produção de normas e instrumentos legais de coerção que garantem contratos e resolvem conflitos

apesar da posição privilegiada dos EUA no "Império". É importante registrar que, não obstante a posição distinta adotada pelos autores em face do conceito clássico de "Imperialismo", o capitalismo, seus ciclos de expansão e suas crises permanecem como fundamentais para a compreensão das relações de poder político e econômico, com suas profundas transformações. Da perspectiva do exercício do poder, observa-se, no "Império", uma cisão entre a administração dos "fins políticos" e dos "meios burocráticos", sendo estes exercidos de maneira fragmentada, conforme diferentes lógicas setoriais de funcionamento, com crescente grau de autonomia diante dos "poderes políticos", com os aparelhos voltados para si mesmos e buscando legitimação na efetividade de suas decisões em suas respectivas áreas de atuação. Todavia, há uma unidade lógica de atuação desses aparatos, a qual é encontrada na própria estrutura de construção do "Império", com a repressão a "potenciais forças subversivas" que contestem a "paz imperial", a "imposição da economia de mercado, regida pelo regime monetário", e em suas "lógicas ideológicas e comunicativas".[6]

A partir do conceito de *Império*, a governança global também seria uma função do processo de dominação capitalista e dos conflitos que lhes são inerentes. Porém, diferentemente da teoria do *imperialismo*, não seria um instrumento das "Grandes Potências", mas de um ente mais difuso, desterritorializado, o *Império*, cuja unidade é determinada por sua lógica normativa e pelos valores e conjunto de forças (também difusas) que a presidem.

Em síntese, a globalização é um fenômeno real, caracterizado fundamentalmente pela crescente interação e interdependência entre os povos, mas complexo, hierárquico, desigual e que também é utilizado como um instrumento retórico para tentar legitimar relações de dominação econômicas e

---

[...]. Novas figuras judiciais revelam uma primeira visão da tendência para a regulação centralizada e unitária tanto do mercado mundial como das relações globais de poder, com todas as dificuldades apresentadas por um projeto como esse. Transformações jurídicas efetivamente apontam para mudanças na constituição material do poder e da ordem mundiais. A transição que estamos testemunhando hoje do tradicional direito internacional, o qual era definido por contratos e tratados, para a definição e constituição de uma nova soberania, um poder mundial supranacional (e, portanto, para uma noção imperial de direito), ainda que incompleta, oferece-nos uma estrutura para ler o processo social totalizando do Império" (HARDT & NEGRI, 2001, p. 9-10).

6 Para aprofundamento dessas ideias, cf. Negri, 2008.

políticas que não deixaram de existir no "mundo globalizado". A governança global, por sua vez, é a resposta construída pelos Estados e atores não-estatais para, com diferentes graus de êxito, interesses e propósitos, tentar regular a globalização e a distribuição de seus custos e benefícios, de maneira policêntrica e com diversificados arranjos institucionais. Evidentemente, as instituições de governança global expressam as relações desiguais de poder existentes na política internacional, ou seja, as relações capitalistas de dominação ("imperialistas" ou "imperiais"). Por outro lado, não obstante os limites e fragilidades inerentes à sua natureza no âmbito internacional, as instituições também são capazes de constranger e condicionar o comportamento político. Mais do que isso, parafraseando conceitos de Boaventura de Sousa Santos (2003) já abordados na Introdução, *a governança global pode ser emancipatória*, em seus conflitos podem prevalecer as *perspectivas e os interesses dos subalternizados,* desde que seja democratizada. Para tanto, é verdade que as instituições precisam ser reinventadas, mas permanecem imprescindíveis. Fora das instituições o que resta para a mediação ou resolução dos conflitos é a força, talvez a barbárie – diversas vezes na história a humanidade já se mostrou capaz de seguir tal caminho. A ascensão de líderes nacionalistas não obsta a persistência da interdependência entre os povos, embora torne mais difícil a cooperação entre eles. O aquecimento global e os fenômenos climáticos extremos, as instabilidades recentemente observadas nos mercados financeiros, a pandemia de Covid-19 e a crise econômica que se inicia são demonstrações claras disso.

Na sequência, ao passarmos a analisar um campo específico da governança global – as finanças – essa conclusão será melhor demonstrada.

As finanças globais e sua governança

A mundialização financeira é o aspecto mais nítido e impactante da globalização contemporânea em razão de sua intensidade e influência sobre o conjunto da economia e das relações de poder. A governança financeira global, por sua vez, é extremamente complexa, tendo em vista o caráter difuso e diversificado de suas instituições, as questões técnicas que enfrenta e também os problemas políticos que lhe são subjacentes. Nesta seção, delimitaremos o campo das finanças globais e de sua governança, considerando-se a forma como foram historicamente construídos. Trata-se de um trabalho preparatório imprescindível para a determinação do interesse, da relevância, do alcance e dos limites da democracia neste campo.

As finanças constituem a atividade econômica de intermediação entre a poupança e o financiamento do investimento e do consumo, tanto de particulares como dos Estados, envolvendo alguma forma de remuneração (juros ou dividendos, por exemplo). Sempre há, pois, unidades econômicas com excedentes de valores e outras que desejam utilizá-los. Referem-se à criação, alocação e facilitação do uso de recursos financeiro.[7] As funções do sistema financeiro, portanto, em tese, são: (1) alocar de forma eficiente recursos escassos; (2) disponibilizar recursos para financiar o consumo/comércio e o investimento de atores públicos e privados; (3) fomentar o desenvolvimento econômico. São as finanças que fornecem os meios necessários para a realização de todas as atividades econômicas. As moedas nacionais são os instrumentos financeiros básicos, mas há vários outros em uma crescente diversificação: depósitos, financiamentos, valores mobiliários (como ações e títulos), seguros e derivativos.[8] O sistema financeiro é constituído por instituições e merca-

7 Embora o dinheiro, a moeda física emitida pelos Estados, seja profundamente conectado com as finanças, essas são mais abrangentes. Enquanto aquele é uma unidade de pagamento, um meio de troca ou uma reserva de valor, estas, além desses elementos, também incorporam o tempo e as relações intersubjetivas. Assim, as finanças compreendem, em primeiro lugar, a maneira como se organiza o uso do dinheiro ao longo do tempo. Em segundo lugar, o valor (ou preço) do dinheiro é determinado pelas relações intersubjetivas, pelas expectativas das pessoas sobre o valor do dinheiro e a forma como pretendem empregá-lo, o que é viabilizado por meio das instituições financeiras e suas interações. Portanto, "dinheiro + tempo + expectativas intersubjetivas = finanças". Já o sistema financeiro pode ser compreendido como "um conjunto de instituições por meio das quais o acesso a recursos financeiros é organizado". (GERMAIN, 2010, p. 5-6).

8 Derivativos são contratos financeiros cujos valores de seus ativos derivam de outros ativos subjacentes, baseando-se em projeções futuras, por exemplo, sobre taxas de câmbio, taxas de juros, valores de um conjunto de ações ou commodities, ou ainda outros indicadores financeiros. Assim, seu preço submete-se às variações dos preços dos ativos dos quais derivam. Inicialmente, foram concebidos como um instrumento para redução e melhor compartilhamento de riscos de investimentos, mas também são utilizados com propósitos especulativos e podem servir para a transmissão de riscos sistêmicos em razão de seu caráter opaco e da interconexão que proporcionam, representando, assim, um perigo para os mercados financeiros e a economia como um todo. Um tipo muito importante de de-

dos financeiros, organizados em quatro subsetores cada vez mais integrados: bancário (intermediação financeira), mercado de capitais, fundos de pensão e seguros. As instituições financeiras coletam, concentram e redistribuem os excedentes de valores. (AVGOULEAS, 2012; GERMAIN, 2010; DAVIES & GREEN, 2008; HARVEY, 2006; SCHOLTE, 2002).

É preciso distinguir o sistema financeiro global e o sistema monetário internacional. Aquele corresponde aos mercados e instituições financeiros que operam globalmente - responsáveis pela criação, acesso e comércio de crédito, enquanto este se refere às relações entre as moedas nacionais. Ambos interagem de maneira que o funcionamento do sistema financeiro internacional afeta o valor relativo das moedas, assim como a política monetária adotada pelos governos e as regras internacionais vigentes têm reflexos sobre o sistema financeiro, mas são sistemas conceitualmente distintos. (FRERICHS, 2014; STRANGE, 1994).

A governança monetária-financeira, por sua vez, refere-se ao conjunto de normas, instituições (organizações com diferentes graus de formalização jurídica) e relações políticas que regulam esse setor da economia. Trata-se de uma das expressões fundamentais da soberania dos Estados. Por meio de ministérios de finanças, tesouros nacionais, bancos centrais, comissões de valores mobiliários, supervisores de seguros e outras agências governamentais e do Poder Legislativo, emitem moeda e regulam seu valor (política cambial e taxas de juros), estabelecem o quadro jurídico, autorizam a criação, supervisionam instituições públicas e privadas e os mercados em que operam, controlam o cumprimento das normas no sistema financeiro, estabelecem tributação sobre operações financeiras. Assim, os Estados são os atores primários e mais importantes da governança financeira. Contudo, como veremos posteriormente com maiores detalhes, há grande assimetria de poder e de liberdade de atuação entre os Estados no desempenho dessa função, e mesmo os mais poderosos não conseguem realizá-la isoladamente de forma satisfatória. (DAVIES & GREEN, 2008; SCHOLTE, 2002).

---

rivativos são os contratos de *swaps*, os quais costumam ser utilizados para reduzir custos de empréstimos ou facilitar a administração de ativos e passivos, por exemplo, mediante a troca de contratos de câmbio. (AVGOULEAS, 2012; DODD, 2005; SCHOLTE, 2002).

A regulação do mercado financeiro compreende diferentes objetivos: (1) promoção da estabilidade financeira, prevenção e resposta a crises sistêmicas; (2) estabilidade macroeconômica e crescimento da economia; (3) promoção da eficiência na alocação de capitais; (4) promoção da equidade; e (5) proteção das finanças públicas. Para tanto, existem diferentes formas de ação regulatória, incluindo: (1) medidas para proteger consumidores e investidores, como a redução da assimetria de informações e o combate a fraudes e manipulação dos mercados; (2) promoção da competição; (3) garantia da segurança e da solidez das instituições financeiras individualmente e da (4) estabilidade do sistema como um todo; (5) estímulo a linhas de financiamento voltados para o desenvolvimento e (6) garantia de acesso a financiamentos. Ressalta-se que a regulação deve ser dinâmica, pois o mercado financeiro passa por constantes transformações, de maneira que as medidas regulatórias precisam ajustar-se às novas situações. Enfim, não basta que exista boa regulação, são necessárias instituições capazes de assegurar o seu cumprimento. (STIGLITZ *et al.*, 2010).

Há grande controvérsia entre os economistas sobre a conveniência e a forma mais adequada de regulação do sistema financeiro.[9]

Um argumento em defesa da regulação é que os mercados financeiros geram externalidades que não podem ser resolvidas pelos próprios atores privados. Entretanto, a definição de tais externalidades e das medidas a serem adotadas também é polêmica. Após períodos de crise tende a ocorrer um reforço na regulação, porém, passada a turbulência, iniciam-se os debates e pressões por sua revisão, em um movimento pendular que tem se intensificado nos últimos tempos. Contra a regulação argumenta-se que ela impõe custos às instituições financeiras, os quais são repassados aos usuários finais, além de que, quando excessiva, poderia prejudicar seu funcionamento e até mesmo reduzir sua utilidade econômica. A questão seria encontrar um equilíbrio entre segurança e a assunção de riscos, pois quanto maior a exigência de capitais de reserva (regras prudenciais) – um aspecto central da regulação financeira, menor é a probabilidade de falências e prejuízos, mas também será menor o retorno para os investidores e a disponibilidade de recursos para investimen-

---

9 Para discussões sobre diferentes aspectos da regulação financeira, cf. os capítulos de obra organizada por Green, Pentecost e Weyman-Jones, 2011.

tos, tornando-se mais cara a obtenção de empréstimos, o que tende a impactar negativamente a atividade econômica. Assim, a regulação deveria ser adotada quando seus benefícios são superiores a seus custos, medida que, todavia, não é fácil de ser definida. (DAVIES & GREEN, 2008; ANDREWS, 2011).

Há duas perspectivas principais no debate sobre a racionalidade da regulação dos mercados. A primeira refere-se ao problema do "risco sistêmico", cujo fundamento é a constatação de que sistemas financeiros estáveis favorecem a alocação eficiente de recursos e o crescimento econômico, mas se não houver regulação, os mercados tendem a promover instabilidades que contagiam outros setores da economia e acarretam crises fiscais. Além disso, a depender de sua dimensão e do peso da economia do país, pode se tornar regional ou mesmo global. Assim, desde que a funcionalidade do sistema não seja afetada, é fundamental que sejam encontrados meios regulatórios para evitar as crises e seu contágio. Nesse contexto, a supervisão prudencial dos bancos, dada a sua função central no sistema, consistia na preocupação principal dos esforços regulatórios. Entretanto, há outras instituições financeiras que precisam ser consideradas e têm sua relevância crescente, como os bancos de investimento e as companhias seguradoras. Obviamente, a falência de um banco não interessa nem aos seus acionistas nem a seus executivos, porém, em busca de maior lucratividade, tendem a assumir maiores riscos em suas operações e a reduzir suas reservas. A função da supervisão preventiva, assim, é conter a assunção desses riscos, por meio do monitoramento dos níveis do capital de reserva de cada banco e de seu gerenciamento de riscos. Isso reduz os custos de intervenções do Banco Central, geralmente o responsável por tal tarefa, para promover a liquidez e a solvência do sistema. Há, todavia, controvérsias sobre a eficácia e a forma de execução da "regulação prudencial". (DAVIES & GREEN, 2008).

Se os bancos atuassem apenas nos limites de um Estado, a resposta a essas controvérsias deveria ser dada pela autoridade bancária nacional. Porém, como a atividade bancária ocorre de forma transfronteiriça e os próprios bancos operam com filiais em diferentes países, torna-se necessária alguma forma de coordenação da supervisão bancária no âmbito global. Todavia, não são fáceis os acordos para estabelecimento de normas comuns e divisão de competências e responsabilidades na hipótese de insolvência de instituições financeiras que atuam em escala multinacional. (DAVIES & GREEN, 2008).

A segunda justificativa para a regulação dos mercados financeiros é a existência de assimetria de informações entre executivos, acionistas e clientes, o que ela poderia ajudar a corrigir, por exemplo, tornando obrigatória a divulgação de informações que possam afetar o valor das ações dos bancos, bem como esclarecimentos sobre termos de contratos para investidores do varejo que, dada a sua complexidade, teriam dificuldades em compreendê-los. (DAVIES & GREEN, 2008).

Uma solução do próprio mercado para tanto são as agências de classificação de riscos, que deveriam fornecer informações de forma independente sobre os riscos de um investimento. Porém, elas não são custeadas pelos consumidores, mas sim pelas instituições cuja solidez devem avaliar. (DAVIES & GREEN, 2008).

Em terceiro lugar, os mercados financeiros devem ser regulados devido ao papel redistributivo (ou concentrador) de renda e capital que desempenham.

Quanto ao sistema monetário internacional, sua função primária é viabilizar o comércio internacional assegurando a estabilidade cambial (valor relativo das moedas), visto que ele se realiza, sobretudo, por meio de compras e pagamentos em dinheiro, e não por barganhas, ou seja: alguém que troca uma mercadoria por dinheiro precisa ter a confiança de que, quando for utilizar o dinheiro que recebeu para fazer um pagamento, seu valor será preservado. É o sistema monetário internacional que conecta as economias nacionais. Assim, economistas em geral assinalam que a arquitetura do sistema deve cumprir três tarefas básicas: (1) ajuste no balanço de pagamentos; (2) liquidez; e (3) estabilidade. A primeira refere-se ao equilíbrio entre a entrada e saída de recursos financeiros de um determinado Estado: se isto não ocorre, geralmente em função de desequilíbrio na balança comercial, o Estado terá que se valer de suas reservas cambiais e, na medida em que forem diminuindo, terá que captar recursos no exterior (no mercado financeiro). Entretanto, esse desequilíbrio não pode persistir indefinidamente, o que é insustentável e, no limite, tornaria o comércio impossível. Para lidar com o desequilíbrio na balança comercial, o primeiro instrumento de que os Estados podem se valer é a taxa de câmbio, que pode ser fixa, flutuante, ou em um regime intermediário. A liquidez, por sua vez, refere-se à garantia da disponibilidade de dinheiro e crédito, o que é fundamental para sustentar o crescimento econômico, tanto no âmbito nacional como no internacional. A liquidez é afetada pela maneira como os Estados regulam o fluxo internacional de capitais privados, o qual pode não se submeter a nenhum controle, ser controlado por decisões do Estado (como tributação e estabelecimento de tetos), ou haver uma regulação multilateral. A terceira função da arquitetura monetária-financeira internacional é garantir a estabilidade, ou seja, prevenir crises sistêmicas, a transmissão das crises entre os Estados. Tal função pode ser desempenhada por uma atuação caso a caso dos Estados mais poderosos, por um sistema multilateral parcialmente institucionalizado ou por um completamente institucionalizado.[10] (ENCHENGREEN, 2008; ARMIJO, 2002).

As finanças são crescentemente globais em quatro sentidos: (1) crescimento dos fluxos financeiros transfronteiriços – como os depósitos bancários de não-residentes nos países em que estão sediadas as instituições, empréstimos internacionais, investimentos estrangeiros em valores mobiliários etc.; (2) a liberalização financeira – ou seja, a eliminação ou redução das restrições, dos controles e das barreiras tarifárias às operações cambiais, fluxos de capitais (ações, títulos, investimentos estrangeiros diretos, créditos de curto prazo, derivativos), instalação e operação no território nacional de bancos e outras instituições financeiras sediadas no exterior; (3) universalização da circulação de algumas moedas, especialmente o Dólar e o Euro, assim como de operadoras de cartão de crédito, como *Visa* e *Mastercard*; e (4) a "supraterritorialidade", caracterizada, por exemplo, pela possibilidade de transações financeiras em tempo real por meio de transferências eletrônicas (comunicação supraterritorial), bem como pela expansão das instituições financeiras que atuam em escala global (organizações supraterritoriais) – tanto comerciais como públicas (FMI, Banco Mundial, outros bancos de desenvolvimento), e do caráter supraterritorial assumido por diversos instrumentos financeiros. (SCHOLTE, 2002).

A governança dos mercados financeiros globais compreende um complexo bastante diversificado de instrumentos e instituições, os quais incluem: (1) normas de regulação nacionais e regionais, muitas das quais com impactos transfronteiriços, como aquelas editadas pelos Estados Unidos e

10 Para aprofundar a análise sobre as diferentes funções da moeda (meio de troca, medida de valor e reserva de valor) e objetivos das políticas monetárias nacionais (níveis de emprego, investimento, produtividade, crescimento econômico e distribuição de renda), bem como sobre o papel da ordem monetária internacional cf. Hieronymi, 2013.

pela União Europeia (UE); (2) acordos e instituições internacionais, como o FMI; (3) arranjos do tipo *soft law*, como padrões regulatórios transnacionais; (4) diversas organizações privadas que regulam segmentos específicos do mercado financeiro, como a "International Swaps and Derivatives Association (ISDA)". (AVGOULEAS, 2012).

Ressalta-se que, mais do que as regras de seu funcionamento, a governança do sistema financeiro global remete aos processos decisórios e às capacidades institucionais, ou seja, relaciona-se com "modalidades predominantes de tomada de decisão política e, especialmente, com a capacidade dos mecanismos, estruturas e processos que produzem decisões em nome da autoridade pública para adquirir uma aparência de legitimidade aos olhos daqueles sujeitos a essas decisões". Portanto, a legitimidade e as relações de autoridade pública são elementos constitutivos e imprescindíveis para a compreensão da governança do sistema financeiro. Importa saber em nome de quem, para quem e em função de quais interesses ela é exercida. (GERMAIN, 2010, p. 111).

O processo histórico de mundialização financeira e constituição da estrutura de governança financeira global

Vejamos como chegamos a este quadro de globalização financeira e à forma como se estrutura sua governança.

Existe alguma forma de governança internacional dos assuntos econômicos desde que se iniciaram as relações comerciais entre os povos.[11] Ao longo da Idade Média, desenvolveu-se por meio da atuação de diferentes instituições privadas, por exemplo, as guildas de mercadores. Com o advento dos Estados modernos, eles assumiram o protagonismo na governança global, o que se manifestou de forma especialmente clara no sistema mercantilista, em que as metrópoles impunham as regras às colônias e eram usados metais preciosos para os pagamentos internacionais. A partir da Revolução Industrial, sob influência dos interesses dos industriais e do pensamento econômico liberal, começa a ser delineado o sistema atualmente existente, com a adoção de políticas de livre-comércio e a celebração de tratados para redução de barreiras

11 Sobre a complexa história das finanças globais e de sua governança, cf. também: Avgouleas, 2012; Germain, 2010; Enchengreen, 2008; Davies e Green, 2008; Armijo, 2002, Strange, 1994; e Polanyi, 1980.

tarifárias, como o firmado entre França e Inglaterra em 1860. (HALE, HELD & YOUNG, 2013; LEWANDOWSKI, 2002).

O desenvolvimento do comércio internacional também dependia da estabilidade das taxas cambiais. Atendendo a essa demanda, ao longo dos séculos XVIII e XIX, as potências europeias estabeleceram acordos mútuos que vinculavam os pagamentos internacionais e o valor das moedas ao ouro, o que facilitava o gerenciamento das contas entre os Estados, visto que havia um meio de pagamento reconhecido por todos. Assim, para ingressar no sistema, os Estados deveriam assegurar a conversibilidade de suas moedas ao ouro, a livre circulação do metal e uma equivalência entre o montante de sua moeda em circulação e seus estoques de ouro. Consequentemente, a taxa de câmbio entre diferentes moedas era determinada pelo seu valor em relação ao ouro. O sistema, conhecido como "Padrão Ouro", tinha no Império Britânico, em razão de seu poder militar e econômico, sua sustentação e garantia: ele comprometia-se a manter fixa a taxa de conversão da Libra Esterlina em relação ao ouro. O sistema possibilitou uma integração econômica global sem precedentes até aquele momento histórico, o que, evidentemente, tinha nos britânicos os principais favorecidos, mas também beneficiou o crescimento de outras nações, como a Alemanha e os Estados Unidos. O "Padrão Ouro" vigorou até a Primeira Guerra Mundial, quando a exigência de emissão de moeda para custear as despesas decorrentes do conflito tornou inviável a garantia pelos Estados da conversibilidade de sua moeda em ouro. Passou-se, então, à livre variação cambial (sem a garantia do lastro em ouro) nos anos 1920, marcada por instabilidade cambial e inflação generalizada. Ao mesmo tempo, nos Estados Unidos, ocorria um rápido crescimento econômico. Entretanto, mesmo nos Estados Unidos, as projeções de crescimento foram superestimadas, e práticas arriscadas de crédito e investimento em um mercado financeiro fragilmente regulado acabaram levanto à "Crise de 1929", a qual atingiu toda a economia mundial. Como resposta, os Estados depreciaram o valor de suas moedas e elevaram as tarifas de importação, o que não resultou em recuperação, mas sim em maior declínio da atividade econômica. O fracasso da ação unilateral dos Estados para enfrentar a crise demonstrava a demanda por governança global. Entretanto, principalmente devido à resistência dos Estados Unidos, nos anos 1930 não houve avanços significativos. Na sequência, e sendo a "Grande Depressão" uma de suas razões, ocorre a Segunda Guerra Mundial. (HALE, HELD & YOUNG, 2013; LEWANDOWSKI, 2002).

Foram a tragédia e os horrores da Segunda Guerra Mundial que criaram as condições para a construção do sistema de governança global vigente, cujos propósitos declarados são assegurar a paz e a prosperidade econômica. Ele funda-se no diagnóstico de que uma das causas da Guerra foi a fragilidade das instituições globais então existentes, as quais não foram capazes de oferecer respostas para a crise dos anos 1920 e 1930, bem como as políticas isolacionistas, sobretudo em razão da posição do Partido Republicano dos Estados Unidos. No seu centro temos a Organização das Nações Unidas, cuja Carta[12] e Declaração Universal dos Direitos Humanos[13] consagraram a primazia dos direitos humanos e o Estado de Direito, e as organizações de Bretton Woods. (HALE, HELD & YOUNG, 2013).

A evolução do sistema monetário internacional e do sistema financeiro global foi influenciada pela configuração global de segurança e ideológica desenvolvida durante e após a II Guerra Mundial. (STRANGE, 1994).

A estrutura de poder dessas organizações e da ordem estabelecida refletia o equilíbrio de forças resultante da II Guerra Mundial, ou seja, atendia aos interesses dos vitoriosos, sobretudo dos Estados Unidos. Entretanto, ao contrário do entendimento da perspectiva realista, a ordem global que emergiu da Guerra não se sustenta exclusivamente na hegemonia dos Estados Unidos, mas também na natureza das instituições multilaterais que foram criadas. Suas bases legais e liberais impõem limites à própria hegemonia, e tais limites constituem uma condição para assegurar o respeito às regras pelos demais atores. Além disso, as instituições facilitam as negociações em função do processo contínuo de interações que possibilitam, da articulação de diferentes problemas e interesses que precisam ser negociados, e da criação de melhores condições para assegurar o cumprimento dos acordos sem o recurso à for-

12 Cf. ORGANIZAÇÃO DAS NAÇÕES UNIDAS. *Carta das Nações Unidas*. São Francisco, 1945. Disponível em: <https://nacoesunidas.org/wp-content/uploads/2017/11/A-Carta-das-Nações-Unidas.pdf>. Acesso em 06 fev. 2018.

13 Cf. ORGANIZAÇÃO DAS NAÇÕES UNIDAS. *Declaração Universal dos Direitos Humanos*. Paris: ONU, 1948. Disponível em: <https://nacoesunidas.org/wp-content/uploads/2018/10/DUDH.pdf>. Acesso em 06 fev. 2018.

ça, por exemplo, por meio de mecanismos de solução de disputas e da previsão e aplicação de sanções aos que os violarem. Contudo, a efetividade das instituições continua a depender da vontade dos Estados que as criaram, o que só ocorre quando os acordos podem gerar benefícios mútuos. Em síntese, trata-se de uma compreensão da ordem internacional e das organizações multilaterais que se afasta da perspectiva realista centrada exclusivamente no poder, mas também não se aproxima de um idealismo nos moldes Kantianos, de acordo com o qual toda a problemática da política global resolver-se-ia por meio de sua racionalização pelo direito. Portanto, a ordem global vigente e suas instituições não existem simplesmente para atender aos interesses hegemônicos dos Estados Unidos, mas não são capazes de forçar os Estados a firmarem acordos e "[...] foi certamente um sistema desenhado para servir às necessidades de países poderosos e os interesses dos poderosos dentro desses países [...]" (HALE, HELD & YOUNG, 2013, p. 22-25). Essa perspectiva tem consequências fundamentais para as análises subsequentes sobre o déficit democrático da governança financeira global e as alternativas implantadas ou propostas para sua reforma.

Especificamente no campo da governança econômica e financeira, os debates para a construção de um sistema de cooperação multilateral e de estratégias coordenadas para a recuperação da economia começaram antes mesmo do final da Guerra. Em dezembro de 1941, Harry Dexter White, assistente especial do Secretário do Tesouro dos EUA (Henry Morgenthau Jr.) e John Maynard Keynes, então conselheiro do tesouro do Reino Unido, foram designados para preparar um projeto para a reorganização do sistema monetário internacional. Os debates prosseguiram na "Conferência do Atlântico", em 1942, com a publicação dos textos de White e Keynes, em 1943, e sua submissão a sugestões de um grupo restrito de países e, finalmente, com a "United Nations Conference on Monetary and Financial Affairs", a qual reuniu em Bretton Woods, New Hampshire, Estados Unidos, no mês de julho de 1944, os 44 países aliados durante a Guerra (inclusive a União Soviética). (LIMA, 2014; HALE, HELD & YOUNG, 2013; LEWANDOWSKI, 2002).

A "Grande Depressão" dos anos 1930 fez com que norte-americanos e muitos europeus se convencessem de que seria necessária alguma forma de regulação do mercado econômico mundial para proporcionar o crescimento econômico e a estabilidade, a fim de garantir que as taxas de câmbio entre as moedas fossem mais estáveis, o que estava em consonância com as ideias de Keynes sobre os papéis do Estado e do mercado. Ao lado da força dessas ideias, tivemos o elemento poder, no qual se destacava a emergência dos Estados Unidos como grande potência econômica, militar e política, ao mesmo tempo que as antigas potências europeias - especialmente a Inglaterra - eram arrasadas pela Guerra e viam seu poder de barganha extremamente reduzido. Apesar disso, os britânicos foram consultados sobre os arranjos monetários do pós-Guerra, porque era importante obter o acordo dos aliados. Entretanto, foi a posição norte-americana que prevaleceu sobre a ideia mais ambiciosa de Keynes de criação de uma moeda realmente internacional, o "*bancor*", o qual substituiria o ouro como centro do sistema cambial. A proposta mais modesta, e prevalecente, dos norte-americanos, liderados por Harry Dexter White, foi a de constituição de um fundo de estabilização internacional para o qual cada Estado contribuiria proporcionalmente à sua capacidade, parte em ouro (25%) e parte em moeda nacional (75%) - e os Estados poderiam recorrer a esse fundo em caso de necessidade (déficits na balança de pagamentos), na proporção de sua contribuição, mediante a concessão de créditos temporários. Esse foi modelo para a constituição do Fundo Monetário Internacional, fruto de um acordo entre os Estados Unidos e a Inglaterra, enquanto outros Estados, como França, Canadá e Brasil, embora participantes das discussões de Bretton Woods, tiveram pouca influência política nas principais decisões. Neste mesmo contexto foi criado o Banco Internacional para Reconstrução e Desenvolvimento - hoje Banco Mundial. Em ambas as instituições, o poder decisório dos Estados era proporcional à sua quota de contribuição para sua constituição e, como os EUA detinham uma cota imensamente maior do que a dos demais membros, exerciam verdadeiro poder de veto, de maneira que todas as decisões dependiam de seu consentimento. Assim, pela primeira vez na história, havia um acordo formal entre as principais potências econômicas globais sobre as regras para o gerenciamento do sistema monetário internacional. Embora tais regras não fossem inalteráveis nem imparciais em sua aplicação, os Estados tinham acesso a uma nova fonte de crédito para enfrentar as exigências de ajustes e as mudanças econômicas, tendo como contrapartida o acordo de que deveriam declarar uma taxa de câmbio fixa ou um valor de paridade para suas moedas, bem como que interviriam no mercado de câmbio de maneira que essa taxa não variasse mais do que um por cento, sendo que tal paridade poderia ser alterada apenas diante da necessidade de corrigir um "desequilíbrio fundamental". Em um segundo momento, ocorreu a aceitação do Artigo VIII do Acordo de Bretton Woods, segundo o qual os Estados signatários concordaram com a livre conversibilidade de suas moedas, ou seja, sem a exigência de um controle oficial sobre o câmbio nas transferências financeiras e os pagamentos nas transações comerciais. Essa estrutura financeira forneceria as condições para a criação do mercado econômico global aberto e liberal pretendido pelos Estados Unidos. (STRANGE, 1994).

A preocupação política que orientou a agenda dos Estados Unidos decorria do diagnóstico segundo o qual, terminada a Guerra, tenderia a ocorrer uma polarização entre Oeste e Leste, entre economias de mercado e planificadas, identificando a implantação de um sistema econômico global forte e baseado no mercado como principal instrumento de defesa contra o avanço do comunismo. Em terceiro lugar, tanto em razão da experiência da resposta à "Grande Depressão", como do objetivo de barrar movimentos radicais comunistas, a ideia de intervenção estatal para assegurar proteção social ao lado do livre mercado exerceu grande influência. Nesse sentido, pode-se afirmar que o economista britânico John Maynard Keynes foi a figura intelectual central da conferência. Ao lado da intervenção estatal para regular o mercado, por meio das políticas monetária e fiscal, defendia-se a necessidade de um sistema econômico internacional que facilitasse a consecução das opções políticas dos governos tendo em vista a promoção do desenvolvimento econômico. Assim é que foi construído o denominado "Sistema de Bretton Woods", o qual buscava assegurar a estabilidade nas taxas cambiais, o que facilitaria o comércio, ao mesmo tempo em que conservava os fluxos financeiros restritos e regulados, a fim de evitar a ação especulativa do mercado financeiro. A liberalização comercial, portanto, não foi acompanhada, nesse momento, de liberalização financeira. (HALE, HELD & YOUNG, 2013; LEWANDOWSKI, 2002).

Na Conferência, debateu-se também uma proposta de extinção do Banco de Compensações Internacionais (BIS, na sigla em Inglês - "Bank for International Settlements"), o que não ocorreu; e outra de criação de uma Organização Internacional do Comércio, a qual, todavia, não se concretizou em razão da falta de consenso. Tal organização foi criada somente na "Conferência de Havana", em 1948, mas não chegou a entrar em funcionamento, pois seu tratado não foi ratificado pelo número mínimo de países exigido para tanto, dentre os quais os Estados Unidos. Não obstante, vários acordos no sentido da liberalização comercial foram encaminhados, principalmente após a aprovação, em 1948, do "General Agreement on Tariffs and Trade" (GATT), o qual previu a realização de sucessivas rodadas de negociação multilateral e acabou resultando na constituição da Organização Mundial do Comércio (OMC), em 1995. (LIMA, 2014; HALE, HELD & YOUNG, 2013).

Ocorre que as condições econômicas da Europa exigiram, primeiramente, um empréstimo dos Estados Unidos para o Reino Unido de 4,5 bilhões de dólares e, posteriormente, a adoção do "Plano Marshal", uma iniciativa muito mais abrangente. Com isso, entre 1948 e 1952, o FMI apresentou uma atuação pouco relevante. Embora continuasse a funcionar e tomar decisões, o papel central era exercido pelo governo dos Estados Unidos, que faziam esses grandes empréstimos para países da Europa, o Japão e também para alguns países mais pobres com o objetivo de conter a expansão do poder de influência da União Soviética. Assim, apenas a partir de 1959, quando as economias europeias estavam suficientemente recuperadas para permitir a livre conversibilidade de suas moedas, é que o sistema de Bretton Woods entrou plenamente em funcionamento. (STRANGE, 1994).

O sistema de Bretton Woods contribuiu com alguns resultados positivos importantes: (1) crescimento econômico maior e melhor distribuído do que em outros períodos; (2) expansão do comércio internacional; e (3) crises financeiras relativamente raras. Não obstante o desequilíbrio de poder existente, a vigência de um sistema institucionalizado e estável de cooperação multilateral propiciou condições favoráveis para o crescimento econômico tanto de países desenvolvidos como em desenvolvimento. Como se sabe, nem todos se beneficiaram do sistema, mas ele permitiu muitos experimentos exitosos de integração dos Estados na economia global. (HALE, HELD & YOUNG, 2013).

Por outro lado, o sistema também apresentava problemas, especialmente porque, assim como no "Padrão Ouro" do século XIX, a estabilidade monetária dependia de uma potência hegemônica.

Ocorre que, em função da Guerra Fria, os EUA intensificaram suas despesas para o desenvolvimento de seus aliados, sobretudo por meio do Plano

Marshall, como estratégia para impedir o avanço do comunismo. Com o passar do tempo, e inclusive com a ajuda desses investimentos, os países da Europa e o Japão se recuperaram e ganharam competitividade no comércio internacional, o que levou a uma trajetória de redução do superavit comercial norte-americano. Consequentemente, os EUA passaram a apresentar grande déficit comercial e orçamentário, sendo este agravado pelas despesas com a Guerra do Vietnã. Com a emissão de moeda para cobrir o deficit orçamentário, o consequente crescimento da inflação e o excesso de dólares no exterior, a manutenção da conversibilidade entre ouro e Dólar na paridade estabelecida em Bretton Woods tornava-se insustentável, tendo em vista a desproporção entre a quantidade de moeda emitida e as reservas de ouro dos EUA. Como não houve concordância dos parceiros internacionais com a revisão da taxa de paridade e os déficits comercial e orçamentário[14] se agravaram, em 1971, o Presidente norte-americano Richard Nixon decidiu suspender unilateralmente a conversibilidade entre ouro e Dólar e, em março 1973, o padrão ouro-Dólar foi definitivamente abandonado. Iniciou-se, então, o processo de livre flutuação das taxas cambiais e de livre circulação de capitais, o qual beneficiava mais ainda os Estados Unidos do que o sistema de Bretton Woods em função de seu domínio no campo dos serviços bancários. (LIMA, 2014; HALE, HELD & YOUNG, 2013; LEWANDOWSKI, 2002; STRANGE, 1994).

A decisão do Governo dos Estados Unidos de suspender a conversibilidade entre dólar e ouro a uma taxa pré-fixada demonstra a prevalência dos interesses domésticos em face das necessidades da economia global, visto que, naquela ocasião, a paridade interessava à economia global, mas não mais aos Estados Unidos.[15] (RODRIK, 2011).

---

14 Os déficits orçamentários observados no período e o crescimento das dívidas públicas nos Estados Unidos e na Europa na década de 1980 foram acompanhados do crescimento da dependência dos governos em relação aos recursos disponíveis no mercado financeiro que se internacionalizava. Foi nesse contexto que "[...] os Estados Unidos passaram da sua posição de maiores credores à de maiores devedores do mundo – tanto do ponto de vista interno como externo [...]" (BELLUZZO, 2005, p. 8-9).

15 Para uma análise econômica e política sobre a falha do desenho do sistema de Bretton Woods, com ênfase na inexistência de um "mecanismo global de reciclagem de excedentes", o que o tornou insustentável quando os EUA deixaram de ser superavitários, e a precedência dos interesses nacionais na decisão tomada pelos EUA, cf. Varoufakis, 2016.

O fim da conversibilidade entre o Dólar e o ouro possibilitou aos Estados Unidos "financiar o *privilégio exorbitante* de incorrer em déficits sem limites e, assim, consolidar ainda mais sua hegemonia – não *apesar* de, mas *graças* à sua posição deficitária". Isso era possível, não obstante os déficits comerciais, importações, consumo e gastos públicos sem limites do Governo norte-americano graças à disposição dos investidores estrangeiros para alocar seus capitais em *Wall Street*. Os capitalistas do mundo todo faziam (e fazem) isso voluntariamente, dentre outras razões, pelo "estatuto de moeda de reserva" assumido pelo Dólar no pós-Guerra. Até hoje, sempre que há uma crise, temos uma fuga de capitais para o Dólar. Além disso, o Dólar é moeda por meio da qual ocorre o comércio internacional de matérias-primas. Soma-se a isso, ou melhor, dá sustentação a essa situação, o poder bélico (e nuclear) dos Estados Unidos, e sua condição de liderança política do Ocidente no contexto em que tal decisão foi adotada. (VAROUFAKIS, 2016, p. 134-140).

Após o fim do sistema de Bretton Woods, as instituições financeiras internacionais passaram a atuar pela extinção das restrições aos fluxos de capital, bem como pelo livre câmbio das principais moedas. A combinação das políticas de livre-comércio já vigentes com a recém-adotada liberalização financeira acarretou o aprofundamento da integração econômica e da interdependência. Sem as restrições impostas por Bretton Woods, os bancos internacionais tornaram-se um instrumento crucial para o comércio internacional. Além disso, os fluxos financeiros internacionais cresceram exponencialmente,[16] sob a organização de poderosas instituições financeiras e também estimulados pela

---

16 De acordo com o BIS, o volume diário de operações cambiais passou de US$ 1.527 trilhão em abril de 1998 para US$ 5.345 trilhões em abril de 2013. (DIETSCH, 2016). Em 2014, observou-se uma queda para cerca de US$ 4,8 trilhões diários, passou a US$ 6,6 trilhões em abril de 2019, chegando a US$ 6,595 trilhões em dezembro do mesmo ano. No momento da revisão dos manuscritos deste livro não encontramos dados consolidados, mas, em razão da pandemia de Covid-19, com as restrições à movimentação internacional de pessoas e redução do comércio global, espera-se observar forte queda nas operações cambiais. Cf. BIS. *Triennial Central Bank Survey Foreign exchange turnover in April 2019*. Disponível em: <https://www.bis.org/statistics/rpfx19_fx.pdf>. Acesso em 28 abr. 2020. STATISTA. *Average daily turnover in the global foreign exchange market from 1998 to 2019*. Disponível em: <https://www.statista.com/statistics/247328/activity-per-trading-day-on-the-global-currency-market/ >. Acesso em 28 abr. 2020;

ação dos Estados que procuravam atrair esses fluxos para financiar suas despesas domésticas. (HELD & YOUNG, 2013).

O mercado de câmbio foi o primeiro a ser liberalizado, iniciando-se por ele a "mundialização financeira contemporânea". Mais precisamente, a liberalização empreendida entre 1979 e 1981 significou que a entrada e a saída de capitais em cada Estado deixaram de ser controladas. Assim, "qualquer Estado que quisesse colocar bônus do Tesouro nos mercados liberalizados estava forçado a se alinhar às práticas norte-americanas". Isso não significa que os sistemas financeiros nacionais tenham sido extintos, mas sim que foram integrados ao sistema global, o qual é "muito fortemente hierarquizado", pois "[...] o sistema financeiro dos Estados Unidos domina os outros em razão tanto da posição do Dólar quanto da dimensão dos mercados norte-americanos de obrigações e ações". Trata-se de um mercado fragilmente controlado, de maneira que os operadores financeiros decidem sobre a escala e a forma de participação de cada país na rede global. (CHESNAIS, 2005c, p. 44-45). Dado o predomínio dos Estados Unidos e a consolidação inicial da financeirização no âmbito das economias desenvolvidas, expandindo-se apenas posteriormente para aquelas "em desenvolvimento", é possível compreendê-la também como uma "financeirização dependente", ou uma "financeirização centro-periferia". (GARCIA-ARIAS, 2015, p. 26).

Esse processo, aliado aos "choques do petróleo", acarretou uma recessão econômica mundial. Foi nesse contexto que o projeto social-democrata foi substituído pelo neoliberalismo, com as vitórias eleitorais de lideranças liberais ou conservadoras, destacando-se Margareth Thacher, no Reino Unido, em 1979, e Ronald Regan, nos Estados Unidos, em 1980.

O neoliberalismo tem origem nas ideias do economista austríaco Friederich Hayek (2009), divulgadas inicialmente na década de 1940, e depois aprofundadas e difundidas por economistas norte-americanos, com destaque para o Milton Friedman (2014). Os fundamentos dessas ideias são "a despolitização da economia, a autonomização dos mercados e a retração do Estado". Tais ideias se difundiram sob a denominação de "Consenso de Washington"[17] como

17 "Ao contrário do que a expressão sugere, o Consenso de Washington não resultou de uma deliberação formal de um determinado órgão do governo norte-americano ou de uma política empreendida por certo organismo internacional. A locução foi cunhada pelo eco-

uma receita a ser implantada nos países da América Latina para combater a crise econômica que enfrentavam nos anos 1980, "caracterizada por elevadas taxas de inflação, déficits públicos crônicos, ineficiência governamental, obsolescência industrial e hermetismo do mercado". Embora essas ideias tivessem como foco inicial a América Latina, foram levadas pelo FMI e pelo Banco Mundial para todos os países pobres e em desenvolvimento. (LEWANDOWSKI, 2002, p. 78-85).

Mais do que um conjunto de políticas, o neoliberalismo deve ser compreendido como a ideologia hegemônica que limita as alternativas políticas, estabelece os critérios sobre o que é bom ou mau, e determina as fronteiras do possível, não se aceitando alternativas substantivas a ele. Assim, os partidos políticos dominantes, mesmo os progressistas, não desafiam os fundamentos do neoliberalismo em sua ação política, no máximo o moderam por meio da combinação de algumas políticas de inspiração *Neokeynesiana*. (HARRIS, 2016). Além disso, o neoliberalismo distorce os termos do debate. Por exemplo, como ressalta Callinicos (2009, p. 149), "[...] reduz a liberdade ao direito de comprar e vender e a igualdade a uma forma legal [...]", e essas não são as únicas compreensões possíveis para tais valores fundantes da modernidade.[18]

Como os Estados Unidos ocupavam uma posição hegemônica nesta ordem financeira internacional e o resto do mundo dependia muito do mercado financeiro norte-americano, tudo o que acontecia em sua economia tinha fortes repercussões globais. Nesse sentido, um fato especialmente relevante foi o aumento das taxas de juros pelo Banco Central norte-americano em 20%, entre 1979 e 1980, para fazer frente a pressões inflacionárias internas. Isso afetou radicalmente todos os que haviam contraído empréstimos no mundo em desenvolvimento, provocou recessão nos países desenvolvidos e restringiu o acesso ao crédito, o que impactou muito a América Latina, levando muitos países ao risco

nomista John Williamson, do *Institute for International Economy*, sediado na capital dos Estados Unidos, num seminário realizado em 1989, no qual foram discutidas as reformas necessárias para que a América Latina pudesse superar aquilo que se denominou de 'década perdida', retomando o caminho do desenvolvimento. (LEWANDOWSKI, 2002, p. 83).

18 Para uma análise aprofundada sobre o conceito de neoliberalismo, o processo de "neoliberalização" e a maneira como restaurou o "poder de classe", as forças por trás desse processo e que se beneficiaram com ele, notadamente os executivos das grandes corporações financeiras, cf. Harvey, 2005.

ou mesmo à incapacidade de honrar o pagamento de seus empréstimos junto aos bancos norte-americanos. Mais concretamente, isso significou desemprego em massa, corte de serviços públicos e estagnação ou piora da condição de vida das pessoas. A crise da América Latina demonstrou o lado extremamente negativo da interdependência e do livre fluxo de capitais. (HALE, HELD & YOUNG, 2013; DUMÉNIL e LÉVY, 2005). A liberação das finanças internacionais, portanto, gerou significativos custos para os países mais pobres ou em desenvolvimento, sem que a principal promessa de benefício – a disponibilização de grande volume de recursos para investimento em projetos de desenvolvimento de longo prazo tenha se concretizado. (GARCIA-ARIAS, 2015).

Essa nova crise estrutural do capital criou as condições para a retomada da hegemonia das finanças. Ela foi causada por tendências similares às observadas durante o Século XIX, particularmente o declínio das taxas de lucro nos grandes países capitalistas, mas não apenas por isso. A resposta adotada – a mudança na política monetária dos Estados Unidos em 1979, foi o principal evento nesse processo, o qual, combinado com uma série de outras medidas como a desregulamentação e o enfraquecimento dos sindicatos, levou o capitalismo à fase neoliberal. Os Estados desempenharam um papel crucial para tanto, ao abandonarem as políticas do compromisso Keynesiano e adotarem a estabilidade dos preços como principal objetivo de suas políticas econômicas em detrimento do pleno emprego. O fluxo de recursos para os credores combinado com o aumento das taxas de juros levou ao agravamento dos déficits fiscais, o que foi utilizado como justificativa para o desmonte do Estado de Bem-estar Social (onde existia), promovendo-se ajustes que atendiam aos interesses das finanças. Assim, as finanças conseguiram reestabelecer regras que garantiam sua supremacia, minando as forças que poderiam se contrapor aos seus interesses e sua dominação, por exemplo, por meio do crescimento do desemprego que favorecia o controle sobre os custos do trabalho. (DUMÉNIL & LÉVY, 2005).

Há, portanto, um papel decisivo do Estado na construção das condições dessa nova fase do capitalismo – não há contraposição entre Estado e mercado, mas uma configuração da atuação do Estado em função dos ditames da ideologia neoliberal, dos interesses e características do sistema econômico por ela regidos. (PANITCH & KONINGS, 2009).

O FMI e o Banco Mundial tiveram uma atividade bastante intensa, interferindo na política econômica doméstica dos países em desenvolvimento por meio do estabelecimento de condicionalidades para renegociação de dívidas e concessão de novos empréstimos, os quais eram imprescindíveis para que fizessem face ao déficit fiscal e da balança de pagamentos, bem como para que conseguissem realizar algum investimento. Essas condicionalidades, orientadas pela ideologia neoliberal, consistiam em privatizações de empresas estatais, redução de serviços públicos ou sua transferência para agentes privados (do mercado ou do "terceiro setor"), flexibilização das leis trabalhistas, fragilização dos sindicatos e liberalização comercial e financeira, dentre outras. Tais ideias, sintetizadas na já referida expressão "Consenso de Washington" não eram neutras, mas sim guiadas por interesses políticos, quais sejam: fornecer às elites condições extremamente favoráveis para a acumulação de capital, bem como para o fortalecimento das instituições financeiras internacionais e das corporações transnacionais. (HALE, HELD & YOUNG, 2013).

Esse programa de "Enhanced Structural Adjustment Facility" (ESAF) do FMI é um dos aspectos centrais para a compreensão da desigualdade, da pobreza e do déficit democrático relacionados com a globalização. As condicionalidades impostas para a concessão de sua "ajuda" financeira para os países em crise fiscal e incapazes de honrar o serviço de suas dívidas implicam restrições severas nas despesas públicas voltadas para o desenvolvimento econômico e social com o propósito de reduzir o déficit público e, consequentemente, prejuízo para os mais pobres. O mesmo ocorre com sua orientação de política macroeconômica centrada exclusivamente no objetivo do controle da inflação, desconsiderando a importância das outras variáveis econômicas que determinam o bem-estar das pessoas: crescimento econômico e nível de emprego. Tal perspectiva transforma o que deveria ser um meio para o crescimento da economia e do emprego – o controle da inflação, em um fim em si mesmo. Para os países em crise a possibilidade real de um caminho alternativo é extremamente limitada: na hipótese de não aceitarem as condicionalidades impostas pelo FMI e executarem sua política econômica conforme essas determinações, o Fundo suspende sua assistência financeira e, em geral, é seguido nessa decisão por outros atores que emprestam dinheiro para o Estado em questão.[19] Mais do que isso, o Fundo muitas vezes exige que seja consultado pelos países assistidos antes de qualquer decisão relevante que tomem em sua política macroeconômica. É interessante observar que muitas das posições adotadas pelo FMI, como a liberalização do sistema financeiro, fundam-se muito mais em preconceitos dogmáticos e ideológicos do que em evidências empíricas sobre a consecução dos objetivos pretendidos com as medidas recomendadas, de maneira que tais medias também acabam por se transformar em fins em si mesmos. Ao adotar esses programas, o FMI não se mostra disposto a ouvir as considerações de representantes dos países assistidos, ou de eventuais críticos que apresentem análises e projetos alternativos, fechando-se em sua própria tecnocracia e comportando-se de maneira colonialista. Embora formalmente ocorra uma negociação dos termos dos empréstimos, na prática, todo o poder está nas mãos do FMI e, do outro lado da mesa, uma restrita elite tecnocrática representa o Estado a ser assistido, em geral seu ministro de finanças e presidente do banco central, sem efetiva consideração sobre a opinião do conjunto da sociedade ou, pelo menos, da representação política parlamentar. O simples anúncio do fracasso de uma negociação é suficiente para ocasionar instabilidade no mercado, elevação das taxas de juros exigidas para concessão de empréstimos para o governo e o setor privado, ou até mesmo a completa restrição ao crédito, o que ainda é mais grave pelo fato de que os países mais pobres, em geral, já não contam com o crédito privado. (STIGLITZ, 2002).

Portanto, os países muito endividados e dependentes de empréstimos do FMI – obrigados a adotar as condicionalidades impostas por essa instituição, atendendo aos interesses do setor financeiro – deixaram de ter seus

---

19 O regime financeiro internacional, como já assinalava Keohane (1984, p. 254) há mais de três décadas, conferiu enorme poder de barganha para os investidores privados em face dos governos e outros grupos sociais, pois, em uma economia aberta, a mobilidade do capital favorece duplamente os governos pró-sistema: em termos econômicos, os capitais tendem a fluir em direção aos países adotam políticas econômicas pró-mercados; politicamente, a mobilidade do capital também tensiona em favor das posições políticas de direita, visto que a possibilidade se retirar facilmente os investimentos de um país que eventualmente passe a ser governado pela esquerda funciona como uma ameaça que influencia tanto o pensamento como os processos políticos domésticos.

destinos dirigidos por seus cidadãos, passando a ser por seus credores, mais precisamente, pelo "1%" da população global que compõem a elite financeira capitalista (ou 0,1%), transferindo-se, assim, sua soberania econômica para a agência que representa os credores internacionais. Isso aconteceu em países mais pobres, como na América Latina nos anos 1990, mas também passou a ocorrer na Europa, como na Grécia e na Itália, por ocasião da recente crise da dívida soberana - que os submeteram ao governo de fato de tecnocratas do FMI, do Banco Central Europeu e da Comissão Europeia. (STIGLITZ, 2012).

Esses Estados não recorrem apenas ao FMI, mas também ao mercado financeiro, o qual exerce um controle mais sutil e que atinge todos os países que tomam recursos, não apenas aqueles em situação de insolvência: se o governo não adota uma política que agrada aos agentes do mercado, sua avaliação de crédito é rebaixada e, consequentemente, tanto os governos como suas companhias passam a ser obrigados a pagar taxas de juros mais elevadas para captar recursos. Além disso, geralmente os interesses do mercado financeiro não coincidem com os interesses do país, pois perseguem o benefício de curto prazo da elite financeira, não do conjunto do povo, de maneira que os governos acabam atuando contra os próprios interesses nacionais. (DIETSCH, 2016; STIGLITZ, 2012).

Outra manifestação do problema reside na busca dos Estados pela acumulação de reservas de moedas consideradas "fortes" (como Dólar, Euro, Libra Esterlina e Franco Suíço), procedimento que, por um lado, drena recursos que poderiam ser empregados em investimentos para desenvolvimento econômico e social e, por outro, confere vantagens aos Estados emissores dessas moedas, os quais, por exemplo, tem acesso a empréstimos a um custo menor. (DIETSCH, 2016; DURAN, 2017).

As políticas conduzidas pelo FMI facilitaram o fluxo financeiro especulativo entre os Estados e os ganhos dos especuladores. Nesse sentido, é importante notar que se os especuladores lucrassem ganhando dinheiro uns dos outros em suas apostas, em seu conjunto, seria uma atividade muito arriscada e pouco atrativa, pois os ganhos de alguns seriam anulados pelas perdas de outros. Portanto, o que torna a atividade lucrativa é o dinheiro que obtêm junto aos governos com o apoio do FMI, afinal, esse é o destino da "ajuda" concedida para os Estados em dificuldade financeira pois, combinada com as políticas de austeridade exigidas, não são dirigidos para investimentos ou políticas sociais.

Um exemplo claro nesse sentido foram os quatrocentos e cinquenta bilhões de dólares gastos pelo Brasil (e pelo FMI) para manter sua taxa de câmbio sobrevalorizada no final de 1998, dinheiro que, em sua maior parte, acabou nas mãos dos especuladores. (STIGLITZ, 2002).

O que explica a persistência da adoção de políticas equivocadas pelo FMI, não obstante as evidências em contrário em diferentes países junto aos quais atuou?[20]

Uma primeira resposta seria a complexidade dos problemas a serem enfrentados, cujas soluções são difíceis. Todavia, o mais importante é que o FMI não tem atuado apenas para cumprir os objetivos que orientaram sua criação, mas também para defender os interesses da comunidade financeira. Assim, "[...] observar o FMI como se estivesse buscando os interesses da comunidade financeira fornece uma maneira de entender o que, de outra maneira, poderia parecer comportamentos contraditórios e intelectualmente incoerentes". Isso porque os procedimentos do FMI são coerentes com a ideologia da comunidade financeira e a forma como esta vê os problemas da economia global. Outro indício nesse sentido é que a maior parte dos funcionários do FMI são originários do setor financeiro, e para lá costumam retornar, onde são muito bem pagos após atenderem seus interesses no âmbito daquela instituição. As recomendações do FMI denotam maior preocupação com o pagamento dos empréstimos feitos pelos agentes financeiros do G7 do que com a melhoria das condições econômicas do país que estaria "ajudando". (STIGLITZ, 2002, p. 206-208).

Está claro, pois, que, embora complexas, não são questões técnicas[21] que impedem uma orientação diferente para a política econômica global, como a adoção de controles mais rigorosos para o fluxo de capital. O mesmo vale

---

20 Para uma argumentação consistente no campo econômico que demonstra o equivoco teórico e a falta de evidências empíricas de que o livre fluxo de capitais favorece a eficiência e o crescimento econômico e o progresso para todos, assim como as evidências históricas no mesmo sentido, cf. Felix, 2002.

21 As questões técnicas remetem a dificuldade de se encontrar a fórmula adequada para operacionalizar o controle, enfrentando problemas como quais capitais controlar (tipos de capitais (curto e longo prazo/investimentos), direção de seu fluxo (entrada e saída) e identidades de atores envolvidos (residentes e não residentes)) e que formas de controle adotar (duração (permanente ou restrita a períodos de instabilidade) e táticas (restrições quantitativas, taxação). (COHEN, 2002).

para uma possível falta de evidências empíricas que justificassem tal posição, as quais são fartas. A ideologia neoliberal é um elemento importante, mas não suficiente. As opções políticas, portanto, e o papel hegemônico desempenhado pelos Estados Unidos (COHEN, 2002), ou então pela rede de atores que dirigem o "Império", são decisivos.

Feita essa digressão sobre a expansão do programa neoliberal para os países periféricos e semiperiféricos, retomamos o quadro geral sobre o processo que se seguiu ao fim do sistema de Bretton Woods.

As decisões políticas de desregulamentação e liberalização dos mercados financeiros somadas ao esforço dos próprios agentes econômicos privados para não se submeterem à regulação, o desenvolvimento técnico e tecnológico nas comunicações e informações[22] – sobretudo as comunicações instantâneas globais, a formação de conglomerados bancários e financeiros globais, com a crescente oligopolização do setor financeiro – o qual é dominado por um pequeno grupo de grandes instituições, e a integração de mercados e agentes na esfera global, a criação de novos instrumentos e produtos financeiros, a emergência de novos atores financeiros (especialmente investidores institucionais) e a formação de toda uma infraestrutura institucional, pública e privada,[23] levaram à globalização financeira, à crescente liberdade de fluxo de capitais através do mundo[24] (GERMAIN, 2010; DAVIES & GREEN, 2008; HELD & MCGREW, 2007; COHEN, 2002; FARIA, 2002; MARTIN, 1994) e, mais do que isso, a uma transformação fundamental no Capitalismo: a "financeirização" da economia.

---

22 As tecnologias desempenham dois papéis essenciais no aumento do poder do capital financeiro: reduzem a necessidade de trabalho e ampliam a velocidade da circulação de capital. (HARRIS, 2016).

23 Essa infraestrutura compreende, por exemplo, bancos globais como o HSBC, diversas organizações internacionais e transnacionais, o sistema SWIFT de pagamentos financeiros globais interbancários etc. (HELD e MCGREW, 2007).

24 A "revolução financeira" é uma expressão utilizada para descrever a combinação entre a inovação nos instrumentos de operação financeira, os avanços tecnológicos, que permitem que as operações ocorram em tempo real, e a liberalização, a qual possibilitou o livre fluxo de capitais através das fronteiras estatais. Utiliza-se a expressão "revolução" em razão da transformação radical na maneira como a "indústria de serviços financeiros" realiza seus negócios, notadamente no que se refere à distribuição de riscos e ao acesso a financiamento. (AVGOULEAS, 2012).

Trata-se da predominância do setor financeiro sobre o real ou produtivo no sistema capitalista global, com implicações internacionais e domésticas não só no campo econômico, mas também no político e no social. Nesse modelo, acumula-se mais recursos por meio de atividades financeiras do que pela produção e comercialização de bens e serviços. (GARCIA-ARIAS, 2015; SOLIMANO, 2014; EPSTEIN, 2005). O aumento global das taxas de juros foi um elemento fundamental nesse processo, inclusive por favorecer a alocação do capital em investimentos financeiros. (DUMÉNIL e LÉVY, 2005). As atividades financeiras assumiram, assim, a partir dos anos 1970, um papel central na acumulação de capital[25] e na dominação política, constituindo um novo "regime institucional internacional de dominação do capital". Portanto, há um fator econômico e um político se articulando. (CHESNAIS, 2005a, p. 19-20).

Dito de outro modo, temos "uma configuração específica do capitalismo, na qual o capital portador de juros está localizado no centro das relações econômicas e sociais".[26] Neste quadro, os grupos industriais transnacionais

---

25 "O capital portador de juros corresponde, portanto, à plena posição do conceito capital ou, dizendo de outra forma, é apenas com a posição do capital como capital portador de juros que o conceito capital está plenamente desenvolvido. Ele existe de fato não em sua configuração individual, em que o lucro é acidental, tampouco em sua existência como força social, como capital global, clivado pela concorrência, mas antes em sua existência apartada do processo de produção, enquanto figura indiferenciada e abstratamente igual a si mesma, figura que engloba seu outro (o capital industrial) como momento de seu movimento de autovalorização. Com ao menos uma diferença frente a dialética hegeliana: o capital portador de juros é o fetiche em sua forma mais desenvolvida. O capital é agora coisa, mas enquanto coisa capital (*Das Kapital ist jetzt Ding, aber als Ding Kapital*)". (MARX, 1984c, p. 295). O que ali era autoposição do conceito, aqui é autoposição do fetiche". (MÜLLER & PAULANI, 2012, p. 86-87).

26 "No capitalismo, a propriedade dos meios de produção define de maneira inequívoca a classe dominante, mas essa propriedade se manifesta sob diferentes formas institucionais, que se modificam ao longo do tempo. Originalmente referia-se à propriedade individual e familiar das empresas, cuja gestão estava sob controle dos proprietários. Essa relação de propriedade evoluiu até a propriedade financeira das sociedades (quer dizer, exercida por intermédio da posse de títulos), em que o poder dos proprietários se concentra nas instituições financeiras. Essas instituições cristalizam os interesses de grupos mais ou menos amplos (como uma *holding* financeira) ou coletivos (como um banco central). Denominamos finança a fração superior das classes capitalistas e as instituições

continuam a desempenhar um papel fundamental na acumulação e na dominação econômica e política. Porém, as instituições financeiras, bancárias e, principalmente, as não bancárias são as protagonistas na construção desta forma de acumulação, a qual é fundada no princípio de gerar capital "[...] sem sair da esfera financeira, sob a forma de juros de empréstimos, de dividendos e outros pagamentos recebidos a título de posse de ações e, enfim, de lucros nascidos de especulação bem-sucedida". O campo de operação dessas instituições são "[...] os mercados financeiros integrados entre si no plano doméstico e interconectados internacionalmente".[27] (CHESNAIS, 2005c, p. 35).

Paulani (2019) desenvolve uma importante análise sobre a diferença da renda derivada do processo de produção e a da mera propriedade, e sobre o "rentismo" como traço marcante do capitalismo contemporâneo, a partir de um resgate da teoria da renda de Marx e de um diálogo com a obra de Harvey. Um elemento destacado pela autora é a existência de mercadorias, particularmente os *softwares*, que são constituídas exclusivamente por conhecimento, e que proporcionam uma "renda absoluta", cujo fundamento exclusivo, assim como Marx apontara para a renda da terra, é a propriedade. Especificamente sobre a "financeirização", a autora salienta que, embora a renda financeira esteja vinculada somente à propriedade de títulos ou ações, com uma lógica independente das necessidades da produção, na verdade ela também integra o próprio processo produtivo, pois a propriedade de ações determina as decisões referentes à produção, o que, não raro, leva à priorização da distribuição de dividendos entre acionistas em face de demandas por reinvestimento dos lucros, em um processo de gestão dos negócios no qual os administradores se tornam "parceiros dos rentistas". Assim, embora o regime de acumulação ca-

---

onde se concentra sua capacidade de ação. Note-se que nessa definição é preciso distinguir a finança do setor financeiro. Por um lado, a finança reúne uma fração de classe e instituições financeiras. Por outro, essas instituições financeiras constituem um conjunto mais vasto que o que se pode agrupar em uma 'indústria financeira'; compreendem igualmente instituições como os fundos de pensão e o banco central, que têm funções e modos de funcionamento diferentes, por exemplo, de outros bancos". (DUMÉNIL & LÉVY, 2005, p. 87). Cf. Harvey, 2005, 2006.

27 Para verificar diferentes dados econômicos atualizados nesta área, cf.: INTERNATIONAL MONETARY FUND. *IMF Data*. Washington, DC: International Monetary Fund, fev. 2018. Disponível em: <http://www.imf.org/en/Data>. Acesso em: 07 fev. 2018.

pitalista seja atualmente dominado pela finança, conserva-se, em sua essência, o "trabalho não pago" como origem da riqueza dos capitalistas, de maneira que haveria uma diferença de "grau" e não de "substância".[28]

Outro aspecto fundamental que viabilizou essa nova configuração do capitalismo foi a crescente autonomia entre os proprietários e os meios de produção. Isso foi possível com a separação entre propriedade e administração, cabendo a primeira aos acionistas e esta aos executivos. A instituição que criou as condições para esse processo ao longo do século XX foi o mercado de ações. Com isso, investimentos alocados em determinado campo podem ser rapidamente retirados e movidos para outro a um baixo custo. Tal dinâmica da bolsa de valores também se aplica aos demais setores das finanças, e essa facilidade para mover o capital é um instrumento central para o domínio das finanças. (DUMÉNIL & LÉVY, 2005). Essa autonomia também se reflete na posição dos acionistas perante trabalhadores: os donos do capital, utilizando uma força de trabalho direta mínima, controlam o restante da economia onde se encontram a imensa maioria das pessoas.[29] (HARRIS, 2016).

---

28 Para uma análise sobre a inserção da economia brasileira no processo de "financeirização", cf. Paulani, 2017, 2013. De acordo com a autora (2017, p. 30), "[...] todo o arcabouço institucional que emoldura hoje o funcionamento do capitalismo brasileiro foi construído a partir do princípio maior de atender com presteza e precisão os interesses da riqueza financeira, em particular dos credores e investidores externos". Assim, "podemos falar da existência no Brasil, pelo menos desde os anos 1990, de uma hegemonia da finança e de sua forma predominante de funcionamento, o capital financeiro e o setor bancário-financeiro". Dentre as consequências "financeirização" da economia brasileira apontadas pela autora (2013), destacamos a sobrevalorização da moeda nacional, a desindustrialização e a "primarização" da pauta de exportações. Para uma análise econômica da perspectiva marxista sobre o processo de "financeirização da economia" e a utilização das finanças como instrumento de expropriação dos trabalhadores e outros atores, cf. também: Lapavitsas, 2009 e Harvey, 2009.

29 "Os milhões feitos por Henry Ford dependiam dos trabalhadores que passavam pelos portões da fábrica até o chão da linha de montagem. Sem esse trabalho humano diário, Ford não tinha nada. Tanto os trabalhadores quanto a Ford entendiam isso. É a razão pela qual os trabalhadores formavam sindicatos e entravam em greve, e é a lógica por trás de Ford aumentar os salários para US$ 5 por hora. A relação contraditória unia capital e trabalho para produzir o contrato social. Hoje, as finanças dominam a manufatura e a velocidade das novas tecnologias tem contribuído para tanto". (HARRIS, 2016, p. 65).

As instituições financeiras, por sua vez, desempenham um papel estratégico nesse processo atuando como centros que organizam e centralizam o investimento do capital e a extração de mais-valia proveniente de diferentes atividades financeiras ou produtivas ao redor do mundo. (HARRIS, 2016).

Em conjunto com esse processo de transformação econômica, forma-se uma nova elite, a qual, além de dirigi-lo, exerce grande influência política: a elite financeira, composta por banqueiros, investidores e executivos do setor. Trata-se, pois, de uma "financeirização da classe capitalista" ou da elite econômica. (HARRIS, 2016; SOLIMANO, 2014). Essa elite financeira, ou o estrato superior da classe capitalista, foi favorecida pela crise do capitalismo dos anos 1970, pelo crescimento global das taxas reais de juros, pelo desenvolvimento do mercado de ações, pela liberalização financeira. Há, assim, uma interconexão direta entre o retorno da hegemonia financeira, a mundialização do capital e a globalização dos mercados. Porém, é preciso ter clareza de que é a hegemonia financeira que determina o desenvolvimento da mundialização do capital conforme seus interesses, e não esta que provocou um processo inevitável de transformação do capitalismo que incluiria a formação dessas elites. A observação de que uma série de transformações institucionais e políticas ocorreu em benefício de uma restrita minoria dos mais ricos demonstra que essa é a ordem do processo, como a sociedade é dividida em classes e que há uma luta entre elas. (DUMÉNIL & LÉVY, 2005). Trata-se, enfim, de uma elite financeira com caráter transnacional, com uma identidade global e demandando crescente supressão de fronteiras para seus interesses de acumulação de capital. (HARRIS, 2016).

Como observa Lapavitsas (2009, p. 142-146), a formação dessa elite é um processo sistêmico, não-independente de outras frações da *classe* capitalista. Os denominados *rentistas* estão difusos pela sociedade, incluindo entre eles, como veremos em mais detalhes a seguir, inclusive pequenos investidores que participam de fundos de pensão e investimento (investidores institucionais), os quais pertencem a diferentes classes sociais, inclusive a de trabalhadores.[30] Assim, não é correto considerar o setor financeiro, os

30 Nesse sentido, Singer (2009, p. 98) explica: "[...] a grande maioria dos poupadores é composta por gente simples, que poupa com o sacrifício de satisfações adiáveis para poder atender às emergências não cobertas pela previdência social, e mesmo às cobertas

bancos e investidores, como "parasitas que subsistem a partir do fluxo dos lucros gerados pelos capitalistas industriais produtivos". Tratam-se de mais empreendimentos capitalistas que ofertam serviços financeiros e, sendo parte do sistema, operam conforme suas regras de competitividade e taxas de lucro. Portanto, há sim um protagonismo da expropriação financeira,[31] mas as instituições financeiras são parte do sistema, os rentistas ocupam sua posição como resultado do desenvolvimento da financeirização. Indústria e comércio estão profundamente implicados com o setor financeiro, e mesmo os trabalhadores tornam-se cada vez mais dependentes desse setor, "inclusive para o atendimento de necessidades básicas, como moradia, consumo, educação e sustento na velhice". Tudo isso torna o problema da democratização da governança financeira mais urgente e complexo.

O capital portador de juros (ou financeiro), insistimos, não assumiu sua proeminência por força própria, mas em função da decisão política dos Estados mais poderosos, notadamente, a já referida liberalização e desregulamentação dos fluxos de capitais e da operação do sistema financeiro, e medidas que facilitaram a "centralização dos fundos líquidos não reinvestidos das empresas e das poupanças das famílias". Essa centralização de recursos ocorreu por meio dos "investidores institucionais" (fundos de pensão, fundos coletivos de aplicação, sociedades de seguros, bancos que administram sociedades de investimento), instituições especializadas que têm como função valorizar os fundos que administram por meio de aplicação em ativos financeiros, portanto, tais ativos não são empregados na produção. (CHESNAIS, 2005c, p. 36-37).

É importante se esclarecer como se dá o processo de financiamento e centralização do capital dos investidores institucionais que protagonizam as finanças globais. Primeiramente, trata-se de uma lógica em que o dinheiro (e

nos casos dos muitos que não se beneficiam dela. Esses poupadores em geral não visam a ganhos pela percepção de juros, e muito menos por meio de apostas especulativas. São os poupadores com rendas elevadas, que superam largamente o seu gasto total com as necessidades cotidianas, que tendem a encarar sua renda não gasta como capital e, portanto, como fonte de mais rendas mediante sua aplicação em contratos cujos valores são redefinidos diariamente em Bolsas de Valores, de Mercadorias ou de Futuros. O mesmo se aplica à poupança de empresas de grande porte e, naturalmente, aos financistas, que vivem diretamente da especulação financeira própria e como consultores da alheia"

31 Cf. Lapavitsas, 2013b.

não a produção) gera dinheiro, por meio da aplicação em títulos – da dívida pública, por exemplo, gerando juros, ou em ações, a qual gera dividendos. (CHESNAIS, 2005c). Uma fonte primária de recursos para os investidores institucionais são as contribuições dos trabalhadores para seus fundos de pensões, fenômeno que cresceu a partir do momento que a previdência pública, fundada no princípio da solidariedade entre gerações, passa a ser substituída pelos regimes privados ou pela "poupança-salarial".[32] A escolha desse sistema de aposentadorias é política, tendo em vista o favorecimento dos mercados financeiros. Com este processo, "os assalariados aposentados deixam de ser 'poupadores' e se tornam, sem que tenham clara consciência disso, partes interessadas das instituições cujo funcionamento repousa na centralização dos rendimentos fundados na exploração dos assalariados ativos", de maneira que seus beneficiários tornam-se indivíduos "cuja personalidade social está cindida: de um lado, a de assalariados e, de outro, de membros auxiliares das camadas rentistas da burguesia". (CHESNAIS, 2005c, p. 51-52).

Fortalecidas e desreguladas, as finanças assumem uma crescente autonomia não só em relação à esfera da produção, mas também das autoridades monetárias. (CHESNAIS, 2005c). Isso favorece as grandes companhias transnacionais que têm melhores condições do que os negócios pequenos e locais para lidar com os custos, benefícios, riscos e oportunidades do capitalismo financeiro. (STRANGE, 1994).

Diante da forte interdependência econômica e financeira, os Estados perderam o poder de fato de regular suas moedas, o que constituía desde os primórdios do Estado moderno uma das principais manifestações concretas da soberania. A interligação dos mercados financeiros faz com que tenham forte influência sobre os principais instrumentos de política monetária dos Estados – os juros e a taxa de câmbio, restringindo substancialmente a liberdade de atuação dos bancos centrais.[33] (LEWANDOWSKI, 2002; COHEN, 2002; FELIX, 2002).

32 Para um aprofundamento sobre o tema do papel dos fundos de pensão na mundialização financeira, cf. Sauviat, 2005.

33 Boaventura de Sousa Santos (2003, p. 23) analisa a mundialização financeira a partir do conceito de "fascismo financeiro", processo por meio do qual investidores, com o único objetivo de maximizar seus rendimentos, tomam decisões imunes a quaisquer formas de controle democrático, com enorme poder discricionário e consequências dramáticas para a economia e a estabilidade política dos países.

Como consequência do fato de os mercados financeiros terem se tornado mais especulativos e da mobilidade transfronteiriça do capital, o valor das moedas nacionais passa a depender muito mais dos fluxos financeiros do que da balança comercial da economia real. As finanças assumiram, assim, a característica de um "capitalismo de cassino", o qual não se limita a Nova Iorque e Londres, mas se espalhou por todos os centros financeiros do mundo. (STRANGE, 1994).

Além disso, na medida em que os bancos passaram a atuar globalmente e operar secretamente em "paraísos fiscais", a autoridade dos Bancos Centrais – responsáveis pela supervisão do sistema bancário e garantes de sua estabilidade, enquanto provedores de crédito de última instância – foi erodida. (STRANGE, 1994).

Embora a financeirização imponha severas restrições às decisões políticas, ressaltamos novamente que ela também é resultado de decisões políticas. O elemento decisivo das finanças globais e de sua governança é a disputa por poder.

Os Estados, pelo menos os mais poderosos, continuam a ser os protagonistas da governança econômica global, até porque a infraestrutura jurídica e política que possibilitou a globalização financeira foi construída por eles e com o objetivo de favorecer seus interesses econômicos e políticos.[34] Internamente, não obstante as restrições impostas pelo mercado global, os governos perseguem diferentes estratégias econômicas e políticas – as escolhas políticas estatais, portanto, continuam a fazer diferença (HELD & MCGREW, 2007), sendo a China um exemplo claro nesse sentido.

Embora a economia seja global, a política é "inter-nacional", ou seja, regida pela divisão entre Estados-nação, sistemas que existem paralelamente e afetando mutuamente seu funcionamento.[35] (STRANGE, 1994).

34 Como ressalta Rodrik (2011, p. 9-10), "[...] essa dicotomia entre mercados e estados – entre comércio e regulação – é falsa e oculta mais do que revela. As trocas de mercado, e especialmente o comércio de longa distância, não podem existir sem regras impostas de algum lugar. [...] Onde há globalização, existem regras. O que são, quem os impõe e como – essas são as únicas questões reais". Não existe mercado sem regras e instituições jurídicas e políticas. E o mesmo vale para as finanças globais e sua governança, sem essa infraestrutura construída pelos Estados ela não existiria.

35 Nessa perspectiva de Strange, a racionalidade política (e não a econômica) é que ocupa o lugar central nas questões sobre o dinheiro e a política monetária, pois o dinheiro "não é apenas um produto econômico", mas uma convenção social que depende da política. É

A economia política internacional crítica designa esse poder exercido pelos Estados mais poderosos, especialmente pelos Estados Unidos, de "poder estrutural", o qual não se confunde com a ideia de "autoridade", embora essa também possa ser utilizada para exercício do poder. Aquele reside na posse de certos recursos materiais, informacionais e procedimentais, enquanto esta decorre do adequado cumprimento de deveres específicos no desempenho de determinada função, geralmente relacionando-se com a posse de um conhecimento especializado e, ao contrário do poder, sustenta-se no consentimento ou reconhecimento dos atores sobre os quais ela se exerce, depende, pois, da persuasão, não da coerção. A complexidade técnica das questões envolvendo as finanças globais torna a autoridade muito importante, e é ela que em grande parte sustenta o poder exercido pelos dirigentes das instituições que exercem sua governança. Como muitas partes interessadas na governança financeira internacional não dispõem de tais conhecimentos especializados, banqueiros, investidores, ministros de finanças, presidentes de bancos centrais etc. encontram facilidade para exercer seu domínio. Essa distinção é fundamental porque "isso nos permite entender que a conduta da governança financeira global consiste em mais do que simples exercício de poder, mas também envolve interações baseadas na construção de argumentos técnicos por atores que operam em vários níveis ou em espaços sociais discretos, mas que se sobrepõem". Ainda que seja

---

a política que define como as relações de crédito e débito são produzidas. É necessário, pois, conhecer as origens sociais do crédito, como os arranjos institucionais se transformaram de maneira a se constituir um sistema global composto por múltiplos mercados nacionais que, embora fisicamente separados, operam como uma unidade. Todavia, essa posição também tem suas fragilidades, sendo a principal delas o fato de que "pressupõe que estados e empresas sejam entidades autodirecionadas que só podem ser governadas externamente, ou seja, através da aplicação de poder e influência de um sobre o outro. Essa definição de finanças globais dificulta a concepção de como as autoridades públicas e privadas podem transformar o tecido estrutural mais amplo da governança por meio de sua interação mútua, embora assimétrica". Essa limitação, todavia, não retira o valor fundamental da compreensão de Strange, a qual demonstra que o sistema financeiro global é resultado e definido pelas instituições que regem a criação, a alocação e o uso dos créditos que se movimentam internacionalmente. Nessa perspectiva, o sistema financeiro global é, em síntese, "a rede institucional que compreende a organização internacional de crédito em momentos específicos". (GERMAIN, 2010, p. 107-109).

possível construir autoridade, ou um conhecimento técnico reconhecido como válido a partir do poder estrutural, não é possível limitar a autoridade técnica a esse processo. (BAKER, HUDSON, WOODWARD, 2005b, p. 8-9).

Por outro lado, como pondera Enchengreen (2008, p. 4-5), as preferências atuais dos Estados sobre os arranjos de governança monetária internacional são condicionadas por escolhas de outros Estados e suas próprias escolhas anteriores, de maneira que "[...] o desenvolvimento do sistema monetário internacional é fundamentalmente um processo histórico. As opções disponíveis para aspirantes a reformadores em qualquer período não são independentes de acordos monetários internacionais do passado".

Em suma, para atingir os objetivos de governança de seus próprios sistemas financeiros, os Estados precisam atuar em cooperação com outros, pois isoladamente não conseguiram fazê-lo. Por outro lado, o sucesso da cooperação internacional depende da existência de apoio suficiente dos governos nacionais e, portanto, de suas disputas políticas internas. (GERMAIN, 2010).

Para concluir essa seção, destacamos a relação direta do fim do sistema de Bretton Woods e da mundialização financeira com a frequência e intensificação das crises. Este período é marcado por muito mais instabilidade do que o anterior, de maneira que os benefícios prometidos pela liberalização (maior eficiência na alocação de recursos e oferta de crédito para o crescimento econômico) não se concretizaram ou, pelo menos, parecem inferiores às suas consequências negativas. (CHESNAIS, 2005c; DUMÉNIL & LÉVY, 2005; MARTIN, 1994).

Nesse sentido, a "Crise Asiática", iniciada em 2 de julho de 1997, na Tailândia, foi muito impactante, pois atingiu as economias que, naquele momento, apresentavam o mais rápido crescimento econômico do mundo, e apresentou um efeito de contágio por toda parte: primeiro os países mais próximos (Indonésia, Coreia do Sul, Malásia, Hong Kong, China); na sequência o Japão também enfrentou uma recessão, a Rússia foi forçada a desvalorizar sua moeda e não foi capaz de honrar seus compromissos com credores, o que, por sua vez, causou instabilidade em outros países do G8. Já em 1999, a crise passou a atingir a América Latina, incluindo o México e o Brasil. A necessidade de criação de uma "nova arquitetura" de governança econômica global, capaz de assegurar a estabilidade, bem como que o sistema financeiro internacional aberto beneficiasse a todos – inclusive os países em desenvolvimento – mostrava-se evidente, inclusive, sendo objeto de debates da Cúpula do G8, em Colônia, Alemanha, em 1999. As perguntas fundamentais que se colocavam eram quais as reais causas da crise financeira e de seu contágio, qual a melhor forma de conter a crise, quem e como deveria liderar essas medias e, se uma nova arquitetura de governança seria necessária (ou apenas reformas pontuais), quais seriam seus princípios, processos, procedimentos, mecanismos etc., e, enfim, quem deveria dirigir o sistema de mercado emergente (instituições internacionais, governos nacionais, atores do mercado, sociedade civil, cidadãos). (KAISER, KIRTON, DANIELS, 2000).

As reformas elaboradas nesse contexto ficaram conhecidas como "Nova Arquitetura Financeira Internacional" (NIFA), consistindo, essencialmente: na criação do "Financial Stability Forum" (FSF) com o objetivo de coordenar as redes dispersas de *soft law* que compõe a governança financeira global, de um sistema voluntário de monitoramento por meio do "Financial Sector Assessment Program" (FSAP), o qual permitia um processo de revisão dos padrões internacionais de operação dos mercados financeiros; e na definição de novos parâmetros para capital de reserva pelo Comitê de Basileia. Entretanto, a NIFA mostrou-se incapaz de responder às profundas transformações em curso no sistema financeiro, especialmente pela ausência de capacidade institucional para enfrentar as crises financeiras e falências de bancos com atuação transfronteiriças. O que se obteve, na verdade, foi uma crescente influência de organizações privadas, notadamente grandes bancos, na governança financeira global, os quais, em função de seus próprios conflitos de interesses, apresentam uma perspectiva bastante enviesada sobre o funcionamento dos mercados. (AVGOULEAS, 2012).

Nesse cenário o FMI e o Banco Mundial também não conseguiram desempenhar satisfatoriamente a governança financeira global e lidar com os novos tipos de problemas, assim como os países ricos atuando isoladamente – sendo que esses também passaram a sofrer os efeitos das crises. Por essa razão, ao lado das organizações multilaterais, foram criadas várias outras para governar os assuntos econômicos globais, denominadas de instituições "transnacionais", as quais, diferentemente das primeiras, são bastante informais, altamente especializadas e apresentam em sua composição não apenas atores Estatais, mas também agentes do mercado, da sociedade civil e de outras instituições. (HALE, HELD & YOUNG, 2013).

Em suma, a financeirização da economia apresenta três características fundamentais: (1) as finanças adquirem domínio e a autonomia em relação às atividades produtivas e comerciais; (2) o valor dos patrimônios financeiros torna-se superior ao de outras formas patrimoniais; e (3) a desigualdade de renda e patrimônio retoma sua tendência histórica de crescimento – a qual, inclusive, intensificou-se após a "Crise Econômica Global" de 2008 – e adquire novas características.

A combinação de seis fatores explica a internacionalização das finanças e a interdependência financeira: (1) transformações estruturais no capitalismo; (2) decisões políticas de abertura dos fluxos globais de capitais tomadas inicialmente pelos EUA e pelo Reino Unido para responder às pressões decorrentes das transformações do sistema capitalista e para atender seus interesses geopolíticos, as quais foram disseminadas pelo mundo; (3) crescente atuação transnacional de conglomerados financeiros, bancários e não-bancários, com um papel muito relevante dos investidores institucionais (como os "fundos de pensão"); (4) desenvolvimento tecnológico que permite operações financeiras em tempo real; (5) inovações nos instrumentos de operação financeira, como os diferentes tipos de "derivativos"; e (6) a hegemonia ideológica do neoliberalismo.

Trata-se de um campo cuja governança combina questões técnicas complexas e altamente especializadas com escolhas políticas fundamentais, pois: (1) influencia o desempenho geral da economia e, consequentemente, os níveis de emprego e renda; (2) com o crescimento do endividamento dos Estados, o financiamento do serviço da dívida, das políticas e dos investimentos públicos têm se tornado cada vez mais dependentes da captação de recursos por meio da emissão de títulos públicos; (3) tanto o funcionamento "regular" do sistema financeiro como as respostas às suas crises têm implicações distributivas, por exemplo: (3.1) a espoliação dos consumidores pelos bancos; (3.2) a drenagem de recursos do orçamento público para pagamento de juros da dívida pública; (3.3) a distribuição desigual dos custos das crises financeiras – normalmente enfrentadas por meio de resgate aos bancos e políticas de austeridade que atingem os direitos dos mais pobres e vulneráveis; (3.4) a baixa tributação sobre a renda auferida por meio de operações financeiras. Esses processos promovem a transferência de renda gerada pela produção e pelo salário para o *rentismo*.

Antes de prosseguirmos, precisamos reforçar alguns pontos: (1) a acumulação e a concentração do capital, inerentes ao capitalismo, assumem características peculiares com a mundialização financeira, notadamente o predomínio das atividades financeiras sobre a produção e o protagonismo dos agentes financeiros; (2) esse sistema não é resultado de um simples desenvolvimento "natural" do capitalismo, mas de decisões políticas: extinção das restrições ao fluxo de capital e o livre câmbio das principais moedas, desregulamentação do sistema financeiro, novos regimes de previdência etc.; (3) o endividamento público, que também é uma decisão política, somado à integração e à interdependência econômicas mas, sobretudo, das finanças globais, limita severamente a soberania dos Estados em matéria financeira, ou seja, suas políticas monetária e fiscal; (4) consequentemente, o controle democrático sobre a economia por via da representação política – frágil desde seus primórdios, torna-se ainda mais restrito, o que constitui um primeiro elemento do déficit democrático da governança das finanças globais a ser considerado, ainda no próprio âmbito da ação (ou incapacidade de ação) dos Estados nacionais; (5) mas os Estados, sobretudo os mais poderosos, continuam a ser os atores principais da governança financeira; (6) nesses processos, os poderes político e econômico são os elementos decisivos, mas o direito é um fator de legitimação e dá forma institucional a essas relações, criando condicionantes que podem favorecer a dominação ou a emancipação, de maneira que as instituições jurídicas têm um papel relevante.

A complexa rede de instituições responsáveis pela governança financeira global

Diferentemente do que ocorre com o comércio internacional, cujo regime é organizado em torno da OMC, a governança financeira global é exercida por uma rede (ou, mais propriamente, um "emaranhado") que compreende organizações internacionais multilaterais (globais e regionais), instituições transnacionais e também nacionais e privadas, e essa rede não foi desenhada de forma planejada, mas construída gradualmente para responder a determinados problemas. (YOUNG, 2017; DURAN, 2017).

As organizações internacionais multilaterais operam por meio da cooperação entre os governos, os quais negociam e ajustam suas políticas. Como a cooperação é difícil, cabe às instituições multilaterais tentar criar as condições para facilitar este processo. (HALE, HELD & YOUNG, 2013). As duas principais organizações multilaterais construídas para desempenhar funções no âmbito da governança financeira global são o FMI e o Banco Mundial.

O Banco Mundial foi criado com o propósito inicial de prover empréstimos e financiamentos para a reconstrução da Europa, devastada pela Segunda Guerra Mundial.[36] Em razão do Plano Marshal e da conclusão de tal processo de reconstrução, passou a exercer exclusivamente o papel de um banco de fomento ao desenvolvimento econômico e social, atuando de maneira preponderante em projetos nos países mais pobres ou "em desenvolvimento". Seu objetivo consiste em fornecer capital para investimentos de longo prazo onde ele é necessário e há escassez de recursos públicos ou privados para tanto. Em princípio, apenas os Estados-Membros poderiam contrair empréstimos do Banco Mundial, mas, desde que avalizados e garantidos pelos governos centrais, governos estaduais e municipais, bem como empresas privadas podem pleitear financiamento para projetos de desenvolvimento. Os recursos são concedidos a título de empréstimos, de maneira que devem ser reembolsados em prazo de quinze a vinte anos, porém há uma carência para o início dos pagamentos e a taxa de juros é menor do que a praticada no mercado. Além do fomento ao desenvolvimento econômico, o Banco disponibiliza recursos, por exemplo, para as áreas de educação e meio ambiente, e atua no campo da formação de recursos humanos e no de aconselhamento de políticas públicas.[37] (HALE, HELD & YOUNG, 2013; SEITENFUS, 2003).

36 Cf.: WORLD BANK GROUP. *Articles of Agreement - International Monetary Fund and International Bank for Reconstruction and Development - United Nations Monetary and Financial Conference.* Bretton Woods: 1º a 22 de julho de 1944. Disponível em: <http://siteresources.worldbank.org/EXTARCHIVES/Resources/IBRD_Articles_of_Agreement.pdf>. Acesso em: 07 fev. 2018; WORLD BANK GROUP. *Organization.* Washington, DC: World Bank Group, 2017. Disponível em: <http://www.worldbank.org/en/about/leadership>. Acesso em: 06 fev. 2018.

37 Cf. Avgouleas, 2012; Bradlow, 2012.

Sediado em Washington, 189 Estados compõem o Banco Mundial que, na verdade, atualmente constitui um grupo que compreende cinco instituições: o Banco Internacional para a Reconstrução e Desenvolvimento (BIRD), a Associação Internacional de Desenvolvimento (AID), a Corporação Financeira Internacional (CFI), a Agência Multilateral de Garantia de Investimentos (AMGI) e o Centro Internacional para Solução de Disputas de Investimentos (CIADI).

A estrutura de poder do Banco Mundial é bicameral: "é dirigido por um Conselho de Governadores que representa os Estados-Membros e um Conselho de Administração composto de vinte e quatro membros", sendo este o órgão executivo do Banco. Em sua composição, têm assento permanente os sete países com maior número de cotas: Estados Unidos, Alemanha, Japão, França, Reino Unido, Arábia Saudita e Suíça. As dezessete vagas restantes são preenchidas por meio de eleição pelo Conselho de Governadores em sistema de rodízio. Em ambos os órgãos, há um processo decisório baseado no voto ponderado: "cada país-membro detém duzentos e cinquenta votos, aos quais são adicionados os correspondentes às partes de capital. Para tanto, cada cem mil Dólares americanos de capital equivalem a um voto suplementar".[38] (SEITENFUS, 2003, p. 153).

A forma de operação do Banco Mundial é resultado da interação da atuação dos Estados-membros do Tratado na direção e supervisão de suas atividades, e da maneira como seu presidente e demais diretores exercem sua margem de autonomia. Por um lado, a história demonstra que a atuação de seu acionista mais poderoso, os Estados Unidos, desempenhou um papel decisivo na definição das políticas do Banco. Por outro lado, a maneira como seus presidentes exerceram sua liderança também ajudaram a moldar sua agenda. (PARK, 2015).

Já o FMI foi instituído para coordenar as taxas de câmbio entre os países durante a vigência do sistema de Bretton Woods e para fornecer ajuda financeira emergencial para seus membros com dificuldades fiscais e na balança internacional de pagamentos de curto prazo, com a finalidade de evitar o não pagamento das obrigações pelos Estados, o que ocorrera durante as duas Guerras Mundiais provocando turbulências no fluxo internacional de capitais. O poder de voto em sua direção foi estabelecido em favor das potências ocidentais, com destaque para os Estados Unidos, e proporcionalmente à quota

38 Analisaremos as reformas na estrutura de poder do Banco Mundial no Capítulo 3.

de contribuição de cada membro para o Fundo.[39] (HALE, HELD & YOUNG, 2013). Como vimos, a partir da primeira crise do petróleo, nos anos 1970, assumiu a função de garantir a estabilidade financeira, por meio da alteração de seu foco para a concessão de empréstimos para países que enfrentavam recorrentes crises, acompanhados da imposição de "condicionalidades", sendo acrescidas novas atribuições na prevenção de crises financeiras, especialmente após a "Crise Asiática". (AVGOULEAS, 2012).

O ingresso de cada Estado no Fundo ocorre por meio de uma subscrição para a composição de seu capital denominada de "cotas-parte", as quais são calculadas de acordo com sua importância na economia, nas finanças e no comércio mundiais, podendo ser ajustadas posteriormente mediante negociação. A cota define tanto o montante de auxílio que o Estado poderá receber como o peso de seu voto nas decisões, de maneira que a distribuição de poder na organização expressa o poder econômico do Estado. Há um piso de 250 votos para cada Estado-membro, sendo "adicionado 1 voto suplementar para cada 100 mil Dólares americanos de cota-parte".[40] (SEITENFUS, 2003).

Os órgãos decisórios do FMI são semelhantes aos do Banco Mundial. Há um "Conselho de Governadores", seu órgão máximo, do qual participam todos os 188 Estados-membros, representados por um governador (geralmente seu ministro de finanças ou presidente do Banco Central) e um governador-adjunto. O Conselho de Governadores delega a maioria de suas atribuições para o Conselho Executivo, mas algumas lhe são exclusivas conforme previsto no Tratado de Instituição, como decisões sobre admissão de novos membros, número de diretores-executivos e suas remunerações, e propostas de emenda ao Tratado. O Conselho se reúne anualmente em conjunto com o do Grupo do Banco Mundial, ocasião em que seus dirigentes apresentam os desafios e estratégias da instituição, sendo que realiza votações sem necessidade de reunião presencial. Já o Conselho Executivo reúne-se três vezes por semana para discutir as propostas de políticas do FMI, relatórios de monitoramento de política econômica de seus membros e pedidos de assistência

39 Cf.: Avgouleas, 2012; Bradlow, 2012; INTERNATIONAL MONETARY FUND. *About the IMF*. Washington, DC: International Monetary Fund, fev. 2018. Disponível em: <http://www.imf.org/en/About>. Acesso em: 07 fev. 2018.

40 Analisaremos as reformas na estrutura de poder do FMI no Capítulo 3.

apresentados por eles. Trata-se do centro dos processos decisórios do Fundo, sendo composto por vinte e quatro diretores-executivos que representam todos os membros e tomam decisões no sistema de voto ponderado pelo peso da subscrição de capital dos membros que cada um representa. Esse Conselho é presidido pelo diretor-gerente e é responsável por todos os negócios do Fundo e suas decisões operacionais, atuando, por exemplo, nas consultas de autoridades nacionais sobre a condução de suas políticas e nos empréstimos condicionados concedidos aos membros em dificuldades em seus balanços de pagamentos. Esses diretores são funcionários do FMI e não embaixadores de seus governos, esperando-se que atuem no interesse da instituição e de forma independente. Sabe-se, porém, que também protegem os interesses dos Estados que representam. O Tratado estabelece que cinco diretores-executivos serão indicados pelos cinco membros com maiores cotas e quinze serão eleitos pelos restantes. O Conselho de Governadores, por maioria de oitenta e cinco por cento do poder de voto, pode ampliar ou reduzir o número de diretores eleitos, sendo que desde 1992 o Conselho tem decidido manter o número de 24 diretores, de maneira que: cinco membros são indicados por Estados Unidos, Japão, Alemanha, Reino Unido e França; três dos dezenove restantes representam apenas um Estado (China, Rússia e Arábia Saudita), e os demais os outros cento e oitenta membros que se organizam em blocos para elegê-los, muitos dos quais incluem tanto países desenvolvidos como em desenvolvimento. O Diretor-Gerente do Fundo, com mandato de cinco anos, é eleito pelo Conselho Executivo conforme uma regra costumeira de acordo com a qual será de origem da Europa Ocidental, enquanto o Adjunto será um norte-americano. (HUBLOUE & VONGTHIERES, 2015; SEITENFUS, 2003).

Organizações financeiras multilaterais também passaram a ser criadas entre os países em desenvolvimento ou do "Sul Global",[41] especialmente entre 1997 e 2007, quando ocorreu um aumento da fragmentação das instituições

41 Cf. AFRICAN DEVELOPMENT BANK GROUP. *African Development Bank Group Website*. Abidjan: Afdb, 2018. Disponível em: <http://www.afdb.org>. Acesso em: 07 fev. 2018; ASIAN DEVELOPMENT BANK. *Asian Development Bank Website*. Mandaluyong City: ADB, 2018. Disponível em: <http://www.adb.org>. Acesso em: 07 fev. 2018; NEW DEVELOPMENT BANK. *New Development Bank Website*. Shanghai: NDB, 2018. Disponível em: <https://www.ndb.int/>. Acesso em: 07 fev. 2018.

que atuam no campo da governança financeira, em paralelo ao incremento da multipolaridade a partir do expressivo crescimento econômico de muitos países, como os BRICS (Brasil, Rússia, Índia, China e África do Sul). Nesse sentido, na América Latina, muito em função da percepção negativa sobre as condicionalidades impostas pelo FMI no passado, houve um esforço para a criação de instituições alternativas às de Bretton Woods, como o Banco do Sul, o Fundo de Reserva da América Latina e a Cooperação Andina de Desenvolvimento. (HALE, HELD & YOUNG, 2013).

Outro conjunto de instituições são as denominadas transnacionais, as quais se diferenciam das internacionais em razão de sua estrutura de governança mais informal e flexível, com foco em áreas específicas e tecnicamente bastante especializadas, além de serem dirigidas por autoridades subnacionais e mesmo atores não-estatais. Essas instituições têm crescido em número e importância como se pode observar no quadro sintético a seguir:

Tabela 1: algumas instituições transnacionais de governança financeira

Name	Year formed	Composition	Area of activity	Main function
Bank for International Settlements (BIS)	1930	National central banks	Monetary policy and central banking	Coordination among central banks; serves as a hub for the BCBS, IOSCO, Joint Forum (see below), and CPSS
Basel Committee on Banking Supervision (BCBS)	1974	Regulators from central banks and national financial regulatory agencies	Banking regulation and supervision	Generation of international standards and codes
International Organization of Securities Commissions (IOSCO)	1983	National and subnational securities and exchange regulatory bodies	Securities and stock markets	Exchange of information and the generation of best practice standards

International Association of Insurance Supervisors (IAIS)	1984	National insurance regulators	Insurance	Monitoring and generation of international standards
Financial Action Task Force (FATF)	1989	Ministries of Finance	Money laundering	Generates recommendations to national governments
Committee on Payment and Settlement (CPSS)	1990	Central banks	Financial system payments and processing	Sets standards, conducts research
Joint Forum on Financial Conglomerates	1995	Other transnational bodies: BCBS, IOSCO, IAIS	Financial conglomerates covering banking, insurance, and securities	Develops guidance and principles, identifies best practice

Fonte: Hale, Held & Young, 2013, p. 146.

Assim, a governança financeira global tornou-se um sistema cada vez mais descentralizado. Nesse contexto, o FMI continuou a desempenhar um papel fundamental na coordenação do provimento de fundos emergenciais e de reformas estruturais nas economias nacionais, mas a tarefa de regulação dos mercados financeiros privados no período posterior ao fim do sistema de Bretton Woods coube a uma rede de organizações transnacionais, na qual o BIS é que ocupou a posição central ao oferecer recursos organizacionais para as diferentes instituições desta rede, embora sem exercer propriamente uma coordenação. O BIS[42] é uma instituição anterior à Bretton Woods. Localizada na Basileia, Suíça, foi fundado em 1930 para organizar o pagamento das reparações de guerra da Alemanha. Entretanto, durante a Segunda Guerra Mundial, ocorreram acusações de que tivesse ajudado a Alemanha a receber recursos financeiros de outros países, razão pela qual, como já exposto, duran-

42 Cf. BANK FOR INTERNATIONAL SETTLEMENTS. *About the BIS*. Basel: BIS, 2018. Disponível em: <https://www.bis.org/about/index.htm?m=1%7C1>; Acesso em: 07 fev. 2018; BANK FOR INTERNATIONAL SETTLEMENTS. *Statutes of the Bank for International Settlements (of 20 January 1930; text as amended on 7 November 2016)*. Basel: BIS, 2016. Disponível em: <https://www.bis.org/about/statutes-en.pdf>. Acesso em: 07 fev. 2018.

te a Conferência de Bretton Woods foi proposta sua liquidação, que acabou não se concretizando. No pós-Guerra, o BIS tornou-se uma espécie de "clube para bancos centrais", sem que seu papel fosse claro, mas ganhou importância a partir dos anos 1970. (HALE, HELD & YOUNG, 2013). O BIS também é responsável pela coordenação do sistema internacional de pagamentos e liquidações interbancários no âmbito internacional, que constitui uma área fundamental e tecnicamente complexa, porém não envolve significativas controvérsias políticas ou distributivas. (DAVIES & GREEN, 2008).

Embora os presidentes de bancos centrais se reunissem regularmente na Basileia desde a criação do BIS, percebeu-se a necessidade de estabelecimento de um arranjo mais estável e sistemático, em função da percepção de que a reemergência das finanças globais implicava problemas que não poderiam ser resolvidos adequadamente no nível nacional, particularmente as incertezas sobre as competências pela supervisão bancária e as responsabilidades pelas operações internacionais na hipótese de liquidação de bancos que atuavam globalmente, ou seja, quem arcaria com o ônus. Isso era agravado pelo fato de que, em razão da competição bancária global, os reguladores nacionais do sistema bancário também competiam no sentido de ampliar as possibilidades de operações a que os bancos estavam autorizados, especialmente no que se refere à crescente redução dos níveis de capitalização de reserva exigidos, o que ampliava os riscos. Foi nesse cenário, e após a quebra de dois grandes bancos (*Penn Central Bank* e *Bankhaus I.D. Herstattna*) que, em 1974, foi criado o Comitê da Basileia para Supervisão Bancária (BCBS na sigla em Inglês: Basel Committee on Banking Supervision),[43] com sede no BIS, pelo denominado "Grupo dos 10", composto, na verdade, por doze países com grande poder financeiro: Alemanha, Bélgica, Canadá, Estados Unidos, França, Itália, Holanda, Japão, Luxemburgo, Reino Unido, Suécia e Suíça. Em 2001, a Espanha passou a fazer parte do BCBS em função do reconhecimento de que seus bancos detêm grande conhecimento sobre a América Latina. Em março de 2009, o BCBS passou por grande expansão, incluindo Austrália, Brasil, China, Coreia

43 Cf. BASEL COMMITTEE ON BANKING SUPERVISION. *The Basel Committee - overview*. Basel: BIS, 2018. Disponível em: <https://www.bis.org/bcbs/>. Acesso em: 07 fev. 2018; BASEL COMMITTEE ON BANKING SUPERVISION. *Charter*. Basel: BIS, 2016. Disponível em: <https://www.bis.org/bcbs/charter.htm>. Acesso em: 07 fev. 2018.

do Sul, Índia, México e Rússia. Logo em seguida à Cúpula do G20 de Londres, em abril do mesmo ano, houve uma nova expansão para que fossem incluídos todos os membros do G20, além de Hong Kong e Singapura.[44] (HALE, HELD & YOUNG, 2013; YOUNG, 2011a; DAVIES & GREEN, 2008).

O BCBS caracteriza-se como uma instituição *transgovernamental* cujo objetivo principal é facilitar a cooperação entre agências responsáveis pela supervisão e regulação bancária, particularmente por meio da construção de acordos internacionais de padrões normativos para a regulação dos bancos. Além disso, o BCBS promove a troca de informações entre bancos centrais, tendo em vista a melhoria das técnicas de supervisão. Sua estrutura é composta por um pequeno secretariado e representantes de bancos centrais e agências reguladores do setor bancário de seus vinte e dois membros. O BCBS tem produzido muitos relatórios, recomendações e padrões normativos desde sua criação, sobretudo quanto à adequação do capital de reserva dos bancos, buscando-se combater a competição predatória decorrente, em grande medida, da desigualdade das regras de capitalização entre os diferentes países. Seus resultados mais importantes foram o três Acordos de Basileia (Basileia I, II e III) produzidos, respectivamente, em 1988,[45] 2004[46] e 2010,[47] baseados em três pilares: (1) capital mínimo requerido dos bancos baseado em avaliações de riscos de seus ativos; (2) supervisão da atividade bancária; e (3) disciplina do mercado, incluindo regras detalhadas sobre transparência. (HALE, HELD & YOUNG, 2013; YOUNG, 2011a; DAVIES & GREEN, 2008).

---

44 Cf. Lima, 2014; Avgouleas, 2012.

45 BASEL COMMITTEE ON BANKING SUPERVISION. *Basel Capital Accord: International convergence of capital measurement and capital standards.* Basel: BIS, 1988. Disponível em: <https://www.bis.org/publ/bcbs04a.htm>. Acesso em: 07 fev. 2018.

46 BASEL COMMITTEE ON BANKING SUPERVISION. *Basel II: International Convergence of Capital Measurement and Capital Standards.* Basel: BIS, 2006. Disponível em: <https://www.bis.org/publ/bcbs128.htm>. Acesso em: 07 fev. 2018.

47 BASEL COMMITTEE ON BANKING SUPERVISION. *Basel III: Finalising post-crisis reforms.* Basel: BIS, 2017. Disponível em: <https://www.bis.org/bcbs/publ/d424.htm>. Acesso em: 07 fev. 2018; BASEL COMMITTEE ON BANKING SUPERVISION. *Basel III: Monitoring Report.* Basel: BIS, 2017. Disponível em: <https://www.bis.org/bcbs/publ/d426.htm>. Acesso em: 07 fev. 2018.

Há incentivos do mercado para a adoção dos padrões regulatórios estabelecidos pelos Acordos não só pelos membros do BCBS. Além disso, o mercado internacional de capitais, bem como outras instituições internacionais, particularmente o FMI, os utiliza para avaliar a solidez financeira dos bancos. Trata-se de um exemplo claro de *soft law*, pois os padrões estabelecidos pelos acordos são aplicados sem que tenham a forma de lei nem sejam sustentados por uma autoridade soberana. Isso porque, os acordos limitam-se a compromissos das partes em se esforçarem por obter regulações semelhantes nas suas jurisdições, o BCBS não tem poderes para obrigar os parlamentos nacionais de seus membros a aceitá-los. (HALE, HELD, YOUNG, 2013, YOUNG, 2011a; DAVIES & GREEN, 2008).

O BCBS, portanto, não possui poderes regulatórios supranacionais, de maneira que suas decisões não possuem força legal. Por outro lado, o desenho institucional do BCBS faz com que seus processos decisórios afastem-se das autoridades nacionais. Isso porque seus participantes não são representantes eleitos e muitas vezes nem possuem uma delegação formal para tomarem decisões em nome de seus governos. Tratam-se de burocratas de bancos centrais e agências reguladoras, em geral independentes tanto dos Parlamentos como dos Poderes Executivos, que tomam decisões por consenso a partir de discussões técnicas, e elas não precisam se submeter à aprovação formal dos governos ou quaisquer outras autoridades externas. Isso não significa, todavia, que não haja questões de poder nas decisões do BCBS, pois também envolvem grandes interesses políticos e econômicos. (YOUNG, 2011a).

Além das dificuldades técnicas, o processo de elaboração dos acordos também enfrentou resistências políticas. Houve uma reação dos parlamentos nacionais, tanto nos EUA como na Europa (sobretudo na Alemanha), pois entenderam que estavam sendo constrangidos a aprovar acordos referentes à regulação do sistema bancário que foram firmados por burocratas não-eleitos, de maneira que passaram a interferir mais nas negociações. Isso também resultou da pressão de bancos que entendiam que poderiam ter seus interesses prejudicados pelas negociações. A adoção dos Acordos por Estados que não eram membros do BCBS gerou uma pressão para a incorporação de novos membros, o que, todavia, encontrou resistência entre seus integrantes. (DAVIES & GREEN, 2008).

Enfim, não obstante o caráter fechado da operação do BCBS, desde o final dos anos 1990, ele tem promovido consultas externas, por exemplo, por meio de discussões com grupos regionais de autoridades supervisoras do sistema bancário, em conferências bianuais, e consultas técnicas abertas à manifestação pública, das quais participam atores privados, reguladores de Estados não-membros, acadêmicos e outras organizações internacionais, como o FMI. (YOUNG, 2011a).

O BCBS, todavia, tem sofrido críticas em razão das consultas que realiza junto a grandes grupos empresariais e suas instituições representativas, de maneira que se aponta a instituição como exemplo de "captura regulatória" no âmbito transnacional, pois seus regulamentos são fortemente influenciados pelos bancos que deveria regular. Além disso, como até 2009 era composto apenas por países desenvolvidos e funcionava como uma espécie de "clube", sua legitimidade enquanto instituição de governança global também é questionada, pois não consideraria as especificidades dos países menos desenvolvidos. A inclusão de todos os membros do G20 em 2009 alterou parcialmente essa situação. (YOUNG, 2011a).

Ainda no campo dos riscos bancários, existe a questão da proteção dos depósitos e suas seguradoras, cujos sistemas variam em cada país. Em função da dimensão internacional do problema, após longos debates, em 2002 foi criada a "International Association of Deposit Insurers" (IADI), a qual, embora legalmente separada, também é sediada no BIS, tendo como propósito o compartilhamento de experiências sobre seguros de depósitos ao redor do mundo. (DAVIES e GREEN, 2008).

O mercado de valores mobiliários tem uma organização paralela ao Comitê da Basileia, trata-se da "Organization for Securities Commissions" (IOSCO),[48] mas com um perfil um pouco inferior àquele, pois as questões transnacionais que as comissões de valores mobiliários enfrentam são menos relevantes e frequentes do que as do setor bancário. A organização surgiu de uma associação de bolsas de valores das Américas em 1974, sendo que na conferência de Quito, em 1983, acordou-se sobre o ingresso de outros países

48 INTERNATIONAL ORGANIZATION OF SECURITIES COMMISSIONS. *International Organization of Securities Commissions Website*. Madrid: IOSC, 2018. Disponível em: <https://www.iosco.org/>. Acesso em: 07 fev. 2018.

e, a partir de então, todos os reguladores de valores mobiliários tornaram-se membros. A IOSCO é organizada de forma "mais democrática e representativa" do que o Comitê da Basileia, pois todos os membros integram o Comitê da Presidência, o qual deve ratificar todos os acordos e códigos, além de que o Comitê executivo é eleito e seus membros mudam periodicamente. A diversidade de seus membros, porém, torna mais difícil a obtenção de consensos. Os objetivos afirmados pela IOSCO são a cooperação para a promoção da qualidade da regulação dos mercados de valores mobiliários, a troca de informações, a soma de esforços para promover uma adequada supervisão das transações internacionais de valores mobiliários, e a promoção de assistência mútua para a integridade dos mercados.[49] (DAVIES & GREEN, 2008).

Em 1994, foi criada a "International Association of Insurance Supervisors" (IAIS),[50] destinada a promover a cooperação no campo da regulação sobre seguros. Por sua vez, em 2004, foi constituída a "International Organization of Pension Supervisors" (IOPS), de caráter bastante informal, com o objetivo de promover a cooperação internacional dos supervisores de planos de previdência. (DAVIES & GREEN, 2008).

Percebeu-se, ao longo dos anos 1990, que crescia o número de questões comuns aos setores bancário, de valores mobiliários e de seguros, especialmente a regulação de conglomerados financeiros que atuam nos três segmentos. Para superar essa lacuna, o BCBS, a IOSCO e a IAIS criaram, em 1996, o "Joint Forum on Financial Conglomerates",[51] mais conhecido simplesmente como *Joint Forum*, composto paritariamente por supervisores bancários, de valores mobiliários e seguro, os quais representam tanto seus respectivos pares como seus Estados. Trata-se de um fórum transgovernamental cooperativo para o

---

49 Ainda no campo dos valores mobiliários, abrangendo também o mercado de derivativos, existe a "World Federation of Exchanges", a qual não constitui propriamente um órgão regulador, mas sim como uma associação corporativa (DAVIES e GREEN, 2008).

50 INTERNATIONAL ASSOCIATION OF INSURANCE SUPERVISORS. *International Association of Insurance Supervisors Website*. Basel: IAIS, 2018. Disponível em: <https://www.iaisweb.org/home>. Acesso em: 07 fev. 2018.

51 BANK FOR INTERNATIONAL SETTLEMENTS. *Joint Forum on Financial Conglomerates Website*. Basel: BIS, 2018. Disponível em: <https://www.bis.org/bcbs/jointforum.htm>. Acesso em: 07 fev. 2018.

setor financeiro. Os líderes do BCBS, da IOSCO e da IAIS encontram-se regularmente e, três vezes por ano, o *Joint Forum* reúne igual número de reguladores dos setores bancário, de seguros e valores mobiliários da Alemanha, da Austrália, da Bélgica, do Canadá, dos Estados Unidos, da Espanha, da França, da Holanda, da Itália, do Japão, do Reino Unido, da Suécia e da Suíça, e representantes da Comissão Europeia na condição de observadores. O Fórum tem duas atribuições com vistas a promover a cooperação transnacional e intersetorial: (1) facilitar o fluxo de informações sobre regulação e supervisão de conglomerados financeiros, os quais atuam em diferentes setores das finanças; (2) desenvolver pesquisas sobre políticas para o setor e produzir recomendações para o BCBS, a IOSCO e a IAIS. Há um presidente indicado para um mandato de dois anos que lidera o *Joint Forum*. Desde o final dos anos 1990, a instituição passou a submeter a consultas públicas minutas de suas recomendações para a supervisão do sistema financeiro, das quais participam não apenas outras agências públicas, mas também os agentes privados supervisionados. (YOUNG, 2011b; DAVIES & GREEN, 2008).

Até a Crise Asiática (1997-1998), nem o FMI nem o Banco Mundial haviam conferido muita atenção aos problemas da fragilidade da regulação financeira, tendo como foco as políticas monetária e fiscal.[52] A regulação financeira era uma atividade basicamente das autoridades nacionais. Passou-se, então, a discutir a necessidade de criação de uma nova estrutura institucional para supervisionar o mercado financeiro global, também sob o argumento de que as instituições existentes para coordenar a regulação nesta área (Comitê da Basileia, IOSCO etc.), embora pudessem formular códigos e parâmetros, não dispunham de autoridade para fazer com que fossem cumpridos. Propôs-se, por exemplo, a criação de uma "Autoridade Financeira Global" com a competência para assegurar o cumprimento de códigos de boas práticas e intervir para reestabelecer os mercados em severa vulnerabilidade. Entretanto, um consenso neste sentido não se mostrava viável. A ideia que prosperou foi a

52 A partir de então, o FMI e o Banco Mundial também foram convocados pelos ministros das finanças do G7, dentre outros, para assumir uma atuação mais relevante pelo fortalecimento dos sistemas financeiros de seus membros. Diante disso, em 1999, as duas instituições estabeleceram o "Financial Sector Assessment Programme" e a "Standards and Codes Initiative", com o propósito de prevenir crises financeiras. (DAVIES & GREEN, 2008).

criação do "Financial Stability Forum" (FSF),[53] em 1999, o qual era composto pelas autoridades responsáveis pela estabilidade financeira (ministros das finanças, presidentes de bancos centrais, dirigentes de agências de supervisão) do G7 e de outros grandes centros financeiros (Hong Kong, Singapura, Holanda, Austrália e, posteriormente, Suíça), incluindo também representantes de grupos setoriais de regulação. Os objetivos do FSF eram "[...] promover a estabilidade financeira internacional, melhorar o funcionamento dos mercados financeiros e reduzir a tendência à propagação de choques financeiros de país para país, desestabilizando a economia mundial". O FSF reunia-se de forma plenária duas vezes por ano e, a partir de 2001, passou a ter reuniões regionais. Os grupos de trabalho do FSF produziram relatórios nos anos seguintes com recomendações para instituições e Estados. Porém, surgiram algumas questões: (1) como as recomendações poderiam ser implementadas? (2) qual legitimidade esses grupos de trabalho têm? (3) como esses trabalhos se relacionavam com outros em andamento em outras instituições? O FSF funcionou desde 1999 até a Crise de 2008, tendo como principal resultado uma coordenação mais efetiva no estabelecimento de padrões internacionais para a operação dos diferentes setores das finanças. Entretanto, devido a suas limitações institucionais não teve condições de atuar eficazmente para evitar as bolhas do sistema financeiro e os desequilíbrios nas contas de pagamentos que eram crescentes, especialmente porque a efetividade da governança financeira internacional é dependente do apoio dos Estados e do empenho dos reguladores nacionais. (GERMAIN, 2011; DAVIES & GREEN, 2008).

Em 2009, como uma das respostas à crise iniciada no ano anterior, o FSF deu lugar ao "Financial Stability Board (FSB)",[54] tendo como objetivo fun-

---

53 Cf. Avgouleas, 2012; Germain, 2011.

54 Cf. FINANCIAL STABILITY BOARD. *About FSB*. Basel: FSB, 2018. Disponível em: <http://www.fsb.org/about/>. Acesso em: 07 fev. 2018; FINANCIAL STABILITY BOARD. *Articles of Association of the Financial Stability Board (FSB)*. Basel: FSB, 2013. Disponível em: <http://www.fsb.org/wp-content/uploads/FSB-Articles-of-Association.pdf>. Acesso em: 07 fev. 2018; FINANCIAL STABILITY BOARD. *Charter of the Financial Stability Board*. Basel: FSB, 2012. Disponível em: <http://www.fsb.org/wp-content/uploads/FSB-Charter-with-revised-Annex-FINAL.pdf>. Acesso em: 07 fev. 2018; FINANCIAL STABILITY BOARD. *FSB Procedural Guidelines*. FSB, 2013. Disponível em: <http://www.fsb.org/wp-content/uploads/FSB-Procedural-Guidelines-21.07.16.pdf>. Acesso em: 07 fev. 2018.

damental coordenar internacionalmente "o trabalho das autoridades financeiras nacionais e organismos internacionais de normalização", por exemplo, promovendo a "implementação de mecanismos de regulação e de supervisão eficazes". Sua composição compreende: "autoridades nacionais responsáveis pela estabilidade financeira nos principais centros financeiros internacionais, instituições financeiras internacionais, agrupamentos internacionais setoriais de reguladores e supervisores, e comitês de especialistas dos bancos centrais". (LIMA, 2014, p. 23-26).

Ainda no plano global, uma instância que tem desempenhado um papel cada vez mais relevante na tentativa de coordenação da governança financeira global é o G20 (Grupo dos 20), criado em reunião do G7 de 1999, sob a liderança do Ministro das Finanças Canadense Paul Martin e do Secretário do Tesouro dos Estados Unidos Lawrence Summers, para reunir ministros de finanças e presidentes de bancos centrais com a finalidade de coordenar as respostas à Crise Asiática de 1997 – 1998. Trata-se de uma instância ampliada em relação ao G7, a qual resultou da percepção dos membros deste quanto à sua insuficiência para fazer frente aos desafios da economia global, abrangendo representantes das 19 maiores economias do mundo (África do Sul, Alemanha, Arábia Saudita, Argentina, Austrália, Brasil, Canadá, China, Coreia do Sul, França, Índia, Indonésia, Itália, Japão, México, Rússia, Turquia, Reino Unido e EUA) e da União Europeia. Diferentemente das organizações da ONU e de Bretton Woods, o G20 não é uma instância formal e rígida, mas flexível, de maneira que seus membros podem decidir livremente com qual frequência se reunir, quais assuntos pautar e como adaptar sua organização às questões do momento. (HALE, HELD & YOUNG, 2013; AVGOULEAS, 2012; KIRTON, 2011).

A partir do Encontro de novembro de 2008, realizado em Washington, e como desdobramento da crise financeira global, o G20 tornou-se uma cúpula de Chefes de Estado ou de Governo.[55] Nessa primeira reunião de Cúpula, assumiu-se o compromisso de empreender esforços de cooperação para promover o crescimento econômico e prevenir novas crises, por meio de estímulos macroeconômicos e ao comércio internacional, reformas na regulação finan-

55 G20. Declaration – Summit on Financial Markets and the World Economy. Washington: 2008. Disponível em: <https://www.fsb.org/wp-content/uploads/g20_leaders_declaration_washington_2008.pdf>. Acesso em: 06 fev. 2018.

ceira nacional e nas instituições internacionais, e assistência para o desenvolvimento. Houve uma nova reunião de Cúpula em abril de 2009, em Londres,[56] quando os líderes assumiram o compromisso de implementar todas as medidas necessárias para a superação da crise, o que incluía a promessa de empregar mais US$ 1,1 trilhão além dos estímulos fiscais e monetários já adotados no âmbito doméstico, apoiar os Estados mais vulneráveis e não adotar práticas protecionistas. Em setembro de 2009, em Pittsburgh,[57] os líderes reuniram-se pela terceira vez, ocasião em que avaliaram as medidas que estavam sendo implementadas e discutiram a coordenação de estratégias de novos planos de estímulo econômico, além de acordarem que a Cúpula se tornaria permanente, assumindo a condição de principal fórum de cooperação econômica global. As Cúpulas seguintes ocorreram em Toronto, Canadá (2010),[58] Seul, Coreia do Sul (2010),[59] Cannes, França (2011),[60] Los Cabos, México (2012),[61] São Petersburgo, Rússia (2013),[62] Brisbane, Austrália (2014),[63] Antalya, Turquia

56 G20. *Declaration on Strengthening the Financial System*. London: 2009. Disponível em: <http://www.g20.utoronto.ca/2009/2009ifi.html>. Acesso em: 06 fev. 2018; GRUPO DE LOS 20. *The Global Plan for Recovery and Reform*. London: 2009. Disponível em: <http://www.g20.utoronto.ca/2009/2009communique0402.html>. Acesso em: 06 fev. 2018.

57 G20. *Leaders' Statement – The Pittsburgh Summit*. Pittsburgh: 2009. Disponível em: <http://www.g20.utoronto.ca/2009/2009communique0925.html>. Acesso em: 06 fev. 2018.

58 G20. *The* G-20 *Toronto Summit Declaration*. Toronto: 2010. Disponível em: <http://www.g20.utoronto.ca/2010/to-communique.html>. Acesso em: 06 fev. 2018.

59 G20. *The G-20 Seoul Leaders' Declaration*. Seoul: 2010. Disponível em: <http://www.g20.utoronto.ca/2010/g20seoul.html>. Acesso em: 06 fev. 2018.

60 G20. *Cannes Summit Final Declaration*. Cannes: 2011. Disponível em: <http://www.g20.utoronto.ca/2011/2011-cannes-declaration-111104-en.html>. Acesso em: 06 fev. 2018.

61 G20. *G20 Los Cabos Leaders' Declaration*. Los Cabos: 2012. Disponível em: <http://www.g20.utoronto.ca/2012/2012-0619-loscabos.html>. Acesso em: 06 fev. 2018.

62 G20. *G20 Leaders' Declaration – Saint Petersburg Summit*. Saint Petersburg: 2013. Disponível em: <http://www.g20.utoronto.ca/2013/2013-0906-declaration.html>. Acesso em: 06 fev. 2018.

63 G20. *G20 Leaders' Communiqué – Brisbane Summit*. Brisbane: 2014. Disponível em: <https://www.mofa.go.jp/files/000059841.pdf>. Acesso em: 06 fev. 2018.

(2015),[64] Hangzhou, China (2016),[65] Hamburgo, Alemanha (2017),[66] Buenos Aires, Argentina (2018)[67] e Osaka, Japão (2019).[68] A reunião de 2020 foi programada para o mês de novembro, na Arábia Saudita.

O G20 é uma instância desprovida de estrutura administrativa, não foi concebida para ser um poder e uma organização burocrática aptos a implementarem suas decisões, mas sim para facilitar a comunicação dos líderes políticos diretamente entre si, com o público e o mercado financeiro. Não obstante sua fragilidade institucional enquanto um corpo de governança, o G20 tem ganhado importância na coordenação da governança financeira global desde a crise de 2008, especialmente por gozar de maior legitimidade do que as instituições burocráticas de governança financeira, dado o seu caráter político e por incluir e atribuir peso significativo aos países em desenvolvimento (diferentemente do G8). Persistem, porém, questionamentos quanto à legitimidade do G20, porque ainda é muito elitista e sub-representativo, especialmente no caso da África, e sobre-representativo no que se refere à Europa. Além disso, não obstante sua expansão, o G20 ainda seria dominado pelos Estados do G8. Não obstante essas críticas, os acordos firmados nas diferentes Cúpulas demonstram uma relevante e balanceada capacidade de coordenação. Entre a Cúpula de setembro de 2008 e a de outubro de 2010, o G20 produziu declarações pela reforma da governança financeira global, cuja tentativa de implementação não foi coordenada por instituições burocráticas centralizadas, mas pelas instituições internacionais e transnacionais existentes. Assim, a reforma do sistema financeiro global vem sendo conduzida com grande diversidade de

64 G20. *G20 Leaders' Communiqué – Antalya Summit.* Antalya: 2015. Disponível em: <http://www.g20.utoronto.ca/summits/2015antalya.html>. Acesso em: 06 fev. 2018.

65 G20. *G20 Leaders' Communique Hangzhou Summit.* Hangzhou: 2016. Disponível em: <http://www.g20.utoronto.ca/2016/160905-communique.html>. Acesso em: 06 fev. 2018.

66 G20. *G20 Leaders' Declaration – Shaping an interconnected world.* Hamburg: 2017. Disponível em: <http://www.g20.utoronto.ca/2017/2017-G20-leaders-declaration.html>. Acesso em: 06 fev. 2018.

67 G20. *G20 Leaders' Declaration: Building Consensus for Fair and Sustainable Development.* Buenos Aires: 2018. Disponível em: <http://www.g20.utoronto.ca/2018/2018-leaders-declaration.html>. Acesso em: 10 set. 2019.

68 G20. *G20 Osaka Leaders' Declaration.* Osaka: 2019. Disponível em: <http://www.g20.utoronto.ca/2019/2019-g20-osaka-leaders-declaration.html>. Acesso em: 10 set. 2019.

intensidade e perspectivas entre os diferentes países e instituições envolvidos. (LIMA, 2014; HALE, HELD & YOUNG, 2013; KIRTON, 2011).

Há instituições privadas que também desempenham um papel fundamental na governança financeira global. Dentre elas, as mais influentes são as agências de avaliação de riscos de crédito (*credit rating agencies*). Elas atuam classificando os riscos de crédito para todos os que tomam empréstimos significativos, incluindo tanto corporações como Estados, assim como de instrumentos específicos de crédito, como derivativos. Essas classificações também são utilizadas para avaliação dos portfólios dos bancos e empresas de valores mobiliários. As agências, em princípio, não eram objeto de preocupações regulatórias, e tinham alguma forma de reconhecimento oficial apenas nos EUA. Porém, sua atuação passou a ser questionada, sobretudo a partir da falência da *Enron* em outubro de 2001, companhia que contava com alta avaliação até próximo ao seu colapso. Consequentemente, cresceu a pressão pela regulação das agências. Nesse contexto, a IOSCO publicou um código de princípios para a atuação das agências, o que, todavia, não atendeu às expectativas do Congresso dos EUA que, após significante debate, aprovou o "*Credit Rating Agency Reform Act*", sancionado pelo Presidente Bush em outubro de 2006. A crise dos "sub-primes" em 2007/2008 ampliou a desconfiança com relação às agências, as quais, ressalta-se, são financiadas pelas companhias que devem avaliar. Na época, porém, ainda não era possível avaliar o impacto da nova legislação sobre a atuação das agências. (DAVIES & GREEN, 2008).

Registramos também a atuação de associações privadas, como a "International Swap and Derivatives Dealers Association" (ISDA) e a "International Capital Markets Association" (ICMA), além de "clubes de credores", os quais são "agrupamentos informais de credores que fornecem conhecimentos especializados, padrões normativos e um fórum de diálogo para a reestruturação de dívidas externas, principalmente dívidas soberanas", dentre os quais os mais importantes são o "Clube de Paris" (de credores oficiais) e o "Clube de Londres" (de bancos comerciais credores).[69] (AVGOULEAS, 2012, p. 176-177).

69 Há outras instituições importantes na governança financeira global sobre as quais não discorreremos por não se enquadrarem no campo específico desta investigação, como a "Financial Action Task Force (FATF)", que atua no combate à lavagem de dinheiro, e

Enfim, como já destacamos na seção anterior, os Estados nacionais continuam a ser os atores principais na governança financeira, tanto pelo papel que desempenham nas instituições internacionais e transnacionais, como pela atuação de instituições nacionais, especialmente os bancos centrais. Cabe aos bancos centrais[70] assegurar a estabilidade do sistema dentro de cada Estado, por meio da edição de normas e autorizações de funcionamento de instituições financeiras, supervisão dessas instituições (inclusive as reservas financeiras prudenciais) e garantindo financeiramente o sistema de pagamentos. Particularmente poderosos são o Federal Reserve (Fed),[71] dos EUA, e o Banco Central Europeu (BCB),[72] em função das posições ocupadas pelo Dólar e pelo Euro nos fluxos financeiros e comerciais globais, e enquanto principais reservas monetárias dos demais bancos centrais, sobretudo o primeiro, que representa sessenta por cento do total de reservas internacionais, embora tenha atingido setenta por cento no final dos anos 1990. (PIKETTY, 2014; DURAN, 2017).

Esse caráter complexo, rizomático, multiforme e multinível da governança financeira global constitui um fator essencial para a *engenharia* das alternativas para sua democratização.

Antes de concluirmos este capítulo com a análise das múltiplas dimensões do déficit democrático da governança financeira global, faremos algumas considerações sobre a Crise de 2008 e seus desdobramentos.

A Crise de 2008 e seus desdobramentos

As crises financeiras são recorrentes no Capitalismo e, como já assinalamos, tornaram-se mais frequentes após o fim do sistema de Bretton Woods. Por

---

o "International Forum of Independent Audit Regulators" (IFIAR), que atua no campo da auditoria. Cf.: Davies e Green, 2008; FINANCIAL ACTION TASK FORCE. *Financial Action Task Force Website.* Paris: FTF, 2018. Disponível em: <http://www.fatf-gafi.org/>. Acesso em: 07 fev. 2018.

70 BANCO CENTRAL DO BRASIL. *Website do Banco Central do Brasil.* Brasília: BCB, 2018. Disponível em: <http://www.bcb.gov.br/pt-br#!/home>. Acesso em: 07 fev. 2018.

71 THE FEDERAL RESERVE. *The Federal Reserve Website.* Washington: FED, 2018. Disponível em: <https://www.federalreserve.gov/>. Acesso em: 07 fev. 2018.

72 EUROPEAN CENTRAL BANK. *European Central Bank Website.* Frankfurt: ECB, 2018. Disponível em: <https://www.ecb.europa.eu/home/html/index.en.html>. Acesso em: 07 fev. 2018.

essa razão, mesmo antes de 2008, várias medidas já haviam sido adotadas com o propósito de evitá-las, como o estabelecimento de pisos para as reservas de capital que os bancos deveriam manter, com os acordos de Basileia I (1988) e II (2004), e padrões normativos para assegurar a solidez e a segurança dos sistemas de pagamentos, bem como quanto ao papel a ser desempenhado pelos bancos centrais, por meio de princípios elaborados pelo "Committee on Payment and Settlement Systems (CPSS)". Porém, essas regras eram pouco aplicáveis à rede de instituições financeiras que havia crescido na década anterior, incluindo bancos de investimento, empresas de valores mobiliários e fundos de *hedge*, bem como aos novos, complexos e poucos transparentes instrumentos de crédito que foram desenvolvidos (como os derivativos), de maneira que a identificação e o controle de riscos tornou-se muito difícil, e as instituições financeiras aproveitaram-se disso para assumirem riscos cada vez maiores. Assim, não havia regras capazes de impedir a quebra de instituições financeiras gigantescas com repercussão para todo o sistema. (BRUMMER, 2012).

O evento que levou os Estados Unidos de um quadro de recessão, iniciado em dezembro de 2007, para uma "profunda recessão", foi o colapso do Banco *Lehman Brothers*, no dia 15 de setembro de 2008. Em princípio, o Banco Central e o Tesouro norte-americanos afirmaram que o fato não teria um impacto econômico geral significativo, além de que serviria de lição para outros bancos. Todavia, em seguida, realizaram o maior resgate financeiro da história. (STIGLITZ, 2015).

Quais as causas e quem são os culpados pela Crise de 2008?[73]

---

73 Para uma análise aprofundada sobre a crise e suas causas, cf. Davies, 2010. Cf. também: Guttmann, 2015 (especialmente sobre a oligopolização dos bancos e demais instituições financeiras, o que inclui o controle sobre as pensões dos trabalhadores, e o crescimento da proporção da participação do setor financeiro no PIB); Lapavitsas, 2013a; Rabie, 2013; Allen e Carletti, 2010; Faria, 2009; Blackburn, 2008. Para uma discussão sobre como as crises econômicas são ao mesmo tempo uma faceta e um fator de impulsão dos processos de transformações econômicas (capitalismo financeiro), social e das relações políticas em curso, cf. Touraine, 2014. Dentre as características observadas nesses processos, o autor destaca o isolamento dos indivíduos, a desarticulação das classes sociais enquanto atores coletivos de contestação da distribuição da riqueza, e a mudança do papel do Estado, que passa a atuar como mediador entre a economia nacional e os mercados internacionais.

De um lado, temos os responsáveis pela regulação do sistema financeiro, que não cumpriram o seu papel. Todavia, os protagonistas foram os bancos e demais atores do sistema financeiro. Os bancos fizeram um mau gerenciamento de riscos e alocação de capital, premiando os executivos responsáveis por isso – sendo esses bônus um incentivo para tal comportamento. Assim, "os bancos se engajaram em empréstimos predatórios". As agências de avaliação de risco, por sua vez, também falharam radicalmente em sua tarefa. No mesmo sentido, as corporações de securitização incentivaram a adoção de critérios de risco frágeis na avaliação sobre a concessão de hipotecas. Não se trataram apenas de estratégias equivocadas, mas de escolhas completamente imorais, de manipulações de dados e de mercados, de comportamento fraudulento dos bancos, das agências de classificação de créditos e de outros atores do mercado. A crise resulta, pois, da combinação de ideias poderosas e equivocadas (o "fundamentalismo do livre-mercado") com interesses igualmente poderosos. Mais influente do que a ideologia – que prevaleceu sobre as evidências no debate econômico – foi o setor financeiro dos Estados Unidos, o qual exerce seu poder em razão da forte dependência do sistema político norte-americano em relação às contribuições da elite financeira para as campanhas eleitorais. Nesta lista de *culpados*, devem ainda ser incluídos os economistas, que ofereceram o suporte teórico para a liberalização do mercado financeiro – ou seja, argumentos no sentido de que beneficiaria a todos –, não obstante as evidências em sentido contrário. (STIGLITZ, 2015, p. 10-16, 59-60).

A fragilidade da regulação e da supervisão do governo norte-americano sobre o sistema financeiro e sua política monetária frouxa e com estímulo ao crédito, muitas vezes de risco, constituem as causas imediatas da crise. Entretanto, o sistema regulatório dos Estados Unidos não foi o único a falhar na prevenção e na contenção da difusão e dos efeitos da crise, mas as normas e autoridades financeiras como um todo. A revolução financeira iniciada com o fim do sistema de Bretton Woods e a complexidade e opacidade dela decorrentes não foram adequadamente compreendidas e enfrentadas pelos responsáveis pela previsão e prevenção de riscos. (EICHENGREEN, 2015; AVGOULEAS, 2012; BRUMMER, 2012).

Como desfecho para essa crise, o autor entende que há apenas duas possibilidades: a catástrofe ou a reinvenção da sociedade a partir da defesa dos direitos humanos universais.

Mas não é este o único fator relevante: problemas macroeconômicos, como o crescimento dos desequilíbrios globais e da desigualdade de renda entre os países e no interior de cada país foram fundamentais. Isso porque, a estagnação do poder de compra dos mais pobres e da classe média decorrente do crescimento da desigualdade nos Estados Unidos provocou o endividamento crescente das famílias de renda mais baixa. Por um lado, tais famílias não tinham recursos suficientes para arcar com suas despesas de consumo e pagar seus empréstimos já contraídos e, por outro, havia cada vez maior oferta de crédito do sistema bancário, o qual dispunha para tanto da poupança acumulada dos mais ricos e assumia riscos crescentes em razão da fragilidade da regulação. (BOUGHTON, LOMBARDI & MALKIN, 2017; PIKETTY, 2014; STIGLITZ *et al.*, 2010;).

Como explica Varoufakis (2016, p. 51-53), o Governo dos Estados Unidos decidiu, desde os anos 1970, enfrentar o problema de seus "*déficits gêmeos*" (o déficit orçamentário do Governo e o déficit comercial da economia) por meio da absorção dos excedentes de capitais dos demais países, com a transformação de lucros em investimentos em *Wall Street*, que financiam tais déficits - ou seja, transferindo-se a responsabilidade por seu endividamento para o resto do mundo. Isso possibilitou, durante um período, uma aparência de "equilíbrio global", porém, não seria possível sua sustentação permanente, tendo implodido em 2008.

Em razão da mobilidade global dos capitais, a crise norte-americana de 2008 transmitiu seus efeitos para todo o mundo, afetando todos os países, mas de forma especialmente significativa os grupos sociais mais vulneráveis. Assim, o que inicialmente se apresentava como problemas no mercado imobiliário e uma crise de hipotecas nos Estados Unidos tornou-se a pior crise financeira e econômica global desde a "Grande Depressão".[74] (HALE, HELD & YOUNG, 2013; STIGLITZ *et al.*, 2010).

---

74 Diante da crise, os detentores de capitais tendem a "[...] entesourar sua riqueza líquida em vez de investi-la diretamente ou de colocá-la à disposição de quem queira fazê-lo", dificultando ainda mais a recuperação da "economia real", bem como a efetuar transferências de filiais para matrizes e países considerados "mais seguros", o que agrava a situação dos países mais pobres, inclusive impactando na desvalorização da moeda nacional e em pressões inflacionárias. (SINGER, 2009, p. 97).

Os mecanismos de transmissão da crise impactaram em todos os setores da economia, mas, evidentemente, com maior intensidade no mercado financeiro. Ela afetou o crescimento em todas as regiões do planeta, mas algumas sofreram os impactos de forma mais intensa, como a Europa Central e Oriental. Em princípio, a resposta dos governos consistiu em uma política fiscal expansionista com o objetivo de aumentar a atividade econômica, ao que se seguiu, porém, uma política de austeridade, a qual enfraqueceu ainda mais a demanda global e afetou sobretudo as populações mais vulneráveis, visto que são mais dependentes dos serviços públicos.[75] (HALE, HELD & YOUNG, 2013; EICHENGREEN, 2015). Assim, quem pagou a conta da crise não foram os que de forma imprudente tomaram ou concederam empréstimos, mas sim "pessoas inocentes de países endividados" – os poderosos transferiram os custos da crise para os mais fracos. (BUCKLEY, 2012, p. 103).

Na sequência, especialmente a partir de 2011, temos a "Crise Europeia", compreendida como uma "crise da dívida soberana", pois se manifestou em problemas de insolvência dos Estados, acompanhados de estagnação econômica e desemprego. Em sua explicação dominante, a crise teria origem na política fiscal e financeira irresponsável de alguns dos Estados-membros da União Europeia e da Zona do Euro, o que acabou por ameaçar a estabilidade de todo o sistema. (DONATI, 2012). Porém, em grande medida, essa crise decorre da ação dos Estados para resgatar bancos e evitar os efeitos de contágio de sua quebra para todo o sistema financeiro. Assim, em sua raiz, também está a fragilidade da regulação sobre as instituições financeiras. (MADURO, DE WITTE & KUMM, 2012). Além disso, há o problema do desequilíbrio entre a forte união monetária (moeda única) e a frágil integração fiscal na zona do

---

75 Para uma análise sobre os impactos da crise sobre os direitos econômicos e sociais, bem como sobre como o direito pode ser um instrumento para respostas diferentes à de orientação neoliberal para a crise, cf. a coleção de artigos organizada por Nolan, 2014. Cf. também Dowell-Jones, 2012 e Carmona, 2014, p. 23-56. As medidas de austeridade, que atingem de forma mais intensa os mais vulneráveis (pobres, crianças, mulheres, migrantes) compreendem os seguintes grupos: (1) erosão dos sistemas de proteção social; (2) corte de despesas nos serviços públicos, com consequente redução de sua oferta e piora de sua qualidade; (3) redução das despesas com servidores públicos; (4) adoção de medidas tributárias regressivas; (5) cortes ou limitações de subsídios para alimentação.

Euro, com a relação "centro-periferia" entre Estados credores e devedores que lhe é subjacente. (FRERICHS, 2014).

As políticas de austeridade adotadas pela União Europeia provocaram efeitos econômicos devastadores em termos de crescimento, desemprego e renda, além de não resolver os problemas de débitos e, pior, comprometeu a legitimidade da UE e a confiança do povo europeu na instituição, a qual, em meio a grande diversidade econômica e cultural da Europa, construiu-se como um fator de unidade e de preservação da paz. (EICHENGREEN, 2015). Uma expressão de enorme impacto desse processo é a saída do Reino Unido da UE (*Brexit*), iniciada com plebiscito realizado em junho de 2016 e oficializada no dia 31 de janeiro de 2020.

O Brasil também foi afetado pela crise de 2008, porém, dentre outros fatores, em razão das políticas anticíclicas adotadas, o crescimento da economia, da renda e do emprego, passado o momento agudo, sustentou-se por mais alguns anos. Porém, a partir de 2015, em função de fatores globais e endógenos (corrupção, crise política, política econômica etc.), o país ingressa em uma severa crise fiscal e econômica, ao mesmo tempo em que as economias dos EUA, da Europa e de outras partes do mundo encontram-se em um momento de recuperação, embora em níveis variados e também com problemas. Sob pressão de agências de classificação de risco e das elites financeiras nacionais e internacionais, a resposta dos governos tem sido, assim como na Europa, austeridade fiscal, restrição a direitos trabalhistas e previdenciários, privatizações etc., sem que resultados positivos significativos estejam sendo obtidos, tanto no que se refere à questão fiscal (pelo contrário, o déficit continuou a crescer), como à retomada do crescimento econômico e da geração de empregos – quadro que passou a sofrer um brutal agravamento a partir da pandemia de Covid-19.

Evidentemente, não seria correto imputar à Crise os diversos e graves problemas sociais existentes no mundo, como desigualdade crescente, fome, pobreza etc. Porém, também é verdade que pioraram com a crise. É uma questão moral muito importante a definição sobre quem deveria assumir os custos pela mitigação das consequências sociais da Crise Financeira (e da pandemia), do crescimento do endividamento público e da incapacidade de os Estados, especialmente os mais pobres, garantirem a continuidade ou adequada prestação de serviços públicos essenciais, bem como de suporte social em função do aumento do desemprego. (BARRY & PETERSON, 2010).

Hale, Held e Young (2013, p. 170-171) explicam a Crise de 2008 como parte da crise da governança global como um todo (financeira, ambiental, de segurança), em razão do fato de a estrutura vigente não ser nem representativa nem responsável perante as necessidades da população que ela deveria servir. Além disso, a multiplicidade e sobreposição de regimes no campo da governança financeira leva a uma condição de fragmentação e, consequentemente, inefetividade.

A cooperação entre os Estados nunca foi fácil, porém, mais recentemente, eles têm se mostrado especialmente incapazes de atuar de forma coordenada. Isso ocorre justamente quando questões complexas e urgentes de ordem global, como as mudanças climáticas, a proliferação de armas nucleares e as recorrentes crises econômico-financeiras, mais demandam esse tipo de atuação, tendo em vista que a interdependência criou "um sistema de vulnerabilidade global". Há, pois, uma crescente distância entre as necessidades de respostas globais e a capacidade de as instituições multilaterais as fornecerem. As causas dessa condição, denominada de "gridlock", podem ser sintetizadas em quatro grupos: (1) a emergência de novos Estados com capacidade de influência nas questões globais torna os acordos mais difíceis; (2) o crescimento da complexidade, da variedade e da extensão dos problemas globais e de sua influência no âmbito domésticos; (3) a disfuncionalidade dos procedimentos decisórios das instituições existentes, visto que foram criadas para um contexto global muito diferente; (4) a fragmentação da governança global devido à proliferação das instituições, cada vez mais especializadas, menos representativas e com perda da perspectiva da estrutura global na qual estão inseridas, o que cria grandes dificuldades de coordenação, afeta sua capacidade de atender à necessidade dos Estados mais fracos e gera problemas de legitimação. É importante notar que esses bloqueios podem ser encontrados não em apenas uma, mas em todas as áreas da governança global. Além disso, são processos próprios do contexto contemporâneo; não são condições necessárias ao longo da história. Enfim, muitos desses bloqueios resultam do êxito anteriormente obtido pelos esforços globais de cooperação, pois, por exemplo, a crescente institucionalização da governança global reforçou a interdependência, gerando mais demanda por institucionalização e, consequentemente, fragmentação. Trata-se, pois, de um fenômeno endógeno à própria cooperação e à sua institucionalização, a qual não apenas resulta do aprofundamento da interdependência, como constitui uma de suas causas. Com isso, não se está afirmando que toda a explicação para a interdependência se encontre nas instituições (as transformações no capitalismo e na tecnologia, por exemplo, desempenham um papel fundamental), mas que "todas essas mudanças puderam prosperar e se desenvolver porque ocorreram em uma ordem mundial aberta, pacífica, liberal e institucionalizada". Além disso, as condições favoráveis para o desenvolvimento propiciadas pela integração e pela relativa estabilidade política foram decisivas para a emergência de novos poderes do "Sul global", os quais também puderam tirar proveito da ordem liberal global, por exemplo, valendo-se de estratégias industriais voltadas para exportação, com destaque para a China, ou da exportação de produtos agrícolas e minerais, como o Brasil. Isso acarretou a multipolaridade, ou seja, a exigência de que mais atores, com características políticas, econômicas e culturais bastante diversas, precisem anuir para a celebração de acordos, o que dificulta a cooperação global. Diante da complexidade e da urgência dos problemas a serem enfrentados em escala global, a inércia e a incapacidade de resposta satisfatória da ordem multilateral vigente, tornou-se extremamente perigosa.[76] (HALE, HELD & YOUNG, 2013, p. 1-4, 17, 27-47).

A governança financeira é um campo em que os impasses na governança global manifestam-se de forma eloquente. O sistema é fragmentado, pois não existe uma instituição, mas um complexo de instituições especializadas na regulação, troca de informações e monitoramento, as quais são nacionais, intergovernamentais e transnacionais, o que gera sobreposições e difusão de responsabilidade.[77] Por exemplo, os responsáveis pela governança do setor bancário, mercados de seguros e balanços de pagamentos são distintos. Faltam mecanismos de coordenação central dessas diferentes áreas e, quando exis-

76 Cf. Held, 2014.

77 Cf. Hieronymi, 2013, particularmente sobre a incapacidade de o sistema monetário internacional, extremamente fragmentado, atuar como um fator de estabilização da crise das dívidas públicas e dos balanços de pagamento, considerando-se, por exemplo, os enormes déficits acumulados por Estados com dimensões e condições econômicas bastante distintas, como os Estados Unidos e a Grécia.

tem, as instâncias de cooperação são bastante informais.[78] Além da fragmentação, observa-se a inércia institucional, que torna as mudanças nas instituições e a reposta às demandas por coordenação muito lentas. Em terceiro lugar, há novos, difíceis e complexos problemas emergentes ("harder problems"), para os quais a capacidade de governança é frágil ou mesmo inexistente. Um desses problemas é a inovação conceitual do "macroprudencialismo", de acordo com a qual a prevenção das crises e a regulação financeira não podem ocorrer na perspectiva das instituições financeiras individualmente, mas considerando o todo de forma sistêmica e coerente, o que torna a governança tecnicamente mais sofisticada e exige maior cooperação entre as diferentes jurisdições nacionais. Outro desses problemas refere-se aos desequilíbrios globais de poupança e demanda, decorrentes, por exemplo, do alto consumo de países como os Estados Unidos, e do baixo consumo do leste asiático, o que tem gerado crescentes déficits na conta-corrente dos primeiros. Embora as instituições existentes, como o BIS e o FSB, estejam sendo capazes de demonstrar a gravidade do problema, o mesmo não se pode dizer quanto à sua ação para ajudar a resolvê-lo. Enfim, dado o crescimento do número de atores com forte impacto na economia global, temos a multipolaridade e o consequente incremento da dificuldade para firmar acordos.[79] (HALE, HELD & YOUNG, 2013).

A multipolaridade decorrente da emergência de novos poderes globais, como a China e outros países dos "BRICS", implica uma grande transformação no balanço de poder econômico e político global.[80] Esses poderes emergentes têm força suficiente para demandar reformas em algumas questões da gover-

---

78 Um exemplo de disfuncionalidade das organizações responsáveis pela governança financeira global é a precariedade das informações que dispõem sobre "a distribuição mundial dos ativos financeiros e, em particular, da magnitude dos ativos mantidos nos paraísos fiscais". (PIKETTY, 2014, p. 505).

79 Cf. Hale, Held e Young, 2013, p. 152, 162-169; Bradlow, 2012, p. 38.

80 Está em curso uma mudança na divisão global de poder que atinge diferentes campos – econômico, financeiro, democrático e militar, a qual implica um declínio relativo do Ocidente. Ainda que as expectativas com relação aos BRICS tenham diminuído em razão da desaceleração de seu crescimento, os Estados Unidos e a Europa continuam a perder espaço para os poderes emergentes, destacando-se, obviamente, a posição ocupada pela China. (SCHWARZER, 2017). Para uma análise empírica quantitativa desse fenômeno, cf. Schwarzer, 2017.

nança econômica global, inclusive no âmbito do FMI e do Banco Mundial, mas o controle da agenda continua com o "G7" e esses Estados ainda têm poder suficiente para bloquear as iniciativas reformistas. Assim, as instituições financeiras internacionais são hoje mais influenciadas pelos poderes emergentes, mas os "poderes tradicionais" continuam dominantes. Esse quadro acarreta uma situação de impasse e limita a viabilidade de reformas ambiciosas no curto prazo ou, pelo menos, até que as alterações no balanço de poderes atinjam um grau suficiente para fazê-las avançar. (BRADLOW, 2012).

Essa condição de impasse, por um lado, favorece o protagonismo das grandes potências e a ocorrência de conflitos. Embora os Estados, sobretudo os mais poderosos, sempre exerçam grande influência na governança global, quando as instituições não funcionam adequadamente, ela tende a crescer. Por outro lado, a obstrução dos canais de respostas políticas para os problemas globais favorece o aumento do poder dos tecnocratas. O equilíbrio entre o conhecimento técnico e a opinião pública constitui um dilema político antigo, bastante presente no âmbito da governança do Estado. Todavia, na esfera global, na qual os órgãos políticos são mais frágeis, ele adquire maior complexidade. Se as instâncias políticas que normalmente já não têm a mesma força que as dos Estados deixam de dar respostas aos problemas globais em função dos impasses no multilateralismo, as elites tecnocráticas tendem a ocupar o espaço mediante o oferecimento de soluções pretensamente "despolitizadas", as quais, entretanto, não são neutras em termos de questões distributivas e podem condicionar opções políticas futuras. Além disso, uma governança global simplesmente "técnica" faz com que aumentem os problemas de fragmentação e facilita a difusão de responsabilidades entre diferentes comunidades de especialistas. (HALE, HELD & YOUNG, 2013).

O déficit democrático da governança financeira global

Com base no conceito inclusivo de democracia (normativo), delimitado na introdução, e na análise sobre a governança financeira global exposta até aqui, podemos passar à discussão sobre seu déficit[81] de democrá-

81 Reconhecemos o caráter controvertido da expressão "déficit", sobretudo em face de perspectivas mais radicais que analisaremos no próximo capítulo, de acordo com as quais, na

tico, fenômeno que apresenta múltiplas dimensões, não excludentes e com implicações recíprocas. Há, basicamente, quatro dimensões, com diferentes aspectos em cada uma delas: (1) o âmbito dos Estados; (2) nas relações entre os Estados; (3) nas organizações internacionais e transnacionais;[82] e (4) o poder dos agentes do mercado que não se submetem ao controle público nacional ou internacional. Assim, a análise não pode se restringir ao déficit democrático no âmbito das organizações que atuam globalmente ou regionalmente, pois isso significaria uma compreensão incompleta do problema. Essas quatro dimensões são atravessadas, no campo da governança financeira, por quatro restrições estruturais: (1) a lógica inerente e estrutural do capitalismo financeiro,[83] e a tendência a reprodução na esfera global das desigualdades existentes no âmbito nacional; (2) a complexidade técnica das questões sobre as quais se deve decidir; (4) a fragmentação, o caráter multinível e multiforme da governança financeira; (4) resistências nacionalistas à democratização da governança global.

Apesar do fenômeno da globalização financeira e de suas implicações para a soberania, os Estados nacionais, com diferentes graus de eficácia, continuam a ser os principais atores da governança financeira. Assim, a primeira dimensão de seu déficit democrático encontra-se no âmbito dos próprios Estados. Neste pondo, apresentam-se dois problemas: (1) como são tomadas as decisões no campo monetário e financeiro? (2) o Estado é capaz de fazer escolhas de fato e implementar suas decisões?

Em uma democracia representativa, os representantes eleitos, deveriam ser os responsáveis por tais decisões, porém, temos um crescente insulamento dos órgãos tecnocráticos de regulação monetária e financeira perante as instâncias representativas, com seu caráter técnico e pretensamente despolitizado, re-

---

verdade, não haveria falhas democráticas na estrutura de governança financeira global, mas esta seria, por natureza, um instrumento de dominação.

82 Nesse sentido, Archibugi e Cellini (2017, p. 2) diferenciam duas formas de compreender o déficit democrático da governança global: (1) os membros da comunidade internacional, notadamente os Estados, não são suficientemente democráticos; (2) a governança global não se submete a qualquer controle democrático.

83 Cf. Hardt e Negri, 2001, p. 345-347.

velado, por exemplo, na autonomia de bancos centrais[84] e agências reguladoras. Com isso, embora tais órgãos tomem decisões com forte impacto distributivo, eles não respondem, nem indiretamente, ao povo. Além disso, mesmo quando as decisões são tomadas pelos representantes – que são, inclusive, responsáveis pela delegação de poder aos órgãos tecnocráticos, há uma influência desproporcional da elite financeira, tanto nos países do "Sul" como nas "economias centrais", o que ficou muito claro na agenda de movimentos como o *Occupy Wall Street*. Isso ocorre, por exemplo, por meio de: financiamento das campanhas eleitorais; atividades de pressão para moldar a legislação; controle direto ou indireto dos meios de comunicação de massa e da indústria publicitária e cultural; e financiamento de intelectuais e acadêmicos para fornecerem argu-

84 A propósito, Frerichs (2014, p. 14-17) explica: "[...] O princípio regulatório segundo o qual a política monetária deve ser delegada em uma 'instituição não majoritária' que seja protegida dos caprichos da política cotidiana é exemplificado pelo Banco Federal Alemão (Bundesbank), que foi estabelecido após a Segunda Guerra Mundial e mais tarde se tornou o pai inquestionável do Banco Central Europeu. [...] O resto da história é bem conhecido: com o estabelecimento da UEM e do BCE, 'normas culturais alemãs relacionadas à política monetária' foram traduzidas para o nível europeu e 'transplantadas' para um 'conjunto de outras culturas econômicas', reforçando frequentemente as assimetrias existentes. [...] No entanto, Leaman também esclarece como essa forma de imersão – que é de 'natureza ideológico-cultural', e não baseada em deliberação política ou justiça social – é imposta à zona do euro como um todo: 'a cessão da soberania monetária ao Banco Central Europeu após o Tratado de Maastricht só foi permitida com base na transferência dessa inclusão para o nível europeu. [...] Para ele (Lapavitsas), isso é apenas 'uma ficção jurídica conveniente que separa o processo eleitoral burguês do malabarismo de fatores econômicos e sociais empreendidos pelo Banco Central' cujas políticas monetárias estão, antes de tudo, 'a serviço de capital'. Assim, o Banco Central está profundamente implícito na lógica do capitalismo e, mais ainda, do capitalismo financeirizado, com a 'independência do banco central e metas de inflação moldando o curso da financeirização. No que diz respeito às metas de inflação, que se tornaram uma das principais políticas dos bancos centrais independentes nos vinte anos seguintes, argumenta-se que isso contribuiu para a formação de bolhas financeiras e 'realmente exacerbou o risco de colapso financeiro'. Levando esses argumentos para o contexto europeu, Leaman fala da 'impotência relativa do BCE – junto com qualquer banco central na era da financeirização – para controlar diretamente o volume da base monetária'. Isso nos leva de volta à 'privatização da criação de dinheiro, para além do controle dos bancos centrais', o que torna seu mandato público paradoxal".

mentos técnicos para a defesa de seus interesses.[85] Isso permite concluir que não é possível separar democracia econômica e democracia política, pois onde há grande concentração de poder econômico e desigualdade social, a elite tem condições de, não obstante os procedimentos democráticos, exercer uma influência sobre o processo político que é difícil de ser contrabalanceada e, assim, manter as condições jurídicas e políticas que conservam sua condição de privilégio. (STIGLITZ, 2015; SOLIMANO, 2014; GERMAIN, 2007). Assim, mesmo se os Estados nacionais tivessem completa autonomia para decidir sobre juros, câmbio, tributação, regulação bancária etc., haveria um déficit democrático na governança financeira.

Ocorre que, na verdade, há um significativo comprometimento da capacidade de os Estados tomarem decisões em matéria econômica em geral, e monetário-financeira em particular.[86] (BALAKRISHNAN & HEINTZ, 2014;

---

85 "Talvez o marxista italiano Antonio Gramsci seja quem melhor entendeu as relações políticas e culturais de classe dentro do capitalismo. Segundo Gramsci, a classe dominante constrói um bloco hegemônico de setores de classes em torno das formas econômicas e políticas de acumulação. O bloco hegemônico não inclui apenas setores dominantes da classe capitalista, mas também setores da classe média e trabalhadora. O poder baseia-se no consentimento e na coerção, usando formas de democracia e bem-estar econômico, mas também ameaças de desemprego, prisão e repressão política. [.] Como Marx apontou, a cultura da classe dominante se torna a cultura das massas" (HARRIS, 2016, p. 47).

86 Nesse sentido, Faria (2002, p. 31) indaga: "[...] com a intensificação dos fluxos comerciais e financeiros e dos investimentos produtivos e especulativos em escala planetária, como, por exemplo, podem os eleitos num pleito democrático cumprir seus compromissos com os eleitores, uma vez que os mecanismos de controle do movimento dos capitais reais e financeiros no espaço territorial e os instrumentos de implementação e execução de políticas públicas à sua disposição têm sido enfraquecidos em seu poder de *enforcement* pela globalização econômica?". Em trabalho mais recente, Faria (2009, p. 306-307) ressalta: "[...] diante da natureza multicêntrica de mercados financeiros globalizados, em cujo âmbito os capitais se caracterizam por sua hipermobilidade e os intermediários cada vez mais disseminam ativos de alta complexidade associados à transferência de risco entre participantes situados nas mais variadas regiões e continentes, os Estados nacionais agem com enorme lentidão nos campos jurídico e judicial; cometem graves falhas operacionais no exercício de sua função reguladora; não conseguem antecipar o que a criatividade das bem remuneradas equipes de executivos das instituições financeiras pode gerar; encerram órgãos que se sobrepõem ou carecem de articulação eficiente no plano administrativo. Em outras palavras, os Estados não estão mais em condições

EVERSON, 2014; LEWANDOWSKI, 2002; HELD, 1998), devido às pressões dos credores nacionais e internacionais, das agências de classificação de risco e das "condicionalidades" impostas pelo FMI para a concessão de empréstimos para governos que se veem diante de severas crises fiscais e da impossibilidade de honrar o serviço de suas dívidas. O "fundamentalismo de mercado", ou seja, a ideologia segundo à qual não há alternativa ao neoliberalismo e ao conjunto de políticas prescritas pelo Consenso de Washington, pois seriam as únicas corretas, complementa a privação das escolhas democráticas dos Estados (STIGLITZ, 2002). E mesmo quando a autonomia dos Estados e a democracia não são formalmente limitadas por acordos como os celebrados com o FMI, isso ocorre em função da competição global para a atração de capitais e instituições financeiras. Se a regulação financeira não atender aos interesses das companhias e, particularmente, se a tributação não for atrativa, tanto elas como os capitais movem-se para outros Estados que ofereçam regras menos rígidas e tributos mais baixos. Especialmente no campo da tributação, em função da denominada "competição tributária", há severas limitações para as escolhas democráticas, o que, por sua vez, impacta nas possibilidades de políticas e investimentos públicos, todos fundamentais para a redução da desigualdade. (STIGLITZ, 2012). Assim, com a globalização da economia, muitos processos essenciais para a vida em sociedade estão escapando do controle político-democrático. (HABERMAS, 2014; SCHOLTE, 2002). Isso não significa que os Estados não tenham margem de escolha, que os processos democráticos no âmbito nacional não importem etc., mas há restrições e é justamente por isso que se coloca a questão da governança global.

A segunda dimensão do déficit democrático na governança financeira global encontra-se na relação entre os Estados, mais precisamente nos impactos das decisões de política macroeconômica e regulatórias do sistema financeiro dos países capitalistas centrais sobre a economia dos demais países. Embora sejam tomadas no âmbito da soberania desses Estados, tais decisões afetam e mesmo limitam as opções políticas dos outros, com impactos sobre as possibilidades de concretização de direitos econômicos e sociais. Há grande

---

de estabelecer um tipo de regulação hierárquico-autoritativa da sociedade, uma vez que muitos sistemas econômicos e sociais tendem a se tornar autônomos, não se deixando disciplinar por controles externos". Cf. também Agné, 2011; Negri, 2008.

dificuldade em se promover a *accountability* na governança financeira global porque ela é vertical, e não horizontal, ou seja, as agências fundamentais que a desempenham são autoridades nacionais – bancos centrais, por exemplo, os quais respondem perante seus governos e cidadãos. Não há nenhuma espécie de *accountability* horizontal, entre bancos centrais, tesouros e reguladores, por exemplo, não obstante os efeitos das decisões de uns sobre os outros. (BALAKRISHNAN & HEINTZ, 2014; GERMAIN, 2007).

Um exemplo nesse sentido são as decisões do *Federal Reserve* dos Estados Unidos sobre as taxas de juro: se promover um aumento para reduzir a inflação, tornando o crédito mais caro, isso impactará em redução da atividade econômica não só nos EUA, porque os demais bancos centrais também serão pressionados a aumentarem suas taxas para evitar que os investidores movam seus recursos para títulos norte-americanos – o que implicará em redução de sua atividade econômica. Altas taxas de juros impactam a realização de direitos sociais de múltiplas formas – seja porque drenam recursos públicos para seu pagamento, reduzindo a disponibilidade de receitas para políticas de desenvolvimento econômico e social, seja porque encarecem empréstimos públicos e privados, os quais são fundamentais para o crescimento da economia, o que afeta os empregos e salários. O mesmo raciocínio vale para a política cambial de um país, ou seja, a intervenção do Banco Central no mercado de câmbio para promover o aumento ou a redução da taxa de câmbio da moeda nacional, o que tem implicações sobre a importação e a exportação de produtos e serviços (o aumento do valor da moeda nacional em face de outras favorece a importação e prejudica a exportação, e vice-versa) e, consequentemente, sobre o preço dos produtos. As falhas na regulação adequada de "terceiros" e aplicação das normas pelos Estados, como da atividade bancária e do mercado de valores mobiliários, também pode ter repercussões extraterritoriais e constituir uma violação da obrigação de proteção de direitos econômicos e sociais para além de suas fronteiras. (BALAKRISHNAN & HEINTZ, 2014). Teriam as organizações internacionais e transnacionais condições de fazer frente a isso?

Em terceiro lugar, temos o déficit democrático nas instituições de governança financeira que atuam globalmente, um debate que já se desenvolve há longa data e que, por sua vez, compreende quatro tipos de problemas: (1) a assimetria de poder entre os Estados; (2) o poder dos atores privados; (3)

a forma de operação das instituições;[87] (4) a efetividade da ação regulatória dessas organizações (o que se articula com a quarta dimensão apresentada).

No que se refere à assimetria de poder entre os Estados, temos a prevalência, por vias institucionais e não-institucionais, dos interesses dos países mais desenvolvidos, (especialmente dos Estados Unidos) sobre as instituições de governança financeira global, como o FMI, o Banco Mundial e o Comitê da Basileia. Em termos institucionais, isso ocorre por meio da exclusão de muitos Estados da participação, bem como pelo desequilíbrio de poder entre os participantes nos processos decisórios e nas escolhas de dirigentes. No sistema decisório do FMI, por exemplo, os países em desenvolvimento estão sub-representados. Por sua vez, embora apresentem estruturas operacionais bastante diversas, as instituições transnacionais também excluem a maioria da população mundial de qualquer forma de representação em suas decisões. Além disso, mesmo quando se tratem de instituições inclusivas e formalmente igualitárias, há obviamente o poder de fato exercido pelos Estados mais poderosos. Há, portanto, um déficit democrático na governança financeira global porque as instituições internacionais responsáveis por estabelecer as "regras do jogo" têm sua estrutura de poder e agenda decisória determinadas pelos interesses

87 Clegg (2013, p. 159) discute quem controlaria organizações internacionais, como o Banco Mundial e o FMI, considerando três hipóteses: (1) os Estados Unidos, (2) uma elite capitalista transnacional, ou o próprio corpo tecnocrático das instituições de forma consideravelmente autônoma – concluindo que o peso formal dos votos e o poder material (influência política) dos Estados controladores das referidas instituições (pequeno grupo de "Estados credores") é o principal mecanismo de definição de suas políticas. Tratando das Organizações Internacionais de forma geral, Gonzáles (2012, p. 15-16) apresenta uma análise que demonstra como não existe um fator decisivo, mas que os seus processos decisórios devem ser compreendidos em sua complexidade: "[...] no fundo, as Organizações Internacionais constituem conglomerados de interesses e atores que buscam construir marcos de cooperação e coordenação, defendem e negociam seus interesses, disputam e competem pelo poder, enganam (e ocultam informação, e enfrentam incerteza endógena e contextual. [...] Ao abrir as 'caixas pretas' se percebe que nem são meros instrumentos dos Estados [...], da cooperação [...] ou da integração [...] entre Estados [...], nem são atores unificados, autônomos, neutros e apolíticos [...]. Na verdade, constituem estruturas sujeitas ao poder, à contingência e à racionalidade limitada, razão pela qual nem sempre podem fazer tudo o que prometem, nem podem tampouco deixar de tentar". Cf. também L. P. Silva, 2015.

dos países mais ricos, mais particularmente pelos atores mais poderosos desses países. (HELD, 2014; HELD & YOUNG, 2013; PORTA, 2013; ZÜRN & KOENIG-ARCHIBUG, 2006; STIGLITZ, 2002, 2006; WOODS, 2002).

O problema da representatividade na governança financeira global tem, assim, uma de suas faces no desequilíbrio da representação entre os Estados ricos e pobres. Por outro lado, temos também o fato de muitos líderes não representarem os mais pobres de seus Estados, como no caso dos governos autoritários e representantes de democracias frágeis que têm assento nesses organismos, em relação aos quais os cidadãos têm pouca influência. Ressalta-se, todavia, que esse déficit não é exclusivo dos países em desenvolvimento. Além disso, há grande distância entre os burocratas que representam os Estados nessas organizações e seus respectivos cidadãos, o que fragiliza quaisquer perspectivas de relações de *accountability*.

Outro elemento é a influência desproporcional das elites industriais e financeiras sobre as instâncias de governança financeira global. (ZÜRN & KOENIG-ARCHIBUG, 2006; CHESNAIS, 2005c; STIGLITZ, 2002;). Poderosos interesses privados, em geral já representados pelos governos de seus Estados, realizam *lobby* diretamente em tais esferas de negociação, ganhando uma "dupla voz". (WOODS, 2002).

Quando consideramos a operação das instituições propriamente,[88] temos os problemas de insuficiência de *accountability*, transparência e responsividade dos corpos tecnocráticos que as dirigem perante os governos e as pessoas afetadas por suas decisões.[89] Os dirigentes das organizações intergo-

---

88 Ressalva-se que o funcionamento das organizações internacionais não pode ser explicado apenas por suas regras decisórias formais, é preciso observar como efetivamente funcionam internamente, como os diferentes atores se comportam e influenciam as decisões. (WELLER & YI-CHONG, 2015).

89 A propósito, Rodrik (2011, p. 212) indaga: "[...] a quem esses mecanismos deveriam prestar contas? De onde esses clubes globais de reguladores, organizações não-governamentais internacionais ou grandes empresas obtêm seus mandatos? Quem os empodera e os apoia? O que garante que a voz e os interesses daqueles que são menos conectados em redes globais também serão ouvidos? O calcanhar de Aquiles da governança global é a falta de relações claras de *accountability*. No estado-nação, o eleitorado é a fonte última dos mandatos políticos e as eleições são o veículo final último de *accountability*. Se você não responder às expectativas e aspirações de seus eleitores, você não será eliminado.

vernamentais não são eleitos diretamente pelo povo, mas escolhidos pela representação dos governos que as integram.[90] Não há clareza na identificação e responsabilização daqueles que tomam decisões equivocadas perante os que são afetados por elas. Há grande assimetria de informações entre os tecnocratas que tomam as decisões e o restante dos interessados. (ARCHIBUGI & CELLINI, 2017; ZÜRN & KOENIG-ARCHIBUG, 2006; WOODS, 2002).

Mesmo quando se tratam de representantes dos Estados, esses, em geral, são ministros de finanças e presidentes de bancos centrais (ou funcionários por eles indicados) que, via de regra, são próximos à "comunidade financeira" e compartilham de suas posições ideológicas. Assim, a produção das normas que regulam a globalização tem sido delegada para tecnocratas, como se não houvesse interesses contraditórios, e como se existisse apenas uma "opção correta" que beneficiasse a todos. Essa "despolitização das decisões" faz com que elas não sejam representativas dos interesses mais amplos da sociedade global, mas sim beneficiem interesses particulares. (STIGLITZ, 2006, 2002). Na verdade, não existem decisões despolitizadas no campo da governança financeira, de maneira que a delegação de poderes para corpos tecnocráticos não elimina a política, mas apenas "a entrega para uma arena nova e diferente em que diferentes grupos de pressão e atores terão mais poder", e sem representação não há efetividade, ou seja, sem o envolvimento dos interessados a instituição não é capaz de ser efetiva. (WOODS, 2007, p. 33). Por outro lado, o fato de as decisões serem políticas, ou seja, envolverem conflitos, não significa que não possuam um forte elemento técnico. E o alto grau de conhecimento especializado exigido na governança financeira constitui uma grande barreira para a *accountability* nesse campo.[91] (GERMAIN, 2007).

Uma espécie de responsabilidade eleitoral global desse tipo é uma ideia exagerada. Nós precisaríamos de mecanismos diferentes".

90 Uma explicação para isso é a forte resistência à participação direta dos cidadãos tanto entre Estados autocráticos como entre os democráticos, em razão de não quererem ceder parcela de sua soberania para as organizações. (ARCHIBUGI & CELLINI, 2017).

91 "Quase todos os profissionais envolvidos na governança financeira são economistas e banqueiros treinados, e a socialização dessas habilidades requer a obtenção de formações educacionais avançadas ou longos anos de operação nos mercados bancário e de capital. Além disso, em termos de educação e experiência prática, é raro não incluir passagens significativas na nos EUA ou na Grã-Bretanha. Assim, a obtenção de formações norte-americanas

É preciso ponderar, todavia, que as organizações intergovernamentais, quando comparadas a outras formas de realização da governança global, como ações unilaterais dos Estados, ações multilaterais coordenadas mas não institucionalmente formalizadas (como G7, G8, G20 etc.) ou a atuação dos agentes privados, incorpora muito mais princípios democráticos, como: sua fundamentação em normas jurídicas (tratados, convenções etc.) que regulam seu funcionamento e suas decisões; a previsão de procedimentos judiciais para resolução de controvérsias; algum grau de transparência e *accountability*, pelo menos perante os Estados-membros. Há estudos empíricos recentes que, inclusive, diagnosticaram que as organizações internacionais têm se tornado mais transparentes, responsivas e acessíveis a atores não-estatais, inclusive da sociedade civil. Isso não significa, todavia, que reformas estruturais tenham ocorrido. (ARCHIBUGI & CELLINI, 2017).

Enfim, temos o problema do poder dos agentes do mercado que não se submetem ao controle público nacional ou internacional.

A primeira forma de manifestação dessa quarta dimensão do déficit democrático da governança financeira global é a emergência de regimes de autorregulação privada – como o "International Accounting Standards Committee" (IASC), nos quais as corporações mais poderosas de determinado setor acordam padrões operacionais, códigos de boas práticas etc., o que se dá em campos que os Estados mais poderosos decidem não regular diretamente ou mesmo apoiar a regulação privada. (WOODS, 2002).

Em segundo lugar, temos o déficit de efetividade e os impasses da governança financeira global. (HALE, HELD & YOUNG, 2013; STIGLITZ, 2006), de maneira que as instituições internacionais não exercem a contento sua função regulatória dos agentes do mercado. Isso porque, "as instituições internacionais estão sofrendo um duplo desafio de efetividade e legitimidade. Muitos governos e grupos insatisfeitos ou sem privilégios são profundamente afetados pela governança global, mas acham que ela é

(ou britânicas) avançadas e/ou a experiência nos mercados de Nova Iorque ou Londres são pré-requisitos praticamente essenciais para ingressar nos círculos rarefeitos da governança financeira (global). Nesse sentido, existe um contexto cultural em ação que molda a maneira como o problema da accountability é visto". (GERMAIN, 2007, p. 47).

mal executada e que eles próprios estão inadequadamente representados". (WOODS, 2007, p. 27).

Nesse sentido, a ausência de uma coordenação adequada restringe as possibilidades de escolhas políticas e acarretam o uso ineficiente dos recursos, como observamos na estratégia de alguns países de acumularem grandes reservas cambiais para estarem preparados para enfrentar possíveis crises futuras, drenando recursos que poderiam ser empregados na efetivação de direitos econômicos e sociais. O mesmo vale para a ausência de coordenação na regulação financeira, a qual possibilita que investidores busquem mercados com normas mais frágeis, mais favoráveis a eles e, em geral, prejudiciais ao restante das pessoas. Isso têm um impacto maior nos grandes centros financeiros – a maneira como, por exemplo, os mercados de Nova Iorque, Chicago e Londres são regulados, tem implicações sobre os preços de commodities no mundo todo. Para que essa coordenação ocorra, são necessárias instituições globais mais efetivas, o que não temos hoje.[92] (BALAKRISHNAN & HEINTZ, 2014).

Embora a globalização tenha contribuído para a difusão da ideia de democracia pelo mundo, paradoxalmente, também tem contribuído para fragilizar os processos democráticos no interior dos Estados. Além disso, a maneira como a globalização tem sido dirigida não atende aos princípios democráticos, notadamente porque suas decisões são tomadas com uma participação diminuta dos descontentes dos países em desenvolvimento. Se no âmbito nacional os avanços democráticos foram decisivos para impor limites às consequências negativas do capitalismo, não se obteve o mesmo êxito na construção de instituições democráticas no âmbito global, o que, por sua vez, implica restrições às democracias nacionais. A responsabilidade maior por isso, todavia, não é das instituições, mas dos Estados que as dirigem, especialmente dos Estados Unidos e, por sua vez, das escolhas de

92 "Ao contrário dos mercados nacionais, que tendem a ser apoiados por instituições reguladoras e políticas domésticas, os mercados globais são apenas 'fracamente incorporados'. Não há autoridade antitruste global, emprestador global de último recurso, regulador global, rede de segurança global e, é claro, nenhuma democracia global. Em outras palavras, os mercados globais sofrem com uma governança fraca e, portanto, são propensos a instabilidade, ineficiência e legitimidade popular fraca". (RODRIK, 2011, p. xvi).

seus eleitores, os quais, em sua maioria, continuam a pensar nacionalmente (STIGLITZ, 2006), ressalvando-se, como já apontado, a capacidade que a elite tem de torcer a democracia a seu favor.

O elemento político fundamental do déficit democrático da governança financeira global, assim, é a transnacionalização da elite, a qual, em função de sua condição econômica privilegiada, exerce seu poder junto aos governos dos Estados mais poderosos, dos periféricos e semiperiféricos, organizações internacionais e transnacionais e na formação da opinião pública. (SOLIMANO, 2014). Em contrapartida, o restante dos 99% da população (ou mesmo 99,9%), com exceção de alguns movimentos, é desprovido dessa articulação global, agem e pensam nacionalmente (muitas vezes de forma nacionalista), são excluídos dos centros decisórios da globalização.

Em síntese, por um lado, há decisões de natureza eminentemente política e com forte impacto na vida das pessoas e na preservação ou concretização dos direitos fundamentais, bem como sobre a distribuição das riquezas coletivamente produzidas, que são tomadas no âmbito da governança financeira, razão pela qual ela deve se submeter ao controle democrático, tais como as políticas fiscal, monetária e financeira; o controle e a supervisão sobre a atividade bancária; a prevenção e a distribuição de riscos de atividades financeiras, bem como dos custos decorrentes das crises. Por outro lado, o déficit democrático da governança financeira global é complexo, multidimensional e enfrenta bloqueios de caráter estrutural. É a partir dessa perspectiva que devem ser analisadas as alternativas de reformas político-institucionais propostas nos âmbitos da produção teórica, das organizações internacionais e transnacionais, e dos movimentos sociais e organizações não-governamentais.

Seria a democratização da governança financeira global um projeto impossível de ser realizado?

Alternativas para a democratização da governança financeira global no âmbito da produção teórica

Neste Capítulo, faremos um mapeamento crítico sobre as diferentes propostas teóricas de democracia na esfera global e democratização da governança financeira global a partir das grandes categorias "reformistas" (ou *problem-solving theory*) e críticas (ou radicais),[1] diferenciando-se, ainda, as de natureza procedimental e as substantivas. As primeiras compreendem va-

1 Nesse quadro teórico temos o que Mittelman (2011, p. 140-142, 147) denomina de "estudos críticos sobre a globalização". De acordo com essa perspectiva, a globalização compreende "uma transformação histórica na interação entre forças de mercado, autoridade política e as formas de vida incorporadas na sociedade à medida que encontram e se unem às condições locais". Em termos epistemológicos, os acadêmicos críticos questionam a "fé positivista no empirismo", ou seja, sua crença na possibilidade de separar fatos e valores, isolar variáveis e testar hipóteses tendo em vista a descoberta da "verdade objetiva", ao mesmo tempo em que se concentram no exame da forma como os fatos são construídos e dos interesses a que servem. Entretanto, a perspectiva crítica pode combinar estratégias de pesquisa heterodoxas e convencionais, mas sem confundi-las e esclarecendo a maneira como são constituídas. A perspectiva crítica não se orienta apenas pela desconstrução do conhecimento e das práticas dominantes, mas também pela construção de um conhecimento alternativo sobre "o que existe e o que deveria existir a partir de relações de poder transformadas". Nesse processo, há um reconhecimento de que o conhecimento sempre se situa na realidade material dos atores, é influenciado pelo contexto em que é produzido e, consequentemente, sempre é parcial. É assim que se busca a construção de "utopias fundamentadas", concebidas como "uma alternativa imaginada que nunca existiu; ainda, um futuro ou futuros enraizados em tendências históricas reais e práticas materializadas". As "utopias fundamentadas" representam um ponto de convergência entre a análise crítica realista e a visão utópica, a qual é indispensável para as transformações pacíficas. Na agenda dos estudos críticos encontra-se tanto a estrutura material de poder que constitui a globalização, como os movimentos de resistência. A execução desses estudos críticos consiste na compreensão sobre a gênese da ordem con-

riantes da democracia cosmopolita e a proposta de *global stakeholder democracy*. As últimas abrangem autores marxistas que se dedicam à temática da globalização e outras perspectivas radicais vinculadas, por exemplo, à ideia de "cosmopolitismo subalterno". Entre ambas, temos a *democracia discursiva global* e a *democracia interativa*, que podem ser consideradas críticas no sentido de que rompem com elementos estruturantes da democracia liberal, mas mantêm a centralidade da racionalização dos conflitos políticos e não questionam os fundamentos do sistema capitalista. Consideramos inicialmente seus argumentos críticos, mas excluímos de nosso campo analítico as perspectivas teóricas sobre a governança financeira global de acordo com as quais sua democratização não é uma questão necessária ou relevante (neoliberais) ou que, embora reconhecendo sua relevância e necessidade em tese, a considera impossível (céticos ou realistas), de maneira que caberiam apenas respostas no sentido de "renacionalização".

Democracia global, ceticismo e neoliberalismo

A discussão sobre o problema da democracia no âmbito global ocorre somente a partir dos anos 1990. Até então, embora estivesse consolidada a ideia de que apenas os regimes democráticos são legítimos, sua aplicação restringia-se aos limites do Estado-nação, em função de quatro tipos de argumentos: (1) baixa autonomia política e controle dos Estados sobre as organizações internacionais; (2) caráter elitista, centralizado e tecnicamente complexo da política internacional, com a consequente incapacidade de os cidadãos opinarem; (3) resistência de muitos líderes políticos à representação no próprio âmbito interno e desinteresse por expandi-la para o internacional; (4) crença de que muitas das questões fundamentais da interdependência internacional referem-se ao mercado global, o qual funcionaria melhor quando autorregulado do que quando sob controle dos governos. Assim, a democracia na esfera global referir-se-ia, no máximo, à reunião de Estados soberanos democráticos para cooperação e tomada de decisões consensuais para solução de problemas comuns.

temporânea e na identificação de possíveis limites e falhas que abram possibilidades de transformação, tendo em vista uma globalização democrática.

Todavia, tais argumentos perdem crescentemente sua força. Decisões políticas relevantes são tomadas nas organizações internacionais, e a exigência de ratificação no âmbito dos parlamentos nacionais não é suficiente para assegurar sua legitimação democrática - até porque, embora formalmente os representantes políticos sejam soberanos para decidir sobre elas, na prática, muitas vezes não têm escolha, dados os custos de sua rejeição. Temas referentes às questões internacionais, inclusive de governança financeira, não costumam ser tematizados nos debates eleitorais, e muito menos em outras instâncias democráticas, de maneira que o *controle democrático indireto* (por meio da relação dos cidadãos com os representantes dos Estados) é tênue ou inexistente. Inclusive, há muitos Estados que não são governados democraticamente, e mesmo os que adotam sistemas liberal-representativos muitas vezes não atuam pautados por valores democráticos nos assuntos internacionais, sendo os Estados Unidos um exemplo eloquente. Enfim, como já discutimos no Capítulo 1, tanto as organizações internacionais como instâncias informais de governança global são marcadas por profundas desigualdades de poder e não preenchem requisitos mínimos de legitimidade democrática. Consequentemente, aqueles que são afetados por tais decisões devem ter o direito de participar de alguma forma do processo decisório que não se limite à representação de Chefes de Estado ou de Governo, diplomatas ou outros burocratas. Em segundo lugar, as decisões tomadas no âmbito do mercado afetam o interesse público e precisam submeter-se a alguma forma de controle democrático. (PORTER & WOOD, 2002; SCHOLTE, 2014).

Portanto, o crescimento do interesse pela democracia na esfera global decorre, por um lado, do fato de a democracia ter se tornado amplamente reconhecida como a única forma de legitimação do poder político; e, por outro, da crescente percepção entre os povos sobre a interdependência global. Nesse sentido, temos duas importantes manifestações oficiais: (1) a "Declaração Universal sobre a Democracia", de 1997, da União Interparlamentar, a qual proclama que a democracia deve ser um princípio aplicável às organizações internacionais e às relações entre os Estados; (2) o requerimento do Parlamento Europeu, de 2011, ao Conselho da União Europeia, para que defendesse a criação da *Assembleia Parlamentar das Nações Unidas* com o propósito de tornar o sistema da ONU mais democrático. Com isso, o tema da democracia na esfera global, sua justificativa, sua forma, suas possibilidades e seus limites passou a ser estudado por acadêmicos de diferentes correntes teóricas,[2] particularmente nos campos da Teoria Política normativa, do Direito Internacional e das Ciências Sociais empíricas. Cada um desses campos adota um enfoque específico, mas os teóricos normativos devem reconhecer as condições empíricas nas quais se processa seu trabalho, da mesma maneira que os pesquisadores empíricos devem incluir entre suas tarefas a compreensão das razões para as transformações democráticas nas estruturas internacionais vigentes. (SCHOLTE, 2014; DINGWERTH, 2014; ARCHIBUGI, KOENIG-ARCHIBUGI, & MARCHETTI, 2012).

A democracia global guarda uma relação próxima com o problema da "justiça política global", o qual se refere à "questão normativa de como melhor projetar as instituições fundamentais através das quais o poder político é constituído, controlado e distribuído na sociedade global, como base para a governança global". Isso remete, de forma geral, à questão de quais agentes devem ser institucionalmente reconhecidos como membros da sociedade global e quais direitos e poderes devem ter. Mais especificamente, em pri-

2 No âmbito do Estado, tais questões são debatidas por teóricos políticos desde, pelo menos, a obra de Hobbes, com a proposição de diferentes desenhos institucionais relacionados com diferentes concepções sobre a finalidade do Estado e sua capacidade institucional, compreendendo a tradição realista (baseada em Hobbes), a liberal (inspirada em Locke) e a democrática (fundamentada em Rousseau). Embora o foco da teoria política moderna fosse as instituições soberanas do Estado, ela já apresentava algum reconhecimento sobre as dimensões doméstica e internacional da soberania estatal, e consequentemente a necessidade de considerar as pré-condições institucionais internacionais para seu exercício, o que demonstra o próprio papel do sistema de Westfália para a sustentação da soberania. Esse tema, todavia, não ganhou maior desenvolvimento, com exceção do influente ensaio "Paz Perpétua", de Kant, publicado originalmente em 1795, e da literatura liberal internacionalista que derivou dele. Outra tradição a este propósito é encontrada em juristas como Grotius, Vitoria e Pufendorf. Sempre tratou-se, porém, de um trabalho normativo fragmentado, o que permaneceu até os anos 1970, quando este contexto começou a se transformar com a publicação da obra "Uma Teoria da Justiça", por John Rawls, em 1971. Esse trabalho e os que o sucederam não tinham como foco ainda os problemas institucionais da justiça política global, mas criaram um ambiente intelectual propício para tal desenvolvimento, que veio a crescer a partir de proposições sobre a democracia cosmopolita nos anos 1990, como nos trabalhos de David Held e Daniele Archibugi. (MACDONALD, 2013).

meiro lugar, discute-se qual a organização institucional mediante a qual os "poderes" públicos globais devem elaborar as normas jurídicas e garantir o seu cumprimento, ou seja, "governar" a sociedade global. Em segundo lugar, analisa-se como tais poderes globais devem ser regulados e controlados para não cometerem abusos nem serem capturados pelos interesses mais poderosos, de maneira que sirvam a propósitos coletivos e inclusivos. Em terceiro lugar, indaga-se sobre como o poder político global deve ser distribuído entre as diferentes instituições, de maneira que seja assegurada uma representatividade adequada entre os diferentes poderes e interesses em jogo. (MACDONALD, 2013, p. 76-77).

Há, porém, duas grandes perspectivas sobre a governança global (inclusive da financeira) que rejeitam os projetos normativos fundados na democracia: (1) a funcionalista, ou neoliberal, por compreender tal questão como desnecessária ou irrelevante no âmbito global; e (2) a cética, ou realista, por considerá-los impossíveis.

As teorias funcionalistas neoliberais realçam o papel das inovações tecnológicas na integração global dos mais diversos campos das finanças (bancário, valores mobiliários, seguros, derivativos), o que gerou uma demanda por regras para assegurar alguma ordem e previsibilidade ao sistema. Isso somente poderia ser atendido por meio da cooperação entre os Estados e, consequentemente, pelo estabelecimento de instituições permanentes para formular tais regras e monitorar sua aplicação, como o FMI. Entretanto, os funcionalistas se equivocam ao tratar os instrumentos de governança como uma consequência da globalização das finanças, quando, na verdade, são um elemento constitutivo do fenômeno desde seu princípio, ou seja, que ajudaram a formatá-lo por meio das regras liberalizantes e da atuação de instituições na promoção da integração financeira. Além disso, a perspectiva funcionalista negligencia a consideração sobre o pepel das forças sociais que impulsionaram as mudanças tecnológicas e a construção de regras e instituições que possibilitaram a globalização financeira. Enfim, preocupam-se apenas com a eficiência e a estabilidade das finanças e de sua governança, não discutindo suas implicações em termos de justiça social, integridade ecológica e democracia, bem como não tratam das questões de poder e conflito que se encontram na essência da governança financeira na qual a competição e as hierarquias de poder são tão ou mais importantes do que a cooperação.[3] (SCHOLTE, 2002).

Dentre os céticos ou realistas,[4] Dahl (1999) afirma que as organizações, instituições e processos no âmbito internacional não podem ser democráticos, se considerarmos a democracia como um sistema de controle popular sobre políticas e decisões governamentais, e um sistema de proteção de direitos humanos. A democracia exige responsividade e *accountability* dos governantes perante o povo, o qual toma decisões soberanas diretamente ou por meio de representantes eleitos. Sabe-se, porém, que na moderna democracia representativa (ou poliarquia) há um grande nível de delegação política, sendo difícil determinar quanto de fato o povo controla as decisões políticas. Nas unidades políticas pequenas há maiores possibilidade de participação efetiva dos cidadãos no governo, mas quanto menor for a unidade, mais questões relevantes para a vida dos cidadãos podem escapar de seu controle – por isso, as unidades democráticas precisam ser ampliadas, o que implica, porém, a redução da participação efetiva de cada cidadão. Assim, não obstante as organizações internacionais proporcionem benefícios importantes, não parece viável sua democratização. Isso porque, se mesmo no âmbito dos Estados, em

3 Para uma análise a propósito da perspectiva funcionalista sobre a governança global, cf. Imber, 2002.

4 Para uma apresentação sobre a perspectiva realista para o sistema político global, cf. Gilpin, 2002. Para o autor, a ideia de uma "perspectiva realista" da governança internacional é contraditória, porque para os realistas não há governança internacional, mas sim um sistema anárquico de Estados, ou seja, um sistema no qual não há uma autoridade legitima à qual os Estados soberanos estão subordinados. Trata-se da perspectiva mais antiga das relações internacionais, incluindo, em suas origens, autores como Maquiavel e Hobbes e, na era contemporânea, Hedlley Bull, E. H, Carr, Hans Morgenthau, Reinhold Neibuhr, Kenneth Waltz e Martin Wight. Assim como o liberalismo e o marxismo, não se trataria propriamente de uma teoria científica, mas de uma posição filosófica, a qual, portanto, não pode ser testada, mas a partir dela são construídas teorias ou hipóteses sobre as relações internacionais, as quais podem ser verificadas. De acordo com essa perspectiva, os Estados são os atores fundamentais e, não obstante não se ignore, por exemplo, considerações de ordem moral, o poder e os interesses nacionais são os fatores que regem as relações internacionais. A anarquia, todavia, não significa uma permanente "guerra de todos contra todos". Além disso, diferencia-se a análise empírica realista da perspectiva normativa, que pode ser orientada por valores liberais e humanitários.

que há uma histórica prática institucional e uma cultura democrática muito mais consolidada, ocorre uma considerável dificuldade para que os cidadãos efetivamente realizem o controle sobre decisões fundamentais sobre assuntos internacionais, tanto maior será a dificuldade em relação aos processos decisórios na esfera global. As razões para isso são, por exemplo, a complexidade das questões internacionais e a dificuldade de os cidadãos compreendê-las e formar juízos sobre elas. Além disso, a determinação do que é o "bem geral" é mais fácil em unidades políticas onde há maior homogeneidade de sua população. O aumento das dimensões dessa unidade implica o crescimento da diversidade de interesses, objetivos e valores a serem compostos – o que atinge os níveis máximos de heterogeneidade na escala global, onde há acentuada diversidade de interesses políticos, condições econômicas, cultura (Língua, religião) etc. Assim, a unanimidade torna-se inatingível e os desacordos são enormes, ao mesmo tempo em que as virtudes cívicas são frágeis para forçar as concessões dos interesses individuais e de grupos em favor do interesse geral – o qual, por si só, é muito difícil de ser determinado. Além disso, nos países democráticos, os cidadãos costumam se interessar menos por assuntos internacionais do que por questões domésticas; apenas em questões internacionais de grande repercussão a cidadania pode ser "ativada" em termos de maior esclarecimento e engajamento político, mas decisões desse tipo não são comuns. Há, ainda, algumas questões de desenho institucional de difícil solução: por exemplo, como os representantes de um "demos internacional" seriam distribuídos entre os povos dos diferentes países? Consequentemente, as organizações internacionais poderiam ser compreendidas apenas como "sistemas burocráticos de negociação", cujos líderes não podem ignorar a opinião pública, mas apresentam níveis de responsividade e *accountability* muito pequenos para serem classificados como "democráticas".

De maneira semelhante, Christiano (2012) argumenta que há diferenças significativas entre a política internacional e a do âmbito dos Estados, as quais precisam ser respeitadas quando se analisa as questões de legitimidade das instituições internacionais. A democracia é o princípio fundamental de legitimação para decisões políticas centralizadas, como são as das instituições internacionais. É por isso que muitos teóricos defendem a *democracia global*. Todavia, de acordo com o autor, há três sérias dificuldades na proposta:

(1) os interesses das pessoas nas decisões ao redor do mundo e os impactos dessas sobre aquelas apresentam grande variação, de maneira que seria problemática a aplicação do princípio de "inclusão de todos os interessados" e o tratamento igual de todos nos processos decisórios; (2) o segundo problema é o da persistência de minorias, o qual já ocorre nos Estados, mas seria muito maior na esfera global, pois quanto maior o número de constituintes, maior a probabilidade de haver minorias excluídas das decisões democráticas; (3) em escalas muito grandes, os cidadãos têm poucos incentivos para se informarem e se mobilizarem sobre os problemas políticos, pois individualmente têm pouco impacto sobre os resultados das decisões. Há também uma redução do senso de responsabilidade pelas consequências do que for decidido, e limites decorrentes da complexidade das decisões a serem tomadas. A consequência de tudo isso é um grande risco de controle elitista das instituições que se pretendem democráticas na esfera global. E não é fácil observar perspectivas para a mitigação desses problemas, já presentes no âmbito dos Estados, quando se passa para a escala global. A alternativa de legitimação à governança global seria, então, a *associação voluntária e equitativa entre Estados democráticos*, fundada no livre consentimento dos Estados ao celebrar os tratados internacionais, a qual, contudo, também apresenta problemas que já foram discutidos. Diante disso, o autor propõe que a questão da legitimação das instituições internacionais seja enfrentada por meio de normas procedimentais que propiciem um processo justo de negociação e deliberação na produção das normas materiais de direito internacional, de maneira que de fato sejam aptas a promover o bem comum e a justiça. Por exemplo, tais normas procedimentais devem ser capazes de proteger as sociedades em face de condições de grande vulnerabilidade econômica e política que desequilibram as negociações, o que exige a promoção da redução das desigualdades e processos mais inclusivos que atualmente não existem. Chega-se, com isso, a uma posição de ceticismo, não se poderia esperar mais do que o respeito aos direitos humanos e algum nível de transparência e *accountability* das organizações internacionais. O autor não afirma que isso seria suficiente para legitimá-las, mas não haveria perspectivas melhores, de maneira que a associação voluntária e equitativa de Estados seria a mais plausível.

Rodrik (2011) também se posiciona na mesma linha ao apontar o que seria o "trilema fundamental da economia mundial": a impossibilidade de se obter, simultaneamente, democracia, determinação nacional e economia globalizada, mas somente dois desses três pilares de cada vez. Ou seja: será necessário restringir a democracia para reduzir os custos de transação, não obstante as implicações sociais e econômicas, para manter a autodeterminação nacional em um contexto de hipergobalização; ou limitar a globalização, para que se tenha legitimidade democrática no âmbito do Estado; ou então globalizar a democracia, com a consequente restrição da soberania nacional. A opção pela governança global por meio de instituições internacionais fortes e com adequados níveis de legitimação e *accountability* deslocaria a política para o âmbito global, preservando a democracia, embora isso implique importante diminuição da soberania nacional. Isso não significaria o desaparecimento dos governos nacionais, mas grande limitação de seu poder, porque se submeteriam às regras impostas por instâncias supranacionais democraticamente legitimadas. A União Europeia é uma tentativa regional nesse sentido. Porém, o contínuo apontamento sobre o déficit democrático da UE, não obstante a relativa similaridade dos Estados que a integram em termos de níveis de renda e história, demonstraria que a ideia de algo como um verdadeiro federalismo em escala global estaria muito distante. Diante disso, o autor se posiciona no sentido de que a democracia e a soberania nacional devem prevalecer sobre a hiperglobalização, revelando-se cético quanto à perspectiva de uma governança global democrática, particularmente em razão da grande diversidade existente entre as nações que tornaria muito difícil a formulação de regras comuns a partir de processos democráticos. Diante disso, elas não seriam apenas impraticáveis, mas também indesejáveis. Um denominador comum levaria a um regime fraco e inefetivo.

No Brasil, uma posição no sentido de responder aos problemas da governança financeira pelo restabelecimento da capacidade decisória e de controle do Estado nesse campo foi apresentada por Singer (2009, p. 98-100), que propõe, por exemplo, o controle estatal sobre os fluxos financeiros por meio de tributação e/ou limitação das remessas de divisas para o exterior. Mais do que isso, o autor defende a estatização dos serviços bancários, por sua natureza pública, e poque "só assim bancos, fundos e semelhantes deixarão de procurar a maximização de seu próprio excedente e se dedicarão ao bem público, definido democraticamente em disputas eleitorais periódicas". Feito isso, deixaria de existir o problema da constituição de organizações efetivas e democráticas de governança financeira global, pois a questão se resolveria no âmbito da soberania estatal.

Para os céticos, portanto, o déficit democrático da governança global pode até ser um problema a ser diagnosticado, mas não resolvido – pois careceria de soluções viáveis. Não se trata, porém, de raciocinar sobre a democracia além do Estado nacional simplesmente transpondo procedimentos democráticos nacionais para a esfera global, pois essa compatibilidade nem sempre é viável e desejável. Assim, é necessária a elaboração de uma teoria mais geral da democracia que não seja centrada no Estado, mas aplicável a diferentes contextos sociais. (ARCHIBUGI & CELLINI, 2016).

As teorias céticas ou realistas apontam corretamente a importância dos Estados e das disputas de poder entre eles modelando a governança financeira global. Isso porque, como já observamos: (1) os Estados continuam a ser atores centrais nesse processo, seja atuando unilateralmente, ou como participantes de organizações supraestatais e redes multilaterais; (2) eles não se mostram dispostos a transferir toda sua competência regulatória para outros atores; (3) boa parte de sua atuação nesse campo tem um caráter competitivo, ou seja, buscam o formato regulatório que melhor atenda aos seus interesses, valendo-se dos recursos de poder disponíveis (econômico, político, cultural e mesmo militar, ainda que sob a forma de ameaça implícita e velada). Todavia, a perspectiva realista falha ao considerar os Estados como os únicos atores relevantes da governança global, negligenciando o papel de atores privados dos mais diversos tipos e da múltipla e complexa rede de organizações internacionais e transnacionais, as quais, embora em geral dependam dos Estados, também exercem influência sobre eles. (SCHOLTE, 2002).

Em resposta aos céticos, Held e Maffettone (2016b, p. 118-124) argumentam que a "teoria de legitimidade baseada no consentimento dos Estados" defendida, por exemplo, por Christiano, apresenta vários limites. O primeiro deles é a possibilidade de o consentimento ser expresso para algo manifestamente imoral. Isso não significa que o consentimento seja dispensável, mas ele não pode ser tomado como suficiente para a legitimação da instituição. Em segundo lugar, diferentemente da perspectiva hobbesiana, exige-se hoje que o consenso manifestado seja livre e informado. Entretanto, os códigos binários livre ou não-livre, informado e não informado são muito restritivos, quando na verdade há muitas situações intermediárias. É, contudo, relevante conhecer em que condições o consenso é manifestado e em que medida aqueles que manifestam o consenso têm conhecimento sobre o que estão consentindo. Assim, a simples participação, ainda que paritária, em um colegiado decisório, não assegura a adequada representação, por exemplo, quando há uma compreensão insuficiente sobre as matérias em discussão. Problemas semelhantes também ocorrem quando se depara com Estados politicamente muito frágeis. Além disso, em face da globalização, com o crescimento do papel de atores não-estatais na esfera internacional e da complexidade dos problemas e dos arranjos de governança, a compreensão da legitimidade baseada exclusivamente nas interações entre Estados revela-se insuficiente. Ou seja, não basta o consentimento estatal para que uma organização internacional e suas decisões sejam legítimas.

Considerando-se esses argumentos e o que demonstramos no Capítulo 1 (as finanças globais precisam ser submetidas ao controle democrático por razões de justiça e eficiência econômica; e os Estados, sobretudo os mais fracos, não têm condições de fazer face isoladamente ao déficit democrático multidimensional da governança financeira), entendemos que tanto a perspectiva funcionalista neoliberal como a cética devem ser afastadas de nosso objeto de investigação: a primeira por negar (ou desconsiderar) o problema da democracia no âmbito das finanças mundializadas; e a segunda porque, embora reconheça a existência de déficit democrático na governança global, não vê perspectivas de solução ou as limitam ao âmbito da legitimidade indireta de Estados democráticos, o que também não resolve o problema. Assim, resta-nos explorar as perspectivas no âmbito da democracia global.

Antes de avançarmos, precisamos ter clareza de que a construção de identidades globais e instituições globais para o funcionamento da democracia nessa esfera são enormes desafios, de maneira que a formulação de projetos para reformar as instituições internacionais no sentido de torná-las mais democráticas ainda se encontra em um estágio inicial. (PORTA, 2013).

Na próxima seção, trataremos dos fundamentos teóricos e das controvérsias sobre a ideia de democracia na esfera global. Nas subsequentes, discutiremos as perspectivas para a democratização da governança financeira global apresentadas pela *democracia cosmopolita,* pela *global stakeholder democracy*, pela *democracia discursiva global*, pela *democracia interativa* e, enfim, os contrapontos das perspectivas *marxistas* e outras *radicais*. Consideraremos, ainda, em diálogo com essas matrizes teóricas, as propostas específicas para reforma da governança financeira global apresentadas nos campos da Economia Financeira Internacional e do Direito Econômico Internacional.

Fundamentos teóricos e controvérsias sobre a ideia de democracia na esfera global

O cosmopolitismo contemporâneo é uma teoria política que pretende oferecer princípios normativos para orientar a convivência humana em face da globalização, a qual apresenta uma dimensão moral e uma institucional. Em sua dimensão moral, o cosmopolitismo tem como fundamento o princípio de que há obrigações morais perante todos os seres humanos que decorrem apenas de nossa condição humana, independentemente de nacionalidade, raça, gênero, religião ou qualquer outra particularidade. Esse princípio apresenta três implicações: (1) a unidade primária de consideração moral são os seres humanos individualmente considerados, não os Estados ou qualquer outra forma de associação; (2) essa consideração moral deve ser aplicada igualmente a todos os indivíduos; (3) o cosmopolitismo tem escopo universal, ou seja, aplica-se a todos e em qualquer lugar, pois "somos todos cidadãos do mundo". Trata-se de uma teoria política liberal, a qual, todavia, distingue-se da estadocêntrica porque defende que o individualismo, o igualitarismo e o universalismo devem ser aplicados além das fronteiras dos Estados, bem como que devem ser os princípios orientadores da reforma das estruturas institucionais globais. Assim, em sua dimensão institucional, o cosmopolitismo analisa, por um lado, como o sistema global vigente falha na consecução de seus princípios morais e, por outro, como tais princípios podem ser colocados em prática por meio dos desenhos institucionais mais adequados para tanto. A dificuldade para a concretização desses princípios nas condições dadas não significa que isso seja impossível, bem como que não exista uma obrigação moral de perseguir esse projeto. (BROWN & HELD, 2014; NUSSBAUM, 2014).

Nesse sentido, Habermas (2014, p. 267) afirma que as chances de consecução do projeto cosmopolita Kantiano hoje não são boas, diante de fatos como a invasão do Iraque em curso quando escrevera (e outros de que já tratamos), mas não seriam piores do que em 1945 ou em 1989-1990, respectivamente na sequência da II Guerra Mundial e da Guerra Fria. Isso porque, suas condições de viabilidade devem ser consideradas com um "senso de proporção". A primeira experiência política de concretização do projeto cosmopolita ocorreu com a Liga das Nações, e ganhou uma forma institucional melhor estruturada apenas com a fundação da ONU. É verdade que as superpotências muitas vezes se recusam a se submeterem às decisões da ONU, por exemplo, ao realizarem intervenções militares unilaterais, mas a ONU se recusou a conferir legitimidade a tais ações, tem desempenhado um papel importante na solução de conflitos desde o início dos anos 1990 e iniciou um relevante processo de discussão sobre sua reforma e de suas agências subsidiárias em 2004.

A primeira manifestação da ideia de cosmopolitismo[5] ocorreu com os Estoicos, para os quais "a razão humana e a nossa capacidade compartilhada de raciocinar unem a raça humana como membro da mesma espécie e, a partir disso, gera uma comunidade política e moral inter-relacionada". (BROWN & HELD, 2014, p. 3).

Para os Estoicos, cada ser humano pertence a duas comunidades: a do local de seu nascimento e à humanidade. Embora Zenon tenha proposto uma "cidade ideal", não há indicações claras de que os estoicos gregos desejassem estabelecer um "estado mundial único". O mais importante no seu pensamento é a percepção dos profundos vínculos da espécie (em função do "valor da razão" presente em todos os seres humanos) os quais devem ser considerados em nossas deliberações políticas e pessoais "para o bem de toda espécie", ideia que não apresenta nenhuma incompatibilidade com a preservação de formas de organização política e identidades locais. (NUSSBAUM, 2014, p. 29-31).

O cosmopolitismo Estoico e o Tomista inspiraram vários filósofos fundamentais do iluminismo, como: Hugo Grotius (1583-1645), John Locke (1632-1704), Voltaire (1694-1778), Denis Diderot (1713-84), Immanuel Kant (1724-1804), Thomas Paine (1734-1809) e Thomas Jefferson (1743-1826). (BROWN & HELD, 2014).

Dentre os filósofos iluministas, Kant (1995) é o que mais influenciou e possui vínculos mais fortes com o cosmopolitismo contemporâneo, em razão

5 Podemos encontrar as origens mais remotas deste debate na célebre resposta de Diógenes, o Cínico, à indagação sobre sua origem: "Eu sou um cidadão do mundo", a qual confrontava o papel central que as origens e o pertencimento a determinado grupo desempenhavam na Grécia antiga. (NUSSBAUM, 2014, p. 2).

de sua versão mais sofisticada e orientada para a prática, a qual estabelece as condições morais, legais e políticas básicas para a realização de uma justiça cosmopolita. (BROWN & HELD, 2014).

A construção teórica de Kant deve muito ao cosmopolitismo Estoico, pois ele se apropria de sua ideia fundamental de "reino de seres racionais livres, iguais em humanidade, cada um dos quais deve ser tratado como um fim, não importa em que lugar do mundo ele more", o que implica a exigência de uma política mundial na qual as normas morais derivadas da condição humana devem conter as agressões e estimular a solidariedade entre os povos. Existem, todavia, diferenças importantes entre o pensamento de Kant e o dos Estoicos gregos e romanos (Marco Aurélio, Cícero e Sêneca), como a condenação moral das conquistas coloniais e, sobretudo, a concepção Kantiana de acordo com a qual a busca pela paz requer uma constante vigilância contra a agressividade humana que, para Kant, seria uma característica inata, enquanto para os estoicos nenhuma paixão é inerente à natureza humana. (NUSSBAUM, 2014, p. 33-38).

Kant, em primeiro lugar, vincula a realização da paz com uma garantia legal das liberdades. Em segundo lugar, ele rompe com a ideia segundo a qual a garantia da autodeterminação democrática no âmbito interno pode ocorrer mediante o uso da força na esfera internacional. Para ele, a capacidade de a democracia racionalizar o poder político não é restrita ao âmbito dos Estados nacionais. Diante disso, propõe a aplicação de seus princípios para além das fronteiras nacionais, transpondo a ideia de constitucionalismo emergente das Revoluções Francesa e Americana para o âmbito do direito internacional. A grande mudança conceitual que ele promove no âmbito do Direito é a transformação do direito internacional de um direito dos Estados para um direito cosmopolita, como um direito dos indivíduos. Assim, o *status* legal dos indivíduos deixa de depender apenas de sua condição de cidadão de determinado Estado, mas também decorre de sua condição de "membros de uma sociedade mundial politicamente constituída". O direito e as constituições liberais haviam estabelecido limites para a atuação estatal no âmbito interno, mas não na esfera internacional. Com a transição do direito internacional centrado no Estado para uma "ordem legal cosmopolita", passa-se a estabelecer limites ao poder do Estado nos moldes liberais também na esfera internacional, sem que para tanto percam seu *status* na ordem legal global. Os indivíduos adquirem um *status* adicional de sujeitos de um direito cosmopolita (cidadania cosmopolita). Surge, porém, a questão sobre como as decisões políticas serão tomadas no âmbito global e legitimadas pelos canais nacionais. (HABERMAS, 2014, p. 268-270).

As análises morais cosmopolitas e sua aplicação institucional ocorrem em diferentes perspectivas, as quais podem ser organizadas em cinco conjuntos de temas inter-relacionados: (1) justiça global; (2) cosmopolitismo cultural; (3) cosmopolitismo legal; (4) cosmopolitismo político; (5) cosmopolitismo cívico. Nossa análise tem como foco o cosmopolitismo político, o qual, embora se relacione com outras formas de cosmopolitismo, especialmente com o legal, distingue-se em razão de sua ênfase nas questões referentes à governança global e à reforma das instituições políticas internacionais.

Em meio à diversidade de perspectivas, há um consenso na teoria política global: o entendimento de que todo ser humano tem o mesmo *status* moral (cosmopolitismo moral). Isso tem implicações políticas, sendo a primeira delas o compromisso com os direitos humanos básicos, como os especificados em documentos internacionais, destacando-se a "Declaração Universal dos Direitos Humanos". Tais direitos constituem o critério de avaliação para as ações internas e externas dos Estados, para as normas que regem os diferentes regimes de governança internacional e transnacional, bem como para as condutas de atores estatais e não-estatais. Há profundas divergências sobre os fundamentos e justificativas para os direitos humanos e, consequentemente, para seu elenco. Isso, todavia, não afeta o consenso em torno da compreensão de sua proteção como "o imperativo moral mais urgente para a ação global", bem como da existência de um núcleo fundamental que compreende: alguma forma de representação política e direitos de liberdade de consciência, religião e expressão, contra a discriminação, e à subsistência. Não há consenso, por outro lado, em termos de justiça distributiva global,[6] sobre as implicações

6 Na perspectiva cosmopolita, as relações de justiça distributiva não se limitam aos compatriotas, mas são globais, sendo que todos os sujeitos dessa relação são moralmente iguais, ou seja, dotados da mesma dignidade e dos mesmos direitos. Em uma primeira aproximação sobre essa ideia de justiça distributiva, o problema relevante é a distribuição de riqueza, renda e oportunidades, devendo ser considerada no plano global, e não apenas intraestatal. Há uma série de propostas de reformas cosmopolitas tanto para os Estados como para as organizações internacionais para fazer face à desigualdade global de riqueza, renda e oportunidades e promover a equidade global: (1) a liberalização da imigração; (2) a proibição

concretas a propósito da forma como as pessoas devem ser tratadas na esfera internacional. (HELD & MAFFETTONE, 2016a, 2017).

A primeira questão que se coloca no âmbito do cosmopolitismo político se refere à cidadania: diante da globalização e da emergência de formas de governança global que não se estruturam nem tem sua legitimidade fundada nos mesmos meios que os governos, quais transformações devem ocorrer no conceito e na prática da cidadania, historicamente vinculados ao Estado nacional? Por sua vez, como essas transformações no conceito de cidadania podem afetar o desenvolvimento de novas instituições de governança ou a reforma das existentes? (ROUSENAU, 2000).

A cidadania cosmopolita é concebida como um instrumento de participação nas decisões globais e de proteção dos direitos humanos. Tanto a cidadania como a democracia cosmopolita não almejam, porém, substituir a cidadania nacional, mas complementá-la. (ARCHIBUGI, 2014). Assim,

> [...] No cerne da concepção cosmopolita da cidadania está a ideia de que a cidadania pode se basear não apenas no pertencimento a uma comunidade territorial, mas em regras e princípios gerais que podem ser entrincheirados e empregados em diversos contextos. [...] Os significados da cidadania passam da pertença a uma comunidade que lhes outorga, para aqueles que se qualificam; direitos e deveres específicos dão lugar a um princípio alternativo de ordem mundial, no qual todas as pessoas têm direitos e deveres equivalentes nas esferas transversais da tomada de decisões que afetam suas necessidades e interesses vitais. (HELD, 2014, p. 306-307).

---

da exigência de liberalização do mercado de trabalho como uma condição para a concessão de empréstimos por organizações internacionais durante crises financeiras, especialmente o FMI, pois medidas como aumento da idade para aposentadoria, fragilização dos acordos coletivos, e redução do valor mínimo para os salários e dos benefícios para os desempregados não levam necessariamente ao aumento da competitividade – argumento utilizado para justificar tais medidas – mas sempre provocam o crescimento da desigualdade; (3) adoção de liberalização sequencial do comércio pela OMC, de maneira a apoiar os países em desenvolvimento, por exemplo, exigindo-se que os países desenvolvidos reduzam suas barreiras comerciais primeiro. (MOELLENDORF, 2016).

De acordo com Habermas (2014, p. 270), a aplicação da ideia de "república cosmopolita" em face da estrutura política contemporânea poderia ocorrer, em primeiro lugar, por uma profunda revisão do conceito de soberania nacional, o qual deveria ser adaptado às novas formas de governança que ocorrem além do Estado. Nessa mesma linha, seria necessário revisar a vinculação entre o monopólio da força pelo Estado e o caráter compulsório do direito, de maneira que haveria um direito supranacional vinculante, o qual seria apoiado pelos poderes sancionadores que permaneceriam com os Estados. Se em função dos avanços no constitucionalismo e do reconhecimento de várias dimensões de direitos dos cidadãos a soberania interna não corresponde mais simplesmente à garantia da ordem, mas também à proteção efetiva de tais direitos, no âmbito externo passa a exigir a capacidade de cooperação dos Estados para a solução dos problemas comuns, e não apenas de se defenderem contra inimigos externos.

Concretamente, Habermas (2014, p. 271 e ss.) não propõe a adoção de nada parecido com um Estado mundial, mas sim uma transformação das consciências dos membros das organizações internacionais por meio da prática da cooperação, e mesmo da postura dos Estados soberanos que aceitariam subordinar seus interesses às suas obrigações perante a comunidade internacional. Isso se daria, em primeiro lugar, por meio do desenvolvimento de uma política interna global, a qual, até o momento, vem falhando. Em segundo lugar, a formação da opinião e as decisões no âmbito das organizações globais deveria ser conectada por meio de circuitos de comunicação com os parlamentos nacionais e também efetivamente monitoradas por organizações não-governamentais (inclusive, o "Painel de Alto Nível" constituído pela ONU para tratar de seu processo de reforma fez esta recomendação) e outros representantes de uma esfera pública global mobilizada. Não há razões para que apenas os governos continuem a conduzir a representação dos seus povos na arena internacional, de maneira que tanto os parlamentos como as organizações não-governamentais devem participar de tais processos. Não obstante as profundas reformas projetadas, os Estados continuariam a ser os atores fundamentais das relações internacionais, e não os cidadãos cosmopolitas, mas aqueles se submeteriam a um regime cosmopolita dos direitos humanos que poderia ser invocado pelos indivíduos, inclusive contra seus próprios Estados, além de regimes regionais ou continentais dotados de suficiente representatividade e capacidade política para negociar por todo o continente e implementar suas decisões. Além disso, embora essas reformas sejam desejáveis, não são suficientes para estabelecer uma forma de conexão entre as esferas nacional e supranacional que torne a legitimação das organizações internacionais independente da intermediação das instituições estatais.

É nesse quadro teórico que, em face da globalização, emerge a indagação a propósito da democracia global,[7] tema que até o final do século XX ficara restrito à literatura de críticos utópicos da ordem mundial fragmentada e fundada nos interesses nacionais. A edificação da ordem do pós-Segunda Guerra Mundial ocorreu por meio da institucionalização dos instrumentos para garantir a paz e a segurança, bem como a estabilidade econômica, corporificados na ONU e nas instituições de Bretton Woods, porém, tal ordem continuava centrada nos Estados nacionais e na concepção westfaliana de soberania e relação entre os Estados. A implementação da democracia constitucional nos Estados derrotados na Guerra cumpriu um papel ainda mais relevante neste sentido. Após o fim da Guerra Fria, a única forma de governança aceita como legítima no Ocidente era a que combinava economia de mercado (capitalismo) e democracia. Porém, o mais importante para a aceitação política de um Estado era sua adesão às políticas neoliberais, pois a exigência de democracia, muitas vezes, limitava-se ao âmbito retórico. Os valores democráticos nunca

---

7 Koenig-Archibugi (2010, p. 522) apresenta um conjunto de características bastante aberto que definiria a "democracia global", a qual seria adaptável a diferentes contextos e projetos normativos específicos, compreendendo: "(1) abranger todas as regiões do mundo; (2) capacitar os órgãos supranacionais a tomar decisões vinculativas sobre uma série de questões (enumeradas) de relevância global; (3) garantir que os membros desses órgãos sejam representativos e responsáveis perante grupos de cidadãos, por meio de mecanismos eleitorais ou outras relações formais e transparentes de delegação política; (4) promover a representação igual de todos os cidadãos do mundo em conjunto com outros princípios, como uma representação equilibrada das unidades territoriais constitutivas e, possivelmente, formas de representação funcional; (5) permitir que os órgãos supranacionais tomem decisões de acordo com uma variedade de regras decisórias, mas excluam os direitos de veto para pequenas minorias, exceto quando forem baseados em interesses vitais legítimos e determinados imparcialmente; (6) autorizar órgãos judiciais supranacionais independentes a resolver conflitos de acordo com regras constitucionais; e (7) incluir mecanismos robustos para promover o cumprimento de decisões e regras, possivelmente, mas não necessariamente, através do controle centralizado dos meios de coerção."

haviam sido levados ao âmbito dos processos políticos decisórios globais pela diplomacia dos Estados democráticos, os quais, pelo contrário – sobretudo os mais poderosos, viram com grande preocupação a participação da sociedade civil em conferências da ONU nos anos 1990, e não se mostravam simpáticos à ideia de democracia global. (FALK, 2012). Mas a que corresponde essa ideia?

Em uma primeira aproximação, pode-se afirmar que a democracia na escala global refere-se às exigências de maior participação dos cidadãos, formas mais inclusivas de representação das forças sociais, maior *accountability* e mais transparência nas instituições e nos processos responsáveis pela governança global. (FALK, 2012).

O interesse contemporâneo das ciências sociais pela democracia em escala global deve-se, em primeiro lugar, ao esforço para, de uma perspectiva pós-Marxista, encontrar uma alternativa normativa progressista[8] coerente e socialmente mais justa para a política global. Em segundo lugar e, sobrepondo-se à primeira explicação, temos a ênfase no fator político e na crítica ao enfoque exclusivamente econômico para os projetos de reforma ou revolução, procurando-se escapar tanto do fatalismo neoliberal como do marxista. Em terceiro lugar, temos um fator político: o reconhecimento de que a globalização demanda "estruturas de autoridade global e normas para facilitar respostas efetivas para desafios de escala global". Tais estruturas e normas devem ser constituídas democraticamente, pois, caso contrário, as soluções hegemônicas prevalecerão. (FALK, 2012).

A história da democracia é caracterizada por lutas pela inclusão dos afetados e interessados pelas decisões políticas nos processos decisórios. Sem que a democracia seja estendida para a esfera global, o processo de inclusão obtido no interior nos Estados encontra-se ameaçado no contexto contemporâneo, porque a participação política no âmbito restrito dos Estados nacionais será reduzida a mera formalidade em razão das questões fundamentais que afetam a vida dos cidadãos e cujas decisões espapam da soberania estatal. Daí a exigência normativa de uma "democracia cosmopolita". (ARCHIBUGI, 2014).

8 Negri (2008, p. 7) classifica a posição de Held como "cosmopolitanismo liberal", colocando-a ao lado de Richard Falk e Ulrich Beck. Seria uma versão "de esquerda, liberal e humanística da tese segundo a qual a globalização ajuda a democracia", fundada em uma visão otimista da sociedade global.

A democracia moderna apresenta um formato institucional bastante diferente da antiga. Entretanto, ambas compartilham valores: a igualdade legal entre os cidadãos, o princípio da maioria, o governo no interesse de todos, a provisoriedade das maiorias, a tomada de decisão após o debate sobre as opções políticas existentes etc. Da mesma forma, seria possível conservar esses princípios em um novo desenho institucional da democracia adequado à esfera global. (ARCHIBUGI, 2014).

Há uma preocupação do modelo de democracia cosmopolita em não ser um simples procedimento, então seu projeto contempla objetivos substantivos que podem ser reunidos em cinco áreas: (1) controle do uso da força; (2) aceitação da diversidade cultural; (3) fortalecimento da autodeterminação dos povos; (4) monitoramento de assuntos internos; (5) administração participativa de problemas globais. O modelo não pode ser confundido com a ideia de um poder global centralizado, com o projeto de uma federação ou de uma confederação global, pois defende a proposta de governança em múltiplos níveis (local, nacional, interestatal, regional e global) que devem ser democratizados, os quais não se organizam necessariamente de forma hierárquica, mas sim por um conjunto de relações funcionais, de maneira que são autônomos e complementares. (ARCHIBUGI, 2014; HELD, 2014).

É difícil conceber como as decisões globais serão tomadas conforme procedimentos democráticos. Porém, existe governança global e ela é imperfeita e, mesmo quando é capaz de submeter, por exemplo, agentes econômicos ao seu controle, esses controles não são passíveis de *accountability*. Há, pois, uma exigência incontornável de se discutir formas de submeter a governança global ao controle democrático, o que significa que os cidadãos devem ter voz e direitos políticos na esfera global, paralelos e independentes daqueles que têm nos seus Estados. (ARCHIBUGI, 2014).

A democracia cosmopolita integra a escola de pensamento que, desde Kelsen, defende que a soberania é que deve ser superada, pois a ideia de qualquer ator político ou institucional que não responda por suas ações é incompatível com a democracia. O correspondente jurídico desta ideia é a proposta de um constitucionalismo global e do estabelecimento de corpos jurisdicionais que possam resolver conflitos de competência entre os vários níveis de governança global. Trata-se, pois, de resolver os conflitos por meio de procedimentos legais, e não pela força, o que tem como pressuposto a convicção segundo a qual a impositividade do direito independe da existência de um poder coercitivo em última instância. Enfim, almeja-se transformar as relações políticas internacionais do campo do antagonismo para o agonismo, processo que amadureceu gradualmente do âmbito dos Estados. (ARCHIBUGI, 2014).

A aplicação dos princípios democráticos na esfera global implica a necessidade de definir quem terá o poder decisório referente a cada questão. Em tese, a resposta é fácil: todos os povos ou, pelo menos, todos os potenciais interessados e afetados devem ser consultados. Porém, na prática, a definição da composição dos órgãos decisórios é um problema complexo. Para tanto, será preciso um suporte normativo inovador. (ARCHIBUGI, 2014).

O princípio da inclusão de todos os significativamente afetados implica a necessidade de equilíbrio entre centralização e descentralização no exercício do poder político, pois quanto mais a decisão for descentralizada, maiores serão as possibilidades de cada pessoa influenciá-la efetivamente; porém, em questões de caráter translocal, transnacional ou transregional, as instituições onde as decisões são tomadas demandam maior nível de centralização. (HELD, 2014).

Adverte-se, todavia, que também existem sérios perigos para a realização da democracia em escala global, em função do risco de quaisquer formas de autoridades centralizadas serem capturadas por um domínio hegemônico ou imperial.[9] Além disso, eventual tentativa de consecução da de-

9 Para uma crítica à inviabilidade empírica e à indesejabilidade política da democracia cosmopolita em razão dos riscos de autoritarismo de instituições altamente centralizadas, bem como da legitimação de uma "hierarquia moral" da ética ocidental a partir dos direitos humanos, cf. Costa, 2003. Cf. também Villa e Tostes, 2006. Diante disso, Scholte (2014, p. 10-11) pondera que não seria o caso de negar os méritos do cosmopolitismo e da cultura ocidental, mas que esses devem se engajar em um "diálogo transcultural", e não pretender impor sua posição perante as demais culturas. Todavia, como salienta Steffek (2015, p. 277), "se as externalidades da governança doméstica geram um 'déficit democrático' nas relações internacionais, esse déficit existe antes que qualquer cooperação entre os Estados seja institucionalizada. É exacerbada pelas formas tradicionais de política internacional, nas quais Estados poderosos não apenas restringem passivamente as opções de outros por meio de externalidades não intencionais, mas manipulam ativamente suas escolhas por meio de ameaças. De fato, a dominação existe no sistema internacional antes do advento de qualquer estrutura supranacional de autoridade. No nível transnacional, não há instituição para impedir que atores econômicos e militarmente poderosos intimidem e coajam outros Estados

mocracia global exigirá uma participação ativa dos Estados mais poderosos, notadamente dos Estados Unidos. Assim, as perspectivas para a democracia global devem ser analisadas de uma maneira crítica que considere diferentes dimensões: efetividade, viabilidade, aceitabilidade, sustentabilidade, comunidade, cidadania, justiça e não violência. É necessário considerar também que, historicamente, nunca estiveram dadas as condições de viabilidade da democracia global, nem o estão no contexto contemporâneo, de maneira que a discussão apresenta um inerente caráter especulativo. Ressalta-se, ainda, a resistência da elite global em ceder voluntariamente direitos de participação e admitir procedimentos de *accountability*, tendo em vista que isso ameaçaria seus interesses. A alternativa seria a sociedade civil forçar essas reformas, porém, sua mobilização em escala global não é fácil na atual conjuntura. Diante dessas considerações, conclui-se que a teorização sobre a democracia global precisa ser feita de uma perspectiva histórica, considerando-se todas as variáveis que a inviabilizam e também aquelas que podem provocar rupturas, que possam permitir que o inesperado aconteça. Portanto, "a pesquisa em ciências sociais sobre democracia global precisa se tornar mais substantiva, além de estar atenta a testes empíricos, esperanças normativas e alternativas conceituais". (FALK, 2012, p. 279-282).

Diante das dificuldades de fundamentação teórica e realização dos diferentes modelos de democracia global, outros autores adotam a posição de que a democracia não é a única alternativa normativa, nem necessariamente a melhor, para a "Justiça Política Global", buscando, então, outras possibilidades para a indagação a propósito de quais seriam as melhores instituições para a constituição, o controle e a distribuição do poder político na sociedade global. A primeira concepção nesse sentido tem como fundamento a ideia de "direito global", considerando-se que o direito teria a capacidade de criar ordem por meio da regulação da violência, bem como de facilitar a ação política por meio das regras e procedimentos que estabelece. Nesse campo, as questões versam

e os cidadãos que vivem neles. O potencial para abusos de poder é particularmente alto em uma situação social em que há pouco controle efetivo sobre atores poderosos e ainda menos potencial para sancioná-los. Obviamente, a 'anarquia' (Dickinson 1916) do sistema internacional é um cenário desse tipo. A ausência manifesta de autoridade central convida a abusos de poder" (Grant e Keohane 2005, p. 30).

sobre "a melhor estrutura institucional para autoridade legal no contexto da vida política global contemporânea". Outra perspectiva tem como foco a combinação dos sistemas legais e não-legais de controle social e coordenação social global, a qual é explicada a partir do conceito de "governança" (não necessariamente democrática). Trata-se de uma perspectiva associada tanto às análises dos ideais normativos de democracia como de legitimidade, porém sua nota distintiva é a ideia normativa de *accountability* em substituição a "formas democráticas mais fortes de controle político". Trata-se de uma ideia complexa e com diferentes aplicações e desenhos institucionais (horizontais e verticais), porém, fundamentalmente, caracteriza-se por uma "relação institucionalizada em que um agente tem direito e poderes especiais para questionar, dirigir, sancionar ou restringir as ações de outro". Nesse campo, existe ainda a corrente do "experimentalismo pragmático", a qual se baseia na busca de respostas concretas para problemas específicos de governança e na constante revisão e adaptação das soluções implantadas. Uma fragilidade dessas duas últimas perspectivas é não oferecer um quadro geral para a ordem institucional global. (MACDONALD, 2013, p. 86-91).

Rosanvallon (2006) critica as propostas de democracia global por considerar que elas se limitariam a transpor para as esferas global ou regional os mesmos procedimentos e estruturas existentes no nível nacional. Todavia, não é isto que encontramos em muitos dos autores que apresentam projetos de democracia na esfera global – pelo contrário, repetidas vezes ressaltam a flexibilidade de aplicação dos princípios democráticos em diferentes formas institucionais e o caráter imprescindível de adaptação das instituições aos diferentes níveis decisórios – não obstante seja verdade que existam propostas dessa natureza, como a da constituição de uma segunda Assembleia Geral das Nações Unidas, ou fóruns para expressão da opinião pública mundial, semelhantes a um Parlamento. Por outro lado, procede o argumento do autor de que não estão dadas as condições para a democracia na esfera global nem no presente, nem no futuro próximo, de maneira que, o que se encontra no horizonte seria uma "democracia parcial", na forma da garantia de alguns direitos, mas nada parecido com os procedimentos eleitorais típicos dos Estados nacionais (não é isso que o modelo de democracia cosmopolita propõe). Assim, para se avançar em termos de democracia cosmopolita, seria necessário abandonar a ideia de transferência para a esfera global de formas diretas de democracia já conhecidas, buscando-se diferentes formas indiretas de "disseminação do poder", com o envolvimento de diferentes forças sociais nos processos decisórios, em um caráter mais difuso do que hierárquico, com diferentes sistemas de supervisão e controle.[10]

---

10 Ladaur (2003) também apresenta críticas importantes à ideia de democracia global e propõe um modelo alternativo. O autor pondera que os críticos das formas contemporâneas de globalização e suas instituições ou vinculam a democracia ao Estado e sua soberania territorial, ou, destacando o pensamento de Habermas, objetivam a construção de uma sociedade civil em escala global, seguindo o modelo democrático clássico de base estatal, por meio da qual se formaria uma rede de movimentos e iniciativas cidadãs pelo mundo, os quais se articulariam por meio de uma infraestrutura de comunicação correspondente, concebida de forma semelhante às centradas no Estado, o que, embora seja um projeto ambicioso, parece-lhe utópico. Portanto, os conceitos de democracia dos críticos à globalização, embora variem, permaneceriam centrados na ideia de uma soberania orientada por uma vontade única. Diante disso, o autor defende outra possibilidade: uma concepção de democracia orientada pelo fortalecimento de redes não-estatais e auto-organizadas, em uma estrutura plural e heterárquica de organizações públicas, que vão além da estrutura hierárquica do Estado. Essas redes poderiam viabilizar formas transnacionais de mútua observação e aprendizado recíproco, em uma "rede global de redes". Essa concepção de democracia rompe com o modelo hierárquico clássico, dando lugar a um heterárquico operado pela sobreposição de sistemas funcionais diferenciados. A crescente complexidade e especialização dos conhecimentos não permitem a operação política em bases centralizadas, assim, tanto as alternativas restritas ao Estado nacional, como aquelas fundadas em uma perspectiva de um Estado mundial ou algo semelhante revelam-se, em sua opinião, inapropriadas, da mesma forma que as rígidas fronteiras entre nacional e internacional, público e privado, colocando-se em questão, inclusive, o conceito de "decisão pública". Tais dicotomias revelar-se-iam incompatíveis com a ideia de governança, a qual se contrapõe a concepção rígida e hierárquica de governo e soberania. Isso não significa que estamos diante do fim do Estado ou do direito estatal, mas que passam por uma transformação profunda assumindo elementos típicos de redes transnacionais, desterritorializadas e auto-organizadas, além de que seus interesses não se orientam apenas para seus nacionais. Portanto, a pós-modernidade exigiria a reformulação dos princípios democráticos, visto que a democracia não precisaria necessariamente se vincular ao conceito clássico hierárquico de Estado e soberania popular pois, se assim for pensada, de fato não há como compatibilizar globalização e democracia – sobretudo porque um Estado mundial não é concebível. Tal vínculo não seria indispensável, de maneira que seria possível pensar um modelo democrático não hierárquico de acordo com o qual a democracia seria menos focada em processos decisórios baseados em unidades

Dingwerth (2014, p. 9-19) desenvolve outra ordem de críticas aos projetos de democracia global, afirmando que o problema reside no fato de enfatizarem muito os aspectos formais das organizações internacionais, "negligenciando as pré-condições estruturais para que as instituições democráticas funcionem adequadamente". Assim, a existência de transparência e mesmo de oportunidades de participação dos interessados ou afetados nos processos decisórios seria inócua sem que algumas pré-condições estruturais sejam atendidas, especialmente: (1) níveis adequados de subsistência e segurança, pois, sem isso, as pessoas dificilmente têm condições efetivas para participar da vida política, sobretudo em se tratando de discutir questões complexas e de longo prazo; (2) no mesmo sentido, a garantia do direito à saúde é uma pré-condição para a participação política; (3) formação educacional suficiente para que os interessados compreendam e sejam capazes de analisar criticamente as informações disponibilizadas para orientar a tomada de decisões e agir. Assim, mais do que em questões de reforma de instituições, os defensores e estudiosos da democracia global deveriam, de acordo com o autor, concentrar seus esforços prioritariamente nas condições estruturais sem as quais a participação dos interessados seria inviável ou inefetiva.

Held e Maffettone (2016b, p. 125-131) discutem as críticas à democracia global de acordo com as quais (1) teria como pressuposto um conjunto de condições empíricas para ser moralmente justificada que não existem na política global, (2) o modelo democrático de legitimação teria sido concebido para operar no território do Estado, sendo inadequado para as instituições de governança global, (3) haveria minorias permanentes. Respondem, todavia, que a perspectiva democrática é mais flexível do que consideram seus críticos, o que viabiliza sua aplicação como critério de legitimação no âmbito das instituições de governança global. Além disso, a negação da exis-

organizadas de forma soberana e centralizada, e mais voltada para uma "rede de redes" de observações e monitoramento recíprocos. Isso implica uma reformulação do conceito de direito de participação, que não precisaria coincidir com o voto em representantes ou com a democracia direta, podendo manifestar-se também por meio do monitoramento e da observação recíprocos, bem como na ideia de controle pela transparência e aprendizado pela mútua observação. Ocorre que essa proposta, além de muito abstrata, esvazia a democracia de sua substância conflitual.

tência de um "demos global" na qual se sustenta boa parte da referida crítica, torna-se uma ideia cada vez mais frágil em razão dos crescentes riscos comuns enfrentados pela humanidade, de maneira que o âmbito dos interesses comuns e dos interessados a serem considerados se amplia. Alguns campos da governança, porém, não afetam igualmente (ou significativamente) a todos, o que criaria problemas para a fundamentação da participação igual de todos nas decisões, pois pessoas pouco ou nada afetadas teriam a mesma influência daquelas para as quais a decisão é de fato relevante. É aqui que entra a flexibilidade do princípio democrático, no sentido de que nem todos precisam efetivamente participar de todas as decisões (qual o critério para fazer essa diferenciação é outro problema). Sobre a questão das minorias permanentes, esclarecem que essa ressalva implica que se considere qual seria a alternativa à democracia global que evitaria sua existência. Uma possibilidade seria um regresso dos Estados a uma situação de plena autonomia política (se é que isso algum dia ocorreu), o que, todavia, não parece ser empiricamente viável. O mais provável, então, é a persistência do cenário vigente: "a existência de minorias políticas permanentes sem as garantias (embora mínimas) do processo democrático". Ou seja, as pessoas têm suas vidas dirigidas por decisões em relação às quais não têm nenhum poder de influência. Por sua vez, a democracia na esfera global poderia oferecer possibilidades de representação formal das pessoas nas principais instituições de governança global, o que conferiria maior influência nos processos decisórios para os atores mais fracos, hoje mal representados e privados de direitos.

Outra objeção à democracia na esfera global refere-se ao fato de que, seja no âmbito das antigas cidades-estado gregas ou do Estado nacional, a democracia foi pensada para operar em um contexto no qual existe uma autoridade com poder coercitivo para poder fazer valer sua decisão, condição que não é preenchida no plano global. Todavia, o poder político não se restringe ao seu exercício por instituições que podem recorrer do uso da força. É justamente o que encontramos na esfera global, com instituições com configurações e atribuições das mais diversas, as quais produzem padrões e regulamentos, como é o caso das organizações de governança financeira, sem, contudo, que sua atividade política e normativa possa ser enquadrada na concepção tradicional de exercício do poder político, ou seja: a maioria não pode vincular sanções aos seus comandos, nem reivindicar a exclusividade de sua jurisdição. Mesmo aquelas instituições que têm poder para estabelecer mecanismos para forçar o cumprimento das regras que estabelecem não podem propriamente se valer da coerção, ou o fazem de uma forma bastante indireta e descentralizada. Não obstante essas características, fazemos julgamentos sobre a legitimidade dessas instituições, o que decorre, justamente, da importância política de sua atuação e das regras que estabelecem e, quando tratamos do problema da legitimidade, recorremos ao critério da democracia. É possível, porém, argumentar que a legitimidade pode (e no caso da governança global deve) ser compreendida de uma forma mais abrangente do que a legitimidade democrática, e mesmo que não seria possível ou conveniente em alguns campos da governança global. É preciso, todavia, distinguir as formas institucionais democráticas (princípio da maioria, eleições etc.) e os valores democráticos (igualdade política, *accountability*, deliberação pública, autodeterminação e autonomia política etc.), e ambos assumiram configurações muito distintas ao longo da história. Isso significa que a questão da adequação da democracia para a esfera global é um processo aberto, moldado conforme a escolha dos objetivos a serem atingidos. Há grande flexibilidade na aplicação da perspectiva democrática, a qual não está vinculada a formas estanques. "Por exemplo, mesmo que não pensemos que uma instituição global de governança específica deva ser organizada de acordo com o princípio da maioria, poderíamos argumentar que sua governança deve ser inspirada por valores e ideais amplamente democráticos, enfatizando a importância da transparência e da responsabilidade, ou o fato de que aqueles que são afetados por suas decisões devem ter suas vozes ouvidas". A democracia, pois, não se limita a um modelo majoritário específico. Assim, o ideal de democracia é compatível com a esfera global, mas não assumirá necessariamente as formas democráticas que conhecemos em todas as instituições em que for aplicado, sem, contudo, deixar de contemplar os valores democráticos.[11] (HELD & MAFFETTONE, 2016b, p. 131-134).

Koenig-Archibugi (2010, p. 523-536) desenvolve uma coerente argumentação sobre a viabilidade empírica da democracia na esfera global. Primeiramente, o autor estabelece uma distinção entre aquilo que "não seria impossível", por enquadrar-se no âmbito de nossas crenças, e o que se tem segurança de ser possível, por já ter sido empiricamente observado. Assim,

11 Cf. também Held e Maffettone, 2017.

empiricamente, o acúmulo de informações negativas sobre um fenômeno tende a levar a uma concepção sobre sua inviabilidade e, em sentido contrário, o acúmulo de informações positivas amplia as perspectivas sobre sua possibilidade. Em síntese, a "possibilidade empírica" significa que "um fenômeno ainda não observado pode ser considerado possível, exceto quando seu surgimento viola uma hipótese de condição necessária que foi apoiada, ainda que provisoriamente, por pesquisas empíricas". Nesse sentido, é fato que "a democracia global nunca foi observada", não obstante a identificação em muitos estudos de possíveis evidências sobre sua emergência, o que, portanto, não implica sua impossibilidade. Diferentemente de fenômenos naturais, a possibilidade de eventos sociais "depende em parte nas crenças sobre sua possibilidade", o que se aplica ao caso da democracia global. Certo grau de centralização política (ou de monopólio da força) pode ser considerado como um pré-requisito necessário para a passagem de uma situação anárquica para uma organização política e, portanto, para a democracia em qualquer âmbito, pois, caso contrário não é possível assegurar nem os direitos de participação democrática nem a efetividade das decisões tomadas ("democracia não se refere apenas ao povo (*demos*), mas também ao poder (*kratos*)". Não se trata de exigir um "completo monopólio do uso legítimo da coerção", mas certamente é necessário "um grau de centralização política muito maior do que o atualmente existente na esfera global", exige-se, pois, algum avanço nesse sentido para o desenvolvimento da democracia na esfera global. É difícil precisar o grau de concentração de poder que seria necessário, porém, no mínimo, deveria assegurar: "(1) cadeias efetivas de representação, delegação e prestação de contas que vinculem a comunidade aos cidadãos de todas as regiões do mundo e (2) obediência local das decisões tomadas democraticamente em nível global" – algo que, em certa medida, observa-se na União Europeia. O autor, estudando a história da democratização dos Estados, conclui que, embora se tratasse de um processo difícil e, em muitos casos, considerado improvável dadas as condições concretas, as transições democráticas ocorreram. De forma análoga, não se pode afirmar que a democracia na esfera global seja impossível.[12]

12 A propósito, Goodin (2010, p. 179 e ss.) apresenta uma ponderação importante para a análise de viabilidade dos projetos de democracia na esfera global: devemos tomar

Em síntese, as grandes controvérsias práticas a propósito da extensão da democracia para a esfera global remetem a quatro problemas fundamentais: (1) quem deveria ter o direito de participar e cobrar a *accountability* de representantes e tecnocratas em cada um dos complexos processos decisórios globais (a referência para tanto seria um único "*demos* global", ou os vários povos nacionais e mesmo transnacionais?) – até porque há diversidade de interesses e de sua intensidade conforme a questão que se apresenta; (2) como seriam os mecanismos de representação, participação e *accountability* compatíveis com essas esferas de decisão; (3) como seriam resolvidos os conflitos para a delimitação das fronteiras das jurisdições, e também no sentido de evitar tanto a sub como a sobre-representação (MARCHETTI, 2012; SCHOLTE, 2014); (4) como equilibrar os interesses nacionais e globais na atuação dos funcionários que atuam nos organismos internacionais e transnacionais. (SLAUGHTER, 2004).

A partir do que considera as principais deficiências do cosmopolitismo, Scholte (2014, p. 13-14) propõem uma estratégia de "reinvenção", que ele denomina de "democracias globais pós-modernas", por superar a centralidade do moderno Estado-nação em termos geográficos, de governança e de identidade, empregando-se o termo democracia no plural para invocar a diversidade de fornas que pode assumir. Sua proposta fundamenta-se nos seguintes princípios:

como referência, no atual contexto, não o estágio atual de desenvolvimento da democracia representativa no âmbito nacional, mas seus primórdios (séculos XV e XVI, ou mesmo antes), de maneira que, antes de se avançar para alguma forma de voto ou representação, muitos passos prévios precisam ser dados, como a limitação do exercício arbitrário do poder e alguma forma de responsabilização das autoridades perante alguma instância (o que encontramos, respectivamente na *Magna Carta* de 1215 e no *Bill of Rights* de 1689). Mais do que isso, de acordo com o autor, no caso dos Estados, a democratização tem como pressuposto a própria existência do Estado, significando a "transferência de poder do príncipe para o povo", e no caso internacional, não há Estado ou uma autoridade que se assemelhe. Evidentemente, isso não implica a pretensão de um Estado mundial, mas exige pelo menos a existência de instituições que possam ser democratizadas, que exerçam autoridade no âmbito global, o que é bastante recente. Em suma, podem existir instituições fortes e fracas, e ambas podem ser democráticas ou não, e a democratização pode ser um mecanismo para tornar as instituições mais fortes – foi isso o que ocorreu com os parlamentos.

> [...] no que se refere à geografia, a democracia global deve ser construída sobre um princípio de transescalaridade que evita tanto a centralidade do Estado do estatismo quanto o globalismo do cosmopolitismo moderno. Com relação à identidade, as democracias globais pós-modernas se baseiam em um princípio de solidariedade plural que evita tanto o nacionalismo do estatismo quanto o universalismo do cosmopolitismo moderno. No que diz respeito à cultura, a alternativa oferecida aqui promove um princípio de transculturalidade que evita as recusas de se envolver com a diversidade que marca o estatismo e o cosmopolitismo moderno. No que diz respeito à economia política, as democracias globais pós-modernas envolvem um princípio de redistribuição transplanetária igualitária que geralmente está ausente nas duas abordagens principais. No que diz respeito à ecologia, a estrutura pós-moderna sugerida invoca um princípio de ecologia que evita o antropocentrismo dos modelos estabelecidos de democracia global.

A democracia na esfera global não é um projeto único, de maneira que a pertinência das críticas a seus fundamentos também dependerá do modelo adotado.

Um primeiro "tipo ideal" é a "confederação", ou "multilateralismo intergovernamental democrático", cujo fundamento seria uma associação equitativa entre Estados democráticos: as unidades fundamentais do sistema seriam os Estados que encontrariam seu fundamento de legitimidade nos processos democráticos internos, de maneira que seus governos seriam os únicos legitimados para representar os cidadãos na relação com outros Estados e as organizações internacionais, de maneira que os cidadãos não teriam acesso direto a tais organizações; a participação dos Estados na confederação sempre seria voluntária e eles reservariam o direito de se retirar; nessas condições as decisões seriam tomadas pela unanimidade dos Estados ou, na hipótese de votações, conforme o princípio de um voto por Estado; enfim, as organizações confederativas não teriam nenhum poder coercitivo. (ARCHIBUGI, KOENIG-ARCHIBUGI & MARCHETTI, 2012). Trata-se, pelas razões já expostas,[13] de um "tipo" insuficiente para responder ao déficit democrático da governança financeira global que analisamos no Capítulo 1.

O segundo modelo é o "governo mundial" ou "federação mundial", apresentando as seguintes categorias fundamentais: a autoridade se estrutura em diversas camadas e os cidadãos estabelecem uma relação direta de autorização e *accountability* com elas; eleições e processos decisórios nas instituições federais ocorrem conforme o princípio de um voto por pessoa, mas esse princípio majoritário deve ser combinado com "princípios federais", especialmente o de "supermaiorias" e de sobre-representação de cidadãos dos Estados menores; as decisões sobre conflitos de competências e jurisdição em geral são tomadas por autoridades no nível federal, as quais dispõe de poder coercitivo; a secessão dos Estados-membros da federação só é possível conforme as regras estabelecidas em sua constituição e com a aprovação das instituições federais.[14] (ARCHIBUGI, KOENIG-ARCHIBUGI &

13 Steffek (2015, p. 283-286) salienta o importante papel desempenhado pelas organizações internacionais, como instâncias que reforçam as qualidades deliberativas de decisões na esfera global e que também atuam como instrumento de freios e contrapesos para controlar o poder dos Estados, especialmente dos mais fortes. Nesse sentido, observa ainda que, como os Estados em geral atuam perante as organizações internacionais, obviamente, em defesa de seus próprios interesses, simplesmente ampliar sua influência sobre elas em detrimento do poder de seu corpo tecnocrático não implicará necessariamente em ganhos em termos de democratização e legitimação da governança global, de maneira que as estratégias inclusivas devem assumir um caráter mais cosmopolita e não nacionalista, por exemplo, por meio de assembleias cujos representantes fossem eleitos por meio de partidos políticos transnacionais, bem como reforço do papel de monitoramento e tradução em linguagem mais compreensível dos temas internacionais em debate que vem sendo exercido pelas organizações internacionais.

14 Orientado pelo princípio da não exclusão, Marchetti (2012) defende o modelo federativo de democracia global, o qual seria estruturado por meio de uma autoridade central que incluiria a todos e que teria legitimidade para resolver os potenciais conflitos de competência entre as diferentes subunidades de forma democrática. Assim, a possível exclusão de determinados processos decisórios seria legitima apenas se as fronteiras de inclusão fossem definidas por meio de procedimentos que incluíssem a todos. Para fundamentar sua decisão, o autor procura demonstrar o caráter insuficientemente democrático tanto da perspectiva intergovernamentalista – por não tratar da participação direta dos cidadãos, sendo dependente da representação de seus governos; como do modelo de "stakeholder democracy" – pois refere-se a inclusão apenas dos "interessados" (ou

MARCHETTI, 2012). A este modelo altamente centralizado parece-nos cabíveis as críticas, muitas vezes dirigidas de forma genérica e imprecisa a todo projeto de democracia global, referentes à sua inviabilidade e aos riscos de autoritarismo. Por essa razão, também não será objeto de aprofundamento.

"afetados") nos processos decisórios, e não de todos os membros da comunidade política como preconiza a democracia, ou seja: não é o fato de se ter determinado interesse que confere direito à participação democrática, mas sim porque na esfera política são tomadas as decisões sobre todas as questões que compreendem valores públicos, que tem consequências gerais sobre a comunidade; e dos modelos cosmopolita e deliberativo – os quais, embora contribuam com a superação do intergovernamentalismo estrito e talvez se revelem as alternativas mais viáveis no curto prazo, inclusive porque diversas organizações internacionais estão fazendo experiências nesse sentido, no longo prazo não seriam ideias normativamente aceitáveis, devido à sua incapacidade de garantir a representação de todos os interesses, sendo insuficientemente inclusivos, porque apenas uma elite bastante restrita de atores profissionais acabaria tendo acesso às esferas globais de decisão. Isso porque, a "governança democrática cosmopolita" continuaria a ser baseada em jurisdições independentes e em um sistema sem coordenação, de maneira que as "vítimas" e os "vulneráveis" da globalização continuariam excluídos. Em suma, não permitiria nem a participação de todos a partir de baixo, nem uma efetiva coordenação a partir de cima. Seria, pois, necessário um sistema verdadeiramente global e inclusivo (de todos os cidadãos do mundo, independentemente de terem ou não interesses específicos) de organização, com autoridade legítima e efetiva para dirigir as questões globais de forma eficiente e democrática, por meio de um Estado mundial não unitário, que seria constituído para ações conjuntas para fazer face a questões globais específicas. Sua estrutura decisória seria baseada na representação democrática (eleição direta dos representantes para uma assembleia dos povos com poderes legislativos, cujas decisões seriam aplicadas diretamente para os cidadãos ao redor do mundo, não dependendo da aprovação dos órgãos de soberania dos Estados), e não na governamental e diplomática que caracteriza as relações e organizações internacionais atuais. Sua estrutura de poder, por sua vez, seria organizada em vários níveis, como nos Estados federais, buscando-se, assim, conciliar os benefícios tanto da centralização como da decentralização, com vários centros de poder governados de forma autônoma, sob uma coordenação democrática e conforme o princípio da subsidiariedade. O autor reconhece, porém, que o modelo que defende ("world federalism" ou "cosmo-federalism") revela-se menos viável do que os demais, pois confronta de maneira mais radical a organização vigente, o que, todavia, não reduziria seu significado político, pois serviria como parâmetro para a crítica às outras propostas e como orientação para a ação política de longo prazo.

Passaremos, assim, a analisar as alternativas para a democratização da governança financeira global apresentadas pelos modelos[15] (1) *cosmopolita*, (2) *global stakeholder democracy* – ambos fundados fundadas em uma governança policêntrica,[16] com diferentes graus de formalização, (3) *democracia discursiva global* e (4) *democracia interativa*.

Democracia cosmopolita e democratização da governança financeira global

Em termos de desenho institucional, o modelo cosmopolita não se confunde com propostas de governo centralizado, pois defende uma estrutura de governança por múltiplos níveis, nem pretende transpor os procedimentos aplicados na esfera nacional para a global (ARCHIBUGI, 2014), já que, como ressaltamos, é preciso distinguir as formas institucionais (regra da maioria, eleições etc.) e os valores democráticos (igualdade política, *accountability*, deliberação pública, autodeterminação e autonomia etc.). Assim, a adequação da democracia para a esfera global é um processo aberto, moldado conforme a escolha dos objetivos a serem atingidos. Isso significa que há grande flexibilidade na aplicação da perspectiva democrática, não se está vinculado a formas estanques, sem, contudo, deixar de contemplar os valores democráticos. (HELD & MAFFETTONE, 2016b).

Nas propostas de Hale, Held e Young (2013, p. 274-275), encontramos uma preocupação preliminar de se evitar soluções "fantásticas" e irrealizáveis

15 Obviamente, esses quatro modelos não esgotam todas as perspectivas para a esfera global. Veja-se, por exemplo, a proposta apresentada por Kuyper (2014), que defende a democratização da governança global no âmbito da "complexidade dos regimes internacionais", e a substituição da ideia de *modelos* pela de *processos de democratização*; e também a "democracia responsiva" de Kuper (2004), fundada na generalização e na elevação da abstração da teoria da separação de poderes, a qual, dessa forma, poderia ser aplicada à esfera global.

16 Slaughter (2004) também defende uma governança global mais inclusiva, para além de redes elitistas de tecnocratas, mas não por meio de uma autoridade centralizada, semelhante a um "governo mundial", mas sim por meio de múltiplas formas de organização nos âmbitos nacional e transnacional, que interajam de maneira fluida, e conforme os princípios da subsidiariedade (aproximando-se ao máximo as decisões dos cidadãos e grupos afetados, não de forma pré-determinada, mas definida de forma prática) e do sistema de "freios e contrapesos".

para os dilemas da governança global, ressaltando que não são viáveis alternativas políticas simples para os problemas historicamente complexos, as quais, em geral, desconsideram que seus desenvolvimentos dependerão da mobilização social futura e apresentam um componente de incerteza. Afirmam que suas propostas decorrem da análise das implicações dos impasses da governança global e das tendências que podem fortalecê-los ou enfraquecê-los. Assim, reconhecem as dificuldades para a superação desses impasses, que constituem atualmente a tendência dominante, mas não consideram que seja impossível que isto ocorra por meio do desenvolvimento do potencial de indivíduos, grupos e Estados.

De acordo com Koenig-Archibugi (2017, p. 31-32), o campo mais relevante para se avançar no tema da democratização da governança global é o da seleção e desenho das instituições, pois elas condicionam a formulação e a implementação das políticas globais, além de definir com clareza quem de fato exerce poder com relação a determinado campo. Assim, o controle democrático sobre as escolhas institucionais é uma área central para a discussão das reformas na governança global.

Mais concretamente, encontramos na produção teórica no campo da democracia cosmopolita propostas como:

(1) reordenar o balanço de poder (direito de voz e voto) entre os Estados que participam das instituições, tornando-as mais representativas (HALE, HELD & YOUNG, 2013);

(2) assegurar fontes permanentes de financiamento para as organizações, de maneira que não sejam dependentes das contribuições voluntárias dos Estados e assim, menos autônomas (HALE, HELD & YOUNG, 2013);

(3) ampliar o papel dos parlamentos nacionais no controle sobre a política externa e, consequentemente, sobre as organizações internacionais;

(4) adotar formas mais transparentes e de procedimentos de *accountability* na governança, as quais devem possibilitar que os cidadãos, ainda que indiretamente, conheçam, avaliem e se manifestem com relação as ações dessas organizações, pois a pressão da opinião pública é fundamental para assegurar que os processos sejam democráticos (ARCHIBUGI & CELLINI, 2017);

(5) criação e fortalecimento de assembleias parlamentares internacionais, experiência que tem crescido nas últimas décadas, principalmente no âmbito das organizações regionais. Porém, com exceção do Parlamento

Europeu, nenhuma dessas assembleias têm seus membros eleitos diretamente pelos cidadãos, mas sim nomeados pelos parlamentos nacionais, além de que, a maioria delas tem competência apenas consultiva, não dispondo de quaisquer poderes legislativos, como há no Parlamento Europeu de forma compartilhada com a Comissão Europeia. Apesar desses limites, as assembleias podem contribuir com a legitimação das organizações internacionais, pois sua atuação não será avaliada apenas pelos governos, mas por representantes tanto dos governos como dos campos oposicionistas de cada um dos Estados (ARCHIBUGI & CELLINI, 2017);

(6) ampliar o papel e o poder dos organismos judiciais internacionais, especialmente com a aceitação de sua jurisdição pelos Estados, visto que o controle judicial independente é um elemento fundamental das democracias modernas. Da mesma forma que observado com relação às assembleias, também há um crescimento do número de tribunais internacionais (ARCHIBUGI & CELLINI, 2017);

(7) promover debate público prévio às decisões das instituições internacionais, de maneira que os cidadãos, ainda que indiretamente, conheçam, avaliem e se manifestem sobre o funcionamento e as decisões das instituições;

(8) abertura das organizações internacionais para a participação formal de organizações não-governamentais e da sociedade civil em geral, experiência que também tem crescido nos últimos vinte anos, bem como o incremento de sua influência informal, por meio de movimentos e mobilizações sociais (ARCHIBUGI & CELLINI, 2017; CAMILERRI, MALHOTRA & TEHRANIAN, 2000);

(9) ampliar as atribuições e o poder do Conselho Econômico e Social da ONU a fim de coordenar as políticas na área e combater a fragmentação e a tecnocratização;

(10) criação de um tributo internacional (como a "Taxa Tobin") para financiamento do funcionamento e das políticas das instituições internacionais, de maneira a torná-las mais autônomas em relação aos Estados.

A representação, mesmo em organizações transnacionais complexas como a União Europeia, é um elemento importante para suas credenciais democráticas, mas a democracia não se limita à representação. A transparência para que todos os interessados e afetados conheçam as controvérsias objeto de decisões e as razões que informam essas, bem como mecanismos para participação ou, pelo menos, de consulta direta a potenciais afetados, e processos deliberativos flexíveis também são fundamentais e podem contribuir com a superação ou mitigação do déficit democrático das instâncias de governança global. (BOGDANDY, 2017).

A transparência exige a disponibilização de informações para todos os potenciais interessados sobre as decisões em si e sua fundamentação, tanto mediante requerimento como de forma amplamente aberta, submetendo-as à crítica e ao debate público, promovendo algum nível de equalização de dados para formação de opinião entre os que são investidos de poder decisório e o restante das pessoas. É preciso, porém, haver mecanismos que possibilitem a separação entre informações com credibilidade daquelas que não têm, pois, paradoxalmente, o excesso de informações implica a incapacidade de os indivíduos processá-las, distingui-las e julgá-las adequadamente. Além disso, a existência de transparência não elimina as assimetrias de conhecimento e poder, pois a produção e a análise de informações exigem muito conhecimento especializado e também recursos financeiros, os quais não são distribuídos de forma equitativa entre os diferentes interessados nas decisões das organizações internacionais, muito pelo contrário – compare-se, por exemplo, as posições de grandes investidores e de afetados por políticas de austeridade adotadas em respostas às crises financeiras. Em certa medida, tais disparidades são contrabalanceadas pela atuação de organizações não-governamentais altamente especializadas que atuam em defesa dos mais vulneráveis, porém, como veremos na próxima seção, suas credenciais democráticas no exercício dessa *representação* também são bastante questionáveis. (HALE, 2008). Não basta, portanto, disponibilizar as informações aos cidadãos, para aqueles que não são membros das instituições, mas também é necessário garantir que sejam capazes de fazer uso efetivo dessas informações, o que afeta, sobretudo, os países menos desenvolvidos e as pessoas mais pobres e menos instruídas. (WOODS, 2007).

A transparência é um pré-requisito para a *accountability*, que pode ser compreendida de diferentes maneiras.[17] Em uma perspectiva "tecnocrática",

17 Accountability: (1) de quem? (2) Em razão de que? (3) Perante quem? (4) Por quais meios? (4.1.) Diretos (voto, eleição)? (4.2.) Indiretos? 4.2.1. Estados? (Estão todos representados? Se sim, tem efetivo poder?)? 4.2.2. Outros? Formais ou informais? Instituições regionais? Agências internacionais ("revisão pelos pares"?)? Autoridades locais? Mídia?

o problema se coloca em termos de fragilidade de supervisão e inadequação da representação, o que poderia ser corrigido por meio de regulação mais adequada, processos eleitorais e decisórios mais representativos e previsão de medidas punitivas; relaciona-se com alguma forma de controle externo, interações sociais e direitos de autoridade daqueles que podem "tomar contas" sobre os que devem prestá-las. É nesses termos que muitas vezes se dá o diagnóstico de "déficit democrático" de organizações internacionais como o FMI e o Banco Mundial, identificando-se quatro componentes fundamentais para aperfeiçoar a *accountability*: (1) transparência das informações e plenas condições para o escrutínio público; (2) justificativa pública das decisões; (3) conformidade das decisões com as normas e mecanismos de monitoramento e avaliação dos procedimentos e resultados das decisões e atividades das instituições; (4) instrumentos para garantir o cumprimento das normas, que podem incluir a imposição de sanções. Nessa perspectiva, a *accountability* pode ser vertical (em face dos cidadãos e de suas associações, por exemplo, por meio das eleições e de instrumentos de pressão sobre os representantes eleitos) ou horizontal (entre diferentes instituições – "checks and balances"). Outra forma de compreender *accountability* remete às relações de poder e autoridade, a mecanismos de controle, a comportamentos correspondentes aos padrões esperados, de maneira que "a luta por *accountability* em nível global é uma batalha sobre como estabelecer e aplicar tais padrões e normas de comportamento", a qual não se dá necessariamente em torno dos mecanismos verticais e horizontais empregados no nível nacional, especialmente poque poderiam entrar em confronto com a "soberania nacional". Assim, as propostas para obtenção de melhor *accountability* nas instituições públicas globais costumam perseguir três objetivos: (1) aperfeiçoamento da *accountability*

Sociedade civil? (SCHOLTE, 2011b). Uma modalidade possível de *accountability* é a de "estilo judicial", organizada, por exemplo, por meio de tribunais que possam assegurar o cumprimento das regras operacionais estabelecidas pelas próprias organizações. Entretanto, essa modalidade apresenta alguns limites: (1) nem todos apresentam as mesmas condições para utilizar os mecanismos judiciais disponíveis, (2) os processos de tipo judicial podem ser utilizados para atacar decisões adequadas em razão de possíveis falhas técnicas de baixo impacto, consumindo tempo e recursos financeiros; (3) tais processos são capazes de julgar se a instituição está operando de forma compatível com suas regras, mas não de julgar as regras e políticas adotadas. (WOODS, 2007).

vertical, por meio da reforma da representação nas estruturas de governança; (2) aperfeiçoamento da *accountability* horizontal por meio de mecanismos de supervisão "quase independentes", como *ombudsman*, e alguma forma de separação de poderes e revisão judicial; (3) estabelecimento de novos formatos de processos decisórios, mais flexíveis e pluralistas. Todavia, a aplicação desses mecanismos no nível global tem se revelado muito mais difícil do que no dos Estados nacionais, em razão da ausência de uma "infraestrutura política" adequada para tanto, como eleições diretas, comunidades políticas geograficamente definidas e relações formais entre os corpos político, administrativo e judicial. Outro ponto a ser ponderado é que maior *accountability* não é necessariamente melhor, pois, a depender dos mecanismos utilizados e da forma como operam, podem servir para reforçar as relações de poder existentes. (EBRAHIM & WEISBAND, 2007).

Além de representativas, transparentes e submetidas a mecanismos de *accountability*, as instituições responsáveis pela governança global precisam ser efetivas, ou seja, com capacidade para criar arcabouços regulatórios confiáveis e para prover bens públicos globais e prevenir ou mitigar seus males de forma direta, ou seja, sem depender do acordo entre os governos nacionais. Há, todavia, grandes dificuldades para tanto, como a configuração atual do poder político global e obstáculos ideológicos ao multilateralismo, sobretudo a resistência para delegação de poderes decisórios para organizações multilaterais. Por outro lado, a intensificação da globalização tem possibilitado a emergência de novas formas de ativismo e agenciamento que tem potencial para fazer avançar a agenda progressista. Para que esses avanços de fato ocorram, porém, é necessário que exista um bloco de poder coerente, alguma forma de coalizão socioeconômica que defenda o projeto. Alguns atores que podem ser identificados com potencial para atuar nesse sentido são os movimentos por uma outra globalização, as elites tecnocráticas de muitos países, partidos políticos de diferentes posições que têm buscado soluções no nível multilateral, a comunidade dos negócios, movimentos internacionais de trabalhadores e a sociedade civil com suas mobilizações (como o movimento "Occupy Wall Street"). (HELD & YOUNG, 2013).

As reformas na governança global em termos de maior inclusão dos Estados devem atender ao duplo requisito de representatividade da população mundial e efetividade, ou seja, capacidade de implementar as decisões e acesso aos recursos necessários para tanto. A efetividade também exige um número razoável de participantes, pois colegiados muito grandes tendem a enfrentar dificuldades para tomar decisões e executá-las. O Produto Interno Bruto seria um possível indicativo da capacidade de atuar efetivamente na governança global, mas precisa ser combinado com critérios que possibilitem a inclusão, a proteção das minorias e dos Estados menores e mais fracos. Assim, diferentes fatores precisam ser balanceados. (RAMACHANDRAN, RUEDA-SABATER & KRAFT, 2009).

Essas propostas gerais são aplicadas às instituições de governança financeira global no sentido de que apresentem melhor representatividade dos Estados, maior transparência e *accountability*, e sejam mais abertas à participação da sociedade civil.

É necessário registrar que o debate não é novo. Há quase vinte anos, Camilleri, Malhotra e Tehranian (2000) já propuseram uma série medidas com o propósito de tornar a governança econômica, particularmente a monetária e financeira, mais efetiva e democrática, fundadas no deslocamento do centro de gravidade das instituições de Bretton Woods para a Organização das Nações Unidas. Tais propostas incluíam:

(1) a criação de um tributo sobre as operações cambiais, o qual deveria ser implementado nacionalmente, mas coordenado internacionalmente por meio de um tratado de cooperação, o qual também instituiria uma "Organização Internacional para a Tributação", que seria responsável pela distribuição dos resultados desse tributo e prestaria contas para a ONU;

(2) condicionamento da eliminação dos controles nacionais sobre o fluxo de capitais à existência de uma rede global adequada e coerente para realizar o controle necessário;

(3) criação de instituições ou arranjos monetários regionais e sub-regionais, com o propósito de haver instituições mais responsivas para as diferentes realidades de cada região e país, bem como de incentivar a competição e o pluralismo;

(4) criação de um "Conselho de Segurança Econômico e Social", como instituição principal da ONU para a governança econômica, em substituição ao atual Conselho Econômico e Social, o qual deveria prestar contas à Assembleia Geral da ONU e, sem previsão do "poder de veto", seria o responsável pelas decisões fundamentais nesse campo na esfera global;

(5) instituição de um consistente e abrangente arcabouço de regulação financeira que, respeitando o princípio da subsidiariedade, englobaria as instituições e arranjos nacionais, regionais e globais;

(6) criação de uma "Autoridade Financeira Global", em longo prazo, sob a autoridade da ONU, como o regulador financeiro supremo na esfera global, a qual deveria prestar contas para o "Conselho de Segurança Econômico e Social";

(7) limitação do mandato do FMI às funções de supervisão e estabilização;

(8) criação de um "Mecanismo Internacional Independente de Arbitragem de Débitos", também sob a autoridade da ONU, de maneira que os credores não mais tivessem o poder unilateral de julgar os interesses em conflito envolvendo os débitos.

No mesmo sentido e em publicação mais recente, Habermas (2014, p. 283-284) observa que o organismo da ONU criado para tratar das questões econômicas (Conselho Econômico e Social) tem um papel marginal nessa tarefa, a qual acabou sendo protagonizada pelas organizações econômicas multilaterais dirigidas sob a hegemonia dos Estados Unidos: FMI, Banco Mundial e OMC. Além disso, tais organizações tratam dos temas referente à governança econômica global de forma fragmentada (finanças, investimentos, comércio) – e separados ainda das questões ambientais, de saúde, fome etc., quando, na verdade, são inerentemente interconectadas, o que dificulta as negociações e avanços nesses campos. Assim, de acordo com o autor, existe a demanda por uma instituição que não congregue apenas tecnocratas e delegados ministeriais, mas também representantes políticos com autoridade global, ou conselho de ministros para enfrentar tais questões de forma integrada.

Global stakeholder democracy e democratização da governança financeira global

Kaldor (2003) foi a precursora na discussão sobre a existência de uma "sociedade civil global", conceito que emergiu a partir de 1989, com o final da Guerra Fria e o fenômeno da globalização, pois a sociedade civil[18] teria

18 "Defino a sociedade civil como o meio através do qual um ou muitos contratos sociais entre indivíduos, mulheres e homens, e os centros de poder político e econômico são negociados e reproduzidos. Uso o termo contrato social para enfatizar um resultado institucional acordado e para refletir a crença modernista inicial no papel da razão humana

deixado de ser delimitada pelas fronteiras estatais. É interessante notar que a sociedade civil global é ao mesmo tempo um resultado e um agente promotor da globalização. Além disso, o conceito de sociedade civil é tanto normativo como descritivo, de maneira que assume diferentes significados, desde a versão neoliberal até a "ativista",[19] a qual a compreende como um espaço para empoderamento e emancipação dos indivíduos, para fazer face às desigualdades econômicas e políticas, para democratizar a globalização. Na concepção da autora (2003, p. 13), "o papel da sociedade civil global em um sistema de governança global não é de um substituto da democracia no nível nacional, mas deve ser vista como um suplemento em uma era em que a democracia clássica é enfraquecida no contexto da globalização".[20]

A participação da sociedade civil na governança global representa, pois, uma possibilidade importante para romper com o monopólio dos governos e das elites tecnocráticas e econômicas neste campo, de maneira que vozes historicamente marginalizadas tenham espaço para influenciar as decisões que lhes afetam, mas não deve ser romantizada, pois os atores que compõem essa

e da vontade, em oposição à aleatoriedade ou à determinação histórica. Mas, ao mesmo tempo, não entendo por contrato social um plano hipotético abstrato. Ao contrário, estou me referindo a uma realidade concreta. O contrato social real tem seus momentos decisivos, como a Declaração Americana da Independência, as *Mesas Redondas* de 1989 ou, na arena internacional, do *Helsinki Final Act*, de 1975. Mas também é um processo cotidiano de engajamento público por grupos auto-organizados e instituições que empoderam indivíduos, como movimentos sociais, mídia, organizações religiosas ou partidos políticos (às vezes), através dos quais esses momentos decisivos são gerados e sustentados. [...] Envolve razão e sentimento, e não apenas conflito de interesses e paixões. [...] Essa definição de sociedade civil é tanto uma aspiração quanto uma descrição de uma realidade parcial e emergente. Pressupõe que a autonomia moral dos indivíduos não implica apenas comportamento egoísta, mas também abrange o potencial dos seres humanos de desenvolver instituições que expressam normas universalmente acordadas com base na prática discursiva real". (KALDOR, 2003, p. 44-46).

19 "Assim como a sociedade civil, existe uma série de definições de movimentos sociais, mas é geralmente aceito que os movimentos sociais são organizações, grupos de pessoas e indivíduos, que agem em conjunto para promover a transformação na sociedade. Eles contrastam, por exemplo, com ONGs ou partidos políticos mais fortemente organizados". (KALDOR, 2003, p. 82).

20 Cf. Germain e Kenny, 2005; Porta, 2013.

sociedade civil não são necessariamente dotados das virtudes que costumam ser atribuídas a eles (propriedades voluntaristas e emancipatórias), podendo, inclusive, como apontam os mais céticos, servir como instrumentos dos Estados e agentes privados mais poderosos. (GERMAIN & KENNY, 2005).

Há diferentes tipos de atores que compõem a sociedade civil global, dentre os quais as organizações não-governamentais. As mais proeminentes que se engajam na governança global são grandes organizações transnacionais (como a Oxfan, a Anistia Internacional e a WWF), sediadas em países industrializados. Elas atuam em função de determinadas causas e princípios, como o cancelamento de débitos dos países mais podres, os direitos humanos e a proteção ambiental, e não a partir da perspectiva de representação de países ou grupos sociais específicos. A atuação dessas organizações assume, sobretudo, um papel deliberativo, no sentido de incluir temas na agenda política e destacar determinados valores e demandas perante os representantes políticos. Além disso, monitoram as instituições e ações de governança global, e respondem a consultas de organizações multilaterais. (WOODS, 2007, 2002).

Scholte (2011a, p. 2-3) argumenta que a governança global não pode ser legitimada exclusivamente por meio dos governos nacionais, por nove razões principais: (1) algumas instituições internacionais e transnacionais adquiriram tanto poder nos últimos cinquenta anos que os Estados mais frágeis não são capazes de responsabilizar essas instituições pelos impactos de suas decisões sobre seus cidadãos; (2) tanto os Estados mais fortes como os mais fracos não se dedicam suficientemente à *accountability* das instituições internacionais, inclusive os Parlamentos nacionais ficam bastante distantes dessas questões;[21] (3)

21 A participação dos Estados nas instâncias de governança global não é suficiente para assegurar sua *accountability*, seja em razão de sua exclusão dessas instâncias, de sua fragilidade política e econômica, da negligência dos parlamentos em face dessas questões, ou mesmo da ausência ou insuficiência da legitimidade democrática de seus governos. Diante disso, a sociedade civil, enquanto associações de indivíduos não vinculada a partidos políticos, ou seja, à representação político-eleitoral, atua para lutar por direitos e influenciar a maneira como as regras sociais são formuladas, o poder é adquirido, distribuído e exercido, o que também se aplica à governança global. Em geral, esses atores mobilizando-se em função de causas e problemas específicos, e não têm como objetivo a conquista de postos de poder. (SCHOLTE, 2011b).

os oficiais que atuam em nome dos Estados junto a essas instituições, em geral, não são eleitos e bastante desconectados dos cidadãos; (4) muitas instituições globais tomam decisões que afetam Estados que não são membros delas; (5) muitos elementos da governança global envolvem entes sub-estatais; (6) uma parcela significativa da governança global é operada por agentes reguladores privados; (7) alguns atores não-estatais engajam-se diretamente na governança global, inclusive para pressionar seus Estados quanto a determinadas questões; (8) nas questões globais contemporâneas, muitas identidades são estabelecidas de forma independente dos vínculos nacionais; (9) muitas pessoas orientadas por valores cosmopolitas afirmam-se como cidadãos globais.

Macdonald (2008) é quem desenvolve a ideia de "global stakeholder democracy".

O pressuposto histórico da ideia é o desenvolvimento de redes de ativistas e movimentos sociais, e grandes mobilizações, especialmente a partir dos protestos de Seattle, com a pauta de democratização de poderosas organizações internacionais, especialmente o Banco Mundial, o FMI e a OMC, bem como para cobrar "*accountability* corporativa" de atores privados. Essa mobilização política contribuiu para que líderes governamentais, de organizações internacionais, de corporações privadas e organizações não-governamentais incluíssem o tema da democracia na agenda de reformas dos processos decisórios globais, como condição para sua estabilidade, efetividade e legitimidade. Além disso, essas mobilizações também chamaram à atenção para o poder das organizações não-governamentais na esfera global e para o problema de sua legitimidade democrática. Inclusive, desde 1996, a ONU reconhece formalmente um crescente número de ONGs junto às quais realiza consultas frequentes no âmbito de suas diferentes instâncias e instituições. Além de participar dos processos decisórios em caráter consultivo, muitas ONGs também têm desempenhado funções importantes na execução de projetos financiados e articulados por organizações internacionais, em diferentes campos de ajuda humanitária, combate a pobreza e meio ambiente, por exemplo. No mesmo contexto, muitas corporações privadas têm procurado estabelecer parcerias e dialogar com ONGs em busca de legitimação perante a opinião pública. Essa crescente influência das ONGs na política global relaciona-se com o alto nível de confiança que essas organizações encontram junto à opinião pública, e sua legitimidade deriva das causas que defendem, em função das quais elas se apresentam como representantes dos interesses e das demandas de minorias, excluídos etc. Por outro lado, também há significativo ceticismo quanto ao caráter democrático das ONGs, cujos críticos indagam sobre sua condição de "grupos de interesses", ou então a propósito de quão representativas de fato elas são daqueles cujas demandas se propõem a expressar, pois não são eleitas para tal mandato, nem apresentam mecanismos formais de *accountability*, além de seu caráter elitista. (MACDONALD, 2008).

De acordo com Macdonald (2008, p. 5-6), a alternativa teórica à concepção estatista de democracia mais proeminente é a "democracia cosmopolita". A autora reconhece o valor de seus diferentes modelos, pois realçam que a democracia na esfera global é um imperativo normativo e prático em face da globalização, além de que exploram possibilidades para a construção de instituições globais. Porém, em seu entender, não há viabilidade para a implantação completa da democracia cosmopolita no futuro próximo, embora alguns de seus elementos possam ser concretizados. Os modelos de democracia cosmopolita cumpririam um papel importante na orientação de reformas de longo prazo, mas seriam pouco aplicáveis para a construção de reformas imediatas, particularmente por duas razões: (1) seus ideais universalistas para a política global são incompatíveis com a fragmentação da sociedade realmente existente; (2) não há condições para implementação de suas prescrições institucionais no curto prazo. Diante disso, a autora propõe uma alterativa que objetiva superar o impasse entre a inadequação do modelo de democracia "estatista comunitário" para o contexto histórico contemporâneo e a inviabilidade dos projetos "cosmopolitas universalistas" no futuro próximo. A autora ressalta que sua posição aproxima-se muito mais das teorias cosmopolitas do que das comunitaristas, de maneira que seria uma tentativa de adaptação e não de superação da democracia cosmopolita, ao mesmo tempo em que apresenta divergências normativas e práticas relevantes em relação a algumas de suas variantes. O fio condutor de sua tentativa de adaptação da teoria cosmopolita é a análise dos "dilemas democráticos em torno do poder das ONGs na política contemporânea", cujas respostas poderiam fornecer as perspectivas mais viáveis para a democracia no contexto de uma política global pluralista.

Macdonald (2008, p. 6-7) esclarece que o tipo de "poder público" exercido pelas ONGs é bastante distinto daquele exercido pelos Estados, o qual é caracterizado pela possibilidade de recurso à força, pela capacidade de produção normativa e por um significativo grau de centralização em sua organização, ao passo que o das ONGs não apresenta essas características, mas se baseia em sua reputação e na legitimidade das causas em que se engajam. O tipo de "representação democrática" das ONGs também difere da estrutura das relações representativas estatais (procedimentos eleitorais formais), pois não detêm um mandato eleitoral formal. Diante dessas especificidades, a autora desenvolve um modelo de democracia representativa baseado em novas concepções de "poder público", de "comunidades de partes interessadas" e "representação não eleitoral".

A partir desses pressupostos e diante da permanência do caráter pluralista (e não unificado) do poder público global, Macdonald (2008, p. 35) apresenta um "critério normativo para especificar quais formas de poder contam como 'públicos', e quais comunidades de indivíduos devem ser empoderadas para participar em seu controle democrático". Assim, o critério para definição de "poder público" é bastante aberto, abrangendo "qualquer forma existente de poder que impacte problematicamente sobre a capacidade autônoma de outros". Por sua vez, todos os indivíduos efetivamente impactados pelas ações desses poderes devem ser incluídos nos mecanismos forjados para controlá-los. O direito à participação política, portanto, não se vincula ao pertencimento a determinada comunidade política, mas ao fato de os indivíduos terem sua autonomia impactada pelo exercício de determinado poder. Consequentemente, a autora concebe uma ordem democrática global pluralista, na qual os múltiplos poderes (estatais e não-estatais) existentes "são sujeitos ao controle democrático de suas respectivas comunidades de 'stakeholders'".[22]

Dessa concepção de "stakeholder democracy" não decorre um modelo institucional específico, como as eleições no modelo representativo, pois as formas institucionais dependerão de cada poder público a ser controlado por determinada "comunidade de partes interessadas", e a legitimidade desses arranjos funda-se na capacidade de promover seus objetivos e realizar suas funções, e não em valores intrínsecos ao mecanismo adotado. Essas construções institucionais são, porém, orientadas por determinada com-

22 Cf. T. Macdonald, 2012.

preensão sobre quais são os valores centrais da democracia: a autonomia e a igualdade. (K. MACDONALD, 2012).

Marchetti (2012, p. 32-34) apresenta três objeções ao modelo de "stakeholder democracy": (1) é muito difícil ou mesmo impossível determinar quem é afetado por qualquer tipo ação ou decisão política, especialmente na esfera global, de maneira que do princípio resulta um alto nível de indeterminação, o que se tornaria ainda mais complexo se considerássemos aqueles que são afetados por decisões omitidas. Além disso, não é possível determinar de forma apriorística quem serão os afetados por uma decisão, mas somente depois que ela for tomada e surtir seus efeitos, de maneira que não seria possível definir previamente quais indivíduos teriam o direito de participar do processo decisório. Enfim, poderia haver conflitos de interpretações sobre quem seriam os afetados/interessados, e ninguém teria autoridade para resolver esses conflitos; (2) decisões e ações afetam os indivíduos de formas diversas, de maneira que os mais afetados deveriam ter maior poder de influência sobre as decisões, mas como quantificar isso de forma justa? (3) o modelo não resolve o problema da exclusão política.

Nesse sentido, os críticos da ideia de que a participação de organizações não-governamentais seria a solução para os problemas de efetividade e representatividade da governança global apresentam uma série de questões não resolvidas pelo modelo: (1) quem elas representam e por meio de quais processos? Os excluídos da globalização ou as elites econômicas ou de saberes? A inclusão de ONGs pode, inclusive, ampliar as distorções de representação entre os Estados, pois as mais influentes têm como base países do "Norte"; (2) quem escolhe quais organizações não-governamentais serão incluídas nos processos de consultas e decisões? Ao selecionar as ONGs, as organizações internacionais acabam por "definir" quem seria a "sociedade civil global"; (3) como são incluídas e qual a sua real influência sobre as decisões? A depender da maneira como se dá o engajamento das ONGs, ele não cumprirá quaisquer funções transformadores dos processos decisórios, mas somente de legitimação. (WOODS, 2007).

Rooy (2002, p. 255-259) também aponta algumas questões estruturais que são relevantes para a compreensão da atuação das organizações da sociedade civil no campo das finanças globais, por exemplo: (1) quem (entre o "Norte" e o "Sul" globais) determina o foco das ações e a estratégias? (2) quem está fisicamente presente? (3) quem paga os custos das ações? Essas questões somadas a possíveis conflitos nas agendas (como a proteção do mercado de trabalho nos países industrializados) geram focos de divergência entre movimentos do "Norte" e do "Sul". O problema fundamental que se coloca com relação à atuação da sociedade civil é, todavia, sobre sua legitimidade:[23] quem representam? Com qual mandato? Como aferir a legitimidade? Derivaria de alguma forma de acreditação formal pelos Estados ou por alguma instância internacional? De sua reputação? De seus resultados? Com quais critérios selecionar quem terá voz? Quais organizações, de fato, são relevantes? Quem deverá ser convidado e para quais processos deliberativos? Com qual frequência? Com qual nível de acesso à informação e engajamento? Quem arcará com os custos da participação? Enfim, quais os critérios para responder às questões anteriores? Consequentemente, coloca-se também a questão da *accountability* dessas organizações: a quem respondem? Como respondem? Enfim, outro desafio para a atuação das organizações não-governamentais é a sustentabilidade de sua atuação, dada a escassez de recursos financeiros e estruturais que, em

23 Para uma análise sobre as "credenciais democráticas" de atores transnacionais na governança global, cf. também Erman e Uhlin, 2010. Uhlin (2010) os define como atores não estatais que atuam através de suas fronteiras, e pondera que o exame de tais credenciais varia de acordo com o tipo de ator de que se está tratando: corporações transnacionais, comunidades epistêmicas e atores da sociedade civil transnacional. Da mesma forma, podem ser identificadas diferentes esferas públicas transnacionais: partidos políticos transnacionais e alianças entre partidos; ONGs, movimentos sociais e redes de ativistas; fundações filantrópicas. Em terceiro lugar, os atores transnacionais podem ser diferenciados em função de sua estrutura interna (de redes difusas a instituições formais). Em quarto lugar, também há variação no grau de autonomia dos atores em relação a Estados ou financiadores, por exemplo, o que constitui uma questão empírica aberta e não uma característica definida de determinado tipo de ator. Em quinto lugar, também há significativas diferenças de poder de influência dos atores transnacionais (poder estrutural ou poder comunicativo), e quanto mais poderoso for um ator, maior será a exigência em termos de legitimidade democrática. Em sexto lugar, há diferentes graus de politização dos atores transnacionais, e quanto maior a politização também será maior a demanda por legitimidade democrática. Enfim, há diversidade na extensão espacial dos atores transnacionais, de forma que alguns são globais, outros apenas regionais etc.

geral, dispõem, em face de campanhas que costumam ser longas e difíceis. Qual a energia, então, que moverá as pessoas diante de tais adversidades?

De maneira semelhante, a propósito dos movimentos sociais transnacionais, Beauzamy (2010, p. 125-126) pondera que eles têm dificuldades quanto às suas "credenciais democráticas", ou seja, para demonstrar que "representam alguém", pois não são institucionalizados por mecanismos eleitorais. Em razão da distância entre os movimentos e os que se propõem a representar, a possibilidade destes participarem efetivamente dos movimentos é muito remota. Em terceiro lugar, "padrões de inclusão e exclusão tendem a reproduzir a hierarquia social e prover voz para aqueles que já tem, em vez de serem verdadeiramente abertos". Embora possam ser um fator de politização, os movimentos sociais tentem a ser constituídos por pessoas que já são politizadas, são essas que efetivamente se engajam em manifestações e outras ações, o que também acaba sendo um fator de exclusão de muitos que são atingidos por decisões no âmbito das causas pelas quais se propõem a lutar e, na verdade, não têm voz sobre essa luta. Além dessas questões de "*input*", no campo do "*output*", os movimentos transnacionais reivindicam o mérito de contribuírem com a promoção de valores democráticos. Porém, não é simples avaliar seus reais impactos em termos de políticas concretas e mudanças culturais. Sua contribuição fundamental para a democracia na esfera global, nessa perspectiva, acaba sendo a de promover a inclusão de temas na agenda pública e a diversidade de perspectivas para os problemas da governança global, pois sua capacidade de propriamente influenciar as decisões é limitada.

A realização de protestos com foco midiático e mesmo uma atuação mais frequente de algumas organizações não-governamentais perante organizações internacionais, embora contribua para torná-las mais transparentes e abertas à pluralidade de influências sobre suas decisões, não é suficiente para a criação de uma "esfera pública global estável". Além disso, trata-se de um espaço dominado por ONGs ocidentais, as quais apresentam "seus próprios problemas de *accountability* democrática e decorrentes das estratégias e orientações de poder dos contextos institucionais nos quais atuam". (BOGDANDY, 2017, p. 28).

Diversos estudos empíricos demonstram que os diferentes graus de êxito ou fracasso da atuação da sociedade civil na promoção da *accountability* nos processos regulatórios globais decorrem de fatores pessoais, institucionais e estruturais inter-relacionados e codeterminantes: os pessoais referem-se às características dos ativistas e dos oficiais que trabalham nas organizações; os institucionais remetem aos atributos das instituições de governança global e as organizações da sociedade civil; e os estruturais são aqueles relacionados às desigualdades econômicas e políticas, às características do modo de produção capitalista e da forma de conhecimento que lhe é inerente. Os principais fatores institucionais identificados no âmbito das instituições de governança global que precisam ser aperfeiçoados são: (1) ampliação dos recursos orçamentários das organizações internacionais (OI) para suas atividades de relacionamento com organizações da sociedade civil (OSC); (2) ampliação e qualificação do banco de dados das OI sobre as OSC relevantes para seu campo de atuação; (3) ampliação e qualificação do quadro de funcionários das OI para o relacionamento com as OSC; (4) treinamento e incentivos formais para que os funcionários das OI ampliem seu engajamento no relacionamento com as OSC; (5) valorizar as atitudes institucionais positivas no âmbito da relação com a sociedade civil. Por sua vez, alguns aperfeiçoamentos institucionais também são possíveis e necessários no âmbito das OSC: (1) maior priorização das questões pertinentes à governança global; (2) maior disponibilidade de recursos para a qualificação dos quadros das OSC e para seu engajamento na governança global; (3) ampliação das coalizões entre OSC para atuação na esfera global; (4) maior formalização da coordenação das OSC em sua atuação junto às agências regulatórias globais; (5) aperfeiçoamento dos mecanismos de *accountability* na política global das próprias OSC. (SCHOLTE, 2011c).

As mesmas pesquisas indicam que, de forma geral, o engajamento das organizações da sociedade civil (OSC) nas estruturas de governança global conformaram-se às estruturas de desigualdade social existentes, não resistiram a elas, o que não surpreende, pois a sociedade civil é parte dessa estrutura mais ampla. Consequentemente, as práticas de transparência, consulta e avaliação das decisões acabam ficando restritas a grupos mais elitistas. Diante disso, a promoção de uma *accountability* mais equitativa e menos elitista também demandará uma reflexão crítica das OSC sobre suas próprias práticas e uma redistribuição de recursos e poder entre as organizações, para que os grupos mais frágeis e excluídos também sejam representados, o que esbarra nas restrições impostas pela estrutura econômica e social capitalista, cujo fundamento é a acumulação de riquezas e as hierarquias dela decorrentes. Assim, têm maior êxito em sua atuação aquelas OSC que não questionam os fundamentos das relações capitalistas, como a propriedade privada e as relações sociais monetizadas, do que aqueles movimentos sociais que buscam transformações estruturais que tenham como horizonte a superação do capitalismo, os quais costumam permanecer marginalizados na política global. Portanto, "o poder estrutural do capitalismo tem a consequência de que a *accountability* (hegemônica) que sustenta os processos de acumulação tende a prevalecer sobre a *accountability* (contra-hegemônica) que subverteria a acumulação". (SCHOLTE, 2011c, p. 338-339).

Um elemento central para a avaliação da legitimidade da atuação das organizações da sociedade civil na governança global e de sua adequação como resposta ao seu déficit democrático é a "efetiva capacidade de tais organizações conectarem os processos decisórios globais com os cidadãos", ou seja, de permanecerem em contato com aqueles que a criaram ou que pretendem representar. Para tanto, não basta verificar, por exemplo, o número de filiações formais – o que importa é a real influência dos *representados* na agenda e nos processos decisórios das organizações da sociedade civil. Não se trata, com isso, de esperar que as tais organizações substituam a representação parlamentar ou que seja conferido direito de voto para as organizações, mas tão somente que sejam capazes de atuar como "correias de transmissão que suplementem outras formas de representação e *accountability*, tanto nacionalmente como internacionalmente". (KOTZIAN & STEFFEK, 2013, p. 58).

Agné, Dellmuth e Tallberg (2015, p. 467 e ss.) desenvolveram um estudo sobre a questão da legitimidade a partir do modelo de *stakeholder democracy* de uma perspectiva sociológica, ou seja, da percepção dos interessados nas decisões e não da comparação com ideais abstratos de democracia e justiça. Especificamente, os autores se propõem a verificar a hipótese central da referida teoria, segundo a qual "maiores oportunidades para envolvimento de partes interessadas auto-organizadas nos processos decisórios globais contribuiriam para experiências e percepções entre esses atores de que os processos decisórios são democráticos". Valendo-se de entrevistas com uma amostra aleatória de trezentos atores envolvidos em diferentes níveis com três organizações regionais (União Africana, Organização dos Estados Americanos e Conselho da

Europa), além da Organização das Nações Unidas, os autores observaram que "a crença na legitimidade democrática das organizações internacionais entre as organizações de *stakeholders* não é fortalecida pelas oportunidades de participação nessas organizações. Pelo contrário, o que determina tal percepção é o grau de democracia dos Estados em que tais organizações estão sediadas e a própria percepção sobre sua influência sobre os resultados políticos". Diante disso, os autores concluem que "se o envolvimento de organizações de *stakeholders* não é capaz de gerar legitimação para a governança global nem mesmo entre aquelas organizações, haverá poucas chances de fazer alguma diferença para sua legitimidade aos olhos dos verdadeiros *stakeholders* que ficam à margem do processo". As explicações para tal percepção encontram-se, provavelmente, "no poder limitado das organizações de *stakeholders* perante os Estados, ou na limitação de sua representatividade perante as comunidades de *stakeholders*". Isso não significa, todavia, ressaltam os autores, que o modelo de *stakeholder democracy* deve ser abandonado, pois apresenta muitas variantes a serem exploradas e desenvolvidas.

Por outro lado, não se pode desprezar a relevância da atuação informal das organizações da sociedade civil, com suas redes transnacionais, na mobilização da opinião pública, na pressão e no monitoramento sobre os governos em sua atuação no campo da política econômica, inclusive no que se refere à governança financeira, o que também repercute em sua postura no âmbito das organizações internacionais. (ANHEIER, 2014).

Assim, é interessante considerar o fato de que a participação política não precisa ser restrita aos processos formais de deliberação e decisão, mas inclui diversos tipos de protestos, os quais, de alguma maneira, podem ser considerados como uma forma de participação democrática direta. (UHLIN, 2010).

Para confrontar essas tendências, algumas medidas importantes seriam evitar pensar os problemas de forma estatista e ampliar o acesso das organizações internacionais para as organizações da sociedade civil de Estados periféricos e grupos sociais subalternos, com a redistribuição de recursos para associações que viabilizem a representação e o engajamento desses grupos, além de conferir mais espaço e respeito para a manifestação das críticas mais radicais ao sistema econômico vigente e sua estrutura de governança. (SCHOLTE, 2011c).

Outro elemento importante é a independência das organizações da sociedade tanto perante o Estado como os agentes do mercado. Em termos práticos, sua capacidade e autonomia financeira são fundamentais. (ANHEIER, 2014).

Especificamente sobre a governança financeira global, Scholte (2002, p. 24 - 26) relaciona oito possíveis impactos positivos do envolvimento da sociedade civil: (1) promover a educação pública sobre as finanças globais e sua governança; (2) conferir oportunidades para expressão dos afetados pelas finanças globais que, em geral, não têm voz nos espaços institucionais, especialmente os grupos mais excluídos, pressionando as instâncias de poder para que sejam ouvidos; (3) adicionar novas perspectivas para o debate sobre as finanças globais, diferentes das dominantes nos círculos tecnocráticos e acadêmicos, tornando a deliberação política mais crítica e criativa; (4) aumento da transparência das finanças globais, por meio da pressão sobre as autoridades para que haja maior abertura sobre quem toma as decisões, quais decisões são tomadas, quais as alternativas disponíveis, como as decisões se justificam, quais os resultados esperados e quais recursos serão utilizados para sua implementação. Podem, ainda, questionar os próprios limites, contradições e interesses envolvidos na retórica dominante sobre a transparência. Isso torna todas as partes interessadas mais bem informadas, o que beneficia tanto a eficiência como a democracia; (5) promover maior efetividade da governança financeira global, ao aumentar a *accountability* pública das agências responsáveis por ela, por meio do monitoramento das decisões, de sua implementação e de seus resultados, bem como realizando campanhas públicas e exercendo pressão sobre corporações e instituições de governança a partir das informações que obtiverem; (6) melhorar o bem-estar material com sua atuação assistencial para reduzir os impactos dos programas de ajustes implantados em Estados com dificuldades fiscais no contexto de crises financeiras; (7) contribuir com a promoção da coesão social como resultado dos aspectos listados anteriormente, pois se contrapõem às hierarquias arbitrárias e à exclusão social, de maneira a reduzir os conflitos sociais e aumentar a integração; (8) promover a legitimidade da governança financeira global, o que, consequentemente, favorece sua efetividade. Pondera-se, todavia, que tais possíveis resultados não são evidentes, produtos naturais de um desenvolvimento inevitável do processo histórico, mas demandam grandes esforços e recursos para que sejam concretizados.

Birsdsall (2002, p. 265, 278-279) compartilha dessa perspectiva, mas avalia que as organizações da sociedade civil têm um impacto limitado na regulação dos mercados financeiros globais. Para alterar esse quadro seria necessário que voltassem suas atenções para além do Banco Mundial e de implicações ambientais, por exemplo, passando a considerar outras instituições (BIS, Comitê da Basileia, FSB etc.) e as deficiências do mercado financeiro, os temas da democracia e da representação. Inclusive, os agentes do mercado podem ter um peso até maior do que as organizações oficiais em relação ao qual o foco dos movimentos da sociedade civil tem se dirigido.

Scholte (2002, p. 26-29) também relaciona oito possíveis impactos negativos do envolvimento da sociedade civil com as finanças globais: (1) busca por objetivos conflitantes e incoerentes, em primeiro lugar porque cada grupo (ou, pelo menos, muitos deles) atua em função de seus interesses, e não do interesse público, subvertendo muitas vezes o processo democrático dos Estados. Assim, "a sociedade civil não é uma força intrinsecamente virtuosa para o bem coletivo e podem, em alguns casos, fazer mal"; (2) adoção de estratégias e táticas políticas falhas, com campanhas mal planejadas e executadas, por exemplo, em razão de deficiência de informações e de recursos organizacionais. Isso pode desviar a atenção de questões importantes e mesmo causar prejuízos para grupos vulneráveis que os movimentos pretendiam defender; (3) perda de eficiência na governança devido aos grandes recursos organizacionais e financeiros exigidos para assegurar a participação da sociedade na formulação, execução e avaliação das políticas, além dos impasses decisórios que podem decorrer do aumento dos interesses envolvidos. Calcular os custos e benefícios do incremento da participação, todavia, não é uma tarefa simples, nem politicamente neutra; (4) a participação pode gerar efeitos negativos se as organizações de governança financeira não estiverem adequadamente preparadas para tanto em termos de equipe, recursos e procedimentos; (5) risco de cooptação das organizações da sociedade civil por governos ou corporações, distorcendo sua atuação e suas posições. Isso ocorre, inclusive, quando as organizações se apropriam e ressignificam a linguagem dos movimentos sociais críticos, o que se observa na incorporação de termos como "participação", "boa governança", "capital social" e "redução da pobreza" na retórica das organizações; (6) carência ou insuficiência de valores e procedimentos democráticos nas organizações da sociedade civil, inclusive em muitas das que lutam pela democratização da governança financeira global; (7) representação inadequada e desigualdade no envolvimento das organizações da sociedade civil com as finanças globais, por exemplo, em razão da desproporcionalidade dos atores efetivamente engajados em relação à composição da população mundial (como a possível predominância de homens brancos, de classe média, cristãos e residentes em cidades do "Norte"); (8) as organizações da sociedade civil engajadas nas finanças globais podem apresentar uma "base cultural excessivamente estreita", ou seja, não representam a diversidade de contextos, valores, culturas e interesses que se propõem a expressar. Nesse sentido, há o risco de o espaço de engajamento da sociedade civil ser monopolizado por organizações sediadas, lideradas e caracterizadas pelos valores, procedimentos, formas organizacionais e interesses ocidentais, em prejuízo do "Sul", marginalizando-se, mesmo que não intencionalmente, comunidades e grupos que precisam ter voz nas finanças globais. Assim, não obstante muitas campanhas critiquem as finanças globais e sua governança, seus líderes têm profundos laços culturais com as elites que dominam tais processos. Tudo isso acarreta um grande desafio para que as organizações da sociedade civil demonstrem a legitimidade de seu engajamento na governança das finanças globais.

Ebrahim e Herz (2011) desenvolveram uma pesquisa específica sobre o impacto da atuação da sociedade civil na promoção da *accountability* no Banco Mundial perante seus constituintes, concluindo que tem sido bem sucedida na ampliação da transparência e nas consultas às OSC, no estabelecimento de salvaguardas nos campos social e ambiental, bem como na criação de mecanismos de respostas para a sociedade. Porém, os impactos da sociedade civil foram limitados, porque a *accountability* perante as pessoas afetadas pelas decisões e políticas do Banco não foi integrada na estrutura de incentivos de seu pessoal, que continuou a ser recompensado a partir de critérios que tendem a bloquear uma participação e controle social mais efetivos. Além disso, não houve sucesso no aperfeiçoamento da *accountability* nos órgãos de governança (Conselho de Governadores), seja em termos de transparência ou melhor representatividade nos processos decisórios. Assim, houve avanços no campo das políticas e dos projetos do Banco, mas não na estrutura da instituição.

Em outro trabalho empírico interessante, Pallas (2010) examinou a capacidade de representação e inclusão das organizações não-governamentais de *advocacy*, observando como escolhem suas posições políticas e os fatores que determinam sua forma de atuação. Particularmente, o autor estudou o caso da campanha relacionada com a décima reposição de fundos para a "World Bank's International Development Association (IDA-10)", entre 1992 e 1995. Seus resultados demonstraram, entre outras coisas, que não há uma divisão clara entre as ONGs do "Norte" e do "Sul" na contraposição entre questões ambientais e de desenvolvimento, o que contraria muito do discurso a propósito do assunto. Por sua vez, os dados levantados indicaram uma relação direta entre ativismo e financiamento, ou seja, entre as posições adotadas pelos financiadores das ONGs (fundações, por exemplo) e as que defendem em sua atuação de *advocacy*. Todavia, é difícil provar uma relação de causalidade entre esses dois fatores quando se considera, por exemplo, as missões preexistentes das organizações, o que tem grande impacto sobre sua atuação, mas o padrão se altera em favor da importância dos fundos na medida em que os custos do ativismo crescem. De qualquer forma, ainda que as organizações mantenham sua coerência em relação a suas missões, essa dependência dos fundos coloca em questão sua responsividade perante as populações cujos interesses pretendem representar. A conclusão principal dessa pesquisa é que os dados obtidos colocam em dúvida a real capacidade de as organizações não-governamentais atuarem em nome de grupos mais abrangentes do que seus membros e financiadores, ou seja, de representar os marginalizados e incluí-los nos processos políticos globais. Assim, embora as ONGs tenham o mérito de romper com os processos decisórios tecnocráticos das organizações de governança global, suas credenciais democráticas precisam ser examinadas e não há razões que justifiquem reconhecê-las como a solução para todos os problemas da democracia na esfera global.[24]

---

24 Para uma pesquisa abrangente sobre o potencial de diferentes atores transnacionais (organizações não-governamentais, movimentos sociais, fundações filantrópicas, corporações transnacionais, redes de defesa de direitos etc.) no processo de democratização da governança global, cf. Bexell, Tallberg e Uhlin, 2010. Para um estudo empírico sobre o impacto da atuação das organizações não governamentais junto as organizações internacionais, com foco no FMI e no Banco Mundial, cf. Kelly, 2011.

Scholte (2011d) realizou um estudo na mesma linha sobre os impactos da atuação de diferentes tipos de organizações da sociedade civil (ONGs, sindicatos, institutos de pesquisa, fórum de negócios, movimentos sociais, organizações religiosas) na *accountability* do FMI. Suas conclusões são de que, de uma maneira geral, os resultados dessa atuação foram bastante modestos, particularmente quando são comparados com as dimensões do déficit de *accountability* existente nas atividades do Fundo.[25] Uma das particularidades notadas é que a *accountability* promovida pode ser considerada hegemônica em dois sentidos: (1) há uma desproporção na atuação das organizações em favor dos Estados e círculos sociais dominantes, em prejuízo dos Estados e grupos sociais subalternos, o que acaba por reforçar as estruturas antidemocráticas e desiguais do Fundo; (2) o engajamento da sociedade civil tende muito mais a legitimar as políticas e a governança do FMI do que a desafiá-las, em uma postura "conformista" que fortalece as prioridades e os procedimentos do Fundo; ou apenas "reformista", de ajustes pontuais, sem confrontar as estruturas de poder.[26]

25 Cf. outro estudo empírico semelhante sobre as relações do FMI com organizações da sociedade civil em suas reuniões anuais, desenvolvido por Belloni e Moschella (2013). Os autores concluem se tratar de uma experiência de fracasso.

26 Em estudo empírico sobre as relações entre o FMI e organizações da sociedade civil em seis países da África subsaariana, entre 2007 e 2009, com o propósito de avaliar as condições de inclusão e exclusão, e que envolveu análise documental, entrevistas e observações de campo, Scholte (2012, p. 186 e ss.) constatou que houve maior aproximação entre o Fundo e as organizações do que em estudos anteriores dos anos 1990. Porém, os vínculos com organizações do "Norte Global" permaneceram muito maiores do que com as do "Sul", não obstante a maioria de suas intervenções nesse período tenha ocorrido no "Sul". Além disso, mesmo na região observada, a maioria dos contatos do FMI ocorreram junto a organizações "urbanas, profissionais, de proprietários, de homens, e culturalmente vinculadas a círculos ocidentais". Esse intercâmbio entre o FMI e as organizações da sociedade civil teve reduzido impacto em termos de inclusão na governança global de "moradores da zona rural, pessoas mais pobres, mulheres, e sujeitos que vivem fora da cultura racionalista moderna". Consequentemente, "a 'abertura' do FMI para a sociedade civil tem sido muito desigual", o que "reproduz ou mesmo aprofunda as hierarquias geográficas e sociais na política global", ou seja, tais interações "mais reforçaram do que reverteram as desigualdades existentes".

Podemos concluir, pois, que o campo da governança financeira global é especialmente complicado para a atuação dos atores da sociedade civil. Em primeiro lugar, em razão da desconfiança desses atores em face de tais instituições, vistas como "representantes de interesses das elites ou de programas políticos neoliberais, e não como campos de disputa e instituições complexas, com problemas, mas também potenciais", como instrumentos de exercício de dominação pelos Estados mais poderosos, ou dos agentes financeiros privados. Consequentemente, adotam uma postura "anti-governança global", e não de influência nos processos decisórios. Em segundo lugar, as organizações da sociedade civil têm concentrado sua atuação (em geral de protesto) junto ao FMI e ao Banco Mundial, negligenciando se posicionar perante outras instituições fundamentais, como o FSB, o BCBS, o BIS e os Bancos Centrais. Algumas exceções, das quais trataremos no próximo capítulo, são os movimentos pela reforma da tributação global, a *New Rules for Global Finance* e a *FinanceWatch*, que atuam especialmente perante a União Europeia. Outros movimentos com grande repercussão global, como o *Occupy*, de que também trataremos no Capítulo 3, não obstante a crítica à desigualdade, à distribuição dos custos da crise e à captura de democracia pelas elites financeiras, têm como foco governos e questões nacionais, e não as instituições de governança financeira global. Estudos empíricos também têm demonstrado que quanto maior a complexidade técnica das questões em debate – e as pertinentes à governança financeira global são muito complexas, menor o grau de mobilização social de dissensos, especialmente entre sindicatos e organizações não-governamentais. Isso não significa que não possam integrar coalizões por reforma da governança financeira no futuro, porém, na presente conjuntura, há elementos que indicam que desempenham um papel restrito.[27] (YOUNG, 2017).

27 Se comparado com outras áreas, são poucas as organizações da sociedade civil que atuam no setor financeiro. Cf. Anheier, 2014. De acordo com o autor (2014, p. 31), "as informações sugerem uma conclusão clara: o vazio institucional nas finanças internacionais dificilmente pode ser preenchido pelos atores da sociedade civil porque são muito escassos nos níveis nacional e internacional. No entanto, a sociedade civil poderá atuar como uma força compensatória para ajudar a preencher tal vazio institucional somente se puder contribuir para incorporar o setor financeiro dentro de normas e convenções sociais mais amplas. Para tanto, é preciso primeiramente encontrar sua própria voz e aprender a influenciar esse domínio de políticas, o que até o momento não ocorreu".

Outras hipóteses que explicam o baixo engajamento das organizações da sociedade civil no campo da governança financeira é seu caráter técnico e com reduzido potencial de mobilização emocional, diferentemente de questões relacionadas a direitos humanos, paz e meio ambiente, além da alta complexidade do tema. "Ativistas precisam superar barreiras relativamente altas para ingressar em discussões sobre questões financeiras e para serem levados a sério pelos especialistas", e os que resolvem se especializar no tema muitas vezes são atraídos para o trabalho em corporações financeiras. (ANHEIER, 2014, p. 31).

Em face dessas constatações, Scholte (2012, p. 202) defende que é necessário uma profunda reflexão crítica tanto da parte das organizações de governança financeira global como das organizações da sociedade civil sobre os limites de suas interações, considerando-se especialmente o papel desempenhado pelo poder estrutural, e se adotando medidas concretas que viabilizem espaços nos quais atores mais excluídos sejam ouvidos, bem como que sejam desenvolvidas habilidades tanto dos técnicos como das pessoas afetadas para participarem desse tipo de interação.

Em síntese, o modelo de global *stakeholder democracy*, considerando-se tanto as ponderações teóricas como os resultados de pesquisas empíricas discutidas, abre possibilidades para avançar na superação do déficit democrático da governança financeira global em suas diferentes dimensões, especialmente em termos de formação de agenda e expressão de vozes divergentes. Porém, em razão de suas limitações em termos de legitimidade, operacionalidade e efetividade, está muito longe de constituir a solução para o problema. Além disso, sua própria caracterização não questiona radicalmente as estruturas de poder e desigualdade, de maneira que podem ser enquadrados no âmbito das alternativas de reformas moderadas.

Democracia discursiva global e governança financeira

Os limites da teoria política fundada no Estado nacional soberano e nas "noções de *accountability* baseadas na autorização eleitoral" em face de sistemas de governança baseados em redes, nos quais os atores envolvidos nos processos decisórios são difusos e não respondem a eleitorados ou constituintes específicos e determinados, indicam a necessidade de "alguma forma de pensamento pós-Westifaliano, pós-liberal e pós-eleitoral sobre a democracia" que contemple, todavia, os "princípios gerais da democracia" - notadamente, igualdade política e controle popular. Porém, mesmo os conceitos de igualdade política e de controle popular tornam-se problemáticos em face da globalização e da governança global. (DRYZEK, 2010, p. 124).

A democracia deliberativa pode ser uma resposta para isso, pois, ela

> [...] está particularmente bem posicionada para enfrentar o desafio global, em parte porque as eleições não constituem sua condição *sine qua non*. É muito mais simples pensar na democracia global dessa maneira do que nos padrões de eleições competitivas, determinações constitucionais e separação de poderes, autoridade soberana, ordenamento jurídico comum e processos vinculativos de decisão coletiva. O estado democrático liberal não fornece nenhum modelo aplicável para a democracia global (e, se o fizesse, haveria resistência de grande dos países do mundo). Atualmente, a política global pode não ser deliberativa ou muito democrática, mas então a tarefa é avançar em tais objetivos. (DRYZEK, 2010, p. 177)

A democracia deliberativa surgiu nos anos 1990[28] "[...] como um desafio aos modelos liberais que consideram a política como agregação de preferências definidas majoritariamente no campo privado", e propondo, alternativamente, a centralidade da comunicação e do "debate público sobre as

28 Elster (1998, p 1 – 5) se refere à democracia deliberativa como um "processo de decisão por meio de discussões entre cidadãos livres e iguais". O autor explica que a ideia foi reavivada nos últimos tempos, sobretudo pela influência de Habermas. Todavia, aponta que já na antiga Atenas existia tanto a ideia quanto a prática, no século de Péricles, a qual enfrentou suas críticas devido aos riscos do sofisma ou da demagogia. Todavia, o verdadeiro processo de deliberação tem como objetivo a persuasão do interlocutor, por meio de argumentos racionais, e não conquistar o apoio do público em um debate entre dois adversários (oradores), tal como ocorria na antiga democracia grega. A ideia de deliberação também se faz presente na vedação do mandato imperativo na democracia representativa, na independência dos parlamentares nos seus posicionamentos, pois o Parlamento era concebido como um local de mútuo convencimento em busca da melhor solução para cada problema que lhe era apresentado, e não como palco de disputa entre representantes de diferentes interesses.

preferências", o que demanda "pensamento inovador sobre alternativas de desenhos institucionais que levem as democracias para além do repertório liberal".[29] (DRYZEK, HONIG, & PHILLIP, 2006, p. 21).

Esse modelo tem como pressuposto a ideia de discurso, segundo a qual as pessoas podem se comunicar a respeito de qualquer assunto, compreendendo-se mutuamente, com pretensão de validade universal dos argumentos colocados, mediante seu teste em discussão da qual devem participar todos os possíveis interessados, aceitando-se unicamente a força do "melhor argumento", e com propósito exclusivo da "busca cooperativa da verdade".[30]

A partir da teoria do discurso, Habermas (1997, p. 10-23) apresenta um conceito de democracia que denomina de "procedimental".[31] Tal concep-

29 Cf. Dryzek, 2000.

30 De acordo com Young (2001, p. 365 – 367), a teoria da democracia deliberativa se apresenta "como alternativa a uma teoria da democracia baseada nos interesses", a qual considera "a democracia principalmente como processo de expressão de preferências e demandas e de registro das mesmas por meio do voto", de forma que os indivíduos e grupos buscam os próprios interesses (e não o interesse público) e competem entre si (formando coalizões se necessário) para que prevaleçam por meio do apoio do voto da maioria. A crítica fundamental feita pelos defensores da democracia deliberativa se refere ao fato de que o modelo de democracia baseado no interesse se caracteriza pela "irracionalidade" e pela "compreensão privatizada do processo político", ou seja, por um lado, as decisões não são pautadas pela razão, mas pela competição e pela força (política, econômica) e, por outro, o norte do processo político não é o bem público, mas o atendimento dos interesses dos que vencem a disputa. Desta maneira, de acordo com Young (2001, p. 368 – 369), uma das principais virtudes do modelo de democracia deliberativa é a "de promover uma concepção de predominância da razão sobre o poder na política", ou seja: "as políticas devem ser adotadas não por causa da vitória dos interesses mais poderosos, mas porque os cidadãos ou seus representantes as justificam, após ter ouvido e criticado os motivos apresentados".

31 Para uma introdução à "Teoria Crítica", escola à qual pertence Habermas, um dos precursores do modelo de "democracia deliberativa", cf. Held, 1990. O contexto histórico em que os autores dessa Escola desenvolveram seu pensamento, com o avanço do fascismo, do nazismo e do estalinismo nos anos 1930, teve grande influência em razão das questões fundamentais que provocavam: "como a relação entre teoria e prática poderia ser concebida atualmente? A teoria poderia preservar a esperança para o futuro? Em circunstâncias de mudanças históricas, como os ideais revolucionários poderiam ser justificados? Os teóricos da "Escola de Frankfurt" e Habermas procuraram responder a essas indagações, no que foram inspirados por aquelas previamente dadas, dentre outros,

ção tem como centro o "processo da política deliberativa" e se revela "incompatível com o conceito da sociedade centrada no Estado", do que decorre sua diferenciação em relação aos dois modelos tradicionais de democracia (o liberal e o republicano),[32] assimilando, todavia, elementos de ambos. O modelo propõe a combinação entre "deliberações institucionalizadas e opiniões que se formam de modo informal", mediante a ligação do sistema político com áreas periféricas da esfera pública, de forma que o Estado não ocuparia o centro da sociedade, sendo apenas um dos sujeitos do processo social. Com isso, haveria um "fluxo comunicacional" em que a opinião pública, formada de modo "mais ou menos racional" e democrática, em diferentes arenas, seria transmitida até se transformar em "decisões institucionalizadas e deliberações legislativas". Assim, enquanto o sistema político constitui "um sistema parcial, especializado em decisões que obrigam coletivamente", "as estruturas comunicativas da esfera pública formam uma rede ampla de sen-

---

por Georg Lukács ("History and Class Consciousness") e Karl Korsch ("Marxism and Philosophy"), os quais, no início dos anos 1920, apresentaram questionamentos fundamentais sobre a ortodoxia marxista dominante e procuraram repensar o Marxismo em face dos novos acontecimentos. Em síntese, as questões levantadas pelos integrantes da "Escola de Frankfurt" e por Habermas foram fundamentais para a revisão do Marxismo ortodoxo de maneira a reforçar o próprio projeto emancipatório pretendido por Marx, ainda que suas várias correntes não tenham conseguido responder satisfatoriamente a muitos problemas que suscitaram. (HELD, 1990).

32 Habermas (1997, p. 19 - 21) aponta que, na perspectiva liberal "o processo democrático se realiza na forma de compromissos de interesses", os quais são formados por instrumentos como o voto e o parlamento, baseados nos "direitos fundamentais liberais". O centro de tal modelo não está na "autodeterminação democrática das pessoas que deliberam, e sim, na normatização constitucional e democrática de uma sociedade econômica, a qual deve garantir um bem comum apolítico, através da satisfação das expectativas de felicidade de pessoas privadas em condições de produzir". Já a concepção republicana "vê a formação democrática da vontade realizando-se na forma de um auto-entendimento ético-político, onde o conteúdo da deliberação deve ter o respaldo de um consenso entre os sujeitos privados e ser exercido pelas vias culturais". Além disso, de acordo com a concepção republicana, "a formação política da opinião e da vontade das pessoas privadas constitui o *medium*, através do qual a sociedade se constitui como um todo estruturado politicamente". O risco desta perspectiva é "transformar a sociedade numa totalidade política".

sores que reagem à pressão de situações problemáticas da sociedade como um todo e estimulam opiniões influentes". Embora tais estruturas comunicativas não possam "'dominar' por si mesma o uso do poder administrativo", elas podem "de certa forma, direcioná-lo".

Habermas (1997, p. 114-115) não desconhece que sua proposta apresenta limites. Por exemplo, ele aponta o risco de a formação da opinião pública ser dirigida pelo governo e pelos meios de comunicação de massa (de maneira que, ao invés de o encaminhamento dos temas e o amadurecimento da discussão partir da periferia social, eles acabem por se originar no centro). Por outro lado, ele acredita que essa situação poderia se alterar à medida que os atores da sociedade civil assumissem um papel ativo, ao tomarem consciência da crise pela qual passamos, invertendo-se "a direção do fluxo convencional da comunicação na esfera pública e no sistema político, transformando destarte o modo de solucionar problemas de todo o sistema político". Essa inversão também poderia acontecer porque a sociedade civil é mais sensível aos novos problemas que vão surgindo do que o sistema político, de forma que aquela consegue percebê-los antes desse.

A democracia significa, pois, não apenas a "agregação de preferências", mas também "um processo de julgamento e formação e transformação de preferências por meio do diálogo bem informado, respeitoso e competente". Assim, "busca-se a legitimidade democrática na participação em deliberações consequentes daqueles que são sujeitos a uma decisão". A deliberação deve ser, além de consequente, "autêntica e inclusiva". A autenticidade tem como pressuposto a reflexão livre na formação das preferências, não submetida a quaisquer formas de coerção. O caráter inclusivo exige "a oportunidade e a habilidade de participação de todos os atores afetados (ou de seus representantes)". Enfim, a deliberação é consequente se "de alguma forma faz a diferença quando se trata de determinar ou influenciar resultados coletivos" (como normas ou políticas públicas, nacionais ou internacionais). (DRYZEK, 2010, p. 3 e ss.).

Um sistema deliberativo compreende seis elementos: (1) um "espaço público" para o livre debate e formação da opinião dos diferentes atores sociais e políticos, compreendendo tanto espaços físicos como a internet; (2) "espaços de poder", onde atores ou instituições "produzem decisões coletivas", como parlamentos, tribunais, conselhos de políticas públicas e organizações internacionais. Não se exige que sejam "instituições formalmente constituídas", abrangendo também "redes informais que produzem resultados coletivos"; (3) "transmissão", ou seja, "mecanismos por meio dos quais a deliberação no espaço público possa influenciar aquela nos espaços de poder", como campanhas ativistas; (4) "*Accountability*", ou formas pelas quais "espaços de poder respondam ao espaço público", abrangendo desde os processos eleitorais até meras justificativas de decisões; (5) "meta-deliberação", ou processos que possibilitem a deliberação sobre "o próprio sistema deliberativo deve ser organizado"; (6) "capacidade de determinação", o que significa "o grau em que esses cinco elementos juntos determinam o conteúdo de decisões coletivas". (DRYZEK, 2010, p. 11-12).

Um dos problemas que se apresenta desde os primórdios da teoria da democracia deliberativa é o da escala, pois se processos deliberativos parecem viáveis em pequenos grupos de pessoas, com a ampliação dos envolvidos ele se torna proporcionalmente mais complexo. Uma possível solução para esse problema é a representação não de pessoas, mas de discursos ("representação discursiva").[33] Essa ideia pode ser operacionalizada institucionalmente por meio da constituição de "uma Câmara de Discursos formal". Trata-se de uma alternativa para as situações nas quais "noções eleitorais de representação são problemáticas – como o sistema internacional".[34] (DRYZEK, 2010, p. 14).

---

33 Para aprofundar a reflexão sobre o conceito de "representação discursiva", cf. Dryzek e Niemeyer, 2008. "A *accountability* não pode, na representação discursiva, ser induzida pelo medo de sanção do representante, porque não há eleição subsequente na qual o representante possa ser punido. A responsabilidade discursiva deve ser entendida de maneira comunicativa. Para serem responsáveis perante o discurso (ou discursos) que representam, os representantes devem continuar a se comunicar em termos que façam sentido nesse discurso (ou discursos), mesmo quando encontrarem perspectivas diferentes na Câmara de Discursos, e ainda que reflitam mudanças de posições em tais encontros". DRYZEK & NIEMEYER, 2008, p. 490).

34 Erman (2012, p. 855-856) apresenta algumas críticas importantes à proposta de Dryzek: "Primeiro, com relação à ideia de que discursos, e não indivíduos, devem ser representados na governança global, está longe de ser claro como a inclusão de todos os argumentos possíveis torna as decisões políticas vinculativas para os sujeitos democráticos. O momento da ação política factual (não hipotética), por meio do qual um círculo eleitoral aprova uma autoridade política, está ausente. Ainda que uma impor-

A constituição dessa "Câmara de Discursos" exige alguma forma de "identificar e descrever a matriz dos discursos relevantes sobre uma questão", e então "designar representantes para cada discurso" (todos os discursos devem estar representados), alternativamente compondo "mini-públicos deliberativos de aproximadamente quinze a vinte cidadãos", por razões de operacionalidade. A escolha dos cidadãos, em princípio, ocorreria por meio "do sorteio aleatório de amostras de indivíduos com características sociais específicas", o que, todavia, não garante a representatividade dos diferentes discursos, podendo-se recorrer a mecanismos corretivos que viabilizem a participação de diferentes discursos. As decisões nessas "Câmaras" podem ser tomadas por diferentes métodos, iniciando-se pelo consenso, mas também, se necessário, recorrendo ao voto, sendo que a formação de consensos torna-se menos plausível na proporção inversa do número de participantes. Não se pretende substituir as instituições formais de representação por essas "Câmaras", mas apenas complementá-las. (DRYZEK, 2010, p. 51-59).

Outro desafio usualmente apresentado pelos críticos da democracia deliberativa é a centralidade da ideia de consenso, tal como proposta por Habermas, por "parecer bastante irrealista quando confrontada com profundos conflitos políticos" em sociedades plurais e desiguais. Todavia, seria possível uma "reconciliação entre os aparentemente concorrentes ideais de consenso e pluralismo por meio da ideia segundo a qual o propósito da deliberação não é assegurar o consenso", mas somente "produzir meta-consensos que estruturam as contínuas disputas". Meta-consensos são "acordos sobre a legitimidade de valores contestados", preferências competitivas etc., sendo tal consenso obtido de forma livre e consciente, e com respeito à legalidade (há

tante dimensão epistêmica seja expressa pela inclusão de vozes marginalizadas e de todos os argumentos possíveis, essa dimensão não pode, por si só, preencher a lacuna entre a cidadania e a autoridade política, a fim de gerar legitimidade democrática. Quando dizemos que a democracia é 'governo para o povo', queremos dizer que ela existe para o bem do povo e governa no interesse dos governados. Mas isso é apenas metade da história sobre democracia. Mesmo um ditador compassivo pode governar com o interesse ou 'vozes' dos governados no coração. Transformar a democracia em uma questão de satisfazer os interesses das pessoas ou representar seus argumentos e vozes não será suficiente para capturar o 'pelo' na 'regra pelo povo' " uma dimensão moral e legal, não se trata apenas de verificação sociológica de aceitação). (DRYZEK, 2010, p. 15 e ss.).

Dryzek (2006, p. 49 e ss.) dialoga com as críticas de Mouffe nesse sentido, afirmando que concorda com a posição da autora segundo a qual os *antagonismos* não podem ser eliminados, mas devem ser transformados em agonismo.[35] Todavia, pondera que a "democracia discursiva pode ser formulada de uma maneira mais contestatória do que a imagem" formada pela autora de um "seminário filosófico desprovido de paixões e fundamentado na razão". Além disso, observa que o *pluralismo agonístico* se limita a apontar que as decisões coletivas devem ser abertas à contestação, enquanto a democracia discursiva "explora possibilidades de combinar engajamento crítico e decisão coletiva".

Dryzek (2006, p. 146 e ss.) defende que a proposta de *democracia discursiva* também é mais viável do que a *democracia cosmopolita* por três razões fundamentais: (1) embora os ideais cosmopolitas não devam ser abandonados, elas enfrentam os limites "do grau de formalismo que apresentam e da grande propensão para excessiva constitucionalização e racionalismo administrativo"; (2) o cosmopolitismo, cujo pressuposto é o reconhecimento de uma cidadania cosmopolita ou independente de vínculos nacionais, seria muito difícil de ser realizado em um mundo marcado por profundas divisões; (3) depara-se com a crescente substituição de hierarquias centralizadas por redes, as quais são menos suscetíveis à *accountability* democrática, porque "muitas vezes não está claro onde se encontra o poder", nem se sabe quem responsabilizar por uma decisão, de maneira que o "controle descentralizado só seria democrático à medida que envolvesse a ação comunicativa engajada por indivíduos críticos

35 Mouffe (2003, p. 13 e ss.), destaca "a necessidade de reconhecer a dimensão de poder e antagonismo e seu caráter inerradicável", o qual teria sido afastado das concepções de esfera pública que desconsideram os antagonismos e aposta na possibilidade de um "consenso racional". A partir disso, a autora critica a visão de Habermas sobre a "democracia deliberativa", defendendo que o poder não pode ser eliminado, mas que devem ser constituídas "formas de poder compatíveis com valores democráticos", o que ela denomina de transformação de antagonismo em agonismo (não de eliminação do antagonismo), de maneira que "o 'outro' não seja visto como um inimigo a ser destruído, mas como um 'adversário', isto é, alguém com cujas ideias iremos lutar, mas cujo direito de defender tais ideias não vamos questionar". Trata-se não de eliminar as paixões, mas de permitir que sejam explicitadas e confrontadas em arenas democráticas.

e competentes" – o que a *democracia discursiva* propõe, ao contrário do projeto cosmopolita, o qual, antes da democratização, exige "a constituição de um forte sistema de instituições".

A democratização dos sistemas de governança em rede requer a possibilidade de contestação em seu próprio interior,[36] especialmente quando se encontram distantes do espaço público, bem como a representação discursiva (de diferentes perspectivas), de maneira que não seja dominada por um único discurso.[37] (DRYZEK, 2010, p. 181).

Um exemplo claro de déficit democrático discursivo é o campo das finanças globais, o qual é "dominado por um único discurso, aquele do liberalismo de mercado, organizado ao redor do postulado central dos mercados eficientes".[38] Além disso, a complexidade das finanças globais e de sua rede de governança torna-as de difícil compreensão, "e se alguma coisa não pode ser compreendida, ela não pode ser facilmente regulada". Assim, não há contestação no interior das redes e fora delas também é bastante limitada – "a mídia financeira atua como pouco mais do que *cheerleaders* para o discurso dominante", e os movimentos sociais contestam as injustiças das finanças globais, mas "não questionam as exigências básicas de eficiência e estabilidade do próprio sistema financeiro, e assim, nenhum dos discursos críticos existentes faz

---

36 Cf. Zürn, 2014, p. 56-57.

37 "Igualdade deliberativa não é um conceito isento de problemas. É uma construção ideal e hipotética, e restam dúvidas sobre até que ponto ela pode ser plenamente realizada. A criação de fóruns ou contextos em que uma ampla gama de interesses possa ser ouvida não garante que esses interesses se concretizem com regularidade ou que isso se traduza necessariamente em resultados socioeconômicos substantivos mais equitativos. Ministérios das Finanças e representantes dos bancos centrais, e, principalmente, os representantes dos Estados Unidos, podem continuar a ser os mais influentes em processos com participação mais diversificada, mas, pelo menos, um processo mais heterogêneo teria o mérito de garantir que grupos diferentes não sejam isolados da conversa com pessoas que têm visões bem diferentes. Em vez disso, eles estariam sujeitos a posições concorrentes, o que significa que os formuladores de políticas não poderiam se isolar de pontos de vista que se mostraram corretos ou, pelo menos, informativos. Este seria um passo muito experimental e modesto na direção certa, ampliando o acesso de uma série de perspectivas aos principais espaços deliberativos, respondendo, assim, à forte desigualdade deliberativa que caracteriza a atual arquitetura financeira global". (BAKER, 2009, p. 214).

38 Cf. Baker, 2009, p. 197-198.

alguma diferença na maneira como as redes de governança financeira global operam". (DRYZEK, 2010, p. 181).

A Crise de 2008 não teve como resultado a criação de uma instituição regulatória global, de maneira que a governança do sistema financeiro internacional continuou a operar em rede. Todavia, "emergiu uma esfera pública crítica", um conjunto de contestações às redes de governança financeira. Começou a surgir, portanto, um "contra-discurso" em face do discurso hegemônico do liberalismo de mercado no âmbito das finanças. Isso, embora de forma incipiente, sinalizaria perspectivas para sua democratização.[39] Em instâncias como a governança financeira, onde o voto direto ou a eleição de representantes, pelo menos no momento, não se encontram disponíveis, o engajamento de vozes dissonantes no discurso constitui uma forma de ampliação das franquias democráticas, com a inclusão de atores afetados por suas decisões até então não ouvidos. Isso ocorre, por exemplo, quando organizações não-governamentais que mantenham vínculo com seus constituintes são consultadas nos processos decisórios do Banco Mundial e outras organizações, bem como quando os protestos de movimentos por justiça global ressoam nas organizações. (DRYZEK, 2010, p. 182-186).

Nesse sentido, Germain (2007, p. 50-56) apresenta uma visão otimista de acordo com a qual a governança financeira global tem se tornado cada vez mais pública (processos decisórios abertos ao escrutínio público) e de natureza consensual - em razão da complexa divisão de trabalhos entre as diferentes instituições de governança que desencoraja a coerção e estimula a busca pelo consenso – o que não afasta as questões da centralidade do papel dos Estados Unidos e da exclusão de muitos interessados dos processos decisórios, mas os progressos que ocorreram nesse sentido não podem ser negados. Uma consequência desses dois desenvolvimentos foi a emergência de uma "esfera pública financeira global", como uma arena institucionalizada de discurso e diálogo neste campo, composto por quatro configurações fundamentais de poder que interagem: (1) o arcabouço institucional governamental da esfera global (que fornece a base para o diálogo e a comunicação); (2) a operação global dos

39 Dryzek (2006, p. vii) entende que, na "política deliberativa global", o "engajamento informal na esfera pública" é mais eficiente e viável do que a pretensão de criação de autoridades formais.

mercados financeiros (os quais constituem importante canal de comunicação, além de ajudarem a produzir e formatar as instituições responsáveis pela governança); (3) a mídia global (cujo interesse pelo tema das finanças globais é crescente – sendo, em grande medida controlada por interesses econômicos poderosos, mas também constituindo um espaço de contestação do sistema); (4) a sociedade civil global (organizações que se engajam no debate público e no exercício de pressão sobre governos e organizações intergovernamentais).[40]

Dessa perspectiva, processos decisórios com melhor nível de *accountability* no âmbito da governança financeira global tornam-se mais viáveis em função de seu caráter mais inclusivo, da ampliação da comunicação sobre as questões financeiras e da maior difusão de conhecimentos nesse campo. Todavia, o tipo de *accountability* viabilizado pela esfera pública financeira global não pode se estruturar em bases verticais, mas sim horizontais, por meio de estratégias que a possibilitem no contexto das instituições existentes, sem, todavia, privilegiar as elites em detrimento das forças populares, nem ignorar as exigências democráticas do âmbito nacional. (GERMAIN, 2007).

Uma primeira estratégia prática nesse sentido é a internalização da *accountability* por meio da incorporação de diferentes pontos de vistas nos debates desenvolvidos no interior das próprias instituições, por exemplo, incluindo mais sociólogos, cientistas políticos e psicólogos em seus quadros (e não apenas economistas), bem como atores com perspectives diferentes da dominante nas instituições (internalização do dissenso). No mesmo sentido, programas regulares de divulgação dos processos decisórios, estrutura e políticas das instituições trariam contribuições importantes. A estratégia mais relevante, todavia, seria a consolidação da esfera pública financeira global, por

40 Como vimos, para os teóricos que trabalham com a ideia de uma esfera pública financeira global, ela é indispensável para a legitimidade e a efetividade da governança financeira, tendo em vista seu caráter descentralizado e sua organização em bases particulares. Essa esfera pública global resultaria de complexas interações de múltiplos atores que a constituem e também apresentam competências de produção normativa. Dentre esses agentes, destacam-se aqueles que compõem a sociedade civil global, a qual cumpre os papéis de ampliar a publicidade dos diferentes interesses e questões envolvidas na governança financeira, e de impor alguma forma, ainda que limitada, de *accountability* aos atores públicos e privados. (GERMAIN, 2005).

diferentes meios, como: (1) ampliação da transparência; (2) criação de fóruns institucionalizados e claros em que o dissenso e a contestação possam ocorrer de forma livre e sistemática, por exemplo, com o formato de reuniões públicas em que autoridades possam ser inquiridas e tenham que apresentar e justificar suas posições nos processos decisórios; (3) e também com a criação de um órgão para mobilizar a opinião pública no campo das finanças globais, difundindo informações e promovendo o debate, o qual deveria ser independente do Executivo (as duas iniciativas exemplificadas deveriam ser estabelecidas no âmbito nacional). (GERMAIN, 2007).

Trata-se de uma perspectiva que pensa a *accountability* como participação, o que, para se viabilizar, exige que os governos atuem pela consolidação da emergente esfera pública financeira global, o que implica assegurar o dissenso e as oportunidades para a crítica perante as diferentes questões controvertidas e instituições que constituem a governança financeira. Mais do que isso, é preciso assegurar a representação adequada nesse debate de todas as partes com interesses nos processos decisórios, caso contrário, as decisões carecerão tanto de legitimidade como de efetividade. Isso também exige que o conhecimento especializado sobre as finanças, o qual costuma ser considerado como um empecilho para a *accountability*, seja difundido da forma mais ampla possível entre todos os atores com interesses na governança financeira, de maneira que sejam dotados de informações e argumentos para a defesa de suas posições e de seus interesses. (GERMAIN, 2007).

Outra maneira pela qual as organizações de governança financeira global poderiam avançar no sentido da *democracia discursiva* seria com a criação das já mencionadas "Câmaras de Discursos", assegurando-se espaço para representação de organizações não-governamentais e de "redes de ativistas políticos que atuam exercendo pressão na esfera pública transnacional". Esses "mini-públicos globais" contribuiriam tanto para a qualificação do processo deliberativo como para a extensão das questões e posições apresentadas para além dos próprios participantes, tematizando-as na esfera pública. Embora não sejam de simples implementação, os "mini-públicos" seriam "tanto mais viáveis como menos problemáticos em termos democráticos do que quase-eleitos ou quase-legislaturas que são propostas pela Campanha pela Assembleia Parlamentar das Nações Unidas". Em função de sua característica global, seria mais adequado denominar os "mini-públicos" como "Assembleia Global Deliberativa de Cidadãos". Uma instância dessa natureza ainda teria como vantagem em relação a formas eletivas ou indicadas pelos Estados a possibilidade de trabalharem com perspectivas de longo prazo (diferentemente do que ocorre com representantes eleitos), bem como de considerar as questões tendo em vista os interesses globais e não nacionais. Não há necessidade de haver uma "Assembleia Deliberativa" com competências gerais, tal como os parlamentos, podendo tratar de temas específicos, como as finanças globais. Tais instâncias podem ser apenas consultivas ou, pelo menos, ter algum poder de exigir respostas de outras organizações às suas manifestações, ou ainda emitir julgamentos definitivos sobre questões específicas ou supervisionar outras instituições.[41] (DRYZEK, 2010, p. 193-195).

Destaca-se também que a proposta de "Assembleias Deliberativas" teria melhores possibilidades de encontrar apoio junto aos Estados mais poderosos, especialmente dos Estados Unidos e da China, e assim, ser concretizada, do que a alternativa mais propagada da "Assembleia Parlamentar das Nações Unidas" (por seu caráter eletivo), o que não significa que não haverá resistência àquela proposta. Além disso, uma "Assembleia Parlamentar" enfrentaria vários outros problemas, muitos dos quais já elencados, como a definição de seu sistema eleitoral (proporcionalidade, representação dos pequenos Estados), composição excessivamente grande para que seja minimamente representativa, fragilidade do vínculo de representação, prevalência da defesa dos interesses nacionais pelos eleitos etc. Como os integrantes das "Assembleias Deliberativas" seriam representantes dos interesses globais, estaria dispensada a representação de cada um dos Estados, de maneira que poderiam ser constituídas por grupos pequenos, tornando mais viáveis os processos deliberativos, bem como atividades preparatórias para equalização de possíveis desigualdades de informações e competências para deliberar sobre os temas que se apresentassem. Enfim, é importante esclarecer que as "Assembleias Deliberativas" não constituiriam a única instância de autoridade democrática, mas seriam

41 Para aprofundar a análise sobre o déficit democrático na governança global e a alternativa apresentada pela "democracia discursiva transnacional", especialmente por meio de "assembleias globais deliberativas de cidadãos", cf. Dryzek, Bächtiger e Milewicz, 2011.

parte de um "sistema deliberativo" em conjunto com uma pluralidade de instituições.[42] (DRYZEK, BÄCHTIGER & MILEWICZ, 2011, p. 35-40).

Ressalta-se que as propostas no âmbito da "democracia discursiva transnacional" não remetem a uma "forma eleitoral, ao sufrágio universal de todos os afetados por uma questão internacional", nem exigem que sejam assumidas quaisquer formas institucionais específicas, referindo-se, sobretudo, aos processos comunicativos que influenciam as decisões e possibilitam aprendizados. (DRYZEK, 2006, p. 25).

Nash (2014a, p. 1-3) pondera que "a participação na esfera pública não deve ser apenas inclusiva e reflexiva, ela deve ser efetiva. A vontade democrática deve ser em algum momento traduzida em direito e políticas". Nessas três dimensões, a grande questão para os "democratas radicais" consiste em saber como "fazer as instituições de governo responsivas à vontade das pessoas comuns", problema que ganha ainda maior complexidade em face da globalização.

Fraser (2014a, p. 8-10), adotando uma perspectiva de teoria crítica da democracia, enfrenta esse problema a partir do conceito de "esfera pública" como "um espaço para a geração comunicativa de opinião pública", no qual deve ocorrer o escrutínio crítico das diferentes posições sobre o tema em questão, com a participação de todos os interessados, bem como promover a transformação da opinião pública em "força política", e ainda assegurar a *accountability* dos agentes públicos perante a vontade dos cidadãos. Com isso, combinar-se-ia "a legitimidade normativa e a eficácia política da opinião pública", o que é "essencial para o conceito de esfera pública para a teoria crítica". A autora reconhece que é "difícil associar essas duas características com as arenas discursivas que hoje chamamos de 'esferas públicas transnacionais'", pois são compostas por atores que "não integram a mesma comunidade política, com direitos iguais de partici-

42 Essas propostas de deliberação global apresentadas por Dryzek podem ser classificadas como de perspectiva "crítica", cuja ênfase está no "efetivo engajamento dos discursos na sociedade civil transnacional sem recorrer a instituições formais na esfera global". Tal perspectiva diferencia-se da "liberal", a qual não exige necessariamente a participação direta dos cidadãos nas instâncias de governança global; e da cosmopolita, para a qual as deliberações na governança global devem incluir múltiplos atores, inclusive organizações não governamentais e cidadãos comuns, por vias institucionalizadas. (DRYZEK, BÄCHTIGER & MILEWICZ, 2011, p. 40).

par da vida política", e sem a soberania estatal como instrumento de efetividade. Ainda assim, é necessário buscar "possibilidades políticas emancipatórias dentro da constelação que desenrola historicamente".

Fraser (2014a, p. 16 e ss.), contrariamente à posição liberal segundo a qual seria possível a deliberação entre sujeitos de diferentes classes sociais, argumenta que "a igualdade social é uma condição necessária para a democracia". Assim, diante "das condições reais de profunda desigualdade, a única forma de reduzir as desigualdades de expressão política seria por meio da contestação dos movimentos sociais às características básicas da esfera pública burguesa". Portanto, a democratização da esfera pública ocorrerá por meio da "proliferação de contra-públicos subalternos que possibilitem a participação dos estratos subordinados da sociedade" nos processos decisórios. Trata-se, todavia, de uma abordagem crítica que ainda "pressupõem uma compreensão nacional-territorial de esfera pública", assim, é preciso "repensar a legitimidade e a eficácia" diante do contexto de transnacionalização da esfera pública, separando-as das premissas do Estado nacional. Nesse sentido, o critério de inclusão dos potenciais afetados não pode se limitar aos cidadãos nacionais. Em segundo lugar, é preciso considerar a necessidade de construção de novos "poderes públicos transnacionais que possuam capacidade administrativa para resolver problemas transnacionais", que, por sua vez, deverão ser responsáveis perante uma nova "esfera pública transnacional".[43]

Nota-se, pois, um diálogo entre as propostas de Fraser e Dryzek, porém a primeira apresenta maior ênfase nos elementos de igualdade substantiva e efetividade dos processos deliberativos, o que implica, inclusive, a referida demanda por *novos poderes públicos transnacionais* com capacidade para concretizar decisões tomadas em uma esfera pública democrática – portanto, maior grau de institucionalização.

Rodrik (2011), por sua vez, apresenta críticas à ideia de processos deliberativos na esfera global, a começar pela dificuldade em se imaginar como tal concepção de governança global seria viável sem uma profunda transformação nas identidades políticas no sentido de constituição de uma verdadeira comunidade política global na qual os indivíduos sintam-se como cidadãos

---

43 Cf também: Couldry, 2014, Nash, 2014b, Fraser, 2014b, Fraser, 2005.

globais, especialmente diante das grandes divisões existentes entre as diferentes sociedades em termos de preferências e necessidades.

Entretanto, das perspectivas apresentadas até o momento, a democracia discursiva global parece ser a mais promissora para avançar na democratização da governança financeira global, por se apresentar em maior consonância com o caráter em rede desse campo, com a característica multinível de seu déficit democrático, e por ser dotada de possibilidades de implementação gradual e com menores exigências de formalização. Apesar disso, além de certa idealização da esfera pública, padece dos bloqueios estruturais decorrentes da complexidade da matéria financeira, das resistências nacionalista e da própria lógica do capitalismo financeiro. Por sua ruptura com aspectos centrais do modelo liberal clássico, mas sem contestar a estrutura capitalista, podemos, no espectro teórico das alternativas que analisamos, considerá-la como uma perspectiva crítica de reforma ambiciosa.

Democracia interativa e democratização da governança financeira global

Gould (2014, p. 4) desenvolve um modelo que denomina de "democracia interativa", o qual tem como fundamento a dependência da democracia em face das relações de cooperação na vida social, de maneira que haveria uma interdependência entre a democracia política e a organização das esferas econômica, social e pessoal, bem como uma inter-relação entre as formas participativa, deliberativa e eleitoral de democracia. Enfim, trata-se de uma concepção que considera a emergência de formas de governança regional, transnacional e global, e a conexão entre essas diferentes esferas entre si e com a nacional.

O critério democrático de inclusão de "todos os afetados" recebe uma especificação de maneira que não implique a exigência de que todos participem de todas as decisões, ainda que afetados de forma bastante distante, pois isto seria inadequado e inviável. Assim, é preciso distinguir aqueles que são significativamente afetados por determinada decisão, compreendidos como aqueles que são afetados em sua capacidade de realizar os direitos humanos fundamentais. Esses indivíduos devem ter significativa influência na decisão ou política em questão, ainda que não seja por meio de iguais direitos de participação. Esse princípio diferencia-se daquele das "atividades comuns", de acordo com o qual iguais oportunidades de participação sempre devem ser conferidas a todos os membros de determinada comunidade. Esse direito à participação é igual e pleno entre os membros de uma comunidade e instituição. Por outro lado, há o direito a uma influência relevante nas decisões de comunidades e instituições das quais os sujeitos não participam, mas que afetam significativamente a realização de seus direitos humanos básicos. Nos dois sentidos, a democracia seria um direito humano fundamental, ambos derivados da concepção de "liberdade positiva". (GOULD, 2014).

Assim, há um primeiro critério democrático de iguais direitos de participação, o qual, porém, é balanceado por um segundo, que seria o grau de afetação pela decisão. Este, por sua vez, também admite diferenciações, de maneira que o impacto de determinada decisão pode ser maior junto a pessoas distantes da instância em que foi tomada, e neste caso deve-se assegurar a essas pessoas um amplo direito para influenciar a decisão. Não é suficiente para atender a este princípio a oitiva eventual e aleatória de públicos mais amplos do que, por exemplo, os atores do "mercado" ou os cidadãos de um Estado, requerendo-se procedimentos que permitam o envolvimento sistemático das pessoas afetadas nas decisões e políticas implementadas pelos poderosos atores transnacionais e instituições de governança global. (GOULD, 2014).

Mas a ideia também teria aplicação no âmbito dos Estados? Isto tem uma implicação normativa muito profícua para a democratização da governança financeira global, pois decisões tomadas no âmbito da soberania dos Estados Unidos, por exemplo, em termos de juros e regulação bancária, impactam a população de todo o mundo, e de forma mais severa a das economias mais frágeis, de maneira que suas opiniões e seus interesses deveriam ser considerados. Há, porém, duas grandes dificuldades: (1) qual fórmula institucional possibilitaria que outros povos participassem de decisões tomadas por órgãos dos Estados Unidos e de outros Estados? (2) não obstante o apelo normativo, existe alguma viabilidade política para essa proposta?

Gould (2014, p. 93-96) assinala quatro formas de aplicação dos dois princípios democráticos que defende no campo dos processos decisórios transnacionais: (1) a introdução de procedimentos democráticos em todas as comunidades que assumem um caráter crescentemente transfronteiriço, os quais deveriam incluir não apenas iguais oportunidades para participação e deliberação nas instâncias em que isto for possível, mas também formas de representação articuladas com instrumentos de participação presenciais e por meio eletrônico. A viabilidade dessa ideia dependeria da aplicação do princípio da subsidiariedade, de maneira que, sempre que possível, as decisões sejam tomadas no âmbito local, ou então, por meio de comunidades temáticas transfronteiriças organizadas, por exemplo, ao redor de questões ecológicas ou econômicas; (2) criação de uma "Assembleia Global dos Povos" ou de um "Parlamento Global Democrático", não apenas como um novo fórum de discussões, mas com autoridade real, o que não representaria a solução definitiva para todos os problemas da democracia global, inclusive porque os mais poderosos poderiam continuar a ocupar suas posições, mas seria um canal para expressão de novos atores emergentes e para a experimentação de novas práticas democráticas; (3) construção de novas formas de expressão da opinião pública perante as instâncias decisórias, bem como de representação transnacional junto às instituições de governança global, o que não poderia se limitar a assegurar o direito de voz a determinadas organizações não-governamentais, as quais, inclusive, precisam se tornar mais representativas dos grupos em nome dos quais se propõem a se manifestar. Concretamente, essas novas formas de "*input*" da opinião pública poderiam ocorrer por meio de programas de computador para deliberação e outras formas de interação virtual. E a representação deveria envolver processos mais amplos e efetivos do que a simples coleta de informações, de maneira que os resultados das deliberações deveriam ser vinculantes para os atores com a competência institucional para tomar as decisões; (4) a criação de um sistema de assembleias delegadas, organizadas em termos geográficos ou temáticos, baseado no princípio da subsidiariedade e dotado de poderes efetivos para dirigir a política global. Isso também poderia compreender o desenho de instituições que assegurassem que os afetados pelas decisões de fato tenham voz e influência sobre elas, ainda quando distantes dos centros decisórios.

Gould (2014, p. 199) esclarece que, diferentemente de outros teóricos, ela não considera a deliberação como o sentido fundamental da democracia nos contextos transnacionais, pois a democracia exige mais do que deliberação, ou seja: "requer realmente tomar decisões (com regra da maioria como a principal possibilidade, embora não seja a única), bem como formas de reconhecimento mútuo entre as pessoas, além de amplas oportunidades de participação na vida social, econômica e política". Além disso, a democracia tem como pressuposto o respeito e a concretização de direitos humanos fundamentais, inclusive os de caráter econômico e social, bem como a proteção constitucional dos direitos de todos, inclusive das minorias. Assim, a deliberação é uma característica fundamental da democracia, pois permite a busca por acordos e decisões em bases racionais, o reconhecimento de todos os atores necessários, mas não é suficiente para caracterizá-la, pois, quando não se forma o consenso, é preciso decidir, e o critério majoritário, em geral, é o mais legítimo já experimentado.

Gould (2014, p. 199-201) enfatiza que sua preocupação é como viabilizar a participação das pessoas do "Sul Global" nas "comunidades epistêmicas" de governança global, de maneira que seus interesses sejam considerados, inclusive, nas decisões de corporações transnacionais e mesmo de Estados dos quais não são cidadãos. Os instrumentos disponibilizados pela internet forneceriam perspectivas promissoras para novas formas de deliberação envolvendo interesses de grandes públicos, como ocorre nas decisões das instituições globais, porém, não se podem criar expectativas exageradas diante dessas possibilidades, em face das grandes dificuldades envolvidas, como: a definição sobre quem será incluído e a partir de quais critérios; se a participação poderia ser anônima ou apenas mediante procedimentos de autenticação e identificação; como as manifestações seriam processadas e consideradas pelos atores com poder decisório etc. Essas dificuldades não anulam o potencial da *internet*, amplamente demonstrado na maneira como foi empregada em diversas em mobilizações sociais ao redor do mundo, como o *Occupy Wall Street* e o Fórum Social Mundial. Porém, isso não significa que as mobilizações e conexões em redes presenciais e virtuais transformam-se automaticamente em processos inclusivos de deliberação, embora possam, em tese, tornar governos e instituições de governança global mais responsivos. Ressalta-se, mais uma vez, que pesquisas de opinião não são suficientes, restando as complexas questões de como transformar deliberações virtuais em decisões políticas efetivas e como processar a diversidade cultural e nacional envolvida nesses espaços. A presença de desentendimentos sistemáticos em espaços com grande diversidade cultural, de interesses etc. é um problema-chave para as deliberações.

Além disso, a desigualdade econômica global impõe barreiras à participação e implica uma desigualdade digital, tanto em termos de acesso como de capacidade de uso das ferramentas da internet e de influência nos debates. As disparidades de poder e as relações históricas de opressão são, pois, grandes barreiras para os processos deliberativos.

Não obstante essas ponderações com relação à deliberação como elemento constitutivo da democracia, Gould (2014, p. 202-207) reconhece sua centralidade, pois, caso contrário, o processo democrático poderia ser reduzido à agregação de interesses ou compromissos entre posições antagônicas, afastando-se a dimensão racional, argumentativa das decisões. Além disso, ela ressalta que não é necessário que sempre se obtenha o consenso nas deliberações, nem mesmo que este seja seu objetivo principal, mas sim que os processos deliberativos permitam que a política não se restrinja à luta por poder ou à composição de interesses. Há, porém, registra-se novamente, maiores dificuldades nas deliberações transfronteiriças, visto que, às desigualdades existentes na esfera nacional, somam-se aquelas que marcam as relações entre o "Norte" e o "Sul" geopolíticos, além das diferenças de língua e cultura. Assim, nas condições históricas atuais, a almejada ampla participação de todos os interessados nas decisões no campo da governança global constitui-se um objetivo distante, sobretudo quando se pretende evitar que os processos desenhados tenham a mera aparência de participação, com a decisão de fato restrita às elites governamentais e corporativas, e os demais atores apresentando-se como meros figurantes, ocasião em que propostas deliberativas serviriam apenas para legitimar e camuflar processos excludentes.

Diante das desigualdades existentes no campo das tecnologias digitais, Gould (2014, p. 208-209, 236-237) defende que seria importante investir não apenas no desenvolvimento de novas tecnologias, mas também de espaços para deliberação presencial e novas formas de representação das pessoas afetadas pelas decisões das organizações de governança global, pois as comunicações virtuais não são capazes de substituir plenamente o diálogo face a face, o que poderia ocorrer por meio de representantes escolhidos democraticamente, em substituição àquela exercida por diplomatas e tecnocratas, ou então processos deliberativos compostos por indivíduos que representem a si mesmos enquanto afetados por determinada política ou decisão transnacional. Quando se trata de processos em grande escala, a participação direta não se mostra viável, devendo-se conceber alguma forma de representação, enquanto que em comunidades menores as formas participativas podem ser combinadas.

Por não confrontar o sistema capitalista em si, o modelo de democracia interativa não se enquadra propriamente no campo das *propostas radicais* (ou revolucionárias). Porém, dentro do quadro das perspectivas de reformas da governança global e da aplicação de suas ideias ao âmbito das finanças, certamente pode ser compreendido como uma abordagem crítica e ambiciosa, mais do que a proposta de democracia discursiva global - embora, e até como consequência disso, apresente maiores dificuldades em termos de modelagem institucional e viabilidade. Seus fundamentos, conceitos e indicativos de desenhos institucionais, entretanto, constituem um campo profícuo a ser explorado na construção de alternativas para a democratização da governança financeira global. Posteriormente, aprofundaremos a discussão sobre essas diferentes alternativas de forma comparativa e em face dos pressupostos normativos e empíricos previamente estabelecidos.

Passemos agora ao contraponto de posições marxistas sobre as perspectivas para a democracia em face da mundialização financeira.

A perspectiva marxista sobre a mundialização financeira e a democracia

A crítica fundamental da perspectiva Marxista aos projetos de democracia global é que implicariam a transposição para a esfera global das instituições da democracia burguesa do âmbito nacional, e para cumprir o mesmo papel de facilitar a dominação capitalista. Ou seja, se fosse um projeto viável, as instituições de democracia global serviriam, na verdade, como instrumentos de legitimação do capitalismo e do imperialismo. Inclusive, a experiência do Parlamento Europeu seria uma prova dessa avaliação, pois nem teve impactos significativos em termos de bem-estar para os cidadãos europeus, nem provocou transformações nas relações da Europa com os países em desenvolvimento, que continuaram a ser pautadas pela exploração e pela dominação. A abordagem da UE sobre a questão migratória seria uma clara demonstração disso. A explicação fundamental para isso seria o fato de que a integração europeia foi e é orientada pela classe capitalista transnacional e com seus valores e interesses. (CHIMI, 2012).

Tanto em o *Manifesto* como em *O Capital*, Marx (2008) enfatizou a conexão intrínseca entre capitalismo e globalização, sendo que na última obra tratou do comércio mundial como se fosse uma só nação.[44] Embora fosse uma condição necessária para a compreensão da economia capitalista, isso representou um obstáculo para o desenvolvimento de uma teoria sobre o sistema de Estados e formas de governança global que poderia produzir. Por outro lado, pode-se encontrar no arcabouço analítico de *O Capital*, as bases conceituais para o desenvolvimento de uma teoria das relações internacionais, a começar pelas duas dimensões fundamentais do modo de produção capitalista que ele assinala: (1) a exploração do trabalho assalariado pelo capital no processo de produção e (2) a competição entre capitais rivais, sendo que esta não representa um resultado acessório e acidental da luta de classes, mas o elemento que faz com que o capital se comporte como tal (busca da acumulação e concentração), o que explica, inclusive, os conflitos territoriais entre Estados soberanos no século XIX e início do século XX, articulando-se a competição econômica e as disputas políticas. (CALLINICOS, 2002).

O aspecto central da análise Marxista do poder é que ela é baseada nas relações de classe e derivada das relações de produção, o que também se aplica ao sistema interestatal e aos diferentes níveis de governança, o que inclui instituições como o FSB, sendo todos impregnados pelas contradições do capitalismo e seu processo de acumulação de capital. Por essa razão, não se trataria de uma "*governança de múltiplos níveis*", mas sim de uma "*dominação de múltiplos níveis*". (SOEDERBERG, 2005).

Especialmente no início do século XX e com a eclosão da I Guerra Mundial, a discussão Marxista sobre o sistema de Estados avança, a fim de buscar explicar o imperialismo e o conflito entre os Estados imperialistas como um desenvolvimento da competição entre os grandes conglomerados industriais e bancários pela acumulação e concentração de capital (tendência monopolista). Nesse sentido, entende-se o imperialismo como a competição geopolítica entre as *Grandes Potências*, do que a construção de impérios coloniais é apenas uma manifestação. Passa-se, em um novo desenvolvimento,

44 Para uma análise sobre a "intrínseca dinâmica globalizante do capital", já identificada por Marx, o caráter inerentemente internacional do "movimento comunista" desde o século XIX, e o desenvolvimento das "teorias marxistas do imperialismo", cf. Davenport, 2011.

a compreender o imperialismo não apenas como um fenômeno político, tal como predominou na II Internacional, mas como o estágio mais desenvolvido que o modo de produção capitalista poderia atingir. Nessa última perspectiva, Lenin rejeita as especulações de Kausty sobre o "ultra-imperialismo", de acordo com quem seria possível superar a competição geopolítica e a guerra que caracterizavam o mundo sem a revolução socialista, não obstante Lenin parta da mesma premissa do imperialismo como uma consequência do crescimento da concentração de poder econômico. (CALLINICOS, 2002).

Após o final da Guerra Fria, as análises Marxistas sobre o sistema político global continuam a gravitar ao redor da ideia de imperialismo:[45] seja concebendo a globalização como uma expressão do "ulta-imperialismo" norte-americano, como propõe Peter Gowan; ou com uma ideia já apresentada de império desterritorializado e descentrado, como defendem Hardt e Negri.[46] (CALLINICOS, 2002).

Nesse contexto, Callinicos (2002, p. 262-263) elenca sete pontos fundamentais para a compreensão da política global de uma perspectiva Marxista: (1) o processo de acumulação de capital em escala global é o fator determinante da política global; (2) a competição e a luta entre as potências capitalista ainda é uma dimensão constitutiva do capitalismo contemporâneo, com a permanência da liderança econômica e militar dos Estados Unidos, mas sob crescente contestação; (3) essa competição é complexa, com parcial dissociação entre as competições econômica e militar desde a II Guerra Mundial; (4) as elites econômicas dos Estados Unidos têm que lutar continuamente para conservar sua hegemonia; (5) a estrutura de governança global e suas instituições não constituem simplesmente um instrumento ideológico de legitimação da dominação, mas também não representam uma nascente "democracia cos-

45 Keohane (1984, p. 41-42) pondera que, para os Marxistas, não há sentido em se discutir a hegemonia ou as operações das instituições internacionais sem considerar a maneira como são moldados pelo sistema capitalista e sua evolução ("leis da história"). Ocorre que, tanto realistas como marxistas acabam se aproximando em suas análises sobre o período posterior à II Guerra Mundial, centradas no papel dos Estados Unidos na criação da ordem então vigente e na instabilidade decorrente da erosão do poder norte-americano.

46 Callinicos (2003, p. 136 e ss.) critica a obra Império, de Hardt e Negri, sob o argumento de que não oferece "orientações estratégicas" para a mudança.

mopolita". Isso porque, a cooperação internacional e as instituições por meio das quais ela se processa são importantes para a consecução dos objetivos dos Estados Unidos, para a coordenação dos demais poderes capitalistas, a solução de conflitos entre eles e subordinação dos Estados menores. Porém, "essas formas representam não a abolição, mas a continuação dos conflitos econômicos e políticos que têm dirigido o capitalismo desde seu início"; (6) essas formas de governança global implicam a formulação de discursos de legitimação que incluem a afirmação de que a democracia liberal seria a única forma política legítima no mundo; (7) uma consequência não prevista dessa construção da governança global é que suas instituições se tornaram objeto de contestação política, de maneira que "um capitalismo globalizado gerou uma oposição globalizada a seus efeitos, e demandas por reforma ou substituição".

Callinicos (2003, p. 14 e ss.) aposta em movimentos como os de Seattle, Gênova e Porto Alegre, os quais denomina de "anti-capitalistas", ou "anti-sistêmicos", como os agentes capazes de promover a consciência geral sobre o "sistema" e sua transformação. O autor apresenta, então, um "Manifesto Anti-Capitalista", inspirado na tradição Marxista revolucionária, com o propósito de "convencer mais pessoas de que outro mundo é de fato possível". Dentre as pautas do movimento, destaca-se a possibilidade de alternativas para regulação do mercado financeiro.

Valendo-se do conceito de "Multidão" em oposição ao "Império", Hardt e Negri (2001, p. xv. e ss.) afirmam que nossa "tarefa política" não se limita à resistência, mas também compreende a reorganização das "forças criativas da Multidão que sustenta o Império" para construir de forma autônoma um "contra-Império", em um contexto no qual o "internacionalismo proletário" não existe mais, em função das profundas transformações no trabalho e na composição do proletariado.

A possibilidade de emergência da democracia em escala global, na análise de Hardt e Negri (2006, p. xi e ss.), apresenta-se pela primeira vez, e isso ocorre na forma do "projeto da Multidão", o qual não consiste apenas na demanda por uma "sociedade global democrática aberta e inclusiva", mas também contempla "os meios para atingi-la". Se a globalização, por um lado, expressa as "redes de hierarquias e divisões que sustentam a ordem por meio do controle e do constante conflito" ("Império"), por outro, também possibilita a "criação de novos circuitos de cooperação e colaboração que se espalham através de nações e continentes e permitem um número ilimitado de encontros" ("Multidão"). Essa "Multidão" (que não se confunde com a "classe trabalhadora") consiste em uma "rede expansiva e aberta pela qual todas as diferenças podem ser expressadas de forma livre e igual". A "Multidão" expressa uma crescente demanda por democracia global por meio de inúmeros "movimentos de resistência contra a ordem global vigente". Essa demanda, obviamente, "não garante a realização da democracia", mas "seu poder não pode ser subestimado". Sendo uma abordagem filosófica, embora trate de casos concretos, os autores ressaltam que não se encontra em seu âmbito a "proposta de um programa concreto de ação", mas se propõem a "repensar conceitos políticos básicos", pois, além de questões como corrupção ou inadequação das instituições, a atual crise da democracia relaciona-se com "seu próprio significado em um mundo globalizado", o qual não pode coincidir com a concepção do moderno Estado nacional.

Hardt e Negri (2006, p. 234 e ss.) compreendem o cosmopolitismo liberal como uma posição do espectro político da esquerda que adota uma perspectiva crítica, mas compreende a globalização como um fenômeno que favorece a democracia, todavia, não tem como alvo a "globalização capitalista em si", mas a formulação de "melhores instituições e políticas para regular a economia". Os autores também ressaltam a importância da opinião pública como a "forma primária de representação nas sociedades contemporânea", mas apontam a inadequação da ideia de uma "opinião pública global para a compreensão da natureza e do poder das expressões das redes da *multidão*", nem apresenta todo o poder que lhe tem sido atribuído, considerando-se sua "enorme assimetria em relação aos poderes que dominam a ordem global atualmente".

Hardt e Negri (2006, p. 289) veem na elaboração de conjuntos de propostas concretas de reformas para democratizar o sistema global o risco de "obscurecer o fato de que é necessária uma transformação muito maior da sociedade e das estruturas de poder". Isso não significa que defendam que tais propostas não devam ser apresentadas, analisadas e implantadas, pois podem contribuir com a "expansão do poder da Multidão". Todavia, "não se deve parar nelas". Nesse sentido, os autores entendem que "não há conflito entre a reforma e a revolução", não porque se confundam, mas devido ao fato de que "nas condições atuais não podem ser separados", e "propostas reformistas podem até mesmo levar a mudanças revolucionárias". Além disso, "quando as reformas do sistema global provarem ser incapazes de prover as bases para a democracia real, elas demonstrarão de maneira ainda mais forte que a mudança revolucionária é necessária e a tornará mais possível". Assim, o mais importante não é "se uma proposta é reformista ou revolucionária", mas que ela integre o processo de transformação.

As propostas de ampliação da transparência e da *accountability* do FMI e do Banco Mundial, por exemplo, costumam ser apresentadas como o primeiro passo para sua democratização e para torná-los mais representativo. Todavia, a transparência não assegura maior representatividade, mas apenas visibilidade de suas decisões, o que até pode facilitar a realização de protestos, mas não garante que os atores que passam a acessar as informações terão real capacidade de influenciar as decisões. Sobre a *accountability*, é necessário indagar perante quem ela se dá, pois usualmente não é apresentada no sentido de prestação de contas e responsabilização perante o "povo global", mas sim em face de "outras instituições e especialmente de comunidades de especialistas". Além disso, o próprio conceito de *accountability*, originário do mundo corporativo, despolitiza a representação política, atribuindo-se uma natureza técnica ao controle a ser desempenhado, objetivando-se "assegurar eficiência e estabilidade econômica", e não propriamente um controle democrático (HARDT & NEGRI, 2006, p. 290-291).

Propostas de fortalecimento da Assembleia Geral da ONU em face do Conselho de Segurança, também apresentam limitações. Primeiramente, porque a representatividade da Assembleia restringe-se aos Estados-membros, mas a representação em seu âmbito muitas vezes é bastante limitada. Além disso, há uma desproporcionalidade em sua constituição em relação à população global. A proposta de uma segunda assembleia representativa dos povos e não dos Estados implicaria uma mudança significativa; todavia, permanece o problema de "como a representação poderia funcionar em uma instituição global constituída não por Estados-nação, mas pela população global", considerando-se obstáculos práticos como um eleitorado absurdamente grande e a fragilidade da representação nessas condições. A mesma fragilidade da representação existiria em um sistema representativo baseado em organizações não-governamentais. O "modelo federal de múltiplos níveis" adotado pela União Europeia, por sua vez, "mina a forma tradicional de representação sem criar uma nova" que seja satisfatória para responder aos problemas colocados.[47] (HARDT & NEGRI, 2006, p. 292-296).

Hardt e Negri (2006, p. 306 e ss.) concluem que muitas dessas e outras propostas de reformas, ainda quando benéficas, não seriam irrealizáveis apenas devido às "forças contrárias", mas por "não serem capazes de sustentar a democracia real na escala global". É necessário, pois, "reinventar o conceito de democracia e criar novas instituições"[48] adequadas para a esfera global, diferentes dos modelos nacionais, assim como a sociedade moderna o fez para o âmbito dos Estados nacionais, promovendo uma inovação radical semelhante à que se deu no Século XVIII, quando o paradigma de democracia era o ateniense.

Outra perspectiva de leitura do processo de dominação capitalista com premissas marxistas é a apresentada por Gramsci (2006) com o conceito de hegemonia, compreendido como "a liderança intelectual e moral que ele acredita ser uma condição necessária do exercício de qualquer dominação social de classe". Nota-se que, sem desconsiderar as relações materiais de produção, há uma ênfase na dimensão ideológica do processo. Robert W. Cox transporta essa ideia para a esfera internacional. Para o autor, "a estrutura hegemônica da ordem mundial é uma em que o poder tomara primariamente uma forma consensual". Isso significa que a ordem global vigente com suas relações de dominação depende de sua capacidade de se legitimar, ou seja, da construção de uma justificativa normativa que seja aceita pelos dominados, o que inclui as

47 Hardt e Negri (2006, p. 299 e ss.) ainda analisam os limites e potenciais de diversas outras reformas, dentre as quais as econômicas, como a eliminação ou redução radical dos débitos internacionais dos Estados mais pobres, a ampliação do poder regulatório dos Estados, ou de fortalecimento das organizações internacionais e transnacionais de governança financeira. Os autores ressaltam que as reformas deveriam ser orientadas para a "recuperação ou criação do comum", em contraposição ao "longo processo de privatização" que levou ao desmonte dos Estados de Bem-estar Social ou ao bloqueio de sua construção.

48 "A criação da multidão, sua inovação em redes e sua capacidade de tomar decisões em comum tornam a democracia possível pela primeira vez hoje. A soberania política e o governo unitário, que sempre minou qualquer noção real de democracia, tendem a parecer não apenas desnecessários, mas absolutamente impossíveis. [...] A autonomia da multidão e suas capacidades de auto-organização econômica, política e social retiram qualquer papel da soberania. [...] Quando finalmente a multidão é capaz de se governar, a democracia se torna possível". (HARDT e NEGRI, 2006, p. 340).

instituições internacionais, como as de Bretton Woods. (CALLINICOS, 2002, p. 257). Isso significa a aceitação de que a atual configuração do sistema financeiro internacional e de sua governança seria a única adequada e possível.

Contrapondo-se às teorias "do tipo *problem-solving*", a "Teoria Crítica *Neogramsciana*" desenvolvida por Cox (1981)[49] objetiva "questionar as origens da ordem social vigente, os interesses a que serve, suas perspectivas de mudança e o papel da agência na transformação da realidade social"[50] e, com fundamento metodológico na dialética histórica de Marx, assume também um caráter prescritivo no sentido de "pensar formas factíveis e viáveis de ordens sociais alternativas" a partir da identificação de possibilidades de mudanças nas próprias contradições das estruturas sociais. Nesse quadro, as estruturas históricas (portanto, mutáveis) limitam e pressionam os comportamentos dos atores, mas não os determinam, de maneira que há espaço para a ação humana transformadora. Tais estruturas históricas são compostas por "capacidades materiais" (tecnologia, recursos físicos), "ideias" (compreensão estabilizada sobre a "natureza das relações sociais", como a soberania dos Estados modernos, ou "imagens coletivas (mas divergentes) sobre a ordem social") e "instituições" ("amálgamas particulares de ideias e capacidades materiais que estão associados à perpetuação de uma determinada ordem social", as quais podem tanto refletir como criar relações desiguais de poder). (L. SANTOS, 2017, p. 119-121).

Cox (2000, p. 139-146) identifica três correntes de pensamento que podem ser superadas na futura ordem política global: a hegemonia, o sistema de Estados de Westfália, e a tendência da globalização na economia política mundial. Por "hegemonia", o autor não entende uma relação de dominação entre Estados (para o que ele utiliza a expressão "dominância"), mas sim "uma estrutura de valores e entendimentos sobre a natureza da ordem que permeia um completo sistema de Estados e entidades não estatais". Tais valores

49 Worth (2008, p. 634 e ss.), sem desconsiderar seus méritos e as possibilidades abertas por seus estudos, desenvolve uma perspectiva crítica sobre a abordagem de Robert Cox e Stephen Gill, defendendo a uma abordagem mais ampla do que a delimitada pelo âmbito da economia política.

50 Cf. outra abordagem de "crítica totalizante ao capitalismo" em Koddenbrock, 2015, que também discute a contraposição entre reforma e revolução como possibilidades de mudança social.

e compreensões sobre o mundo são tomados pela maioria dos atores como a "ordem natural", de maneira que ficam imunes a questionamentos. Há uma estrutura de poder que sustenta a dominação ideológica, geralmente com um Estado dominante, mas o poder não é suficiente para que se tenha hegemonia, é necessário que ocorra a adesão à forma de pensar e agir das elites dos Estados dominantes pelos mesmos segmentos dos demais Estados, passando-se, posteriormente, à aceitação pelos demais grupos sociais, legitimando-se a ordem de dominação vigente, no que Gramsci denomina de "revolução passiva". Para que se viabilize uma ordem "pós-hegemônica" seria necessário que não se consolidasse uma nova hegemonia em substituição àquela decadente. Além disso, seria necessário que as diferentes civilizações e tradições culturais fossem além do mútuo reconhecimento, com algo que se colocasse acima de suas diferenças e permitisse um diálogo entre elas. Com relação ao sistema de Estados, uma mudança significativa é o crescimento em seu número, sendo que os menos poderosos, não obstante sua diversidade de condições e interesses, partilham do propósito de estabelecer limites às atividades dos mais poderosos, o que os leva a defender "normas de comportamento internacional que sejam anticoloniais e anti-intervencionista, e que favoreçam a redistribuição de recursos globais". Isso é importante porque força uma mudança da "hegemonia" para a "dominância", ou seja, ainda que permaneça uma relação de dominação (poder), suas bases morais e sua legitimidade são colocadas em questão. Outro aspecto importante é que, não obstante os Estados conservem seu controle sobre seus territórios (característica essencial da *ordem westfaliana)*, isso perde importância em face de formas não-territoriais de poder. Enfim, com a globalização, os Estados deixaram de ter como papel econômico fundamental a proteção de suas economias contra influências externas prejudiciais, assumindo a função de ajustar suas economias ao que seriam as exigências da economia global em nome do incremento de sua "competitividade". Essa transformação no papel dos Estados abre espaço para movimentos de grupos étnicos e religiosos para expressão de suas identidades, e de nacionalidades que não dispõem de seus próprios Estados em busca de autonomia. Observa-se também o aumento do poder de corporações multinacionais e bancos transnacionais, ao mesmo tempo em que se dá a emergência de movimentos sociais transnacionais como o ambientalista, o feminista, o pacifista, dos povos indígenas etc. Com isso, a "utopia do mercado global" passa a ser questionada, com o crescimento de movimentos bastante diversos que se opõem aos efeitos sociais negativos da globalização, sobretudo os marginalizados e excluídos que almejam que a economia e a política também sirvam aos objetivos por eles determinados, como os novos movimentos sociais, os movimentos trabalhistas que superaram a perspectiva corporativista, os movimentos por democratização etc. Assim, embora não existam certezas sobre qual será a síntese que resultará desse processo dialético, temos que "a globalização não é o fim da história, mas o início de uma nova era de conflitos e reconciliações".[51]

Dentro dessa perspectiva, as transformações nas estruturas de poder das finanças globais e sua democratização se concretizariam por meio da deslegitimação da ideologia hegemônica e da construção de uma ordem pós-hegemônica, na qual seriam aceitas formas radicalmente diferentes de intermediação financeira, instituições e sistemas financeiros, bem como de sua governança, e não apenas o modelo regido pela lógica capitalista de exploração, acumulação e concentração de riqueza.

A partir desse arcabouço conceitual, L. Santos (2017, p. 122 e ss.) analisa as mudanças na "ordem mundial no início do século XXI", com destaque para a ascensão econômica e política dos BRICS e sua atuação pela reforma das estruturas de governança econômica das instituições de Bretton Woods, e a criação por tais países do "Arranjo Contingente de Reservas" (ACR) e do "Novo Banco de Desenvolvimento" (NBD), como instrumentos alternativos para garantia da estabilidade do balanço de pagamentos e da capacidade de investimento em infraestrutura e desenvolvimento de seus integrantes e demais "economias emergentes", e ao mesmo tempo de pressão pelas reformas do Banco Mundial e do FMI. Não se tratam, porém, de iniciativas de caráter "revolucionário", mas sim "reformista", pois em grande medida reproduzem a mesma estrutura e lógica das instituições de Bretton Woods, porém sob o controle de dos BRICS e não dos Estados Unidos e das "Potências Europeias", além de declaradamente apresentarem um caráter complementar e não substitutivo. Neste mesmo contexto, tivemos como "principal evento" a Crise Financeira, a

51 Cf. também Cox, 1995.

qual levou à contestação da operacionalidade e a legitimidade do neoliberalismo, da globalização financeira e de suas estruturas de governança. Entretanto, as expectativas de mudanças profundas que tal momento despertou não se concretizaram, mantendo-se a estrutura de poder mundial. Isso ocorreu tanto em função do "poder estrutural do capital financeiro transnacional", como da ausência de um "projeto contra-hegemônico que pudesse servir de alternativa ao que então estava dado". Esgota-se aqui a bastante pertinente análise de L. Santos, sem, todavia, avançar em termos de prescrição de alternativas.

Um autor Marxista que avançou na discussão sobre a democracia foi Poulantzas (1985), ao desenvolver uma "Teoria Marxista do Estado".[52] O autor critica o "tecnocratismo" (gestão por especialistas, de "direita" ou de "esquerda") em matéria econômica tanto no Estado capitalista como nas experiências socialistas, sob a justificativa da complexidade técnica e tecnológica. Diante disso, defende a democracia direta, o controle do Estado pelas "massas populares", inclusive de suas instâncias de decisão e gestão econômica, submetendo os tecnocratas à sua vigilância. Embora reconheça dificuldades na democracia direta, como o risco da demagogia, o autor conclui que seria o único caminho viável para evitar a burocratização do Estado.[53] Note-se, todavia, que Poulantzas não trata da democracia na esfera global, nem vai além da crítica à tecnocracia e da defesa da democracia direta como alternativa, o que é coerente com sua perspectiva marxista de acordo com a qual não seria possível a existência de um projeto normativo Marxista sobre como se daria a "passagem do Estado capitalista ao Estado socialista", e como esse Estado se organizaria institucionalmente. Portanto, a nova institucionalidade a ser implantada com a superação do Capitalismo não poderia ser teoricamente pré-determinada, mas sim construída no processo revolucionário pelas próprias massas populares, o que também se aplica aos debates a propósito da democracia global e o

52 A perspectiva de Poulantzas (1985) tem como ponto de partida a compreensão segundo a qual a questão política fundamental é a relação entre Estado, poder e classes sociais. Para o autor, o Estado, assim como o direito e a ideologia, constituem instrumentos da dominação capitalista e de sua legitimação. Não há, portanto, relações de dominação sem Estado (e institucionalização do poder político). O autor esclarece que não seria possível a construção de uma teoria *geral* do Estado da perspectiva marxista, pois toda explicação geral e abstrata seria incompatível com o Marxismo e incapaz de explicar os fenômenos políticos.

53 Para uma análise sobre o pensamento de Poulantzas, cf. Bruff, 2012.

controle democrático sobre as finanças mundializadas. Isso explica as limitações prescritivas e do debate institucional das análises Marxistas.

As teorias radicais de inspiração marxista também não fornecem orientações mais profundas e consistentes sobre como enfrentar os problemas da estabilidade das finanças globais, mostrando-se mais adequadas para realizar o diagnóstico dos problemas do que para indicar um projeto normativo para a transformação da governança das finanças globais. (SCHOLTE, 2002).

Os "pensadores radicais" resistem à ideia de prescrever medidas substantivas específicas ou desenhos institucionais para a construção de uma ordem global mais democrática, pois isso "representa a perspectiva centralizada, moderna, 'de cima para baixo' e estatista para a vida política que eles rejeitam". Assim, o que procuram fazer é identificar princípios que possam orientar diferente formas institucionais que eles possam assumir. Essa perspectiva é orientada por um "programa de resistência" e pela busca de "politização da vida social", com o protagonismo dos movimentos sociais na construção dessa nova ordem. Outro aspecto fundamental a ser ressaltado é que a "democracia real" está intrinsecamente relacionada com a igualdade econômica e social, de maneira que não é possível separar as dimensões formal e substantiva da democracia. Além dos protestos tradicionais com caráter de contestação e foco em demandas específicas, que se encontram na raiz dos projetos políticos radicais, há algum tempo vem emergindo uma nova agenda mais propositiva, preocupada com reformas institucionais, como nas diferentes edições do Fórum Social Mundial, nas quais diferentes propostas são formuladas para reestruturar a globalização. (HELD & MCGREW, 2007).

Outras perspectivas radicais

As diferentes abordagens Marxistas não preenchem todas as possibilidades de perspectivas radicais para a democracia global e, em particular, no campo da governança financeira global.

Por exemplo, de acordo com Chimi (2012, p. 234-237), existe espaço para o desenvolvimento de um "modelo de cosmopolitismo insurgente",[54] por

54 Sobre o desenvolvimento de um "cosmopolitismo crítico para além do nacionalismo e do colonialismo", almejando superar o eurocentrismo e a (falsa) dicotomia entre estudos culturais e economia política, cf. Grosfoguel (2011, p. 3 e ss.), que propõe "uma perspectiva

meio do qual se busque transformações substantivas na estrutura política e econômica do capitalismo global, tendo como objetivo a realização da democracia global. Para tanto, em primeiro lugar, é preciso ter clareza de que, em um estágio inicial ou mesmo em médio prazo, a democracia global não terá a forma de eleições diretas para uma espécie de governo mundial, e avanços modestos em termos de maior abertura e inclusão nas instituições de governança global não resolverão os problemas de justiça e representação na política global,[55] podendo, inclusive, servir como instrumentos de legitimação da dominação vigente, a não ser que também se avance na concretização dos princípios de reconhecimento e justiça distributiva. Aqui residiria um limite do cosmopolitismo liberal, o qual enfatiza o princípio da representação em detrimento dos outros dois. Em segundo lugar, o princípio do reconhecimento implica a aceitação da diversidade epistemológica do mundo, da justiça cognitiva de que trata Boaventura de Sousa Santos, de maneira que não sejam excluídas visões cosmopolitas diferentes da ocidental. Em terceiro lugar, é necessário considerar adequadamente as transformações nos sistemas globais de produção e finanças, sem que com isso se caia em alguma forma de determinismo político semelhante ao determinismo econômico presente no Marxismo. Em quarto lugar, a democracia global deve ser pensada em uma perspectiva de governança de múltiplos níveis, sendo que todos precisam ser

epistêmica a partir dos subalternos". Nesse sentido, o autor enfatiza que "o fato de alguém estar socialmente localizado no lado oprimido das relações de poder não significa automaticamente que ele/ela esteja pensando epistemicamente a partir de uma localização epistêmica subalterna. [...] Precisamente, o sucesso do sistema mundial colonial/moderno consiste em fazer com que os sujeitos socialmente localizados no lado oprimido da diferença colonial pensem epistemicamente como aqueles nas posições dominantes. Perspectivas epistêmicas subalternas são conhecimentos vindos de baixo que produzem uma perspectiva crítica do conhecimento hegemônico nas relações de poder envolvidas".

55 A propósito, Chimi (2012) destaca que é possível argumentar que a criação de "instituições de democracia burguesa" na esfera global, como o Parlamento Europeu ou uma "Assembleia dos Povos", não obstante suas limitações, constituiriam uma oportunidade para expressão e maior influência da "classe oprimida transnacional" nos processos decisórios globais. Assim, a ideia de reduzir o déficit democrático das instituições internacionais, como o FMI e o Banco Mundial, deve ter seu valor reconhecido, até porque se trata de uma demanda de longa data de Estados e grupos sociais subalternos, expressa, por exemplo, em movimentos como o Fórum Social Mundial (FSM).

democratizados. Em quinto lugar, o discurso da democracia global precisa assegurar espaço para as vozes de resistência, particularmente daquelas originárias do "Sul global". De maneira sintética

> [...] a essência do cosmopolitismo insurgente é a ênfase na criação simultânea de estruturas políticas locais, regionais e globais, enquanto busca mudanças materiais nas estruturas do capitalismo global para realizar os objetivos da justiça global alcançados com base no princípio da reciprocidade cognitiva.

Para Chimi (2012, p. 238-239, 241-244), o problema das propostas da democracia cosmopolita liberal, não obstante sua "integridade impecável", é que não observam adequadamente a forma como o imperialismo global, liderado pela "classe capitalista transnacional",[56] cuja força motriz é o capital financeiro internacional, bloqueia as possibilidades de reformas da governança global. Consequentemente, reformas nas estruturas institucionais não serão capazes de promover a democratização da governança global se as normas substantivas elaboradas ou garantidas por essas instituições atuarem em sentido contrário, promovendo a desigualdade econômica e política, servindo tão somente para legitimar a dominação e a desigualdade característica da ordem internacional. Uma decorrência disso é que os Estados continuariam a ser os espaços centrais para o desenvolvimento de reformas de caráter progressista. Além disso, não caberia à sociedade civil, mesmo uma sociedade civil transnacional, a liderança das transformações necessárias na governança global, mas sim às lutas políticas travadas no âmbito nacional e na aliança entre forças sociais e democráticas de esquerda, as quais devem pressionar seus representantes na esfera global a fazer face ao poder da classe capitalista transnacional.

Nesse sentido, Boaventura de Sousa Santos (2003, p. 27 e ss.) pondera que a "globalização neoliberal", embora hegemônica, "não é a única que existe", pois há inúmeros movimentos e redes globais organizados e ativos contrapondo-se a ela e apresentando alternativas, o que o autor denomina

56 No mesmo sentido, Harvey (2009, p. 89) critica a "definição estreita e individualista de direitos, bem próxima da ética neoliberal de conforto", de Held, Beck e outros autores cosmopolitas liberais.

de "globalização contra-hegemônica", a qual tem em seu centro o combate a todas as formas de exclusão social, as quais decorrem de "relações desiguais de poder".[57] Não se trata, contudo, de um projeto unificado, mas sim plural e diverso, o que não impede perspectivas de comunicação e articulação entre os diferentes projetos de emancipação social, denominados em seu conjunto de "cosmopolitismo dos subalternizados" ou "cosmopolitismo dos oprimidos" – o qual se contrapõem ao emprego abstrato e excludente que usualmente se faz do conceito de cosmopolitismo. Isso porque, cosmopolitismo é um conceito que pode ser empregado para legitimar a hegemonia de determinados grupos, mas também pode ser operado pelos excluídos, desde que assuma uma nova perspectiva, a das "vítimas da concepção hegemônica de cosmopolitismo". O "cosmopolitismo dos subalternizados" é um projeto multidimensional, de caráter cultural, político e social, e ainda se apresenta em "manifestações embrionárias", de maneira que "o lugar do direito no cosmopolitismo subalterno e sobre as práticas nascentes que podem consubstanciar uma legalidade cosmopolita subalterna terá que ser empreendida num espírito prospectivo e prescritivo".

Harvey (2009, p. 94) também defende a necessidade de emergência de um novo cosmopolitismo, em oposição ao "neoliberalismo cosmopolita", o qual poderia emergir "da avaliação sobre requisitos práticos e necessidades humanas básicas", da "reflexão filosófica", e do "fermento dos movimentos sociais engajados em transformar o mundo cada um de sua própria maneira". Diante disso, embora reconheça a importância da teorização sobre o "cosmopolitismo dos subalternizados" desenvolvida por Boaventura de Sousa Santos, Harvey, um Marxista, critica a restrição que ele estabelece ao papel dos intelectuais, que seria de apenas "amplificar a voz dos sujeitos vitimizados", o "que coloca uma barreira para um engajamento crítico profundo". Assim, caberia também aos intelectuais "engajar-se criticamente na tarefa de traduzir demandas particularistas e engajamentos locais em uma linguagem comum de oposição ao capitalismo neoliberal e às estratégias imperialistas".

Partindo dessas premissas é que, no próximo Capítulo, analisaremos alternativas propostas por movimentos sociais e organizações da sociedade ci-

57 Cf. Chase-Dunn, 2006; Boswell e Chase-Dunn, 2006.

vil, principal aposta das diferentes teorias críticas e radicais para a democracia global e na esfera das finanças.

Rancière (2014, p. 9-11, 62-64, 69, 71-75) é outro teórico do campo radical que se dedica ao tema da democracia. De acordo com o autor, as instituições da democracia formal escondem a dominação de fato exercida pela burguesia. Já a democracia real seria um sistema no qual "a liberdade e a igualdade não seriam mais representadas nas instituições da lei e do Estado, mas seriam encarnadas nas próprias formas de vida material e da experiência sensível". Trata-se, pois, de superar a apatia dos indivíduos conformados à farsa das instituições que na verdade os oprimem. O autor compreende a democracia não como um sistema de governo ou como uma forma de organização da sociedade, mas sim como o poder do povo enquanto "o poder próprio daqueles que não têm mais título para governar do que para ser governados", ou seja, que não são dotados de investidura decorrente de filiação divina (poder teocrático) ou humana (poder hereditário), ou da riqueza, ou do conhecimento científico. Ou, dito de outra forma, trata-se do "poder dos que não têm razão natural para governar sobre os que não têm razão natural para ser governados". Dessa perspectiva, a representação não é vista como um artifício para viabilizar a democracia em grandes escalas populacionais, geográficas e de complexidade, mas sim como uma forma oligárquica de poder. O sufrágio universal, por sua vez, nasce da oligarquia, mas é uma forma pela qual os que não têm poder tentam enfrentá-la, ao mesmo tempo em que a oligarquia está sempre reconquistando seu domínio. De uma maneira mais ampla, a democracia constitui o "processo de luta contra a privatização" da vida, pela ampliação da esfera pública, contra a divisão entre o público e o privado que permite a dominação oligárquica no Estado e na sociedade, contra a representação dos interesses dominantes pelo sistema eleitoral. Trata-se, enfim, de um

> [...] duplo movimento de transgressão dos limites, um movimento para estender a igualdade do homem público a outros domínios da vida comum e, em particular, a todos que são governados pela limitação capitalista da riqueza, um movimento também para reafirmar o pertencimento dessa esfera pública incessantemente privatizada a todos e a qualquer um.

Rancière (2014, p. 102-103) afirma que instituições supraestatais, ao serem desprovidas da obrigação de prestar contas ao povo, realizam o fim de "despolitizar os assuntos públicos, situá-los em lugares que sejam não lugares, e não deixam espaço para a invenção democrática de lugares polêmicos". Servem, assim, de anteparo para que os Estados sejam dirigidos por "especialistas" ou "gestores dos impactos locais da necessidade histórica mundial", como se não houvesse margem para escolhas substantivas. Todavia, embora desenvolva uma concepção "radical" de democracia, o autor também não avança em termos de modelagem institucional – até porque não é esse seu propósito.

A lição que podemos extrair dessa análise é a de que a democratização da governança financeira global exige, antes de quaisquer reformas de procedimentos e estruturas, a ampliação do escopo da democracia e a politização de temas que estão sendo deixados na esfera privada ou de gestão por especialistas.

Mouffe (192, p. 1 e ss.) também propõe uma "radicalização das tradições democráticas", por meio da retomada e da implementação dos princípios radicais da liberdade e da igualdade, e não do abandono de tais princípios para a "construção de uma sociedade completamente diferente", sendo tal tentativa, no âmbito Soviético, uma "experiência desastrosa".[58] Trata-se, por outro lado, de superar a "democracia formal burguesa", por meio da implantação de uma "democracia radical e plural".

Com fundamento no reconhecimento da impossibilidade da eliminação dos antagonismos, a Mouffe (2003, p. 13 e ss.) afirma que uma "República Mundial" de inspiração Kantiana seria inviável. Diante disso, a autora defende que "ao modelo falho de 'democracia cosmopolita' é urgente opor uma concepção diferente de ordem mundial, uma concepção que reconheceria o pluralismo de valores no seu forte sentido weberiano ou nietzschiano, com todas

---

58 "Não foi a ideologia liberal que causou tanta exploração e dominação. Foi o fracasso do capitalismo real em viver de acordo com seus próprios ideais (liberdade e igualdade) na maior parte do mundo. Esse é o problema que os progressistas devem resolver. Uma questão central para qualquer estratégia de transformação é a questão da agência. Quem são os atores que mais vigorosa e efetivamente resistem ao capitalismo e constroem o socialismo democrático? Onde está o terreno mais favorável, o elo mais fraco, onde a ação concertada pode dar mais frutos?" (CHASE-DUNN, 2006, p. 97).

as suas implicações para a política". Sua proposta, por outro lado, reconhece a necessidade de instituições para

> [...] regular as relações internacionais, mas essas instituições deveriam permitir um grau significativo de pluralismo, e não exigir a existência de uma única estrutura unificada. Tal estrutura necessariamente pressuporia a presença de um centro que seria o único lugar da soberania. É inútil imaginar a possibilidade de um sistema mundial regulado pela Razão e onde as relações de poder tenham sido neutralizadas. Este suposto reino da Razão pode apenas ser a tela que dissimula as regras de um poder dominante, que identificando seus interesses com aqueles da humanidade trataria qualquer divergência como um desafio ilegítimo para sua liderança 'racional'.

A defesa das instâncias de governança como espaços de expressão do pluralismo e a crítica à crença na razão como fonte suprema da regulação mundial (presente, em diferentes graus, em todas propostas apresentadas nas seções anteriores às dessas perspectivas radicais), ou mesmo do uso do discurso da racionalidade como instrumento para legitimação das relações de poder, bastante presente na governança financeira global, constituem contrapontos importantes para o quadro analítico que apresentaremos nas considerações finais.

Encerrando este Capítulo, trataremos de algumas propostas específicas para a reforma da governança financeira global apresentadas nos campos da Economia Financeira Internacional e do Direito Econômico Internacional.

Propostas específicas para a reforma da governança financeira global apresentadas nos campos da Economia Financeira Internacional e do Direito Econômico Internacional

As propostas para a democratização da governança financeira global apresentadas por diferentes correntes da Teoria Política, embora com variações de grau, como observado, apresentam pouca especificação em termos de definição de desenhos institucionais. Encontramos propostas mais concretas nos campos da Economia Financeira Internacional e do Direito Econômico Internacional, os quais, por sua vez, estabelecem um diálogo apenas indireto e superficial com a Teoria Política, o que empobrece o debate sobre a articulação entre adequação técnica e legitimidade política e nos parece uma perspectiva a ser explorada.

Young (2017, p. 44-46), por exemplo, defende que a perspectiva com maiores possibilidades de sucesso para a superação dos impasses na governança financeira global e para torná-la mais efetiva encontra-se nas agências autônomas com "significante capacidade tecnocrática", como o FMI, que ganhou proeminência após a Crise de 2008, enquanto "instituição responsável pela estabilidade do sistema financeiro global". O autor também destaca o papel central assumido pelo G20, uma instância política, como líder e articulador das reformas em resposta à Crise, definindo a agenda de discussões. Todavia, coube ao *Financial Stability Board*, outro organismo de natureza tecnocrática, o papel de instituição formal com o mandato de coordenar e monitorar as diferentes organizações de governança financeira global. Esses dois exemplos demonstram como um dos aspectos centrais da Crise foi a ausência de uma autoridade centralizada de coordenação da governança financeira global, o que sugeriria que este seria um caminho importante para se avançar. Quanto ao problema da legitimidade política, o autor ressalta que ela deve ser aferida pelo processo de constituição da organização (no caso do FSB, uma decisão do G20) e pelos "procedimentos racionais e transparentes" que venham a adotar.

No campo da governança monetária, Duran (2017, p. 49 e ss.) adota uma posição semelhante ao defender que o caminho para a superação dos impasses e assegurar efetividade seriam os emergentes "grupos técnicos com boas práticas" e "instituições internacionais autônomas e adaptativas". As instituições centrais nesse processo seriam os bancos centrais (e não organizações multilaterais), considerados organismos técnicos e "comunidades epistêmicas, com valores e ideias compartilhados, assim como formas de ação política". Seria necessário, ainda, conectar o nível multilateral com iniciativas bilaterais fomentadas pelos bancos centrais (formação de redes e comunicação entre essas instituições), pois enquanto esses agem unilateralmente acumulando reservas para enfrentar as crises de liquidez, a ação naquele nível almeja coordenar a atuação dos países emergentes também para evitar as crises. Concretamente, isso exigiria "o desenho de uma instituição paralela ao FMI que atuaria como um emprestador de última instância nas ocasiões de crise, por meio de arranjos regionais", à qual os bancos centrais teriam acesso nas ocasiões de crises; e também a promoção de "transações transfronteiriças em moedas diferentes do Dólar", como a chinesa. Pondera-se, porém que, "os bancos centrais não são apenas agências regulatórias, mas também bancos", de maneira que "tendem a ser mais expostos aos interesses do mercado, inclusive no nível global". Assim, é necessário que sejam desenvolvidos mecanismos de prestação de contas e responsabilização dos bancos centrais perante os contribuintes. Outro problema é o potencial conflito de interesses entre o cumprimento de objetivos nacionais e globais na busca por estabilidade financeira. A proeminência dos bancos centrais, porém, não dispensaria a existência de uma organização ou, pelo menos, de uma rede de articulação de sua atuação, o que poderia ser desempenhado pelo FMI ou pelo BIS.

Nota-se, nesses dois exemplos, por um lado, a centralidade do papel dos técnicos e de sua autonomia e, por outro, dos Estados nacionais. Ambos tratam de transparência e responsabilização, mas nenhuma das propostas avança em termos de maior participação e controle de pessoas afetadas pelas decisões e que não integram a "comunidade epistêmica das finanças". A opção pela responsabilização perante *contribuintes* e não *cidadãos* também contém uma carga simbólica relevante.

Já Stiglitz (2006, p. 13-21) apresenta um conjunto de propostas de reformas para a globalização divididas em seis áreas, compreendendo sobretudo questões substantivas, mas também procedimentais e organizacionais: (1) a redução da pobreza em suas várias dimensões (renda, saúde, acesso à água etc.); (2) a necessidade de ampliação da assistência internacional e o alívio dos débitos dos países mais pobres; (3) a promoção do comércio justo; (4) a revisão das medidas de liberalização do comércio e do mercado de capitais, dentre outras defendidas pelo "Consenso de Washington", em face do reconhecimento de suas limitações e dos resultados negativos que acarretaram[59];

59 A opção pelo controle do fluxo de capitais é economicamente controversa. No campo do liberalismo encontramos sua defesa com argumentos nas mesmas bases da defesa do livre comércio: eficiência econômica e ganhos para todos. Em sentido contrário, argumenta-se, em primeiro lugar, que tais ganhos ocorreriam apenas em um mundo idealizado de competição pura e perfeita previsibilidade, o que não corresponde à realidade oligopolizada e de assimetria de informações do mercado financeiro (e do mercado como um todo). Essas imperfeições do mercado não são objeto de controvérsia, de maneira que

(5) a proteção do meio ambiente; (6) a reforma do sistema de governança global e seus processos decisórios, tendo em vista seus muitos defeitos, especialmente os riscos do unilateralismo e o déficit democrático nas instituições de governança econômica.

Uma das deficiências da governança financeira global apontadas por Stiglitz (2006, p. 213) é o fato de que existem leis no âmbito nacional para regular como enfrentar as situações de insolvência das empresas, tendo em vista não apenas os interesses dos credores, mas também dos trabalhadores, a preservação da própria empresa sempre que possível, além dos impactos da possível falência sobre a economia como um todo, mas não há regras semelhantes para reestruturação de dívidas soberanas. Daí a necessidade de reformas na governança financeira global sobre a reestruturação tanto das dívidas privadas perante instituições estrangeiras como das dívidas soberanas. A questão não pode ser reduzida ao "perdão" das dívidas – pois ela poderia crescer novamente em alguns anos, mas também deve abranger justamente a maneira como evitar um crescimento da dívida a ponto de os países pobres não conseguirem pagá-las ou perderam a capacidade de fazerem escolhas de política econômica que atendam às necessidades de seus cidadãos.

Outra reforma substantiva necessária seria a do sistema global de reservas, visto que os governos, sobretudo dos países em desenvolvimento, dispendem enormes quantias para adquirir "moedas fortes", especialmente Dólares, para compor suas reservas cambiais. Isso pode ocorrer por meio das próprias moedas, mas, em geral, opera-se com a aquisição de títulos da dívida americana ("US Treasure bills", ou "T-bills") de curto prazo, os quais têm a vantagem da alta liquidez, mas são remunerados com taxas de juro muito baixas. Assim, "há algo peculiar nos países pobres que precisam desesperadamente de capital emprestando centenas de bilhões de dólares ao país mais rico do mundo" e recebendo por isso um baixíssimo retorno. É esse sistema que sustenta o déficit fiscal e

da perspectiva normativa, o argumento é incontestável. O problema é empírico: teria o Estado informações suficientes e capacidade para implementar a regulação adequada? Uma resposta positiva teria um viés tão idealizado quando a crença no livre mercado. A segunda argumentação, mais relevante que a primeira em face do contexto contemporâneo, refere-se não a distorções, mas a própria natureza do mercado financeiro com sua propensão a crises, dada a sua vulnerabilidade a ataques especulativos. (COHEN, 2002).

comercial dos Estados Unidos. As reservas cambiais desempenham diferentes finalidades, como garantia da própria moeda (conversibilidade em Dólar ou ouro), ajuda no gerenciamento de riscos (com disponibilidade de recursos para situações inesperadas, por exemplo, aumentos repentinos nas taxas de juros) e gerenciamento da política cambial. Os Estados sempre tiveram reservas, porém, houve um grande crescimento nos últimos anos, o que se explica pela grande instabilidade econômica e financeira global e pelo desejo de não depender de empréstimos do FMI em situações de crise. A reforma do sistema é necessária tanto para torná-lo mais estável – pois sendo excessivamente dependente do Dólar fica completamente sujeito a qualquer instabilidade na economia norte-americana, como para liberar recursos dos Estados para promover o desenvolvimento e enfrentar a pobreza.[60] (STIGLITZ, 2006, p. 244 – 248).

Além da reforma do sistema global de reservas, Stiglitz (2006, p. 281) defende a obtenção de fundos para prover bens públicos globais por meio de receitas da exploração de recursos globais (como direitos de extração de recursos naturais marítimos) e a tributação de atividades que geram externalidades negativas, como comércio de armas, atividades poluentes e fluxos transnacionais de capitais de curto prazo.

No âmbito dos Estados, Stiglitz (2012, p. 238 e ss.) observa que a política macroeconômica tem grandes efeitos sobre a desigualdade econômica, sendo essa uma das razões pelas quais os bancos centrais devem se submeter a um controle mais democrático, ao contrário do argumento dominante de que devem ser "despolitizados", autônomos em relação à representação política, e conduzidos exclusivamente por tecnocratas, pois as decisões de política monetária são políticas.

Não obstante a importância dessas medidas de caráter "substantivo", Stiglitz (2006, p. 281-288) pondera que quaisquer outras mudanças estruturais no curso da globalização têm como pressuposto a realização de reformas para reduzir o déficit democrático de sua governança. Nesse sentido, ele propõe: (1) alteração da estrutura de votação do FMI e do Banco Mundial, de maneira que os países em desenvolvimento tenham maior influência sobre os processos decisórios; (2) alteração nos responsáveis por representar

60 Cf. Allen e Carletti, 2010.

os Estados, de maneira que sempre que houver questões que compreendam a sobreposição de diferentes áreas, todos os respectivos ministros devem estar representados. Não basta a representação dos ministros de finanças, por exemplo, em decisões com impactos em outras áreas, como meio ambiente, desenvolvimento social etc.; (3) adoção de princípios de representação, ainda que a representação de todos os Estados potencialmente interessados em todas as negociações nem sempre seja possível, dada a dificuldade em se chegar a acordos em grandes colegiados. Nesse sentido, é preciso reconhecer que nada impedirá os países mais poderosos de exercerem uma influência dominante, porém, é preciso que, pelo menos, os processos formais atendam melhor aos princípios democráticos; (4) aumento da transparência nas instituições; (5) melhoria nas regras sobre conflitos de interesses; (6) adoção de processos decisórios mais inclusivos, de maneira que mais atores possam se expressar e sejam ouvidos, como as organizações não-governamentais; (7) garantia de condições materiais para que os Estados em desenvolvimento possam participar de forma mais efetiva das decisões, por exemplo, mediante subsídios para avaliarem melhor as opções submetidas às decisões; (8) melhoria da *accountability* por meio de processos independentes de avaliação, ainda que sua efetivação por meio de processos eleitorais diretos não seja possível; (9) adoção de melhores procedimentos jurisdicionais; (10) melhor aplicação das normas de direito internacional; (11) fortalecimento do Conselho Econômico e Social da ONU,[61] que poderia liderar várias das reformas propostas, bem como promover uma discussão articulada de várias questões que estão sendo enfrentadas de forma compartimentada.

Após a Crise de 2008, Stiglitz (2010) coordenou uma comissão de vinte especialistas de diferentes regiões do mundo, criada em novembro daquele ano, por convocação do Presidente da 63ª Sessão da Assembleia Geral da ONU, Miguel d'Escoto Brockmann, com o objetivo de fornecer subsídios para a deliberação dos Estados-membros em face da Crise. Em seu relatório, a Comissão apresentou um diagnóstico e propostas de reformas no âmbito das políticas macroeconômicas, do aperfeiçoamento da regulação para proteger a estabilidade

61 ORGANIZAÇÃO DAS NAÇÕES UNIDAS. *Rules of Procedure of the Economic and Social Council. New York: UN, 1992. Disponível em:* <http://www.un.org/ga/search/view_doc.asp?symbol=E/5715/Rev.2>. Acesso em: 06 fev. 2018.

financeira, das instituições financeiras internacionais e das inovações financeiras internacionais. Tais propostas, na mesma linha das anteriormente apresentadas pelo autor, incluem: (1) a criação de um novo sistema global de reserva monetária, com uma moeda global e um "Global Reserve Bank"; (2) um regramento para gerenciar as crises de dívidas soberanas, o que compreenderia também a instituição de uma "International Debt Restructuring Court"; (3) estruturas inovadoras de gerenciamento de riscos; e (4) formas inovadoras de financiamento, como a tributação sobre certas atividades com impactos globais, cujas receitas seriam empregadas para financiar objetivos globais.

Nesse Relatório destacou-se que o debate em pequenos grupos é fundamental para a formulação de consensos sobre as reformas, mas as decisões propriamente deveriam residir na Organização das Nações Unidas, por se tratar da única instituição internacional dotada de legitimidade política suficiente para conduzir esse processo, tendo em vista que conta com a representação tanto dos Estados mais desenvolvidos, como dos com renda média e dos mais pobres. (STIGLITZ *et al.*, 2010).

O Relatório também ressalta que a melhoria da representatividade e da legitimidade democrática não requer a participação de todos os Estados em todas as deliberações, o que, dado o número de participantes, tornaria o processo inviável. Assim, seria possível organizar comitês de trabalho constituídos por representantes democraticamente escolhidos e com equilíbrio na representatividade das diferentes regiões e dos diferentes níveis de desenvolvimento, limitando-se o número de participantes, de maneira a assegurar a efetividade dos processos decisórios, ao mesmo tempo que refletiria o pluralismo global de interesses e perspectivas. (STIGLITZ *et al.*, 2010). A diversidade de perspectivas não deve abranger apenas os corpos diretivos, mas também os burocráticos, nos quais, atualmente, impera grande homogeneidade.[62]

62 Tratando especificamente do FMI, Griesgraber (2009, p. 183) pondera que "em geral, a equipe do FMI precisa de maior diversidade de experiências e formações. A regra é que os funcionários ingressem na instituição imediatamente após receberem um PhD em macroeconomia em uma instituição importante com aderência à filosofia de livre mercado dos EUA e do Reino Unido. A diversidade de origens e perspectivas nacionais de funcionários individuais têm relativamente pouco impacto nas deliberações do Fundo. Essa homogeneidade intelectual é reforçada pelo vigor da direção em exigir disciplina

Não obstante a importância das instituições internacionais e transnacionais para a governança financeira, o Relatório defende que é necessário restabelecer o papel do Estado na regulação do mercado financeiro, pois a crise em parte resultou de sua excessiva desregulamentação. (STIGLITZ *et al.*, 2010).

Outra medida importante proposta no Relatório é a ampliação da transparência e da *accountability*, visto que organismos nacionais e internacionais tomaram muitas medidas em resposta à Crise sem que fossem adequadamente conhecidas e avaliadas pelo conjunto da sociedade, e mesmo pelos parlamentos nacionais. (STIGLITZ *et al.*, 2010).

Na avaliação do Relatório, a inadequação das respostas das instituições financeiras globais à Crise de 2008 e à prevenção das crises demonstra a urgência de sua reforma, não apenas com relação às suas funções e governança, mas também no que se refere às políticas e filosofias que orientam sua operação. Nesse sentido, o primeiro ponto salientado é a necessidade de ampliar a influência e a representação dos países em desenvolvimento, os quais atualmente têm um peso muito maior na economia global do que no momento em que o FMI e o Banco Mundial foram criados. (STIGLITZ *et al.*, 2010).

Nesse sentido, Vestergaard e Wade (2012, p. 259 e ss.) defendem a constituição de um Conselho Econômico Global (CEG), com uma composição que possibilite a superação do dilema legitimidade X efetividade, assegurada por meio de um número relativamente restrito de representantes dos Estados escolhidos por meio de procedimentos que permitam que os não participantes se sintam representados.[63] Assim, haveria não apenas complementarieda-

---

nas discussões sobre as políticas do Fundo, especialmente depois que qualquer decisão é tomada – e, é claro, há uma disciplina ainda mais rígida em relação às discussões externas antes que as decisões sejam tomadas".

63 "Propomos que o CEG tenha 25 assentos, sendo 16 assentos igualmente distribuídos nas quatro principais regiões do mundo – África, Américas, Ásia e Europa – e nove de acordo com o PIB [...]. Nas quatro regiões principais, a designação de Estados para presidir deve basear-se nas seis etapas a seguir. Primeiro, os governos de cada região negociam para formar grupos constituintes, com um mínimo de três e um máximo de 17 países em cada um. São necessárias restrições de dimensões para equilibrar os interesses das grandes potências (EUA, China etc.) em limitar o número de países em seu círculo eleitoral, com o interesse geral em limitar o tamanho médio e máximo dos demais círculos eleitorais. Segundo, o tamanho do círculo eleitoral se enquadra em duas categorias:

de, como também um reforço mútuo entre legitimidade (maior inclusão dos interessados nos processos decisórios) e efetividade (adesão às decisões e capacidade de assegurar seu cumprimento).

De maneira mais precisa, Vestergaard e Wade (2015, p. 8-11) propõem a adoção de uma fórmula simples que permita o ajuste automático da proporção dessa participação de acordo com as mudanças na realidade econômica global, vinculando-se poder político e peso econômico, ao mesmo tempo em que a distribuição de poder seria mais representativa. Nesse sentido, futuras reformas deveriam assegurar que:

'estreitos' (três países) e 'amplos' (cinco a 17). Para cada círculo eleitoral estreito deve haver pelo menos dois grupos amplos. Este critério significa que não pode haver mais do que dois distritos eleitorais estreitos na Ásia, na Europa e nas Américas, e apenas um na África. Terceiro, o primeiro turno da 'eleição' convida a nomeações para grupos eleitorais estreitos. A definição de quais grupos nomeados obterão uma (África) ou duas vagas (Américas, Ásia, Europa) nos círculos restritos de cada região ocorrerá pelo critério do maior PIB agregado. Em quarto lugar, o segundo turno da eleição convida a nomeações para constituintes 'amplos'. Depois que os distritos eleitorais estreitos são contabilizados, o restante dos assentos de uma região menos um é agora alocado entre os indicados com base no maior PIB agregado. Na Ásia, na Europa e nas Américas, isso significa que quatro assentos são alocados aos quatro maiores constituintes 'amplos' nomeados. Na África, dois assentos são alocados aos dois maiores constituintes 'amplos' nomeados. Em quinto lugar, os eleitorados dos países que não foram eleitos 'nesta segunda rodada do processo agora estão agrupados no assento final de cada região, reservada para esse fim. Em sexto lugar, todos os países de um círculo eleitoral podem apresentar candidatos à presidência. O presidente é escolhido em uma eleição com votos atribuídos aos países constituintes, de acordo com o PIB relativo. Os grupos constituintes seriam obrigados, no entanto, a instituir um mecanismo de rotatividade para garantir consulta e diálogo dentro do grupo. Cada círculo eleitoral teria um diretor executivo e um ou dois vice-diretores, e poderia decidir internamente se deveria haver rotatividade nos dois níveis ou apenas no nível de vice. Essa flexibilidade nas modalidades de rotatividade permite que grandes potências econômicas – como EUA, Japão e China – permaneçam permanentemente na presidência de seu círculo eleitoral, mas permaneçam em consulta e até certo ponto respondam a pelo menos dois outros Estados. Em intervalos periódicos (digamos, a cada cinco anos), novas negociações para os círculos eleitorais devem ser realizadas". (VESTERGAARD & WADE, 2012, p. 262-263).

> [...] os votos básicos são restaurados para pelo menos 10% do total de votos, seu nível original em 1944; – uma proporção considerável de votos é classificada como 'votos básicos regionais' e alocada igualmente para as quatro principais regiões do mundo: Ásia, Europa, Américas e África (5% para cada região); – a parte votante de cada região é atribuída aos países da região com base na parte do PIB regional de cada país; – a parte restante (70%) é alocada com base na participação de cada país no PIB global.

O Relatório Stiglitz contempla outras propostas referentes às instituições de Bretton Woods e aos bancos regionais de desenvolvimento no sentido de promoção de altos níveis de transparência, com a adoção de princípios de livre acesso à informação, e de *accountability*, e a revisão do processo de escolha dos dirigentes máximos dessas instituições. (STIGLITZ *et al.*, 2010).

Stiglitz *et al.* (2010) também discutem propostas no mesmo sentido relativas ao FSB e o Comitê da Baliseia, os quais apresentam uma representação inadequada dos países em desenvolvimento. Analisam, ainda, a falta de *accountability* de importantes instituições privadas, como o "International Accounting Standards Board" (IASB) e a "International Organization of Securities Commissions" (IOSCO).

Além das reformas nas instituições existentes, o Relatório propõe que é necessária a criação de uma nova instituição, que denomina de "Global Economic Coordination Council (GECC)" (ou Conselho de Coordenação Econômica Global), o qual seria apoiado por um "Painel Internacional de Especialistas", constituindo-se um fórum globalmente representativo. Argumenta-se que, diante da diversidade das instituições e da complexidade do sistema de governança financeira, é preciso que exista uma instância com uma perspectiva abrangente e integrada de todos os problemas econômicos, incluindo os arranjos institucionais e instituições já existentes, seus objetivos, políticas e instrumentos de ação. No longo prazo, o GECC deveria ocupar o mesmo nível de autoridade da Assembleia Geral e do Conselho de Segurança da ONU.[64] A função do GECC seria "avaliar desenvolvimentos e fornecer lide-

64 O Conselho de Coordenação Econômica Global (*Global Economic Coordination Council*) "seria instalado no âmbito do *sistema* das Nações Unidas, ao qual pertencem as Instituições de Bretton Woods, e do qual a Organização Mundial do Comércio (OMC)

rança na abordagem de questões econômicas que exigem ação global, levando em consideração fatores sociais e ecológicos". Portanto, seu trabalho não se limitaria a coordenar as instituições existentes, mas lhe caberia promover sua integração e apoiar a formação de consensos entre os governos na busca de soluções para os problemas econômicos globais. O Painel de Especialistas, por sua vez, daria o apoio técnico necessário para que o GECC promovesse a *accountability* de todas as organizações econômicas internacionais, identificando falhas e elaborando propostas para superá-las. O Conselho teria um mandato da ONU para atuar no sistema econômico, social e ambiental, também incluindo as instituições de Bretton Woods e a organização Mundial do Comércio. A dimensão do Conselho deveria ser pequena para viabilizar a eficiência de seus processos decisórios, mas com uma composição democrática e representativa da diversidade de interesses e visões sobre a governança financeira e econômica. (STIGLITZ *et al.*, 2010, p. 126-129).

Avgouleas (2012) também apresenta um conjunto sistemático de propostas para a reforma da governança financeira global. O autor defende a edificação de um novo paradigma para a governança dos mercados financeiros, o qual preservaria as partes efetivas dos atuais arranjos de *soft law* e, particularmente, as atividades de produção normativa das organizações transnacionais e a coo-

---

se tornaria um membro. Seria formado com base em representantes eleitos por meio de votos ponderados, seguindo, assim, o modelo pelo qual os conselhos de administração das referidas instituições são compostos, embora com fórmulas de representação que superem os problemas que estas instituições enfrentam. Além desse mecanismo potencial, a ONU pode desempenhar um papel importante na governança econômica global. Ela provou ser um mecanismo muito eficaz de estabelecimento de consensos (no âmbito das finanças globais, no caso do Consenso de Monterrey) e de geração de novas ideias e de um escopo para a cooperação internacional (em particular, os Objetivos de Desenvolvimento do Milênio), embora sua eficácia tenha sido limitada pela tendência a restringir seu papel na implementação destes acordos. Em retrospecto, algumas das contribuições analíticas do Secretariado da ONU sobre questões econômicas e financeiras globais – pelo Departamento de Assuntos Econômicos e Sociais da ONU (United Nations Department of Economic and Social Affairs – UN-Desa), pela UNCTAD e pela Comissão Econômica para a América Latina e o Caribe (CEPAL), em particular – têm sido, no mínimo, mais sólidas que aquelas das Instituições de Bretton Woods, apesar da quantidade muito mais limitada de recursos que estas instituições gerenciam". (OCAMPO, 2011, p. 91-92).

peração com setores privados. Por outro lado, esse novo paradigma deveria ser baseado em uma arquitetura formal, hierárquica e de múltiplos níveis, tendo como centro normas formais de direito internacional. Esse sistema seria edificado a partir de quatro pilares: (1) um supervisor global de riscos sistêmicos (supervisão macroprudencial), papel que poderia ser desempenhado pelo FMI; (2) um supervisor microprudencial, com ampla atuação transfronteiriça, função que poderia ser exercida pelo FSB após uma remodelação; (3) um órgão regulatório e de gerenciamento sobre conhecimentos a propósito de riscos, o que poderia caber à OCDE (Organização para a Cooperação e Desenvolvimento Econômico) e ao departamento de pesquisa do BIS; e (4) uma autoridade global para solução de disputas entre grandes grupos e instituições transfronteiriços. Toda essa arquitetura seria estruturada a partir de um conjunto de princípios gerais, sendo o mais importante deles a estabilidade financeira.

Dentre as propostas defendidas por Avgouleas (2012, p. 436, 2013), a mais impactante (e polêmica) é a de criação de uma autoridade financeira central de coordenação e supervisão (o que exigiria alterações nos estatutos do FMI, do FSB e da OCDE). Tal autoridade deveria incluir representações de Chefes de Estado do G20, da União Europeia, do Banco Mundial, da ONU, das três economias mais importantes não representadas no G20, franqueando-se também a participação a ONGs de destaque, as quais teriam, inclusive, direito a voto em sua área de competência técnica. O Conselho que governaria a nova autoridade deveria se reunir a cada seis meses, ou sempre que houvesse um assunto relevante para tanto, e seu presidente, indicado pelos membros do Conselho em bases rotativas, deveria apresentar um relatório anual de trabalho antes da Assembleia Geral da ONU, ocasião em que seria apreciado.[65]

Davies e Green (2008, p. 214 – 259), embora reconheçam os problemas da complexidade, das sobreposições, das lacunas e da indisponibilidade de mecanismos com a força necessária para lidar com crises no sistema de governança financeira, divergem da ideia de criação de uma "Autoridade Financeira Mundial". Os autores ponderam que atualmente não seria realista a defesa da centralização da autoridade, pois não há indicações, exceto talvez no caso da União Europeia, de que os governos estariam dispostos a ceder poder para

65 Cf. também Avgouleas, 2013.

uma organização internacional. Não se trataria, portanto, de uma alternativa realista em curto prazo.[66] Diante disso, defendem uma série de reformas incrementais com o propósito de fortalecer o sistema vigente.

Assim, Davies e Green (2008, p. 215-225) propõem a simplificação do sistema com a eliminação de grupos redundantes no âmbito do FSB, a promoção de reformas no âmbito nacional que possibilitem um melhor nível de uniformização dos regimes e a alocação dos diferentes reguladores no BIS, onde dois já estão estabelecidos. Além disso, defendem o fortalecimento de mecanismos de coordenação como alternativa à ideia de autoridade centralizada, com a transformação do "Financial Stability Forum" em um "Financial Stability Council", ou seja, um espaço não apenas para troca de ideias, mas também para tomada de decisões, dotando-o, para tanto, de recursos e estrutura administrativa (valendo-se, por exemplo, do BIS), de um secretariado fortalecido, de maior capacidade de iniciativa e articulação com o FMI e o Banco Mundial, os quais, por sua vez, também devem considerar o Fórum (ou Conselho) em suas políticas. Isso, em boa medida, concretizou-se com a transformação do FSF em FSB ("Financial Stability Board").[67]

---

66 "As propostas para uma Autoridade Financeira Mundial (WFA) avançaram no passado, principalmente por John Eatwell e Lance Taylor, que concentraram a atenção na importância da coordenação regulatória global. Outros avançaram em uma proposta mais ampla, com o WFA subsumindo os órgãos de Bretton Woods. Isso parece irreal, principalmente por causa do alcance mais amplo das responsabilidades macroeconômicas desses órgãos, e deve gerar tanta oposição institucional que não avançará. Mas o argumento para a aplicação regulatória é poderoso, e o núcleo da nova Autoridade já existe em Basileia. A criação de uma base de tratados para suas atividades não é um objetivo inviável (DAVIES, 2015, p. 82-83).

67 Além dessas propostas mais estruturantes, Davies e Green (2008, p. 226 – 245) discutem uma série de outras sobre: (1) o diálogo com novas instituições que estão surgindo (como "The Islamic Finances Service Board"; (2) o amadurecimento de uma estrutura de supervisão para os bancos de investimento; (3) a regulação dos "hedge funds" (denominados no Brasil de "fundos multimercados"), os quais movimentam um volume crescente de recursos (estimados em 1,4 trilhão de dólares em 2007) e não se enquadram bem no sistema vigente em razão da própria dificuldades em defini-los, de sua opacidade e diversidade de formato, estratégias e composição de seus proprietários. Embora não operem no varejo, os investidores institucionais que atuam neste tipo de fundo também utilizam recursos de indivíduos (de seus investimentos em previdência, por exemplo) e pequenas

No que se refere ao problema da legitimidade, na mesma linha de outros autores citados, Davies e Green (2008, p. 215-221) assinalam a necessidade de melhorar a representatividade dos Estados nas organizações internacionais e transnacionais, sem que percam operacionalidade em razão do número excessivo de participantes. O Comitê da Basileia, por exemplo, foi construído conforme a lógica de que, em se tratando de um órgão cujo objetivo é a proposição de regras para os bancos que atuam em escala transfronteiriça, em sua composição deveriam estar os Estados onde tais bancos estão sediados. Todavia, é preciso que se torne mais representativo do conjunto da economia global, tendo como contrapartida a redução da sobrerreperesentação de países europeus. Como veremos no próximo Capítulo, alguns avanços nesse sentido ocorreram após a Crise. Em segundo lugar, exige-se uma alteração na estrutura de *accountability* do Comitê, o qual deveria se reportar também aos chefes dos sistemas de supervisão bancária de seus principais membros, e não somente aos presidentes de bancos centrais, como atualmente estabelecido. Isso porque, em 8 dos membros do G10 (ou 13) ao qual o Comitê se reporta, os bancos centrais não são responsáveis pela supervisão bancária. Esse problema de legitimidade é menos intenso na IOSCO e no IAIS, os quais contam com uma composição mais abrangente e procedimentos mais inclusivos. Todavia, no caso do IOSCO, isso não se estende ao Comitê Técnico, órgão que tem o papel principal na elaboração das normas (*standards*). Consequentemente, reformas também são necessárias nessas duas organizações.

Na esfera de atuação individual dos Estados, Davies e Green (2008, p. 187-213) registram que há um debate sobre a atribuição da competência regulatória a uma ou a duas instituições distintas. A favor da existência de apenas um regulador, argumenta-se que em razão do crescimento dos conglomerados financeiros e da concentração de diferentes ramos de atividades nas mesmas instituições, a supervisão e o monitoramento de riscos deveriam considerar

instituições, os quais podem perder com suas operações arriscadas (e não reguladas). Embora exista consenso sobre a necessidade de regulação desses fundos, o mesmo não ocorre quanto à forma de fazê-lo, sendo que as propostas referem-se a oito categorias de questões: (1) riscos sistêmicos; (2) regulação prudencial e de alavancagem; (3) transparência e abuso de mercado; (4) investidores do varejo; (5) ativismo dos acionistas; (6) tributação; (7) regulação da "private equity industry", que enfrenta dilemas semelhantes aos dos "hedge funds"; (8) regulação dos "offshore financial centres".

a instituição como um todo. A atribuição dessas funções a um único órgão seria mais eficiente e menos dispendiosa do que a coordenação de diferentes órgãos reguladores, o que também simplificaria as relações entre regulados e reguladores. Além disso, um único órgão teria melhores condições de arbitrar conflitos entre os principais objetivos da atividade reguladora: a solidez prudencial (ou proteção sistêmica) e a proteção do consumidor (ou condução dos negócios). Outra possibilidade de arquitetura institucional é a de "twin peaks", ou seja, a divisão da regulação em duas autoridades institucionais separadas para cada um de seus referidos objetivos centrais. Em defesa dessa modalidade, pondera-se que a separação é necessária porque os dois objetivos da atividade reguladora são potencialmente conflitantes, o que inviabilizaria sua regulação por um mesmo órgão, além de que exigem estilos e técnicas de atuação diferentes. Há, todavia, contra-argumentação no sentido de que tal conflito não existe mais, pois os diferentes objetivos são cada vez mais interligados. Salienta-se também a a tendência de os bancos centrais assumirem funções regulatórias do sistema financeiro à medida que a supervisão bancária se torna uma atividade mais relevante, sob o argumento central de que há uma forte relação entre estabilidade monetária – a função primária dos bancos centrais – e a financeira. Em síntese, há argumentos que reforçam vantagens e desvantagens dos dois modelos e grande diversidade de experiências entre os Estados, os quais, ao fazer sua opção, devem considerar suas condições e necessidades específicas, não havendo uma estrutura ideal aplicável para todo e qualquer contexto. Diante disso os autores concluem que, não obstante a importância da estrutura regulatória, talvez outro ponto seja mais relevante: a integridade e a independência dos órgãos, tanto em relação ao controle político quanto aos agentes do mercado. A integridade é um imperativo ético e jurídico, porém, a independência política, pelas razões já apresentadas, não nos parece adequada, pois conduzirá à submissão das decisões aos interesses dos mais poderosos agentes do mercado financeiro.

Essa discussão sobre instâncias de governança financeira no âmbito nacional é muito relevante devido à permanência da centralidade dos Estados nesse setor e também porque há controvérsias no campo da Economia sobre a efetividade da regulação e da supervisão internacional.

Germain (2010, p. 1 – 2), por exemplo, entende que a regulação financeira é mais efetiva quando organizada de forma predominante no nível nacional, pois nesse âmbito há maior clareza sobre a competência regulatória e maior acesso dos reguladores sobre informações e outros recursos necessários para exercerem a supervisão sobre os regulados. Além disso, a *accountability* dos reguladores perante as instituições políticas é mais transparente e efetiva do que na esfera internacional; os cidadãos têm melhores condições de compreender como o sistema financeiro é organizado, como se dão suas relações com a democracia e, assim, podem exercer maior influência sobre as decisões dos reguladores.[68] Diante disso, o autor (2010, p. 131-135) acrescenta que os projetos reformistas que se desenvolvem após as crises financeiras devem evitar a tentação de pretender alocar a autoridade regulatória predominantemente no âmbito global ou internacional. Isso porque, mesmo se o contágio das crises ultrapassar as fronteiras, os recursos disponíveis para combatê-lo continuam concentrados nos Estados (bancos centrais e ministérios de finanças) e submetidos a instrumentos nacionais de *accountability*. Além disso, a única maneira de submeter um sistema financeiro bastante oligopolizado a alguma forma de controle público que permita que sua operação favoreça o acesso ao crédito e o interesse de todos e não apenas o lucro dessas instituições e da elite que as controla, seria construir um sistema de *accountability* em bases nacionais. Essa defesa da renacionalização da *accountability* política da governança financeira

68 Rodrik (2011, p. 263-265) também defende restrições à globalização financeira, pois esta limita as possibilidades de os Estados adotarem diferentes políticas regulatórias e econômicas, em um movimento que leva a todos a reduzirem as regras do setor. Para tanto, seria necessária a construção de uma nova ordem financeira global baseada em diretrizes internacionais mínimas e uma limitada coordenação global. Isso envolveria: (1) uma reforma do FMI para torná-lo mais representativo dos países em desenvolvimento e com mais recursos para atuar; (2) uma "carta financeira internacional", com foco na promoção da transparência financeira, nas consultas recíprocas e trocas de informações entre os reguladores nacionais e no estabelecimento de limites entre suas jurisdições; (3) um pequeno tributo global sobre as operações financeiras, cuja arrecadação seria destinada a políticas para enfrentar grandes desafios globais, como as mudanças climáticas e as pandemias; (4) a atribuição aos Estados da responsabilidade pela regulação da solidez das instituições financeiras e de suas reservas de capitais, pois isso transferirá poderes da tecnocracia global para atores estatais, particularmente seus legisladores, o que politizaria e democratizaria a regulação financeira; (5) regras que reconheçam expressamente aos governos o direito de limitar operações financeiras transfronteiriças.

não se confunde com uma proposta de eliminação da estrutura internacional de governança financeira, pois a necessidade de coordenação global entre as autoridades financeiras remanesce, e as instituições internacionais e as "quase-instituições" também desempenham um papel fundamental na produção de padrões regulatórios em um setor caracterizado por grande complexidade e por muitas controvérsias sobre os instrumentos mais adequados para tanto.

Assim, a reforma da arquitetura financeira internacional deve, de acordo com Germain (2010, p. 138-139), contemplar três grandes objetivos: (1) assegurar que os Estados emergentes tenham uma influência adequada (proporcional ao seu peso econômico) na sua direção; (2) tornar mais clara a complexa divisão de tarefas da rede de instituições que participam da governança financeira; (3) consolidar e fortalecer um senso de "publicidade" que essa arquitetura começou a assumir, por meio do aprofundamento da inclusão e do empoderamento dos diferentes atores afetados por seus processos decisórios; (4) ampliar o papel do Estado na governança financeira e de sua *accountability* em bases nacionais.

Germain (2010, p. 140-143) acrescenta que a concretização desses objetivos também exige a realização de reformas para tornar mais funcional a complexa rede de instituições de governança financeira. Nesse sentido, seria necessário que a regulação financeira fosse mais sistêmica do que setorial para assegurar a estabilidade financeira e a eficiência competitiva. Isso não significa que resolver o problema seja simples, ou que o estabelecimento de uma autoridade internacional única seria possível, mas poderia ser designada uma instituição para liderar a operação do sistema, a qual deveria ser o FSB, por ser aquela que já reúne todos os órgãos nacionais e internacionais de governança (BCBS, IAIS, IOSCO e IASB) necessários para tanto. Observa-se, porém, que o FSB não dispõe de fundos para resgatar instituições financeiras ou mesmo Estados em dificuldades. O Banco Mundial e, sobretudo o FMI, são as organizações multilaterais que dispõem de recursos, sendo que foi este que historicamente desempenhou a função de "provedor de crédito de última instância". Porém, seus recursos mostraram-se insuficientes para fazer frente a crises como a de 2008, e o acúmulo de tal função com a de "sintetizador global de informações financeiras" torna sua atuação menos eficiente. Assim, também seria necessário definir quais dessas funções deveria priorizar, sendo que a última lhe seria mais própria por ser a única instituição financeira internacional com condições de fazê-lo. Diante disso, o socorro financeiro em geral deveria ser prestado por algum Estado ou instituição mais próxima e vinculada a quem receberá a ajuda (organismos regionais).

Enfim, de acordo com Germain (2010, p. 145-147), a arquitetura financeira internacional precisa fortalecer seu caráter público. Não obstante a complexidade das questões envolvidas nas finanças e a detenção dos conhecimentos altamente especializados neste campo por uma elite restrita, apenas o debate público sobre os objetivos do setor financeiro e seu papel no sistema econômico como um todo poderá assegurar uma distribuição adequada dos custos e benefícios decorrentes das diferentes possibilidades de arranjos de governança financeira. Se a operação normal do sistema financeiro já tem um significativo impacto distributivo, e isto é ampliado quando ocorrem as crises, as decisões fundamentais sobre sua governança devem ser pautadas por um sistemático e abrangente debate público, estruturando-se uma "esfera pública" que compreenda as mais diversas partes interessadas. A relevância política disso é uma apropriação por todo o público das decisões distributivas, o envolvimento dos cidadãos na discussão e nas decisões sobre questões que afetam radicalmente suas vidas. A organização concreta dessa "esfera pública" no âmbito da governança financeira global é uma tarefa difícil, mas isso não significa que seja impossível, sobretudo diante da gravidade dos problemas das finanças que podem ampliar o interesse pelo tema. Nesse sentido, em face da "renacionalização" de parte significativa da governança financeira, a transparência e a publicidade das agências estatais (bancos centrais e reguladores) constituem uma perspectiva concreta fundamental. Tais agências deveriam ser responsáveis perante os órgãos políticos representativos que, em última instância, determinam o seu mandato. Até porque, a Crise de 2008 revelou que a independência dos bancos centrais e reguladores financeiros é uma ficção.

Para enfrentar os problemas da assimetria de informações e da complexidade técnica na governança financeira, Levine (2012, p. 41-42), que defende a criação de uma nova instituição que denomina de "Sentinela", a qual teria como missão fornecer ao público "avaliações informadas, especializadas e independentes sobre a regulação financeira", ampliando as possibilidades de o "público" influenciar os reguladores a agirem conforme seu interesse. Para tanto, a "Sentinela" teria o poder de requerer informações dos reguladores e a "responsabilidade de avaliar e comentar as políticas financeiras, entregando relatórios formais para os Poderes Executivo e Legislativos (pelo menos) anualmente". A instituição não teria poderes decisórios, mas seria dotada da independência necessária frente aos governos e ao mercado financeiro para exercício de sua crítica pública. Para tanto, seus membros deveriam ser investidos em mandatos longos (imunes aos ciclos políticos) e proibidos de trabalhar para agentes do mercado depois de determinado período que deixassem seus cargos. Além disso, a instituição deveria ser dotada de fontes independentes de receitas para custeio de seu funcionamento.

Gowan (2009, p. 21-23) assume uma posição mais radical, afirmando que "o debate real sobre a organização do sistema financeiro em economias capitalistas não é sobre métodos e formas de regulação", mas sim sobre "opções sistêmicas": um sistema de crédito público e orientado para a utilidade pública, ou um sistema que subordina todas as atividades aos interesses do setor financeiro. O mesmo se aplica ao âmbito do sistema monetário e financeiro internacional: de um lado um modelo submetido a um "controle cooperativo nacional-multilateral", e de outro, "um sistema de característica imperial, dominado por bancos do Atlântico e Estados que atuam em seu interesse". Portanto, um sistema bancário é indispensável para o funcionamento da economia, porém apenas "um sistema bancário e de crédito de propriedade pública é racional e, mais do que isso, necessário para que vigore o controle democrático" sobre ele, mesmo no capitalismo. Ao contrário, sob a lógica privada do capital, o sistema bancário opera com o propósito de "dinheiro produzir dinheiro". Além disso, o sistema financeiro deveria operar sob controle de autoridade pública e, nas atuais circunstâncias, apenas os Estados disporiam de condições para exercer essa autoridade – nem mesmo a Comissão Europeia ou o Banco Central Europeu seriam capazes de fazê-lo.[69]

Observamos que um campo carente de estruturas de governança global e com forte impacto econômico transfronteiriço, afetando não apenas a produção e o comércio, mas também os fluxos financeiros, é a tributação. Trata-se, porém, de uma área muito difícil para o avanço da cooperação internacional, por duas razões: (1) por se tratar de um dos atributos concretos mais importantes da soberania estatal, há grande resistência dos Estados em cederem, ainda que

69 Cf. Blackburn, 2011.

parcialmente, sua capacidade de decisões soberanas neste campo; (2) no campo teórico, há uma forte posição no sentido de que externalidades da política tributária de um Estado sobre outros não seriam relevantes. Todavia, a competição tributária implica uma severa limitação para os governos nacionais, inclusive porque não se refere apenas a estratégias para atração de investimentos produtivos, mas também financeiros. Portanto, na prática, a soberania em matéria tributária, principalmente dos Estados mais pobres e em desenvolvimento, já é limitada. Há, pois, razões para a construção de um mecanismo de governança tributária internacional. Não se trataria de uma centralização completa, mas de um sistema de governança de múltiplos níveis, de maneira que os Estados manteriam parcelas significativas de seu poder.[70] (RIXEN, 2011).

70 O tema da reforma regulatória das finanças globais é abordado por diversos outros autores, por exemplo: Dietsch (2016), que trata do papel dos bancos centrais no gerenciamento da política macroeconômica, e da criação de um "sistema de reserva cambial internacional" para a proteção dos Estados contra a crise financeira; Callaghan (2015), que destaca que a estrutura de governança das instituições deve reforçar sua efetividade, para o que o envolvimento de todos os Estados interessados é fundamental, particularmente no caso da atuação do FMI, pois sem legitimidade a efetividade fica comprometida; Solimano (2014), que discute como conter o poder das elites econômicas a fim de promover a democracia econômica, sobretudo no que se refere a medidas substantivas de caráter distributivo; Shiller (2008), que enfatiza o papel da tecnologia e da infraestrutura de informações para a prevenção das crises financeiras; e Furstenberg (2000), que desenvolve uma análise crítica sobre as propostas de promoção da transparência nas finanças globais dentro do contexto da Crise de 1998. Cf. ainda, no âmbito da literatura econômica, uma série de análises sobre propostas de reforma da governança financeira global, as quais, todavia, tem como foco as questões de estabilidade e efetividade e, quando abordam o tema da democracia, o fazem de forma restrita ao problema do desequilíbrio de voz e voto dos Estados no âmbito das organizações: Eichengreen, Lombardi e Malkin, (2018), que tratam da expansão do regionalismo e do bilateralismo em matéria de governança financeira, sem que o multilateralismo seja abandonado, denominando o fenômeno de "plurilateralização"; O'Neill (2017), que aborda a necessidade de se redesenhar o G7, atribuindo-se representação única aos países da Zona do Euro e incluindo-se a China, a Índia e uma representação coletiva dos demais membros dos BRICS; Ocampo (2017), que defende uma "reforma global, porém evolutiva, do atual sistema monetário internacional", com o objetivo de se promover "a estabilidade macroeconômica e financeira global", bem como ampliar a participação dos países em desenvolvimento nas instâncias de governança financeira;

É possível notar nesse conjunto de propostas um diálogo com as perspectivas de democracia global baseada nos Estados (representatividade mais equitativa dos Estados nas organizações de governança financeira, por exemplo), cosmopolita (fortalecimento do poder de instituições de caráter global e do direito internacional, mecanismos de transparência, accountability etc.), de *global stakeholder democracy* (participação de organizações da sociedade civil), discursiva global (incorporação de diferentes discursos nos processos decisórios por meio do envolvimento de ministros de outras áreas além das finanças, por exemplo) e mesmo radicais (como a constituição de um sistema de crédito exclusivamente público). Ressalta-se também a presença de preocupações tanto com questões substantivas como com procedimentais, concluindo-se que sem considerar os problemas de justiça distributiva não é possível um adequado enfrentamento do déficit democrático da governança financeira global.

O debate sobre a democratização da governança monetária e financeira global encontra-se mais avançado nos âmbitos da "Zona do Euro" e da União Europeia, e as propostas discutidas nesse âmbito, com as devidas proporções e ajustes, também podem ser avaliadas no que se refere ao nível global.

Uma das razões para isso é o fato de que a questão democrática é central para compreender a "crise do Euro" e os caminhos para superá-la. Isso porque, "muitos dos problemas financeiros na origem da Crise podem ser representados como problemas democráticos, tanto as falhas dos processos políticos como as de mercado demonstram que os processos democráticos dos Estados não são capazes de corrigi-las". Se, por um lado, o Euro ajuda a superar essas falhas democráticas, por outro contribui com seu aprofundamento, em razão da interdependência e da facilidade de contágio da crise entre diferentes países em decorrência da moeda comum. Assim, as discussões sobre a "reforma da Zona do Euro" têm como aspecto nevrálgico a busca por um modelo de governança que não represente uma ameaça à democracia no nível nacional,

Varoufakis (2016), que defende a criação de um "mecanismo global de reciclagem de excedentes" como elemento central e indispensável para a estabilidade do capitalismo global, e que, em um cenário ideal, deveria ser constituído por uma "grande coalizão de países emergentes" e, mais realista, sob a liderança dos Estados Unidos.

mas sim que seja capaz de "ofertar democracia e justiça social onde os Estados não podem mais fazê-lo".[71] (MADURO, 2012, p. 1).

O principal déficit democrático da União Europeia, o qual foi realçado pela crise fiscal, consiste no fato de que "o escopo e o nível da política não seguiram o escopo e o nível dos problemas políticos na Europa", ou seja, a UE não assimilou satisfatoriamente as consequências da integração e da interdependência, não desenvolveu capacidade institucional adequada para fazer frente a elas. A democracia deve ter a mesma abrangência dos problemas e desafios que as instituições precisam enfrentar, ao mesmo tempo em que os impactos das decisões comuns devem ser regidos pela equidade para que sejam legitimadas. (MADURO, DE WITTE & KUMM, 2012, p. 3). Há, pois, uma combinação das dimensões formal e substantiva nessa ideia de democratização.

Para promover o fortalecimento democrático da governança econômica da UE é necessário considerar diferentes dimensões: (1) "fortalecimento do controle parlamentar sobre os governantes e as agências independentes"; (2) "promover a transparência nos processos decisórios"; (3) "criar canais de *accountability* e controle jurisdicional e financeiro"; (4); "promover o envolvimento direto dos cidadãos e a responsividade perante a sociedade civil". (MADURO, DE WITTE & KUMM, 2012, p. 5).

No Seminário "Democratic Governance of the Euro", realizado pelo "Global Governance Program", no "European University Institute", foram discutidas cinco alternativas, não excludentes e inter-relacionadas, para avançar na governança democrática do Euro:[72]

> (1) politizar a UE por meio da politização da Comissão Europeia através da transformação das próximas eleições para o Parlamento Europeu em uma disputa eleitoral sobre a presidência da Comissão Europeia; (2) introdução de um imposto em nível europeu para equipar a União Europeia com recursos independentes dos Estados-Membros e conscientizar os cidadãos sobre os benefícios da integração; (3) adicionar um componente de reforma institucional às políticas europeias, para que a concessão de fundos europeus fique condicionada às reformas institucionais almejadas; (4) reforçar a relação entre a União Europeia

71 Cf. Habermas, 2015.

72 Cf. também James, 2012; Joerges, 2012; Montero, 2012.

> e os parlamentos nacionais, promovendo o intercâmbio e tornando as instituições europeias mais responsáveis perante os constituintes nacionais; (5) aumentar a transparência e a *accountability* do Mecanismo Europeu de Estabilidade (MEE). (CROON & MADURO, 2012, p. 1-2).

Essas propostas partiram do diagnóstico sobre o crescimento do intergovernamentalismo e do ceticismo com a União Europeia, os quais se explicam pelo elitismo e pela opacidade dos processos decisórios no âmbito da UE. Nota-se um envolvimento insuficiente dos cidadãos e dos próprios órgãos da UE. Os resultados são apresentados sem prévio debate público e como se não houvesse alternativa às decisões tomadas. Além disso, os cidadãos avaliam que a UE não tem respondido de maneira satisfatória à crise econômica, mas, ao contrário, seria uma de suas causas. (CROON & MADURO, 2012).

A proposta de "politização" das eleições para o Parlamento Europeu por meio de sua transformação também em uma disputa pela presidência da Comissão Europeia poderia ser implementada por meio da designação de candidatos pelos grupos políticos que atuam no Parlamento Europeu. Com isso, almeja-se conferir maior legitimidade democrática direta para o Presidente da Comissão, o que, por sua vez, lhe asseguraria maior força política para conduzir a agenda da UE, pois sua escolha seria referendada pelos cidadãos. Além disso, os cidadãos teriam mais interesse em participar das eleições para o Parlamento, pois elas teriam um peso mais significativo nos rumos da UE. Por outro lado, a proposta de politização da Comissão Europeia enfrenta críticas no sentido de que não seria nem viável nem desejável. Quanto à desejabilidade, destaca-se o risco de a excessiva politização enfraquecer a Comissão, pois a independência da instituição, na qual reside sua força, poderia ser questionada. Além disso, nas eleições futuras poderia não haver um alinhamento entre as posições do Presidente da Comissão e a maioria do Parlamento. A essas objeções, os defensores da proposta respondem que os benefícios superam os riscos.[73] (CROON & MADURO, 2012).

Já a proposta de criação de um tributo no âmbito da UE cumpre, em primeiro lugar, o propósito de equipar a UE com receitas próprias para conduzir suas políticas. Em segundo lugar, tornaria a UE mais responsável mediante a

73 Cf. Maduro, De Witte e Kumm, 2012, p. 4.

definição do "caráter europeu" das atividades tributadas no nível da UE, e esses recursos seriam distribuídos como "seus" e não dos Estados. Duas possibilidades para implantação desse tributo seriam a criação de um "Imposto sobre Transações Financeiras", ou uma reforma do "Imposto sobre Valor Agregado" cobrado das atividades econômicas transfronteiriças. O primeiro, além do papel arrecadatório, poderia desempenhar função importante na regulação das transações financeiras de forma mais efetiva do que a praticada pelos Estados-membros, além de que provavelmente teria forte apoio dos cidadãos europeus. (CROON & MADURO, 2012).

Diante do déficit democrático do "European Stability Mechanism", também se discute a necessidade de aperfeiçoar sua *accountability*, por meio da criação de um Comitê de Recursos independente para supervisionar o órgão, e da exigência de motivação das decisões do Conselho de Governadores. (CROON & MADURO, 2012).

Outra proposta apresentada consiste na criação de um "Euro Governance Forum" independente, o qual consistiria em um espaço permanente de debate entre os atores centrais da governança econômica europeia, representantes dos parlamentos nacionais e lideranças da sociedade civil, tanto sobre as diretrizes gerais da governança, como sobre propostas e problemas específicos. O organismo também poderia promover a transparência e a sistematização dos dados disponíveis sobre a governança da UE, tornando-os mais acessíveis a todos, bem como o confronto de opiniões políticas. (MADURO, DE WITTE & KUMM, 2012).

Nas respostas à crise econômica europeia de 2011, o Parlamento Europeu não foi envolvido em todas as decisões sobre ajuda financeira para os Estados-membros, as quais dependiam apenas de aprovação do Conselho, após proposta da Comissão. Da mesma forma, no "Fiscal Compact", a governança do Euro é baseada nas diretrizes definidas pela Cúpula dos Chefes de Estado ou de Governo da Zona do Euro, sem qualquer envolvimento direto do Parlamento Europeu. Ocorre que "a accountability dos Chefes de Estado e de Governo por meio de seus Parlamentos nacionais não é suficiente para conferir legitimidade democrática à governança da Zona do Euro". Também não basta a simples oitiva do Presidente do Parlamento Europeu na condição de convidado na Cúpula do Euro. Diante disso, defende-se, por exemplo, que o Parlamento Europeu tenha voz na governança da Zona do Euro, que participe da indicação do Presidente da Cúpula do Euro. (DONATI, 2012, p. 24-25).

Ainda nessa linha, debate-se a inadequação do método intergovernamental de governança previsto no Tratado de Lisboa para responder à Crise e aos demais desafios da União Europeia. Isso porque, tal método, baseado na cooperação voluntária dos Estados, enfrenta três dilemas: (1) o "dilema institucional", que se refere ao problema de como enfrentar os vetos nos processos decisórios que requerem consenso; (2) o dilema da "non-compliance", ou seja, sobre como assegurar que as regras acordadas voluntariamente sejam cumpridas, mesmo quando confrontem os interesses dos Estados individualmente; e (3) o dilema da legitimação, que remete a como garantir legitimidade de decisões tomadas pelos representantes do Poder Executivo no Conselho da Europa, as quais não foram discutidas em instâncias representativas dos cidadãos europeus (o Parlamento Europeu), muitas vezes impostas pelo mercado financeiro, e que obrigam os cidadãos a arcarem com os custos de uma crise pela qual não são responsáveis. Esse dilema se coloca porque o problema da legitimação não se resolve por sua derivação da legitimidade dos governantes dos Estados-membros, visto que as decisões tomadas no nível europeu requerem processos de legitimação neste nível, o que poderia ocorrer com um envolvimento mais adequado do Parlamento Europeu nessas decisões. (FABRINI, 2012).

A discussão sobre projetos para reforma da governança econômica europeia também pode ser organizada em torno de propostas correspondentes a seis princípios democráticos: transparência; participação (de indivíduos e grupos); *accountability* dos atores; eficiência das instituições, procedimentos e instrumentos; Estado de Direito e solidariedade. Com relação à transparência, propõe-se, por exemplo, o debate público das medidas a serem tomadas pelo Conselho Europeu antes de sua adoção, bem como no âmbito do Parlamento Europeu e dos Parlamentos nacionais. Quanto à participação, defende-se que as grandes diretrizes das escolhas econômicas e sociais sejam previamente debatidas por instituições eleitas, sobretudo por meio da garantia da participação do Parlamento Europeu nesses processos decisórios. No campo da *accountability*, uma proposta é a obrigatoriedade do envio de relatórios da Comissão Europeia para a análise da Comissão do Parlamento Europeu pertinente à sua área. Em termos de eficiência das instituições, procedimentos e instrumentos, destacamos a defesa da ênfase na definição de objetivos e diretrizes para os Estados-membros atingi-los, em uma atuação prospectiva, e não em uma atuação *a posteriori* baseada em sanções. Quanto ao princípio do Estado de Direito, propõe-se que as decisões sobre política econômica sejam tomadas no âmbito das "competências compartilhadas", e que seja adotado um sistema mais consistente de instrumentos legais. Enfim, no campo do princípio da solidariedade, advoga-se, por exemplo, a adoção de um "mecanismo de solidariedade" para ajuda a Estados em dificuldades orçamentárias. (BIEBER, 2012).

Mais uma vez, nota-se nesse conjunto de propostas, a combinação de elementos típicos de democracia cosmopolita (predominante), *global stakeholder democracy* e democracia discursiva global, todas de caráter reformista, em diferentes graus.

Antinomia insuperável ou diálogo possível entre as teorias radicais e as liberais da democracia global?

No Capítulo 1, procuramos demonstrar que o déficit democrático da governança financeira global apresenta quatro dimensões: (1) o âmbito dos Estados; (2) nas relações entre os Estados; (3) nas organizações internacionais e transnacionais; (4) o poder dos agentes do mercado que não se submetem ao controle público nacional ou internacional. Assinalamos, ainda, que todas essas dimensões são atravessadas por quatro limites estruturais: (1) a lógica do capitalismo financeiro, a tendência a reprodução na esfera global das desigualdades existentes no âmbito nacional; (2) a complexidade técnica das questões sobre as quais se deve decidir; (3) resistências nacionalistas à democratização da governança global; (4) a complexidade e o caráter rizomático e multiforme da governança financeira global.

As propostas no âmbito da *democracia cosmopolita*, embora reconheçam as questões inerentes ao âmbito estatal, não tratam dessa temática, e também não pretendemos explorá-la aqui, pois constitui objeto de análise de estudos sobre a democracia representativa e propostas alternativas que possam submeter decisões em matéria de política econômica, tomadas por bancos centrais e ministros de finanças, por exemplo, ao controle democrático, ou, mais concretamente, ao controle de 99% da população, e não de uma diminuta elite financeira. Já no que se refere à capacidade de os Estados agirem, não obstante as ponderações que discutimos a propósito da "renacionalização" da governança financeira, sobretudo quando consideramos os Estados mais frágeis economicamente e politicamente, entendemos ser uma via inadequada. Existam ou não instâncias de governança financeira global, tais Estados sempre estarão sujeitos ao poder estrutural das "Grandes Potências" e das "elites capitalistas" locais e transnacionais. Assim, acerta o projeto cosmopolita ao propor, com fundamento no reconhecimento de direitos de cidadania inerentes à condição humana e independentes da nacionalidade, alternativas para o déficit democrático da governança global, e da financeira em particular, em suas dimensões interestatais, das organizações internacionais e transnacionais e dos poderes privados. Tais propostas buscam tal objetivo, em síntese, por meio do fortalecimento de organizações internacionais e transnacionais, e do direito internacional, bem como a submissão dos poderes privados, da ação regulatória dos Estados e das próprias organizações à democracia; pela ampliação da transparência, da *accountability* e da representatividade para além da participação dos Chefes de Estado e de Governo ou de seus delegados. Trata-se de combinar autoridade eficaz com democracia. Obviamente, e os autores desse campo não o negam, tratam-se de propostas de difícil viabilidade nas atuais condições históricas, e as instituições supranacionais também podem ser utilizadas como instâncias de dominação e legitimação da dominação, mas, por outro lado, também constituem espaços de disputa de poder que poderiam ser ocupados pelos *subalternizados*.

O modelo de *global stakeholder democracy* concentra-se em um aspecto anunciado, mas não aprofundado nem tratado como via predominante pela democracia cosmopolita, que é a ação de organizações da sociedade civil e movimentos sociais junto às organizações internacionais e transnacionais de governança financeira global, tanto por meio de mobilizações e pressão externa, como pela participação formal em seus processos decisórios. Os defensores da proposta assinalam que ela seria mais viável do que mecanismos de representação/eleição nos moldes da representação política nacional, no que têm razão, mas as análises normativas e os estudos empíricos que apresentamos sobre o tema demonstram as limitações dessa alternativa, tanto em termos de efetividade como de legitimidade política, especialmente pela fragilidade de seus vínculos com os excluídos da globalização, que são os que mais precisam ser ouvidos e ter real influência em tais processos decisórios.

Um dos grandes limites das duas propostas é que decisões fundamentais e com grande repercussão em termos de finanças globais são tomadas por autoridades nacionais dos Estados Unidos (especialmente pelo FED), da União Europeia (Banco Central Europeu, Comissão Europeia) e da China (um novo poder global). Nesse sentido, a proposta de *democracia interativa* apresenta uma contribuição importante no sentido de que os afetados por decisões de órgãos estatais que se encontrem fora de suas fronteiras deveriam ser ouvidos, por exemplo, na definição das normas regulatórias sobre o sistema bancário e a política de juros dos Estados Unidos. Do ponto de vista normativo, parece bastante adequado, já em termos de viabilidade política, não é uma proposta atualmente plausível.

Diante disso, as alternativas no campo da *democracia discursiva global* parecem as mais promissoras tanto em termos de enquadramento nos pressupostos normativos de uma concepção de democracia inclusiva e como projeto emancipatório, como de adequação operacional a um campo da governança estruturado em rede como o das finanças, e com déficit democrático multidimensional. Uma concepção de democracia para além da representação, fundada no fomento a uma esfera pública crítica conectada com esferas de decisão mais plurais, que não sejam orientadas exclusivamente por discursos de técnicos da área de finanças e orientados pelo livre mercado.

Evidentemente, há problemas nas propostas pautadas pela *democracia discursiva global* em termos de inclusão democrática e efetividade, relacionados, por exemplo, com as dificuldades de equalização mínima das condições de participação nos debates sobre governança financeira dada a complexidade técnica da matéria – de compreensão e envolvimento muito mais complicado do que, por exemplo, as referentes a meio ambiente e direitos humanos, bem como do *poder estrutural de classe*, das "Grandes Potências" etc., inerentes ao modo de produção Capitalista, tal como assinalam diferentes perspectivas de teorias radicais, seja a partir do conceito de *imperialismo*, de *império*, ou de *hegemonia ideológica*. A crítica é correta. Mas qual seria a alternativa?

Não obstante todas as suas contradições, a substituição do modo de produção Capitalista não parece estar no horizonte próximo. A ação da *multidão*, ou de *movimentos sociais anti-sistêmicos* ou *subalternizados* na construção de uma nova institucionalidade emancipatória é uma aposta dessas perspectivas, o que exploraremos no próximo Capítulo em termos de propostas de projetos alternativos apresentadas por tais movimentos.

Parece-nos, e exploraremos isso melhor nas Considerações Finais, que não existe uma antinomia insuperável entre as propostas liberais progressistas para reforma da governança financeira global e aquelas radicais. É possível considerar a radicalidade da crítica destas em conjunto com o valor atribuído às instituições e aos procedimentos racionais para mediação dos conflitos trazidos por aquelas para forjar projetos de cunho emancipatório, de reformas incrementais que possam levar a mudanças radicais. Sem que tenhamos projetos claros e capazes de mobilizar as pessoas, não será possível fazer face à terceira restrição estrutural à democratização da governança financeira global que apontamos – as resistências nacionalistas. Temos também nesse ponto uma questão de crença, de disputa pela hegemonia ideológica que, na corrente quadra da história tem sido vencida pelas perspectivas nacionalistas e autoritárias, as quais, não obstante tenham até o momento conquistado significativo apoio eleitoral dos excluídos da globalização, servem na verdade aos interesses da elite financeira transnacional.

Alternativas para a democratização da governança financeira global produzidas nos âmbitos político e social

Além da produção teórica, há outros dois campos em que são projetadas reformas: o das próprias instituições internacionais e transnacionais, e cúpulas de Chefes de Estado ou de Governo; e o dos movimentos sociais e das organizações da sociedade civil que militam na temática da governança financeira global. Neste Capítulo, procuraremos mapear as propostas elaboradas nesses dois âmbitos bastante distintos, e analisá-las em face dos pressupostos normativos estabelecidos na Introdução, dos fáticos discutidos no Capítulo 1, e também das diferentes perspectivas teóricas abordadas no Capítulo 2.

Alternativas para a democratização da governança financeira global produzidas no âmbito das instituições internacionais e transnacionais, e cúpulas de Chefes de Estado ou de Governo

A reforma do sistema financeiro internacional e das instituições responsáveis por sua governança ganhou centralidade na agenda política[1] em razão do grande número de crises financeiras ocorridas desde os anos 1980, mas sobretudo após a "Crise Asiática" de 1997, quando foram percebidas com mais clareza suas contradições.[2] Passaram a ocorrer questionamentos até mesmo pelo eleitorado dos membros do G7, cujos governos precisavam demons-

1 Cf., por exemplo: ORGANIZAÇÃO DAS NAÇÕES UNIDAS. *Monterrey Consensus of the International Conference on Financing for Development*. Monterrey, Mexico: 18-22 March 2002. Disponível em: <https://www.un.org/en/development/desa/population/migration/generalassembly/docs/globalcompact/A_CONF.198_11.pdf >. Acesso em: 06 fev. 2018.

2 Cf. Phillips e Higgot, 1999.

trar a viabilidade e a desejabilidade da manutenção do livre fluxo de capitais, assim como obter a cooperação das elites políticas dos países emergentes. Nesse contexto, foi desenvolvida a denominada "*Nova Arquitetura Financeira Internacional*", a qual representou uma tentativa de revisar as regras que regem o sistema, mas sem que implicasse transformações estruturais no capitalismo financeiro global – pelo contrário, deveriam garantir a continuidade de sua expansão. Com esse propósito, o G7 criou, em 1999, o "*Financial Stability Forum*" (FSF), o qual precedeu o "*Financial Stability Board*" (FSB), tendo como objetivo declarado a promoção da estabilidade financeira internacional por meio do provimento de informações necessárias para decisões mais seguras sobre empréstimos e investimentos, a melhoria da integridade do mercado e a redução dos riscos de crises e contágio. Constituído por representantes dos Tesouros, Bancos Centrais e Agências de Supervisão bancárias do G7, além de representantes do FMI, do Banco Mundial, do BIS, do BSBS, da OCDE, da IOSCO, da IASIS, e comitês de especialistas de Bancos Centrais, o FSF adotou um formato institucional que almejava insular a instituição de qualquer forma de *accountability* democrática ou controle popular. Buscava-se também universalizar seus padrões normativos, por exemplo, por meio do "Compendium of Standards" (2000), que fornecia um conjunto de referências que seriam internacionalmente aceitas para diferentes campos da regulação econômica e financeira. Outra estratégia nesse sentido foi o estabelecimento de padrões normativos de governança corporativa, os quais, formulados pela OCDE, têm sua implementação monitorada pelo Banco Mundial, sendo, inclusive, considerados como uma condição de seus programas de combate a pobreza. As agências de classificação de riscos também cumpriram um papel fundamental nesse quadro de definição de quais seriam os padrões regulatórios adequados para a governança financeira. Trata-se de uma estratégia de fundar a governança financeira e sua legitimidade em uma "comunidade epistêmica" oriunda dos países mais ricos, a qual, sob o discurso de um saber técnico, despolitizaria a governança financeira e bloquearia projetos de reforma baseados em processos democráticos. Entretanto, a "Nova Arquitetura Financeira Internacional" não impediu o crescimento da vulnerabilidade da economia em termos de riscos de crises sistêmicas, da volatilidade financeira e de crises em economias emergentes. Além disso, houve um crescimento nas restrições impostas à autonomia política dos Estados, no sentido de terem que continuamente se mostrar amigáveis aos interesses do mercado financeiro em suas escolhas de política econômica. (SOEDERBERG, 2005).

A ausência de resultados efetivos das reformas adotadas fez com que o tema perdesse destaque durante um tempo. Todavia, a preocupação sobre os sérios problemas da governança econômica global retornou à cena com ainda maior relevância em razão da "Crise de 2008", momento a partir do qual foram empreendidos importantes esforços reformistas. (BRADLOW, 2012).

Esses projetos de reforma referem-se a dois grandes blocos: (1) a regulação do sistema financeiro internacional; (2) as instituições responsáveis pela regulação. Faremos a seguir um breve panorama ilustrativo sobre as reformas regulatórias projetadas ou implementadas a partir de 2008. Todavia, o que interessa fundamentalmente a este mapeamento de alternativas democráticas para a governança financeira global são as reformas das instituições.

Exceção feita a algumas incursões a reformas anteriores necessárias para compreender a evolução desses processos, o marco inicial de nossa análise é a Crise de 2008. Passados mais de dez anos desde sua eclosão, já existe significativa produção sobre essas reformas, sendo a revisão dessa literatura a técnica principal emprega, recorrendo-se, em caráter complementar, às fontes documentais.

No campo substantivo, diversas medidas foram adotadas em resposta à Crise de 2008, as quais foram orientadas para a minimização dos riscos sistêmicos e para conter a propagação de efeitos de possíveis falências de grandes instituições financeiras.

A primeira resposta regulatória à crise de 2008 foi a adoção da primazia da visão macroprudencial da prevenção de riscos sistêmicos sobre a microprudencial.[3] Em segundo lugar, alterou-se a perspective sobre quais

3 Explica-se: "como definido aqui, as três características fundamentais que distinguem a abordagem macroprudencial da microprudencial de regulação e supervisão referem-se a objetivos, foco e caracterização de risco [...]. Primeiro, o objetivo imediato de uma abordagem macroprudencial é limitar o risco de episódios de dificuldades financeiras em todo o sistema, de modo a conter seu custo para a macroeconomia. Por outro lado, o objetivo primeiro da abordagem microprudencial é limitar o risco de falha de instituições individuais, independentemente de seu impacto na economia em geral. Por sua vez, isso é melhor racionalizado em termos de proteção do consumidor (depositante ou investidor). Segundo, como resultado, o foco da abordagem macroprudencial é o sistema financeiro como um todo; a de sua contraparte microprudencial é a instituição individual. [...] O que é crucial

atores e quais atividades devem ser regulados, bem como sobre como devem ser regulados; debateu-se, ainda, se a regulação deveria ser setorial ou centralizada. (GERMAIN, 2010).

A maioria das medidas tomadas para conter os efeitos da Crise de 2008 ocorreu no âmbito nacional ou regional (no caso da União Europeia), sendo que o FMI passou a desempenhar um papel relevante apenas quando a crise se transformou em uma crise de débitos soberanos. A coordenação das políticas adotadas no âmbito nacional deu-se, inicialmente, por meio do G7, sendo que, a partir de novembro de 2008, o papel central passou a ser ocupado pelo G20, que assumiu a configuração de uma Cúpula de Líderes (Chefes de Estado e de Governo), tendo em vista que a crise passou a atingir os países emergentes e esses deveriam desempenhar papel relevante no seu enfrentamento. (AVGOULEAS, 2012).

No âmbito nacional, foram adotadas medidas econômicas anticíclicas e reformas regulatórias na maioria das economias do Ocidente. Obviamente as medidas de maior impacto foram as dos Estados Unidos, especialmente o *US Dodd-Frank Act*, de 9 de julho de 2010,[4] o qual constituiu um novo regulador

do ponto de vista macroprudencial é o grau de diversificação ou concentração de risco, não na instituição individual, mas no sistema geral. Assim, o que importa são as exposições comuns (correlacionadas) entre instituições financeiras, e não as do portfólio de instituições individuais, que representam a principal preocupação da abordagem microprudencial. Finalmente, uma abordagem macroprudencial trata o risco agregado como dependente do comportamento coletivo das instituições – em termos técnicos, como endógeno. Isso ocorre porque, coletivamente, as instituições podem afetar os preços dos ativos financeiros, as quantidades negociadas (emprestadas e emprestadas) e, portanto, a força da própria economia. Isso, por sua vez, tem poderosos efeitos de *feedback* sobre a solidez das instituições. Por outro lado, dado o foco em instituições individuais, a abordagem microprudencial ignora esses *feedbacks*, tratando o risco como exógeno. Isoladas, instituições individuais geralmente terão pouco impacto nos preços de mercado ou na economia como um todo. De fato, é assim que as instituições individuais tratam o risco: elas consideram os preços dos ativos, as condições de mercado/crédito e as atividades econômicas, dados o possível intervalo de movimentos dos preços dos ativos, as probabilidades de inadimplência e a macroeconomia". (BORIO, 2011, p. 102-104).

4 Cf. CONGRESS OF THE UNITED STATES OF AMERICA. *Dodd-Frank Wall Street Reform and Consumer Protection Act of 2010 (Dodd-Frank Act)*. Washington: 15 jan. 2010. Disponível em: <http://www.cftc.gov/idc/groups/public/@swaps/documents/

macroprudencial, o *Financial Stability Oversight Council (FSOC)*, com poderes para fiscalizar instituições financeiras não-bancárias, e também implantou reformas nas regras substantivas para o setor financeiro. (KRUGMAN, OBSTFELD & MELITZ, 2015; AVGOULEAS, 2012).

No nível regional, destacam-se as medidas adotadas na Europa em resposta à crise de débitos soberanos de 2011, no sentido de ampliar a coordenação fiscal e econômica, como o reforço do pacto de estabilidade e crescimento, a instituição do *European Stability Mechanism* (ESM) e o "Tratado sobre Estabilidade, Coordenação e Governança na União Econômica e Monetária" (*Fiscal Compact*). O ESM foi criado por meio de tratado específico assinado por 17 Estados da Zona do Euro, em 1º de fevereiro de 2012, de maneira que não é um órgão da UE. Trata-se de um instrumento para "coletivização dos riscos" no enfrentamento de futuras crises. É dirigido pelos ministros das finanças e tem como propósito fornecer ajuda para Estados-membros em dificuldade fiscal. Entretanto, o Tratado que instituiu o ESM não prevê nenhum mecanismo de *accountability* que se costuma encontrar nos organismos da UE. Registra-se também que ocorreu uma profunda transformação na estrutura de supervisão financeira no âmbito na União Europeia, com a criação do *European System of Financial Supervisors.* (AVGOULEAS, 2012; DONATI, 2012; MADURO, DE WITTE & KUMM, 2012; NAPOLITANO, 2012).

Enfim, no âmbito global, umas das principais reformas regulatórias adotadas foi o "Acordo de Basileia III", firmado em 2010, segundo o qual os bancos deveriam manter três vezes mais capital de reserva do que antes da Crise, dentre outras medidas para inibir os bancos de realizarem operações de risco, bem como para manter provisões em garantia contra possíveis perdas de longo prazo. Também foram previstos padrões normativos com o propósito de aperfeiçoar a transparência das operações bancárias, dentre outros. (BRUMMER, 2012). Outra medida importante foi a ampliação em três vezes do montante de recursos disponibilizado ao FMI. Ressalta-se, po-

file/hr4173_enrolledbill.pdf>. Acesso em: 07 fev. 2018; CONGRESS OF THE UNITED STATES OF AMERICA. *Public Law 107-204 ("Sarbanes-Oxley Act")*. Washington: 30 jul. 2002. Disponível em: <https://www.sec.gov/about/laws/soa2002.pdf>. Acesso em: 07 fev. 2018. Sobre o "Dodd-Frank Wall Street Reform and Consumer Protection Act", cf. Levine (2012, p. 40).

rém, que não houve alteração da capacidade do FMI de produzir e garantir o cumprimento de normas globais. Registramos também que, na Cúpula do G20 de Pittsburgo, em 2009, acordou-se o *Mutual Assessment Process* (MAP), que prevê o monitoramento dos débitos públicos e privados, bem como dos déficits fiscais por uma série de indicadores e, a partir de uma orientação multilateral, cada país deve monitorar o progresso dos outros, inclusive, quando necessário, buscando acordos que favoreçam a superação de déficits e desequilíbrios globais, medida que visa a prevenção de crises financeiras. (HALE, HELD & YOUNG, 2013).

As reformas também não apontaram caminhos para a solução dos desequilíbrios globais de pagamentos, persistindo a tendência de crescimento dos débitos nas economias desenvolvidas. (DAVIES, 2015).

Embora tenham ocorrido alguns avanços nessas reformas substantivas em termos de estabilidade, solvência e liquidez do sistema bancário, elas não tocam em questões centrais das finanças globais, conservando a estrutura de dominação "centro – periferia" e desconsiderando-se os interesses dos *excluídos da globalização.*

Um primeiro problema é a imposição de *standards* para as operações bancárias elaborados pelo Conselho de Estabilidade Financeira (FSB, na sigla em Inglês) e pelo Comitê da Basileia, pois foram feitos para países desenvolvidos, de maneira que suas exigências precisariam ser adaptadas à realidade dos em desenvolvimento e mais pobres. Em segundo lugar, não obstante a estabilidade financeira ser fundamental em si mesma e para o desempenho da economia como um todo, as reformas empreendidas concentram-se exclusivamente nesses objetivos, quando há outros que também são relevantes para a regulação financeira, como a "inclusão financeira", especialmente dos cidadãos mais pobres dos países periféricos e semiperiféricos, o que tem impactos significativos na redução da pobreza e no desenvolvimento. Não se discutiu, por exemplo, a possibilidade de ampliação do controle sobre os fluxos de capitais pelos países mais pobres como uma alternativa para lhes assegurar maior estabilidade e autonomia em sua política econômica (JONES & KNAACK, 2019).

Além disso, as reformas não trataram dos impactos distributivos da mundialização financeira, e uma série de problemas fundamentais para países em desenvolvimento e emergentes, como a insuficiência de recursos para financiamento de suas políticas públicas e o alto custo para a obtenção de crédito, devido, dentre outras razões, ao grande comprometimento de suas receitas tributárias com a dívida pública, ao mesmo tempo em que, muitos governos desses países mantêm significativas reservas cambiais compostas, em sua maior parte, por títulos do Tesouro dos Estados Unidos.

Observamos nessa descrição sumária das medidas regulatórias substantivas que são todas orientadas para a estabilidade do sistema, não tratando de questões distributivas.[5] Isto posto, voltamos nosso olhar para as reformas concretizadas ou projetadas no âmbito da distribuição de poder, dos processos decisórios e da capacidade institucional das principais instituições responsáveis pela governança financeira global.

O protagonismo e os limites do G20

No âmbito global, as principais transformações na arquitetura da governança financeira na sequência da Crise de 2008 foram: a emergência do G20 como a principal instância de coordenação política; e a transformação do FSF em "Financial Stability Board" (FSB). O FMI permaneceu como a instituição global mais importante de supervisão macrofinanceira, ocupando um papel fundamental nessa arquitetura. (AVGOULEAS, 2012, GERMAIN, 2010).

A primeira Cúpula do G20 ocorreu em Washington, EUA, entre 14 e 15 de novembro de 2008, com o propósito de coordenar esforços para enfrentar a Crise Financeira Internacional, dentre os quais, estímulos fiscais e o resgate de instituições financeiras. Uma das explicações para isso é que o envolvimento

5 Na avaliação de Carames (2016, p. 16), por exemplo, "passados alguns anos do colapso financeiro, do suposto fracasso neoliberal e do surgimento das expectativas de uma nova 'revolução' regulatória, o que se observou, contudo, foi a manutenção do *status quo* na arquitetura financeira da economia internacional. Apesar de alguns avanços no nível de regulação financeira, não se observaram constrangimentos significativos aos principais aspectos do sistema responsabilizados como as causas da crise. Os fluxos internacionais de capital continuam sem grandes limitações, a regulação de derivativos de balcão (*OTC derivatives*) se limitou à criação de supervisão e registro das atividades, os controles macroprudenciais para a atividade bancária foram superficialmente adotados, a separação entre os bancos comerciais e de investimento também não avançou". Para aprofundar a análise sobre as reformas regulatórias, com diferentes perspectivas, cf.: Knight, 2018; Young, 2017; Davies, 2015, 2012, 2010; Avgouleas, 2013; Goldin e Vogel, 2010; Helleiner, 2009; Faria, 2009.

apenas dos membros do G7 não seria suficiente nem para as respostas regulatórias nem para fornecer os recursos necessários para tanto.

A criação do G20 foi bastante significativa, pois a liderança da definição da agenda de reformas econômicas e institucionais globais deixou de estar restrita ao G7 e passou a abranger as economias emergentes, o que conferiu tanto maior legitimidade como possibilidades de efetividade das decisões, cuja implementação e obtenção dos resultados pretendidos depende da cooperação de um maior número de Estados no atual contexto econômico. O papel desempenhado pelos líderes dos Governos na consecução de resultados concretos a partir das Cúpulas, o envolvimento de altos funcionários dos Estados em seu programa de trabalho e em suas deliberações, e a inclusão da maioria das economias avançadas e emergentes que representam cerca de noventa por cento do Produto Interno Bruto Global fizeram do G20 um fórum decisivo. (KNIGHT, 2018; YOUNG, 2017; HUBLOUE & VONGTHIERES, 2015; SCHUTTE, 2014; DAVIES, 2012; COOPER, 2011; WOODS, 2010; BEESON & BELL, 2009).

Dentre as decisões tomadas pelo G20, destaca-se o aporte de um trilhão de Dólares no FMI para concessão de empréstimos a países em dificuldade financeira. Esses recursos conferiram maior capacidade de atuação autônoma ao Fundo. (WOODS, 2010).

Na segunda Cúpula, realizada em Londres, em abril de 2009, foram aprovadas mudanças na composição do Comitê da Basileia e a transformação do Fórum de Estabilidade Financeira em Conselho de Estabilidade Financeira, instituição que influenciou a formulação do Acordo de Basileia III. Também foi incluída em sua declaração a demanda pela reforma da composição das instituições de governança financeira global, notadamente do FMI e do Banco Mundial, tendo em vista a assimetria de representação nesses organismos, como veremos com maiores detalhes na seção seguinte.[6] (HALE, HELD & YOUNG, 2013; DAVIES, 2012; WOODS, 2010).

6 Registra-se que as discussões sobre a necessidade de reforma do FMI no que se refere a distribuição de cotas, representação, legitimação, efetividade e *accountability* já eram bastante presentes no âmbito do G20 (Ministros de Finanças) desde de 2005. (AVGOULEAS, 2012).

A partir da Cúpula de Pittsburgh, em setembro de 2009, a atuação do G20 tornou-se mais ampla do que responder à Crise, assumindo a condição de liderança da governança econômica global. Em seu comunicado tratou-se especialmente dos desequilíbrios internacionais nos balanços de pagamento. Além disso, traçou estratégias para reforma do FMI e do Banco Mundial, para a conclusão da Rodada Doha da Organização Mundial do Comércio e para um acordo sobre mudanças climáticas "pós-Kioto". (GARRET, 2010).

Não obstante sua relevância, o G20 apresenta profundas limitações em termos de efetividade e legitimidade: (1) permanece como um fórum informal, sem estrutura administrativa, limitando-se a um conjunto de reuniões seguidas da divulgação de comunicados; (2) embora seja mais inclusivo do que o G7, sua composição é baseada em autosseleção, como um "clube" restrito, e permanecem desequilíbrios de representação regional; (3) mesmo entre seus membros não há o mesmo peso nos processos decisórios, mas sim hierarquias - ponderando-se, por exemplo, que dentro do G20, há um G2 de fato (Estados Unidos e China). Estes países fazem do G20 um instrumento para sua ação diplomática e são os atores decisivos na definição do futuro das reformas na governança financeira global, em um contexto no qual suas relações, depois de um período de estabilidade, estão se tornando crescentemente conflituais; (4) trata-se de uma forma de governança tradicional, centrada nos Estados, em seu Poder Executivo, em seus líderes, de poder descendente, sem espaço para manifestação das divergências internas de cada país. (COOPER, 2011, GARRET, 2010, GOLDIN, & VOGEL, 2010).

São muitos, portanto, os problemas de legitimidade do G20. Enquanto os Estados incluídos afirmam-se legítimos por representarem a maior parte da produção econômica e da população global, os excluídos questionam sua legitimidade por desconsiderar as perspectivas de muitos outros. Os próprios membros do G20 não podem definir o que é ou não legítimo, pois essa é uma questão que também depende do entendimento dos demais envolvidos, ou seja, dos demais Estados do mundo. Diante disso, seria necessário, no mínimo, ampliar a conexão do G20 com a ONU e outras organizações multilaterais, por exemplo, transformando o Secretário-Geral e o Presidente da Assembleia Geral em membros permanentes da Cúpula, bem como pelo convite a representantes de diferentes grupos regionais, não apenas da União Europeia. Além disso, seria indispensável ampliar a interlocução do G20 com o povo dos Estados que o compõem, com organizações não-governamentais transnacionais e com os agentes do mercado. (SLAUGHTER, 2013).

Em termos de efetividade, apesar do amplo consenso nas Cúpulas de 2008 e 2009 sobre a necessidade de se fortalecer a governança financeira no nível global e da criação do FSB, ela permanece sem uma autoridade central. Esse problema poderia ser resolvido por meio de um tratado internacional que conferisse maior poder e autoridade ao FSB, nos moldes do que ocorre na OMC. Todavia é difícil avançar na concretização de ideias como essa devido à resistência dos Estados nacionais em ceder poder para uma instituição dessa natureza e, particularmente, às divergências entre os Estados Unidos e a União Europeia, dois atores centrais para o sistema. Consequentemente, a regulação financeira continua a ocorrer mediante formação de consensos sobre determinados *standards*, e a implementação de cada um deles individualmente conforme as regras de produção normativa e decisão política de cada Estado, sem quaisquer mecanismos internacionais para garantia de sua aceitação. O mesmo se aplica às diretivas do BIS e aos acordos firmados no âmbito do Comitê de Basileia. O problema, portanto, não é a carência de *standards* regulatórios, os quais, inclusive, cresceram muito após a Crise, mas a falta de coerência entre eles e a ausência de uma autoridade central de governança com capacidade para exigir seu cumprimento. (YOUNG, 2017, CARAMES, 2016, DAVIES, 2015, 2010).

Com a passagem dos efeitos mais severos da Crise, observou-se que as Cúpulas do G20 perderam grande parte de sua potência política, de seus impulsos reformistas, com poucos avanços concretos (SCHUTTE, 2014).

Todavia, os resultados das Cúpulas devem ser avaliados com ponderação. Na Cúpula de 2017, por exemplo, realizada em Hamburgo, Alemanha, as declarações finais foram repletas de promessas retóricas, superficiais e mesmo contraditórias no que se refere ao protecionismo. Por outro lado, os desafios discutidos pelos líderes nessa reunião podem ser considerados maiores e mais complexos até mesmo do que os do encontro de 2008, quando a Crise Financeira era o ponto central da agenda, em razão da significativa polarização sobre os temas a serem enfrentados, bem como da tendência isolacionista dos EUA. Assim, a própria existência de uma declaração conjunta, a qual depende de complexos compromissos e negociações, pode ser considerado um saldo positivo. A declaração procurou encontrar um equilíbrio entre os ganhos da globalização e seus impactos negativos, sobretudo o reconhecimento de que não beneficia a todos e que muitos perdem com ela, havendo pessoas excluídas e marginalizadas. Após este diagnóstico, a declaração indica algumas diretrizes sobre como a globalização pode ser modelada para beneficiar a todos, por meio de um crescimento econômico inclusivo e sustentável. (NARLIKAR, 2017).

O G20 é muito criticado, dentre outras razões, por representar apenas a elite dos Estados e pelo isolamento das Cúpulas em locais pouco acessíveis para as pessoas afetadas por suas declarações. Porém, o fato de Hamburgo ser uma cidade altamente internacionalizada significou uma mudança positiva, tornando o evento mais acessível à observação e à pressão popular. Além disso, a Cúpula viabilizou a participação de uma gama bastante diversificada de partes interessadas na sua preparação, as quais tiveram a oportunidade de deliberar e emitir suas opiniões e informações para os Chefes de Estado e de Governo. Foram criados vários mecanismos para participação de diferentes segmentos: B20 (negócios), C20 (sociedade civil), L20 (grupos de trabalhadores ou sindicatos), S20 (comunidade acadêmica e científica), T20 (*think tanks* e instituições de pesquisa), W20 (grupos de mulheres) e Y20 (jovens líderes). Participaram de muitos desses grupos lideranças não apenas dos membros do G20, como também de outros países. Tratou-se de uma experiência profícua de democracia deliberativa no âmbito da governança global, a qual também constituiu uma tentativa de resposta ao diagnóstico do déficit de inclusão da globalização em termos de resultados e processos participativos (NARLIKAR, 2017).

Nesse sentido, outro ponto a ser destacado é o esforço da Alemanha para fomentar o diálogo com grupos representativos e também de protestos promovidos pela *Global Solidarity Summit*, organizada como um encontro alternativo ao G20. Para tanto, organizações não-governamentais que atuam no campo do desenvolvimento e do meio ambiente puderam submeter propostas para receberem financiamento para sua participação em atividades do G20, como o C20 (duzentos mil Euros foram disponibilizados no total pelo governo de Hamburgo). (NARLIKAR, 2017).

O Banco Mundial e o Fundo Monetário Internacional

O debate a propósito das reformas para tornar a direção do Banco Mundial e do FMI mais democrática pode ser organizado em cinco eixos: (1) a revisão da distribuição das cotas e do poder de voto; (2) o processo de eleição de seus dirigentes; (3) o aperfeiçoamento dos mecanismos de *accountability*; (4) a ampliação da transparência dos processos decisórios e da operação das instituições; e (5) a ampliação dos espaços de consulta à sociedade civil.

No caso do FMI, o debate sobre a reforma de sua governança dura mais de uma década,[7] incluindo a participação do "IMF's Independent Evaluation Office"[8] e de um grupo externo denominado "Committee of Eminent Persons on IMF Governance Reformed". Como veremos, ocorreram alguns avanços em diferentes campos, ao mesmo tempo em que a reforma da governança revela-se um processo contínuo.[9] (HUBLOUE & VONGTHIERES, 2015).

---

7 Clegg (2012, p. 304 e ss.) desenvolveu uma análise empírica sobre o funcionamento quotidiano do FMI, procurando verificar em que medida as decisões são tomadas por consenso (consequentemente, com base em argumentos racionais) ou por voto (com implicações concretas da diferença de peso dos Estados), especialmente no que se refere ao "Enhanced Structural Adjustment Facility", apurando que nas questões referentes às condicionalidades, "há uma relação próxima entre o poder material e as preferências dos Diretores" (ou seja, aqueles que representam os credores tendem a agir conforme seus interesses, valendo-se de todos os meios disponíveis para proteger o crédito, havendo tendência oposta ente os não-credores).

8 Cf. Buckley, 2012, p. 106.

9 Cf. os seguintes documentos: COMMITTEE ON IMF GOVERNANCE REFORM. *Final Report.* Washington, DC: International Monetary Fund, 2009. Disponível em: < https://www.imf.org/external/np/omd/2009/govref/032409.pdf>. Acesso em: 07 fev. 2018; INTERNATIONAL MONETARY FUND. *G20 Agreement on Quotas and Governance.* Washington, DC: International Monetary Fund, mar. 2017. Disponível em:<http://www.imf.org/external/np/exr/faq/quotasgov.htm>. Acesso em: 07 fev. 2018; INTERNATIONAL MONETARY FUND. *IMF Press Release No. 08/64: IMF Executive Board Recommends Reforms to Overhaul Quota and Voice (Mar. 28, 2008).* Washington, DC: International Monetary Fund, 2008. Disponível em: <https://www.imf.org/en/News/Articles/2015/09/14/01/49/pr0864>. Acesso em: 07 fev. 2018; INTERNATIONAL MONETARY FUND. *International Monetary Fund Fact Sheet: IMF Quotas.* Washington, DC: International Monetary Fund, out. 2017. Disponível em: <http://www.imf.org/en/About/Factsheets/Sheets/2016/07/14/12/21/IMF-Quotas>. Acesso em: 07 fev. 2018; INTERNATIONAL MONETARY FUND. *IMF, Fact Sheet: Transparency at the IMF.* Washington, DC: International Monetary Fund, out. 2017. Disponível em: <http://www.imf.org/en/About/Factsheets/Sheets/2016/07/27/15/35/Transparency-at-the-IMF>. Acesso em: 07 fev. 2018; INTERNATIONAL MONETARY FUND. *IMF Policy Paper: Extension of the Periods for Consent to and Payment of Quota Increases.* Washington, DC: International

A distribuição de cadeiras no Comitê Executivo e de poder de voto no Banco Mundial também é uma questão colocada há bastante tempo, em razão do fato de sua estrutura decisória refletir a divisão de poder do pós-Segunda Guerra Mundial, ao passo que o contexto contemporâneo é muito mais multipolar.[10] Embora alguns avanços tenham ocorrido no sentido de ampliar a participação de países emergentes e em desenvolvimento (notadamente a China e a Arábia Saudita), Estados Unidos, Reino Unido, Japão, Alemanha e França ainda conservam considerável maioria. (POORTMAN, 2015).

Antes da Crise, nas *Reuniões Anuais* do FMI e do Banco Mundial de 2006 e 2008, já haviam ocorrido duas rodadas de reformas para ampliar as

---

Monetary Fund, 2018. Disponível em:<https://www.imf.org/en/Publications/Policy-Papers/Issues/2018/01/10/pp122017-extension-of-the-periods-for-consent-to-and-payment-of-quota-increases>. Acesso em: 07 fev. 2018; INTERNATIONAL MONETARY FUND. *IMF Policy Paper: Key Trends in Implementing the Fund's Transparency Policy*. Washington, DC: International Monetary Fund, 2018. Disponível em:<https://www.imf.org/en/Publications/Policy-Papers/Issues/2018/01/16/pp120617-key-trends-in-implementing-the-fund-trasparency-policy>. Acesso em: 07 fev. 2018; INTERNATIONAL MONETARY FUND. *Report of Executive Board to Board of Governor on the outcome of the Quota Formula Review*. Washington, DC: International Monetary Fund, 2013. Disponível em: <https://www.imf.org/en/Publications/Policy-Papers/Issues/2016/12/31/Outcome-of-the-Quota-Formula-Review-Report-of-the-Executive-Board-to-the-Board-of-Governors-PP4730>. Acesso em: 07 fev. 2018.

10 Cf. os seguintes documentos: DEVELOPMENT COMMITTEE (Joint Ministerial Committee of the Boards of Governors of the Bank and the Fund On the Transfer of Real Resources to Developing Countries). *Synthesis paper: New World, New World Bank Group*. Washington, DC: World Bank Group, 2010. Disponível em: <https://g24.org/wp-content/uploads/2016/01/Session-1_1-13.pdf>. Acesso em: 07 fev. 2018; WORLD BANK GROUP. *Subscriptions and voting power of member countries*, February 7, 2018. Washington, DC: World Bank Group, 2018. Disponível em: <https://finances.worldbank.org/Shareholder-Equity/IFC-Subscriptions-and-Voting-Power-of-Member-Count/gsdw-avpz>. Acesso em: 07 fev. 2018; WORLD BANK GROUP. *Bank Policy: Access to Information*. Washington, DC: World Bank Group, 2015. Disponível em: <http://pubdocs.worldbank.org/en/393051435850102801/World-Bank-Policy-on-Access-to-Information-V2.pdf>. Acesso em: 07 fev. 2018; WORLD BANK GROUP. *World Bank Reforms Voting Power, Gets $86 Billion Boost*. Washington, DC: World Bank Group, 2010. Disponível em: <http://www.worldbank.org/en/news/press-release/2010/04/25/world-bank-reforms-voting-power-gets-86-billion-boost>. Acesso em: 07 fev. 2018.

cotas dos Estados mais sub-representados: China, Coreia, México e Turquia. Tratou-se, porém, de uma reforma modesta que não alterou a percepção dos países emergentes segundo a qual o FMI é uma instituição controlada pelos Estados Unidos. Mesmo a China, um dos maiores beneficiados, obteve um aumento de sua participação de votos em 0,88 por cento, atingindo um total de 3,81 por cento. (WOODS, 2010).

Essa discussão ganhou centralidade como decorrência direta da Crise de 2008. Isso porque, a crise demandou que tais instituições solicitassem mais recursos de seus membros para enfrentar as necessidades de estabilização financeira e fomento ao crescimento econômico, o que incluía os países emergentes e em desenvolvimento, os quais, por sua vez, passaram a demandar maior participação na direção dessas organizações. Não estavam dispostos a transferir mais recursos para o Fundo sem que novas reformas fossem empreendidas. Diante disso, em sua Cúpula de 2009, em Pittsburgh, os líderes do G20 acordaram que haveria um deslocamento de pelo menos 5 por cento dos votos dos países desenvolvidos para os emergentes e em desenvolvimento no FMI, e 3 por cento no Banco Mundial. Dando sequência ao projeto, em 2010, os Comitês Executivos dessas organizações acordaram uma transferência ainda maior de poder em favor dos países em desenvolvimento - condicionada à subscrição proporcional de capital, bem como que o critério primário para a distribuição de votos seria a participação de cada país no PIB global. (VESTERGAARD & WADE, 2015; GERMAIN, 2010; WOODS, 2010).

O FMI também tinha interesse em sua reforma, sobretudo por três necessidades institucionais: (1) obter mais recursos para enfrentar sua própria crise financeira; (2) conquistar legitimidade e confiança junto aos principais Estados-membros; (3) adaptar a distribuição de poder em seus processos decisórios às mudanças ocorridas na economia mundial e diminuir sua dependência financeira de um reduzido grupo de Estados. (WOODS, 2010).

Ao final da Cúpula do G20 de Seul, em 2010, a propósito da reforma do FMI decidiu-se que: (1) os europeus perderiam duas de suas vinte e quatro cadeiras na Direção Executiva; (2) os dez maiores acionistas passariam a ser as dez maiores economias do mundo, o que seria obtido por meio da transferência de seis por cento do poder de voto, em grande medida em favor dos BRICS, que passariam a ter 14,17 por cento dos votos em conjunto (perto dos quinze por cento necessários para o exercício do poder de veto); (3) haveria maior flexibilidade e menos condicionantes nas linhas de crédito, o que atendia a reivindicações dos países emergentes. Persistiria, porém, um poder demasiadamente grande dos Estados Unidos (inclusive de veto) e a super-representação da União Europeia.[11] (SCHUTTE, 2014, BUCKLEY, 2012).

No âmbito do Banco Mundial também foi acordado o aumento do peso dos votos dos países em desenvolvimento:

> [...] após a implementação dessas mudanças, esses países constituirão 47,19% do total de votos no Banco. Isso representa um aumento de 4,59% em sua participação no total de votos desde 2008. Além disso, dentro desses totais, haverá algum realinhamento de ações com direito a voto, para que os mercados emergentes mais dinâmicos aumentem sua participação nos votos e tenham um poder de voto no Banco que seja mais proporcional ao seu papel na economia global. Os Estados membros também aumentaram o tamanho da Diretoria do Banco de 24 para 35 membros, sendo o novo membro um terceiro diretor executivo africano. (BRADLOW, 2012, p. 41-42).

Ocorre que, tanto no FMI como no Banco Mundial, as reformas efetivamente implementadas foram muito mais modestas do que fora anunciado. Não obstante em seu conjunto os países em desenvolvimento tenham aumentado seu poder de voto em relação ao PIB global, sua participação é significativamente menor que do que o acordado: 3 por cento menor no Banco Mundial e 2,6 no FMI. Uma explicação fundamental para as reformas não terem avançado é a recusa do Congresso dos Estados Unidos em aprovar o que fora ajustado por seu Executivo, sem o que o acordo não pode ser colocado plenamente em prática.[12] A Europa também resistiu às mudanças, alegando que estaria sub-representada. Entretanto, mesmo que tais reformas tivessem se concretizado, ainda estariam muito distantes dos objetivos almejados, pois permaneceria a sobre-representação dos países desenvolvidos na direção das

---

11 Sobre a reforma da composição e funcionamento dos órgãos do FMI, considerando-se o critério de um tamanho adequado que possibilite a combinação de eficiência e representatividade, cf. Thimn, Just e Ritter, 2009. Os autores (2009) também propõem a criação de dois corpos diretivos: um destinado a questões multilaterais, sistêmicas, e outro para temas específicos dos Estados.

12 Cf. Callaghan, 2015, p. 122-123, Duran, 2017, p. 50, Lesage, 2013.

instituições, bem como considerável desproporção do poder de voto dos países em relação à sua participação no PIB global. Além de tudo isso, não houve nenhum acordo sobre os procedimentos para alocação da distribuição do poder de voto no futuro. (VESTERGAARD & WADE, 2015).

Essas informações demonstram como a reforma de cotas do FMI e do Banco Mundial é complexa, envolvendo questões técnicas, institucionais e políticas inter-relacionadas. A fórmula de divisão das cotas deve ser amplamente aceita pelos membros, e chegar a um acordo neste sentido não é simples, além de que a posição econômica e geopolítica dos Estados varia ao longo do tempo, de maneira que a reforma deve ser um processo contínuo. Em termos históricos, os progressos obtidos a partir de 2006 são relevantes, mas quando comparados com a dimensão das transformações na economia global revelam-se extremamente modestos, pois se espera que as economias emergentes passem a abranger sessenta e cinco por cento do Produto Interno Bruto global até 2023, enquanto uma década atrás representavam quarenta por cento. (HUBLOUE & VONGTHIERES, 2015).

Outro ponto considerado nas reformas é o processo de escolha dos dirigentes do FMI e do Banco Mundial, o qual segue historicamente um "acordo de cavalheiros": o Presidente do Banco Mundial será um americano e o Diretor-Geral do FMI um europeu. Além disso, esse processo de escolha não é transparente e é fechado a qualquer forma de participação externa. Durante as reformas, "os Estados membros concordaram que o processo deve ser transparente e compreensível para os que não pertencem à instituição e que deve ser baseado no mérito, independentemente da origem nacional". Entretanto, essa proposta também não se concretizou no FMI, sendo eleito novamente um europeu para sua direção-geral após a celebração do referido acordo. (BRADLOW, 2012, p. 42).

Diante das dificuldades enfrentadas para ampliar seu poder nas organizações de Bretton Woods, países em desenvolvimento também passaram a empreender esforços para a construção de suas próprias instituições, como o Banco de Desenvolvimento dos BRICS e o acordo de câmbio ("Currency Swap Arrangement"), organizações que são apresentadas por seus instituidores como complementares às primeiras. (VESTERGAARD & WADE, 2015).

As reformas mais substanciais e com resultados mais efetivos na governança dessas instituições financeiras internacionais ocorreram no âmbito da transparência: ambas adotaram políticas de acesso à informação, com um crescimento constante das informações disponibilizadas. Hoje a regra é a publicidade, de maneira que o sigilo precisa ser declarado e é reservado à proteção de informações de clientes (Estados ou particulares) que sejam "sensíveis ao mercado". (BRADLOW, 2012).

Originalmente uma instituição bastante opaca, nos anos 1990 o FMI começou a responder à crescente demanda para se tornar mais transparente e compreensível para a sociedade. Nesse sentido, o Fundo passou a divulgar grande quantidade de material de "relações-públicas", a disponibilizar documentos políticos, e também informações sobre o monitoramento da política econômica dos Estados onde atua. A partir de uma resolução de 1996, permitiu a publicidade imediata de suas estatísticas. Entretanto, até o final dos anos 1990, a transparência no FMI permanecia bastante restrita, pois, por exemplo, muitas cartas de intenções e documentos referentes aos "acordos" com os Estados que necessitavam de ajuda financeira não tinham publicidade, e as minutas das reuniões do Comitê Executivo permaneciam em sigilo por trinta anos. Assim, o FMI não apresentou os mesmos avanços em termos de publicidade que o Banco Mundial, não obstante tenha havido alguma melhoria nos anos 1990 quando se compara com o momento de sua criação. (O'BRIEN *et al.*, 2000).

Posteriormente, ocorreram avanços importantes: cerca de noventa por cento dos documentos produzidos pelo Comitê Executivo são publicados alguns dias depois das reuniões, e as minutas detalhadas das reuniões são disponibilizadas em três anos, enquanto que até 1999 este prazo era de trinta anos. Essa abertura de informações sempre foi uma discussão difícil no âmbito do FMI, seja por razões de disputa de poder ou de argumentos contrários relevantes que devem ser ponderados, como a exigência do sigilo no exercício da função de aconselhamento do FMI junto a Governos dos Estados que são membros do Fundo. (HUBLOUE & VONGTHIERES, 2015).

O Banco Mundial também tem adotado várias medidas para ampliar sua transparência, como resultado de pressões de Governos, organizações não-governamentais, da imprensa e da liderança de seus presidentes. Um dos instrumentos adotados foi o "Public Information Center" (PIC), com a função de assegurar um serviço rápido e eficiente de resposta aos requerimentos de documentos. (ADAMS, 2015).

Quanto à *accountability*, sobretudo no âmbito do Banco Mundial, também ocorreram avanços nas últimas décadas. O processo começou em 1993, quando o Banco criou um "Inspection Panel", o primeiro mecanismo de uma organização internacional que permitia que atores não-estatais que se sentissem prejudicados por suas políticas pudessem solicitar investigação por um comitê independente que elaboraria e submeteria um relatório ao Conselho do Banco. Posteriormente, outros bancos multilaterais de desenvolvimento criaram mecanismos semelhantes. Outros instrumentos importantes foram estabelecidos, como um sistema de dupla avaliação de desempenho – do presidente pelo Conselho do Banco, e do Conselho pelo presidente e pelos diretores sêniores –, e o empenho pela criação de um corpo de critérios para avaliação de sua governança corporativa. (BRADLOW, 2012, p. 42-43).

Quanto ao FMI, desde o final dos anos 1990, sob pressão do G7 e de organizações não-governamentais, passou a suplementar suas avaliações internas com revisões de assessores externos. (O'BRIEN *et al.*, 2000).

Não havia quaisquer previsões formais para a participação de atores não-estatais no Banco Mundial. Todavia, desde 1982, têm crescido os espaços para diálogo e cooperação entre o Banco e organizações não-governamentais de países onde atua, o que ganhou força nos anos 1990. (O'BRIEN *et al.*, 2000). Na sequência das crises financeiras dos anos 1990, o Banco Mundial tratou as questões da participação e da representação como centrais. Seu foco não foi a participação dos governos e outros atores interessados dos países em desenvolvimento nos processos decisórios internos, mas na construção dos projetos nos âmbitos nacional e local. Com o tempo, as políticas operacionais deixaram de ser compreendidas como um assunto interno da instituição e passaram a ser submetidas ao debate público. Foram adotados procedimentos participativos informais, como a divulgação de versões preliminares dessas políticas, a discussão e o recebimento de comentários. No FMI conferiu-se pouca atenção aos problemas da representação e da participação (PORTER & WOOD, 2002).

Não há registros de mudanças significativas nesse âmbito como resposta à Crise de 2008, cujos debates ficaram concentrados na questão da representatividade dos Estados.

Bradlow (2012, p. 40-41) apresenta uma análise geral positiva sobre os progressos democráticos na governança do FMI e do Banco Mundial. De acordo com o autor, não obstante as críticas procedentes às limitações das reformas empreendidas, se formos comparar as mudanças nessas instituições nos últimos vinte anos com a estrutura e a prática de outros atores da governança financeira global, veremos que, sobretudo no caso do Banco Mundial, avançou-se muito mais em termos de transparência, abertura à participação de outros interessados, *accountability* e representatividade do que em qualquer outro.

Nada disso, porém, alterou a estrutura de dominação da governança e das finanças globais e seus impactos na distribuição de renda, riqueza e poder.

Algumas reformas em organizações transnacionais

Algumas instituições transnacionais, como o Comitê de Supervisão Bancária da Basileia e a "International Organization of Security Commissions (IOSCO)", reformaram a composição de seus membros, incluindo, pela primeira vez, representantes dos países em desenvolvimento, de maneira que se tornaram mais representativos e inclusivos, embora isso não tenha implicado a ampliação de sua capacidade institucional. (HALE, HELD & YOUNG, 2013; GERMAIN, 2010).

Entretanto, os países com renda baixa e média baixa continuam sem representação no Comitê da Basileia. Assim, não obstante a existência de Grupos Consultivos nos quais são ouvidos, apresentam reduzida influência na produção dos *standards* do Comitê, o que compromete não apenas a legitimidade dessas regras, como também sua eficácia, pois quem não participa da decisão naturalmente apresenta mais resistência em aderir ao seu resultado, além de que não são adequadamente adaptadas às realidades específicas de seus sistemas bancários nacionais. Acrescenta-se que a implantação dos *standards* do Acordo de Basileia III nos próprios países desenvolvidos acarreta efeitos colaterais negativos nos periféricos, como "[] a redução de empréstimos bancários transfronteiriços para mercados emergentes e economias em desenvolvimento, particularmente para financiamento ao comércio". (JONES & KNAACK, 2019, p. 196).

O fato mais importante no âmbito das organizações transnacionais foi a transformação do "Financial Stability Forum" em "Financial Stability Board (FSB)", a partir da Cúpula do G20 de Washington e, sobretudo de Londres. O FSB tem um presidente em dedicação parcial e um pequeno secretariado, o qual é bastante dependente do BIS. Sua capacidade de ação independente também é restrita, sobretudo devido à pressão dos Estados Unidos. Por outro lado, o FSB é significativamente mais representativo do que o FSF, pois inclui membros de vinte e quatro países, além das mais importantes instituições financeiras internacionais, como o FMI, o Banco Mundial e o Banco Central Europeu, e organismos de normatização, como o BCBS, a IOSCO e a IAS. Além disso, diferentemente do BCBS e de outras organizações transnacionais, o FSB é mais aberto, pois sua composição é sujeita a revisões regulares. O FSB herdou as funções que eram do FSF, como "estabelecer normas para avaliar as vulnerabilidades que afetam o sistema financeiro, identificar e supervisionar as ações necessárias para lidar com essas vulnerabilidades e promover a coordenação e o compartilhamento de informações entre as autoridades", e assumiu novas atribuições, como:

> (1) monitoramento e aconselhamento sobre a evolução do mercado e suas implicações para a política regulatória; (2) monitoramento e aconselhamento sobre as melhores práticas para atender aos padrões regulatórios; (3) revisões estratégicas conjuntas do trabalho de desenvolvimento de políticas dos ISSBs para garantir que seu trabalho seja oportuno, coordenado e focado nas prioridades e na correção de lacunas; (4) estabelecimento de diretrizes e apoio ao estabelecimento de faculdades de supervisão; (5) apoio ao planejamento de contingência para a gestão de crises transfronteiriças, particularmente no que diz respeito a empresas sistemicamente importantes. (AVGOULEAS, 2012, p. 207-208).

A divisão de tarefas com o FMI foi estabelecida por meio de um documento conjunto assinado pelos dirigentes máximos dos dois órgãos, de acordo com o qual continua a ser competência do FMI a supervisão sobre o sistema financeiro internacional, enquanto o FSB tem como missão "liderar a formulação de *standards* e coordenar outros órgãos de regulação". (AVGOULEAS, 2012, p. 208).

A criação do FSB representa um avanço em relação ao FSF. Entretanto, persistem os problemas em termos de efetividade e legitimidade política. O FSB não tem poder institucional e não pode forçar nenhum Estado a implementar os padrões normativos que aprova, e muito menos impor sanções com tal finalidade. Como não encontra suporte institucional em um tratado internacional, não há representação formal dos Estados junto ao FSB, o que também enfraquece sua capacidade institucional. Sua composição ainda é restrita, apresenta distorções na representatividade do conjunto dos Estados e é carente de mecanismos de *accountability*. O FSB continua a excluir a representação das parcelas mais pobres da humanidade e é liderado pelos países mais ricos, por aqueles que dominam os conhecimentos técnicos no campo da regulação financeira. (AVGOULEAS, 2012).

Embora o FSB tenha criado grupos internos de trabalhos para analisar os efeitos das reformas regulatórias do sistema financeiro sobre Estados em desenvolvimento, bem como grupos regionais consultivos com a participação de não-membros, não é possível apurar a real influência dos últimos nos debates e encaminhamentos. Foram cogitadas reformas para tornar o FSB mais inclusivo e efetivo, como sua transformação em uma organização intergovernamental e maior abertura às opiniões e interesses de países em desenvolvimento e mais pobres na formulação de seus *standards*, porém elas não se concretizaram. (JONES & KNAACK, 2019).

Um balanço geral sobre as reformas da governança financeira global

Na avaliação de Hale, Held e Young (2013, p. 172-176), as fragilidades da governança do sistema financeiro global permaneceram após as reformas empreendidas em resposta à Crise de 2008: (1) opera com padrões e códigos com a natureza de *soft law*, de maneira que segue dependente da colaboração dos governos nacionais e da adesão espontânea dos agentes do próprio mercado que buscariam com isso conferir maior credibilidade aos seus negócios. Não há um poder supranacional capaz de assegurar o cumprimento de tais normas; (2) tornou-se ainda mais fragmentada devido à criação de novas instituições transnacionais, como o "Over the Counter Derivatives Regulators' Forum". Inclusive, poderes emergentes optaram por criar seus próprios organismos regulatórios em âmbito regional, por exemplo, no Leste Asiático; (3) é marcada pela multipolaridade, havendo grande divisão entre os interesses e as posições de países desenvolvidos e em desenvolvimento. O ingresso de novos membros em diferentes organismos – o que é positivo da perspectiva da abertura democrática, acabou por reforçar a multipolaridade e a inércia desses organismos, visto que os acordos tornam-se mais difíceis quando há mais interesses em jogo; (4) as reformas não têm impedido a inércia institucional das instituições multilaterais.

Perdeu-se, pois, uma oportunidade histórica para reestruturar as instituições de governança financeira global. Foram executadas mudanças apenas de caráter parcial e incremental, e não fundamental, durante um momento em que havia um contexto favorável e foram mobilizados grandes esforços, por exemplo, no âmbito da Assembleia Geral da ONU, para oferecer os níveis de coordenação necessários para que as reformas ocorressem.[13] Assim, a estrutura do sistema permaneceu intacta e, diante da persistência dos bloqueios dos poderes dominantes às demandas por mudanças apresentadas pelos emergentes, encontramo-nos em uma situação de impasse. (HELD & YOUNG, 2013).

Essas conclusões também se aplicam à questão do déficit democrático. Não obstante pequenos avanços pontuais e incrementais tenham ocorrido, não tivemos mudanças estruturais que, de fato, possibilitassem que os "99%" tivessem voz e poder na governança financeira global.

As reformas regulatórias empreendidas também não resolveram a questão do enorme detalhamento e complexidade da regulação financeira, acessíveis a poucos altamente especializados no campo (DAVIES, 2015), o que constitui um grande entrave para o controle democrático: sem compreensão suficiente para apreciação crítica do funcionamento e das normas do sistema, não é possível submetê-lo a quaisquer formas de controle pelos cidadãos.

Nenhuma das medidas adotadas estabeleceu algum "[...] mecanismo por meio do qual o público e seus representantes eleitos possam obter uma avaliação informada, especializada e independente sobre a regulação financeira. [...] Consequentemente, o público não pode induzir as instituições regulatórias a agir em seu nome". As autoridades regulatórias permanecem com o "monopólio do saber e das informações necessários para avaliar seu desempenho", seja pelo caráter secreto das informações ou por sua complexidade. Os reguladores conservam sua independência em relação ao público, mas não em face das instituições financeiras privadas, tanto em função da origem como do destino de seus funcionários após ocuparem posições em tais organismos,

13 ORGANIZAÇÃO DAS NAÇÕES UNIDAS. *Resolution adopted by the General Assembly on 9 July 2009 – Outcome of the Conference on the World Financial and Economic Crisis and Its Impact on Development.* New York: UN, 2009. Disponível em: <http://www.un.org/ga/search/view_doc.asp?symbol=A/RES/63/303&Lang=E>. Acesso em: 06 fev. 2018.

como do frequente contato que mantêm. Portanto, os reguladores "não são advogados independentes do bem público" (LEVINE, 2012, p. 40-41).

Observa-se um quadro bastante modesto de reformas promovidas pelas instâncias de governança financeira global.

A ênfase na questão da inclusão e da representação dos Estados mais proporcional ao "peso" de suas economias é importante, mas não suficiente para resolver o problema da legitimidade democrática, dentre outras razões, porque: (1) muitos governos não são democraticamente eleitos; (2) mesmo quando são escolhidos por meio dos procedimentos democráticos formais, não representam necessariamente os interesses do conjunto da população, sendo mais propensos a atuar conforme as demandas das elites financeiras. Na melhor das hipóteses, os Chefes de Estado ou seus delegados podem até representar (formal ou efetivamente) a maioria do povo de seus Estados, mas não a totalidade; (3) algum avanço obtido na distribuição dos direitos de voto pode servir para refletir melhor a importância econômica de países emergentes e a multipolaridade vigente, mas em nada altera o déficit de representatividade dos "perdedores" da globalização – está-se apenas atribuindo mais poder aos novos "ganhadores" (com destaque para a China).

Quanto à transparência, trata-se de um pré-requisito para a legitimidade democrática, mas não a constitui por si só. Consultar a "sociedade", em princípio, também é um avanço em relação ao *status* anterior, mas há, pelo menos, dois problemas: (1) quem e com quais critérios se define quem será ouvido, e qual a sua representatividade em relação ao conjunto da sociedade global; (2) a mera consulta não se confunde com poder decisório, nem garante influência real e equitativa, quando se compara, por exemplo, com a força do *lobby* das corporações financeiras e de suas associações representativas. O mesmo raciocínio pode ser aplicado para a *accountability*: perante quem?

Além de insuficientes, há o risco de essas reformas servirem como instrumento para conferir uma pretensa legitimidade democrática à governança financeira global, promovendo o esvaziamento das lutas por democracia e justiça global, sem que qualquer alteração substantiva nas relações de poder e dominação tenha ocorrido.

Alternativas para a democratização da governança financeira global construídas no âmbito dos movimentos sociais e das organizações não-governamentais

Além das próprias instituições e da produção teórica, outro campo em que alternativas para a democratização da governança financeira global podem ser gestadas é o dos movimentos sociais e das organizações não-governamentais. Trata-se, em princípio, de um campo promissor para o desenvolvimento de experiências e a construção de projetos alternativos inovadores, porque se constituem em contrapoderes, em iniciativas que contestam a hegemonia econômica, política, ideológica e institucional.

As questões normativas e empíricas sobre a participação dos movimentos sociais e outros atores não-estatais na governança financeira global já foram abordadas no Capítulo 2, de maneira que neste Capítulo serão tratados como *fontes* de pesquisa, ou seja, como possíveis produtores das alternativas que *mapeamos*. Além disso, não faremos uma sociologia dos movimentos[14] que atuam na esfera global ou em redes globais, mas sim uma análise de suas propostas. Porém, recorremos à produção acadêmica no campo da sociologia dos movimentos sociais com o propósito de identificar os movimentos mais relevantes cujas propostas devem ser consideradas e contextualizá-las, caso contrário, teríamos uma análise superficial e abstrata. Assim, esta seção será dividida em três partes: (1) quadro geral sobre a atuação dos movimentos sociais no campo da governança financeira global e sobre os movimentos anteriores à Crise de 2008; (2) movimentos forjados a partir da Crise de 2008; (3) organizações não-governamentais internacionais que atuam especificamente no campo da governança financeira internacional.

---

14 Veja-se um abrangente estudo sociológico sobre as manifestações de rua produzidos por Fillieule e Tartakowsky (2015), abordadas como formas de expressão política que se afirmaram a partir da consolidação das democracias parlamentares e da esfera pública. Salientam que estamos diante da emergência de uma "democracia de protesto" ou de uma "sociedade em e de movimento(s)", fenômeno explicado não tanto pelo distanciamento das pessoas dos mecanismos partidários e eleitorais, mas sim pela articulação das mobilizações com tais instâncias de ação política.

Quadro geral e movimentos precursores

As instituições sociais em geral e, particularmente, o Estado e as organizações que operam a governança global, expressam relações de poder, ou seja, os valores e os interesses daqueles que detêm o poder e moldam essas instituições. O exercício desse poder ocorre por meio da coerção e da construção de significados, ou da ideologia. Como a sociedade é conflitiva, onde há poder, há também "*contrapoder*", ou seja, atores sociais que desafiam o poder e as instituições, defendendo seus interesses e valores alternativos, disputando a opinião pública, o sentido dominante dos processos sociais, o que é determinante para as normas, os valores e as instituições que organizam a vida em sociedade. Ao longo da história, foram os movimentos sociais que protagonizaram a organização o contrapoder, propondo novas formas de organização social. Os movimentos sociais constituem uma reação às injustiças existentes na sociedade, ao sofrimento de determinados grupos de indivíduos, os quais, em determinado momento, transformam seu sentimento de raiva diante da humilhação, exploração e dominação em ação. Há, pois, um componente emocional na origem dos movimentos, mas as ideias e as propostas programáticas são essenciais para a passagem da emoção à elaboração de projetos de mudança social. (CASTELLS, 2013). Assim, os movimentos sociais consistem na ação de indivíduos que partilham de uma determinada identidade coletiva e se organizam para protestar contra uma situação que entendem injusta e reivindicar seus interesses. (RUCHT, 2009). A ação dos movimentos sempre compreende a mobilização popular para tentar influenciar os detentores do poder político e econômico, pois eles não têm controle direto sobre as estruturas formais de poder, ou seja, sobre as instituições. Por sua natureza, os movimentos sociais não integram a elite e contestam o sistema dominante. (O'BRIEN *et al.*, 2000).

Se na primeira parte deste Capítulo analisamos as possíveis alternativas para democratizar a governança financeira global no âmbito das instituições de governança global e propostos pelos Estados, ou seja, do poder, nesta e nas próximas seções discutiremos a forma como o "contrapoder" compreende o problema da democracia nesse âmbito e o que propõe como alternativa. Tratase de uma das principais apostas das teorias críticas e radicais.

Os protestos funcionam como um instrumento para tentar conquistar a opinião pública, sobretudo ao conseguir publicidade nas diferentes mídias, e assim pressionar as instituições políticas a acolherem suas pautas ou pelo menos discuti-las. (FILLIEULE & TARTAKOWSKY, 2015).

Os movimentos sociais modernos desenvolveram-se no quadro do Estado-nação, tendo este como alvo principal na luta por direitos. Os movimentos frequentemente pautam-se pela ideia de democracia direta, porém, representantes políticos e instituições criaram mecanismos tanto para o diálogo como para a limitação de sua atuação. Com a globalização e o policentrismo do poder político, surgem novas arenas para o ativismo social, o que inclui o campo da política global.[15] A dimensão global dos movimentos sociais pode se expressar de diferentes formas.[16] A primeira delas é a difusão de ideias, pautas, alvos e estratégias de mobilização e organização por diferentes países, sem envolver necessariamente redes transfronteiriças de movimentos sociais. Uma forma particular de difusão ocorre quando os movimentos se conectam deliberadamente em torno de uma causa. Esse fenômeno não é exata-

---

15 Como explica Castells (2013, p. 165), atualmente "os movimentos são simultaneamente locais e globais. Começam em contextos específicos, por motivos próprios, constituem suas próprias redes e constroem seu espaço público ao ocupar o espaço urbano e se conectar às redes da internet. Mas também são globais, pois estão conectados com o mundo inteiro, aprendem com outras experiências e, de fato, muitas vezes são estimulados por essas experiências a se envolver em sua própria mobilização. Além disso, mantêm um debate contínuo na internet e algumas vezes convocam a participação conjunta e simultânea em manifestações globais numa rede de espaços locais. Expressam uma profunda consciência da interligação de questões e problemas da humanidade em geral e exibem claramente uma cultura cosmopolita, embora ancorados em sua identidade específica. Prefiguram, em certa medida, a superação da atual divisão entre a identidade comum local e a constituição de redes individuais e globais".

16 Castells (2004, p. 112-118) classifica os sujeitos que atuam na arena internacional em quatro categorias: (1) "organizações populares, grupos comunitários, sindicatos, grupos de interesse que, em cada país, defendem interesses locais ou setoriais, além de valores específicos, em oposição ao processo político formal, ou transcendendo-o"; (2) "organizações não-governamentais (ONG) providas de um marco de referência global ou internacional para sua atuação e seus objetivos" (sociedade civil global)"; (3) "movimentos sociais que visam a controlar o processo de globalização", em defesa de valores e interesses alternativos aos hegemônicos (movimentos por justiça global); (4) "movimento de opinião pública, consistindo em turbulências de informações num sistema diversificado de mídia e na emergência de mobilização espontânea *ad hoc*, que utiliza sistemas horizontais autônomos de comunicação".

mente novo, já ocorrera, por exemplo, no movimento antiescravismo, entre a Inglaterra e a Europa continental no final do século XVIII. Porém, o desenvolvimento das tecnologias de informação e transportes provocaram alterações radicais quantitativas e qualitativas. Outra forma que o fenômeno assume é a internalização: mobilizações no âmbito nacional em torno de conflitos com origem externa. Como apontam diversos estudos empíricos, protestos com alvos propriamente globais não são muito frequentes,[17] mesmo quando se considera o universo "mais estruturado" da União Europeia. Além disso, tais estudos constataram que frequentemente os protestos se dirigem contra os governos nacionais mesmo quando tematizam medidas originadas ou implementadas no nível supranacional. Isso encontra uma hipótese explicativa nas melhores oportunidades para manifestações no âmbito nacional do que em outros níveis de governança, e na percepção da permanência da centralidade política dos Estados.[18] Existe, porém, o fenômeno da "externalização", ou seja, movimentos e organizações que se transformam de fato em supranacionais.[19] Estudos empíricos também têm indicado que os movimentos supranacionais ou transnacionais costumam ter mais êxito quando pautam a defesa da efetivação de normas ampla e internacionalmente reconhecidas, como as de direitos humanos, do que quando desafiam discursos hegemônicos, como a liberalização dos mercados. (PORTA & TARROW, 2005).

Há uma ação coletiva propriamente transnacional quando ocorrem "campanhas internacionais coordenadas por parte de redes de ativistas contra atores internacionais, outros Estados ou instituições internacionais". Tratam-se de processos mais inovadores do que as formas tradicionais anteriormente descritas. Três fatores explicam esse processo: o fim da Guerra Fria, os desenvolvimentos tecnológicos (comunicações e barateamento dos transportes)[20] e

---

17 "Mesmo que nem sempre sejam alvos de protesto, as organizações supranacionais fornecem cada vez mais novas arenas para a articulação de reivindicações e também há um novo público de referência a elas vinculado - o público europeu ou o público global". (PORTA, KRIESI & RUCHT, 2009, p. 16-17).

18 Cf. Rucht, 2009, p. 209.

19 Cf. Rucht, 2009, p. 207 e O'Brien *et al.*, 2000, p. 12-13.

20 Cf. Porta, 2013, p. 103.

o crescente poder de corporações transnacionais e instituições internacionais. (PORTA & TARROW, 2005, p. 7-8).

O crescimento da integração financeira global, sua influência sobre a "economia real" e as subsequentes crises financeiras passaram a atrair a atenção de atores não-governamentais para o tema ao longo dos anos 1980 e, sobretudo, 1990. Não se trata, porém, de um fenômeno singular e uniforme, mas sim marcado por grande heterogeneidade nas questões levantadas, nos tipos de movimentos e na forma de atuação desses atores, os quais compreendem, desde associações empresariais e institutos de pesquisa, até organizações não-governamentais, sindicatos e movimentos sociais não-institucionalizados. Os dois primeiros tipos de atores apresentam uma facilidade muito maior de acesso às organizações de governança financeira, sendo que os últimos têm que exercer grande pressão para conseguirem ser ouvidos. No mesmo sentido, os grupos do "Norte", em geral, têm mais acesso e influência do que os do "Sul". Os objetivos perseguidos por esses atores também variam muito, compreendendo o apoio ao sistema, a busca de reformas incrementais ou sua transformação radical. O mesmo se pode afirmar quanto às táticas de ação, que podem ter como foco organizações multilaterais, governos nacionais ou grandes corporações financeiras, adotando-se como instrumentos manifestações públicas nas ruas, intervenções na mídia, pressão nos bastidores ou então a combinação dessas estratégias. Embora a contribuição da sociedade civil para transformações nas finanças globais seja bastante diversificada, há como elementos comuns atuarem como uma fonte de informação – levando a realidade social para instâncias tecnocráticas e corporações financeiras; e um estímulo à democracia, oferecendo uma plataforma para que muitos afetados pelas decisões globais consigam ser ouvidos, os quais, em geral, não têm acesso aos canais oficiais. Além disso, como destacamos anteriormente, a sociedade civil desempenha um papel relevante na educação política sobre o tema, na promoção da transparência e da *accountability*. (SCHOLTE & SCHNABEL, 2002).

Dentro dessa diversidade de movimentos, os que mais interessam para esta pesquisa são aqueles que de fato atuam como *contrapoder*, os movimentos de contestação ao sistema estabelecido. A primeira "onda" desses movimentos, ocorrida nos anos 1980 e, sobretudo, na década de 1990 e início dos anos

2000, costuma ser compreendida como movimentos por "Justiça Global",[21] "anti-globalização"[22] ou "alter-globalização".[23]

Embora fossem plurais, os movimentos organizavam seu discurso a partir de duas ideias fundamentais: a justiça global e uma outra forma de democracia. Além disso, tinham como inimigo definido a globalização neoliberal, abrangendo tanto as políticas das organizações econômico-financeiras internacionais como as decisões dos governos nacionais, tanto de direita como pretensamente de esquerda, os quais eram considerados os responsáveis pelo crescimento da desigualdade econômica e social e pelos efeitos negativos da globalização sobre as parcelas mais vulneráveis da população global. Paralelamente, denunciavam o déficit de legitimidade e *accountability* da democracia representativa, sobretudo em face do avanço da globalização e das instituições e dos processos de governança global. (PORTA, 2013).

As principais preocupações dos atores que compõem esses movimentos, os "descontentes" com a globalização econômica, podem ser sintetizadas em cinco pontos: (1) as regras que governam a globalização são injustas e desenhadas para beneficiar os países industrializados, os quais as determinam; (2) a globalização prioriza os valores materiais em relação a quaisquer outros, como a proteção do meio ambiente e da própria vida; (3) a maneira como a globalização é conduzida suplanta muitos aspectos da soberania estatal, privando os Estados da capacidade de tomar decisões sobre questões fundamentais para o bem-estar de seus cidadãos, comprometendo, portanto,

21 "O movimento por justiça global realmente se opõe à forma atual de globalização neoliberal, mas também apoia amplamente as soluções políticas globais – como a *taxa Tobin*, projetada para combater as consequências negativas da globalização neoliberal e alcançar a justiça social e econômica em nível nacional e internacional. [...]. As origens do movimento por justiça global podem ser rastreadas até os eventos do início de 1990, como a revolta dos Zapatistas em Chiapas, México, [...] ou os protestos em massa contra as reuniões de 1988, em Berlim, do Fundo Monetário Internacional (FMI) e do Banco Mundial [...]". (KOLB, 2005, p. 95-96).

22 Os movimentos de resistência à globalização decorrem das desigualdades que produz e são inerentes a ela, razão pela qual é incorreta sua designação como "antiglobalização". (MITTELMAN, 2011, p. 144).

23 Global Justice Movement. *Global Justice Movement Website*. Whitecourt, Canada: GJM, 2018. Disponível em: <https://www.globaljusticemovement.org/>. Acesso em: 07 fev. 2018.

a democracia; (4) há muitas evidências de que, ao contrário do que pregam os defensores da globalização, tanto nos países desenvolvidos como nos em desenvolvimento, há muitos "perdedores"; (5) o sistema econômico imposto aos países em desenvolvimento é inapropriado e mesmo prejudicial para eles, de maneira que a globalização não deveria ser sinônimo de "americanização" econômica e cultural, mas é isto que tem acontecido – embora existam muitas formas diferentes de economia de mercado. (STIGLITZ, 2006).

A agenda de atuação desses diferentes movimentos no âmbito das finanças globais compreende cinco temas principais: (1) problemas de débitos internacionais dos países do "Sul"; (2) empréstimos para projetos pelos bancos multilaterais de investimentos; (3) ajustes estruturais impostos aos Estados como condição para concessão de empréstimos pelo FMI e pelo Banco Mundial; (4) os mercados financeiros globais; (5) a reforma da arquitetura financeira global. (SCHOLTE, 2002).

No campo dos débitos internacionais do "Sul", diversos movimentos manifestaram-se contra seus custos sociais, destacando-se as Igrejas Católica e Anglicana, organizações regionais como a "European Network on Debt and Development" (EURODAD), e movimentos nacionais em muitos países africanos, como Moçambique e Uganda.[24] Em termos globais, a campanha "Jubileu 2000", pelo cancelamento de dívidas de países pobres entre 1996 e 2000, teve grande repercussão.[25] Várias campanhas também questionaram os proble-

24 Há estudos específicos sobre experiências regionais de engajamento da sociedade civil em questões referentes à governança das finanças globais, como: Chiriboga, 2002, sobre a evolução, nos anos 1980 e 1990, da atuação das organizações não-governamentais da América Latina na defesa de seus interesses junto às instituições financeiras internacionais, notadamente os "bancos multilaterais de investimentos", tratando de temas como dívida externa, programas de ajustes neoliberais liderados pelo FMI e seus impactos sociais, e acordos comerciais. Veja-se também, por exemplo: Gariyo, 2002, sobre a sociedade civil e as finanças globais na África; Malhotra, 2002, sobre a atuação da sociedade civil em face da crise financeira asiática.

25 Cf.: JUBILEE DEBT CAMPAIGN. *Jubilee Debt Campaign Website*. London: Jubilee Debt Campaign, 2018. Disponível em:<https://jubileedebt.org.uk/ >. Acesso em 25 set. 2018; ADVOCACY INTERNATIONAL. *Jubilee 2000*. London Advocacy International, 2000. Disponível em: <http://advocacyinternational.co.uk/featured-project/jubilee-2000>. Acesso em: 08 fev. 2018.

mas sociais e ambientais envolvidos nos programas de empréstimos do Banco Mundial.[26] Os programas de ajustes do FMI também enfrentaram a crítica de muitos grupos sociais desde o início dos anos 1980, incluindo associações empresariais, quando seus interesses comerciais foram atingidos, sindicatos, "*think tanks*" e organizações não-governamentais, como o "*Overseas Development Institute*" (ODI), a rede global de *Oxfams* e o "*World Wind Found for Nature*" (WWF). Nesse contexto, destaca-se também um movimento em defesa de uma tributação global redistributiva sobre operações internacionais de câmbio – defendida originalmente por James Tobin, em 1971 (taxa Tobin): a organização transfronteiriça ATTAC, fundada na França, em 1998 (SCHOLTE, 2002), sobre a qual trataremos de forma específica neste capítulo.

O Banco Mundial, o FMI, a OMC e o G7 (posteriormente G8) foram alvo de muitas campanhas globais durante os anos 1990. São instâncias vistas por organizações da sociedade civil como as grandes arquitetas de um modelo de globalização que compreendiam como injusto e excludente, que favorecia os ricos em prejuízo dos pobres, que enfraqueciam os processos democráticos no âmbito dos Estados e facilitavam a dominação dos mais poderosos. Nesse sentido, destacam-se os grandes protestos de rua ocorridos em 1994, por ocasião do quinquagésimo aniversário do Banco Mundial, em sua Reunião Anual de Madri. Outro marco importante foi a Reunião Anual da OMC de 1999, em Seattle, durante a qual ocorreram vários protestos organizados sem uma liderança específica, de forma policêntrica, os quais ficaram conhecidos como "A Batalha de Seattle". Em sua agenda encontrava-se o temor de que o livre-comércio global levaria à perda de empregos nos Estados Unidos, bem como o entendimento de que a OMC priorizaria as questões econômicas (e as elites) em prejuízo das sociais e ambientais. Esses protestos no "Norte" tiveram repercussão e também provocaram mobilizações no "Sul". Todavia, ambos eram marcados e limitados pela busca dos próprios interesses nacionais, fato inerente ao ativismo, de maneira que uns não se preocupavam e não se engajavam na agenda dos outros. (CLARK, 2002). Ainda nesta onda de protestos incluem-se os realizados duranta a reunião do Banco Mundial e do FMI em Praga, no ano 2001, e na Cúpula do G8, em Gênova, em 2001. (GERBAUBO, 2017).

26 Para uma análise sobre o engajamento da sociedade civil a partir da perspectiva de diferentes setores de atividades, cf., por exemplo: Adaba, 2002; Orr, 2002; Durbin e Welch, 2002.

A escolha de organizações internacionais de governança econômica como alvo das mobilizações relaciona-se com a percepção das implicações distributivas das decisões tomadas nessas esferas, contestando-se tanto sua estrutura de poder e seus processos decisórios, como as políticas que adotam. (O'BRIEN *et al.*, 2000).

As cúpulas de organizações como G7, Organização Mundial do Comércio e FMI constituem um fator fundamental para a mobilização de movimentos sociais, pois possibilitam fóruns ao redor dos quais os movimentos podem organizar protestos e dar visibilidade para suas críticas e demandas perante essas instituições, pois recebem cobertura da grande mídia, especialmente quando assumem dimensões e impactos que geram uma percepção de crise política. (KOLB, 2005). Além da prática de manifestações de oposição às organizações que promovem as conferências e "contra-cúpulas", os movimentos utilizam esses momentos para articulação e integração, e até mesmo a participam de reuniões oficiais, visto que tais organizações passaram a abrir espaço para ouvir atores não-estatais. (RUCHT, 2009).

No início dos anos 2000, O *Fórum Social Mundial*[27] (*FSM*) constituiu-se como um contraponto ao "Fórum Econômico Mundial", de Davos, e um espaço aberto de encontro de um grande número de pessoas de todo o mundo para discutir como transformar em realidade o *slogan* "Outro mundo é possível". Não obstante seu caráter caótico e a falta de foco nas discussões, trata-se de uma oportunidade para que os excluídos da globalização tenham suas vozes ouvidas, troquem experiências, estabeleçam contatos e articulem alianças. (STIGLITZ, 2006).

O movimento "alter-mundista" começou a enfrentar dificuldades para se consolidar quando precisou passar do campo do protesto para outros meios de ação, inclusive no Fórum Social Mundial, cuja estratégia central é a realização de debates – encontro que vem perdendo força e repercussão em suas últimas edições. (FILLIEULE & TARTAKOWSKY, 2015). Em 2019 ocorreu a décima nona edição do FSM, que retornou a Porto Alegre.

Os movimentos almejavam uma reconstrução do sentido da ação política, trabalhando com a ideia de uma política construída a partir da base,

27 FÓRUM SOCIAL MUNDIAL. *Fórum Social Mundial 2018*. Salvador: FSM, 2018. Disponível em: <https://wsf2018.org/>. Acesso em: 07 fev. 2018.

expressavam grande desconfiança em relação às instituições representativas e procuravam atingir diretamente a opinião pública, de maneira autônoma em relação aos partidos políticos, à grande mídia e às corporações privadas. (PORTA & TARROW, 2005).

Esses protestos reuniram diferentes segmentos da esquerda radical, desde grupos *Trotskistas* até ambientalistas, sindicatos e organizações não-governamentais, desafiando o novo regime de governança global concebido conforme a ideologia neoliberal e incluindo questões importantes no debate público.[28] Entretanto, foram reprimidos e perderam força após os ataques terroristas de 11 de setembro e a centralidade política assumida pela "guerra ao terror" na sua sequência. (GERBAUBO, 2017).

Movimentos forjados a partir da Crise de 2008

Na sequência da Crise de 2008, especialmente entre 2011 e 2016, com a constatação de que seus custos seriam pagos pelos "99%", deparamo-nos com uma nova onda de movimentos,[29] caracterizados pela ocupação de praças e outros espaços públicos, razão pela qual ficaram conhecidos como "movimentos de ocupação". Tratam-se de protestos que reuniram milhões de pessoas, em diversos países, contra o neoliberalismo, a crescente desigualdade econômica, as políticas de austeridade, e as deficiências da democracia, despertando a ideia de que transformações políticas radicais seriam possíveis. Os movimentos eram orientados pelos princípios de espontaneidade e autonomia, organização horizontal, sem líderes e estruturas hierárquicas, com apelos populistas contra as instituições, fundados no anseio por soberania popular compreendida como "o controle coletivo de uma comunidade política sobre seu próprio destino contra a interferência de várias oligarquias: a Troika, mercados globais, especuladores financeiros, lobistas e políticos corruptos e autoritários,

28 As mobilizações dos anos 1990 tiveram alguns resultados importantes em termos de algumas mudanças na governança financeira, como o reconhecimento de que os mais pobres podem ser "bons pagadores", que são tomadores de empréstimo confiáveis; que as políticas de ajuste devem considerar também as prioridades sociais e a realidade política; bem como que as instituições financeiras internacionais têm condição de promover a redução de dívidas. (CLARK, 2002).

29 Cf. também Fillieule e Tartakowsky, 2015.

acusados de tornar a democracia e a cidadania desprovidas de qualquer substância". Combinando neo-anarquismo e democracia populista, as ocupações resultaram em uma expressão de cultura política que pode ser compreendida como "*cidadanismo*", termo que foi utilizado em vários protestos, como na França ("*citoyennisme*") e na Espanha ("*ciudadanismo*"). Trata-se da

> [...] ideologia do 'cidadão indignado', um cidadão indignado por ser privado da cidadania, entendida principalmente como a possibilidade de os indivíduos serem membros ativos de sua comunidade política com igualdade para expressar a opinião em todas as decisões importantes, o que está cada vez mais em questão na condição neoliberal 'pós-democrática'. É uma ideologia populista, mas muito peculiar: um populismo libertário, participativo ou sem liderança; um "anarco-populismo", que articula o método neo-anarquista de horizontalidade e a demanda populista por soberania, a ambição de massa dos movimentos populistas, com o alto valor atribuído à participação e à criatividade individual pelo neo-anarquismo.[30] (GERBAUBO, 2017, p. 1-8).

Essa nova onda de movimentos apresenta, por um lado, uma relação de continuidade com os movimentos por "justiça global", mas, por outro, há rupturas em termos de ideologia, identidade e organização. Um aspecto fundamental nesse sentido para essa pesquisa, é o fato de que, enquanto os primeiros movimentos compreendiam a globalização como um novo espaço político de luta para fazer face ao caráter necessariamente conservador do Estado em sua compreensão, a nova onda tem nos Estados o principal âmbito de disputa política, não obstante apontem os riscos do nacionalismo que são inerentes ao populismo. (GERBAUBO, 2017).

---

30 Gerbaubo (2017), orientado pela categoria analítica "cidadanismo", desenvolveu uma análise sociológica global sobre os "movimentos das praças", a qual compreendeu nove estudos de casos: a "Primavera Árabe" (particularmente o Egito e a Tunísia), os "Indignados" na Espanha, os movimentos anti-austeridade na Grécia, o "Occupy Wall Street" nos Estados Unidos e no Reino Unido, os protestos do "Parque Gezi" na Turquia, o "Movimento de Junho de 2013" no Brasil, e os protestos de "Nuit Depout" na França, em 2016. A pesquisa foi baseada em amplo estudo de campo, compreendendo entrevistas, observações etnográficas, e análise de materiais de arquivos e de mídia social.

Apesar das esperanças que suscitaram, os movimentos acabaram derrotados na mesma velocidade em que emergiram, seja em função da repressão que sofreram ou da exaustão inerente à sua estratégia de ação baseada em ocupações, bem como de disputas internas, de maneira que foram esvaziados tanto nas praças como nas mídias sociais, até praticamente se extinguirem. Em termos políticos bastante concretos, os poderosos permaneceram no poder nos países em que os protestos ocorreram, ou então, partidos de centro-esquerda foram substituídos por grupos de direita, sendo o Brasil e os Estados Unidos dois exemplos notórios. Todavia, a extinção dos movimentos e sua derrota política momentânea não significam que suas ideias tenham sido derrotadas. Há um legado de mudanças no cenário e no discurso políticos, e de colocação da desigualdade econômica no centro da agenda pública, refletidos na emergência de novos candidatos e partidos políticos radicais que, embora derrotados, receberam expressivo apoio eleitoral em muitos países, inclusive nos Estados Unidos, com Bernie Sanders nas prévias do Partido Democrata.[31] (GERBAUBO, 2017).

Outro problema relevante quanto a esses movimentos é o foco no Estado-nação, pois, não obstante permaneça como um espaço central da luta política, o que foi negligenciado por muitos movimentos "antiglobalização", "muitas das estruturas de poder responsáveis pela desigualdade econômica e política operam em nível supranacional e, portanto, também precisam ser confrontadas nesse nível". Há desconexão entre o enraizamento nacional dos movimentos e a realidade política e econômica globalmente conectada, com processos que não se encontram sob o controle do Estado, além do risco do uso de seu discurso "*cidadanista*" por atores com propostas de exclusão de migrantes (não-cidadãos) e outras posições nacionalistas, como o "*Brexit*". É necessário, portanto, conectar o enraizamento dos movimentos no espaço nacional com uma perspectiva global de sua agenda e de sua luta. (GERBAUBO, 2017, p. 241-242).

Passamos à apresentação de alguns desses movimentos e à análise de suas principais propostas.

---

31 The Independent Media Institute. *Alternet*. San Francisco: The Independent Media Institute, 2018. Disponível em: <http://www.alternet.org/>. Acesso em 08 fev. 2018. (Notícias e artigos sobre os movimentos "Occupy Wall Street", "Indignados" e "Revolução das Panelas").

O fato inaugural do movimento *Occupy Wall Street*[32] foi uma publicação no *blog* da revista de crítica cultural norte-americana *Adbusters*, no dia 13 de julho de 2011, na qual fez a seguinte convocação: "#occupywallstreet. Você está pronto para um momento Tahrir? No dia 17 de setembro, invada Lower Manhattan, monte barracas, cozinhas, barricadas pacíficas e ocupe *Wall Street*. [...] Chegou a hora de empregar esse novo estratagema contra a maior corruptora de nossa democracia: *Wall Street*, a Gomorra financeira da América". A data escolhida foi a do aniversário da assinatura da Constituição norte-americana. E o chamado foi atendido, sobretudo por jovens e instruídos, desempregados ou sem perspectivas no mercado profissional. O movimento propagou-se de forma "viral" pela internet e se difundiu geograficamente, de maneira que, no dia 15 de outubro de 2011, "uma rede global de movimentos *Occupy*, sob a bandeira 'Unidos pela Mudança Global', mobilizou centenas de milhares de pessoas em 951 cidades de 82 países, reivindicando justiça social e democracia real". (CASTELLS, 2013, p. 13, 123-125, 131-132).

Assim como nos outros movimentos já citados, no *Occupy* também foram experimentadas "novas formas de organização, deliberação e tomada de decisão como modo de aprender, fazendo, o que é a verdadeira democracia". Uma característica fundamental dessa experiência foi a "ausência deliberada de liderança formal"[33] nos níveis local, nacional e global. Consequentemente, em cada ocupação as decisões eram tomadas exclusivamente pelas assembleias gerais, as quais funcionavam como um "encontro aberto horizontal, sem liderança, baseado no consenso", assegurando-se a todos os direitos de participar e apresentar propostas. O quórum deliberativo variava conforme as assembleias – algumas exigiam consenso total e outras parcial, como 90% de votos favoráveis à proposta. A discordância poderia variar entre a abstenção e a obstrução, sendo que a última, em tese, deveria ser reservada para "situações extremas", mas na prática ocorria com frequência. Esse tipo de processo decisório acarreta

---

32 Cf. The Occupy Solidarity Network. *Occupy Wall Street Website*. New York: The Occupy Solidarity Network, 2016. Disponível em: <http://occupywallst.org/>. Acesso em 08 fev. 2018; Social Science Research Council. *Possible Futures Website*. New York: Social Science Research Council, 2018. Disponível em: <http://www.possible-futures.org/>. Acesso em 08 fev. 2018. (Notícias, pesquisas e análises sobre o "Occupy Wall Street".)

33 Cf. Harris, 2016, p. 235.

um dilema entre a "democracia integral" e a necessidade de se tomar uma decisão que viabilize a ação. Já a implementação das decisões cabia a comitês. Essas experiências expressavam, ao mesmo tempo, um desafio à prática democrática corrente nos Estados Unidos, e a prefiguração de "novas formas de democracia para a sociedade em geral". (CASTELLS, 2013, p. 141-147).

Embora o alvo primário do movimento fosse *Wall Street*, ou a dominação da política pelo dinheiro, isso não representou um elemento unificador, pois "exigia tudo e nada ao mesmo tempo", e "cada ocupação tinha sua especificidade local e regional". Além disso, ressalta-se que "houve múltiplas propostas de variada natureza, votadas em assembleias gerais, mas muito pouco esforço para traduzi-las numa campanha política que fosse além de combater os efeitos das execuções de hipotecas ou dos abusos financeiros contra mutuários e consumidores". Isso foi visto por muitos como uma limitação do movimento. Todavia, dado seu caráter complexo e plural, essa pauta unificadora não se mostrava possível. Além disso, a grande desconfiança em relação às instâncias de mediação política existentes levava ao abandono das pautas programáticas, as quais precisariam passar por tais instâncias para se concretizar. Diante disso, não se obteve nenhuma mudança concreta como resultado direto do movimento, mas algumas campanhas, como as de moradias, tiverem resultados importantes. O grande legado do movimento, todavia, é situar-se fora da política institucional e desafiar o capitalismo financeiro global, conquistando "apoio significativo do americano comum", impactando, pois, na consciência das pessoas, sobretudo ao chamar a atenção para a "questão da desigualdade social, condensada na oposição entre os 99% e o 1%", a qual assumiu lugar de destaque no debate público. (CASTELLS, 2013, p. 148-150, 153-156).

O movimento adotou como lema "We are the 99%", revelando a centralidade em sua agenda do problema da desigualdade e da crítica à estrutura política que possibilita e favorece o domínio e os interesses do "1%" mais rico da sociedade. Pode-se dizer que este *slogan* recorda "em espírito, o panfleto 'O que é o Terceiro Estado?' publicado em janeiro de 1789 pelo abade Sieyès". (PIKETTY, 2014, p. 249).

Tanto o *Occupy* como os demais movimentos estudados não são programáticos no sentido de apresentar um programa de transformação do Estado e da política sistemático e coeso. Não apoiam partidos ou governos, mas são essencialmente políticos na medida em que "propõem e praticam a democracia deliberativa direta, baseada na democracia em rede. Projetam uma nova utopia de democracia em rede baseada em comunidades locais e virtuais de interação". Essas utopias não se confundem com fantasias irrealizáveis, pois se transformam em "forças materiais ao se incorporar à mente das pessoas, ao inspirar seus sonhos, guiar suas ações e induzir suas reações". A questão é como passar da indignação à ação transformadora, do "ativismo social" ao "reformismo político", o que não é fácil – dada a situação de incerteza em que vivemos e a postura dos cidadãos que "oscilam mentalmente entre desejo e resignação", mas também não é impossível. Assim, esses movimentos têm como grande legado a aspiração por uma nova forma de democracia, "não necessariamente identificando seus procedimentos, mas explorando seus princípios em sua própria prática". (CASTELLS, 2013, p. 166-170, 178-181).

Esses "movimentos das praças", dentre os quais o *Occupy Wall Street* foi o mais proeminente, discutiram uma série de demandas políticas concretas em suas ocupações, de maneira que não se constituíram apenas como movimentos de protestos, mas também assumiram um caráter propositivo. Essas propostas incluíam: a defesa de formas diretas de participação política (referendo, iniciativa popular, democracia digital); reformas do sistema financeiro com o propósito de evitar que os contribuintes tenham que arcar com os prejuízos decorrentes da falência de grandes bancos; garantia dos direitos à privacidade, liberdade de expressão e associação; limites ao livre comércio; aumento da tributação dos mais ricos; prevenção e punição da corrupção política; meios dignos de vida para todos, incluindo moradia, educação, saúde e renda mínima. São plataformas políticas consideradas muito moderadas para os radicais de esquerda. Mas, se esses movimentos não foram necessariamente anticapitalistas, posicionavam-se claramente contra a plutocracia e os especuladores. No mesmo sentido, foram movimentos antiautoritários, mas não antiestatistas, pois, em sua visão, o Estado deveria passar por reformas estruturais, mas não ser destruído. Enfim, suas demandas eram pragmáticas no sentido de que não almejavam utopias impossíveis, mas sim mudanças no equilíbrio de poderes capazes de tornar a sociedade melhor. (GERBAUBO, 2017).

Um desafio fundamental em termos de concepção de democracia é "superar essa obsessão com a participação como o bem maior e conceber estruturas organizacionais híbridas que combinem o caráter espontâneo e participativo das assembleias e da democracia horizontal com a sustentabilidade e a escalabilidade de estruturas organizacionais e de liderança mais formalizadas e democráticas". Isso porque, mesmo na escala local, a participação e as assembleias não podem ser permanentes – pois em algum momento chega-se à exaustão dos próprios participantes, como os referidos movimentos demonstraram, e tanto mais inviável isso se mostra no nível da governança global, como no campo monetário-financeiro. Assim, a democracia deve combinar necessariamente os dois elementos, ou seja, mobilização e participação horizontal com estruturas institucionalizadas, contemplando tanto a legitimidade como a eficiência. (GERBAUBO, 2017, p. 244-245).

Outro movimento bastante simbólico ocorreu na Islândia,[34] um exemplo do "fracassado modelo de criação de riqueza especulativa na última década". Nos anos 2000, o país integrou-se rapidamente às finanças globais, sob a liderança de três bancos (Kaupthing, Landsbanki e Glitnir) que, valendo-se de esquemas fraudulentos de capitalização e incremento de seus balanços, passaram a realizar atividades especulativas em escala global, incluindo a oferta de farto crédito de risco o que, em um primeiro momento, alavancou o crescimento econômico do país. Porém, em fevereiro de 2006, a agência de risco Fitch "rebaixou as perspectivas da economia islandesa para números negativos, desencadeando o que foi rotulado como 'minicrise'". Como resposta, "o Banco Central islandês tomou grandes empréstimos para aumentar suas reservas em moeda estrangeira". Em 2007 o governo foi obrigado a reconhecer o caráter suspeito dos balanços dos bancos e seu risco de falência, com potencial para comprometer todo o sistema financeiro nacional. Na sequência, eclodiu a grande crise financeira islandesa, com redução da renda e queda do PIB de 6,8% em 2009 e 3,4% em 2010, no que foi considerado o maior desastre financeiro da história em proporção ao PIB do país. É nesse contexto que ocorreu a denominada "Revolução das Panelas". (CASTELLS, 2013, p. 36-39).

O movimento iniciou-se com uma ação isolada do cantor Hordur Torfason, no dia 11 de outubro de 2008, em frente ao prédio do Parlamento

34 ENGLAND, Philip. Iceland's 'pots and pans revolution': Lessons from a nation that people power helped to emerge from its 2008 crisis all the stronger. In: *The Independent*. London: 28 jun. 2015. Disponível em: <http://www.independent.co.uk/news/world/europe/icelands-pots-and-pans-revolution-lessons-from-a-nation-that-people-power-helped-to-emerge-from-its-10351095.html>. Acesso em 08 fev. 2018.

islandês, expressando sua indignação contra os banqueiros e os políticos que lhes serviam. Num primeiro momento, poucas pessoas se somaram. Porém, com o passar dos dias, milhares passaram a protestar e a pedir a renúncia do governo e a realização de novas eleições. O movimento foi se intensificando tanto na praça como na internet, atingindo seu ponto alto no dia 29 de janeiro de 2009, data do regresso do Parlamento do recesso, ocasião em que milhares de pessoas protestaram utilizando tambores, panelas e frigideiras como instrumentos de percussão, do que se originou o apelido do movimento. O movimento também assumiu como bandeira a elaboração de uma nova Constituição em substituição à de 1944, a qual consideravam favorecer os interesses da classe política dominante. Na sequência, o "primeiro-ministro conservador renunciou e foram antecipadas as eleições para o Parlamento", na qual os dois principais partidos (ambos conservadores) sofreram uma grande derrota. Formou-se, então, uma nova coalizão composta por social-democratas e "verdes-vermelhos", a qual assumiu três prioridades: organizar o sistema financeiro e responsabilizar os culpados pelo colapso; promover o crescimento econômico e a transformação do modelo vigente, passando-se a adotar amplo controle governamental sobre o sistema financeiro; realizar uma reforma constitucional com ampla participação dos cidadãos. Entre 2011 e 2012, a economia islandesa recuperou-se. Ocorreu também uma profunda transformação no sistema político. Enfim, realizou-se o processo de reforma constitucional. (CASTELLS, 2013, p. 39-43).

O processo constitucional iniciou-se com a nomeação pelo parlamento de uma "comissão constitucional que reuniu uma Assembleia Nacional composta de mil cidadãos aleatoriamente selecionados". A Assembleia então decidiu que deveria elaborar um projeto de nova Constituição, sugerindo alguns princípios para tanto. O "Parlamento organizou uma eleição popular para designar um Conselho da Assembleia Constitucional (CAC), com 25 membros", função para a qual todos os cidadãos poderiam se candidatar. Como a eleição fora anulada pela Suprema Corte, o Parlamento exerceu sua prerrogativa e nomeou para o CAC justamente os 25 cidadãos eleitos. O CAC utilizou a internet para buscar a mais ampla participação possível dos cidadãos, sendo o *Facebook* a "plataforma básica do debate", o *Twitter* como "canal utilizado para relatar o progresso do trabalho e dirimir dúvidas dos cidadãos", além do *YouTube* e do *Flickr* "para estabelecer uma comunicação direta entre cidadãos e membros do Conselho, assim como para proporcionar a participação nos debates que ocorriam por toda a Islândia". Ao todo, foram recebidas 16 mil sugestões on-*line* e *off-line*, além de comentários oriundos dos debates. Em razão desse processo, fala-se que a Constituição foi "literalmente produzida por *crowdsourcing*". O projeto, aprovado por unanimidade pelo CAC, foi enviado ao Parlamento que, por sua vez, decidiu submetê-lo à aprovação dos cidadãos, comprometendo-se a aceitar a decisão popular na aprovação final que constitui sua prerrogativa. Em seu conteúdo, a Constituição apresentou princípios que, "no contexto do capitalismo global, são revolucionários". Todo o processo ocorreu em 4 meses. É preciso ressaltar, todavia, que, na época, a Islândia tinha apenas 320 mil habitantes, com alto grau de escolaridade e pleno domínio e acesso à internet. (CASTELLS, 2013, p. 43 - 45). Tal modelo poderia ser ampliado?

Enfim, a "Revolução das Panelas" representou uma insurgência contra segmentos do capitalismo financeiro especulativo, mas também contra a classe política e o mal funcionamento das instituições democráticas que não representavam os interesses dos cidadãos, mas da elite financeira. É importante salientar que, diferentemente do que se passou no restante da Europa, o "governo islandês fez os banqueiros arcarem com os custos da crise, ao mesmo tempo que aliviava, tanto quanto possível, as agruras do povo. Essa é, na verdade, uma das demandas-chave dos manifestantes por toda a Europa", pois percebe-se uma íntima associação entre a crise de legitimidade política e a do capitalismo especulativo. (CASTELLS, 2013, p. 46-48).

Na Espanha, ocorreu o movimento "Indignados",[35] o qual surgiu no contexto da crise europeia que, no caso espanhol, levou a um quadro de desemprego que atingia 22% da população e 47% dos jovens em fevereiro de 2011. Sob pressão da Alemanha e do FMI, o governo dos socialistas, contrariando suas promessas eleitorais, promoveu uma política de austeridade com severos cortes orçamen-

35 BLAS, Elsa García. Os 'indignados' da Espanha avaliam seu legado quatro anos depois. In: *El País*. Madri: 15 mai. 2015. Disponível em: <https://brasil.elpais.com/brasil/2015/05/15/internacional/1431679318_951340.html>. Acesso em 08 fev. 2018; G1. "Indignados" se mobilizam para realizar protestos em 82 países. In: G1. São Paulo: 15 out. 2011. Disponível em: <http://g1.globo.com/mundo/noticia/2011/10/indignados-se-mobilizam-para-realizar-protestos-em-82-paises.html>. Acesso em 08 fev. 2018.

tários nas áreas sociais, com o objetivo de promover a "recapitalização das instituições públicas e a redução do estratosférico déficit público a fim de preservar a participação da Espanha na eurozona". Nesse quadro, alguns cidadãos de Madri, Barcelona, Jerez e outras cidades criaram um grupo no Facebook denominado "Plataforma de Coordenação de Grupos Pró-Mobilização Cidadã". A partir dessa plataforma, foram criados núcleos em diferentes cidades, os quais eventualmente se reuniam pessoalmente. Com o tempo, crescia o número de participantes tanto do grupo no Facebook como dos encontros presenciais. Sua agenda centrava-se na crítica à falta de efetiva participação democrática na Espanha e ao fato de que "os principais partidos políticos estavam a serviço dos banqueiros e não representavam os interesses dos cidadãos". Decidiram, então, aproveitar o contexto das eleições municipais que ocorreriam no dia 22 de maio de 2011 para convocar um protesto nas ruas para o dia 15 daquele mês. O manifesto do grupo e a convocação para o protesto foi publicado no dia 2 de março com o *slogan* "Democracia Real Já! Ocupe as ruas. Não somos mercadorias nas mãos de políticos e banqueiros!". O chamamento "não teve apoio de nenhum partido político, sindicado ou associação da sociedade civil e foi ignorado pela mídia", sendo divulgada pelas redes sociais. Sem que houvesse qualquer liderança formal, mas uma preparação organizada e planejada, os protestos reuniram cinquenta mil pessoas em Madri, vinte mil em Barcelona, dez mil em Valência e ocorreram pacificamente também em outras cinquenta cidades. Essa ocupação do espaço público e outras que se seguiram eram fundamentais para que o movimento ganhasse visibilidade, mas sua gênese e organização encontram-se na internet. O movimento foi crescendo porque sua mensagem, sintetizada na "rejeição a todas as instituições políticas e econômicas que determinam a vida das pessoas", identificava-se com as experiências cotidianas e com a percepção que tinham sobre o que se passava no país. A ocupação do espaço público passou a se concretizar pelos acampamentos nas praças, a qual era essencial para o movimento, pois "forneciam o ambiente para uma contrassociedade que materializasse os sonhos de uma verdadeira democracia". Porém, foi-se tornando impossível manter a ocupação, em razão de problemas logísticos, da repressão policial e do "processo de degradação da vida nos acampamentos". Com o tempo, houve um esvaziamento das ocupações, restando apenas "ativistas em tempo integral", os quais não tinham condições de efetivamente representar o conjunto dos cidadãos indignados com o que ocorria na Espanha. (CASTELLS, 2013, p. 90-92, 98, 100, 108-109).

Uma característica fundamental do movimento foi a ausência de líderes – nem porta-vozes foram reconhecidos, de maneira que "todos representavam a si mesmos". As decisões sobre assuntos que afetassem a todos eram tomadas em assembleias representativas das "pessoas acampadas em determinado local, assim como qualquer um que se juntasse a elas no momento da assembleia". Entretanto, "as decisões da assembleia tinham poder meramente simbólico, pois cada pessoa sempre era livre para tomar sua própria decisão". Também foram constituídas comissões sobre temas específicos. O mais importante, todavia, é que as assembleias e comissões não se reuniam para "preparar ações revolucionárias", não eram meios para qualquer finalidade objetiva, eram "fins em si mesmos", visto que a principal ação almejada pelo movimento era "elevar o nível de consciência de seus participantes e da população como um todo". Assim, os protestos, atos e acampamentos que levaram centenas de milhares de pessoas às ruas, inclusive articulando-se com movimentos semelhantes por todo o mundo, não resultaram na transformação das demandas em políticas, "seus sonhos continuavam sonhos", mas "a verdadeira transformação estava ocorrendo na mentalidade das pessoas", o que, amadurecendo, pode provocar a mudança social. (CASTELLS, 2013, p. 93, 106-107, 110, 117-119).

Assim como no *Occupy*, não havia nos *Indignados* um programa sistemático, nem mesmo uma organização formal, mas diversas demandas foram aprovadas em assembleias realizadas durante as ocupações. Demandava-se, por exemplo, que os bancos não fossem socorridos pelo Estado, mas nacionalizados, assim como que os executivos que praticaram fraudes financeiras fossem responsabilizados. Outras demandas envolviam a oposição aos cortes orçamentários e a defesa do aumento da tributação dos sujeitos mais ricos e das grandes empresas. Denunciava-se o desemprego e o caráter sistêmico da Crise, que não seria um desequilíbrio conjuntural, mas inerente ao Capitalismo. Por sua própria natureza organizacional, o movimento, porém, não chegou a apresentar propostas específicas para superação dos problemas denunciados. Dentro dessa gama de denúncias e demandas, encontra-se no núcleo do movimento a "transformação de uma pseudodemocracia numa democracia autêntica", visto que, embora a Crise fosse do capitalismo e os banqueiros e especuladores responsáveis por ela, havia uma cumplicidade dos representantes políticos. Diante da percepção da indiferença e do insulamento dos políticos em relação aos cidadãos, rejeitava-se o modelo de democracia vigente. Por outro lado, o movimento realizou várias experiências democráticas, como a "a democracia deliberativa pela internet". (CASTELLS, 2013, p. 100-103).

Outro movimento importante nesse contexto foi a *Global Solidarity Summit,*[36] organizada paralelamente ao encontro do G20 em Hamburgo, Alemanha, em 2017, ocasião em que realizaram protestos contra as políticas dos governos que integram o Grupo e o sistema internacional, debates e reuniões de ativistas. Esse movimento tematizou tanto questões substantivas (redução da pobreza, garantia de direitos sociais e combate à destruição da natureza), como o fortalecimento dos direitos de democracia e participação.

Organizações não-governamentais internacionais que atuam no âmbito da governança financeira global

A organização não-governamental *ATTAC* (Associação pela Tributação das Transações Financeiras para Ajuda aos Cidadãos) foi instituída a partir de um editorial publicado em dezembro de 1997 na França no "Le Monde Diplomatique", o qual conclamava pela criação de uma rede global para se contrapor à globalização econômica neoliberal, o que encontrou grande apoio junto aos leitores desse periódico de orientação política de esquerda. Em março de 1998, o jornal organizou um seminário para discutir o tema com jornalistas, economistas, juristas, cientistas políticos e sindicados, o que resultou, alguns meses depois, em uma proposta para os objetivos e estatutos da ATTAC, formalmente fundada em uma assembleia realizada em junho. Em dezembro do mesmo ano, a ATTAC França organizou, em Paris, um encontro com delegações de países da África, da Ásia, da América Latina e da Europa, ocasião em que foi aprovado um documento denominado "International movement for democratic control of financial markets and their institutions". A partir do ano seguinte, a organização espalhou-se rapidamente pelos continentes[37] (KOLB, 2005, p. 99), encontrando-se atualmente ativa em cerca de quarenta países, com mais de mil grupos locais. Foi uma das instituições responsáveis

---

36 DEGROWTH. *Degrowth-Webportal.* Leipzig: Degrowth, 2019. Disponível em: <https://www.degrowth.info/en/2017/04/the-alternative-to-the-g20-summit-in-hamburg-global-solidarity-summit/#more-385205>. Acesso em: 29 set. 2019.

37 Para uma análise sobre o movimento ATTAC na Alemanha, cf. Kolb, 2005.

para organização do primeiro Fórum Social Mundial, tendo participado de diversas "contra-Cúpulas".

A ATTAC[38] define-se como "um movimento internacional que trabalha por alternativas sociais, ambientais e democráticas no processo de globalização". Dentre suas causas específicas, em sua atuação de oposição à globalização neoliberal e por uma globalização alternativa, encontra-se a regulação do mercado financeiro e a criação de uma taxa global para financiar bens públicos globais.

Nesse sentido, a ATTAC defende a criação da "taxa Tobin", proposta pelo economista James Tobin, em 1972,[39] como uma alternativa para disciplinar os fluxos de capitais após o fim do sistema de Bretton Woods. "Ela consiste na cobrança de um determinado percentual sobre as operações financeiras internacionais, cujo montante seria revertido para projetos de natureza social, amenizando em parte os malefícios resultantes da completa ausência de regras que caracteriza atualmente o mercado financeiro global". (LEWANDOWSKI, 2002, p. 97).

---

38 Para mais informações sobre o movimento, cf: Association for the Taxation of financial Transactions and Aid to Citizens (ATTAC). *Association for the Taxation of financial Transactions and Aid to Citizens Website.* Disponível em: <https://www.attac.org/>. Acesso em: 07 fev. 2018.

39 Dalcero (1997, p. 137-139) explica que: "[...] quando teve fim o regime de taxas fixas de Bretton Woods, o pensamento econômico dividiu-se sobre seus impactos. Milton Friedman, ao lado da maioria dos economistas, afirmou que os governos passariam a ter muito mais liberdade para conduzir políticas macroeconômicas sob um regime de taxas flexíveis. James Tobin discordava desse quase consenso e, já início dos anos 70, alertava para as dificuldades inerentes à administração de políticas macroeconômicas num ambiente em que volumes significativos de capital realizavam rápidos movimentos transfronteiriços. Em janeiro de 1972, lançou a proposta de um imposto sobre o mercado de câmbio. A idéia consiste em taxar todas as operações de câmbio realizadas em virtude de transações financeiras internacionais. Ao migrarem de uma economia para outra os capitais são convertidos para a moeda local, o imposto incidiria sobre a operação de conversão de moedas. [...] O imposto Tobin, todavia, não pode ser visto como um "imposto global" sugerindo a necessidade de uma autoridade monetária supranacional. Com efeito, o imposto Tobin seria, como aponta Inge Kaul (*op. cit.*), um *imposto nacional fruto de um acordo internacional,* a ser recolhido nacionalmente pelos Estados que deveriam reter parcela substancial de sua arrecadação. Os valores envolvidos na proposta Tobin são de grandeza suficiente para representarem um alívio na crise fiscal dos Estados, principalmente dos Estados onde ocorre a maior parte da atividade financeira internacional. Esses recursos devem ser compartilhados, contudo, com algum fundo multilateral".

No campo das finanças, a ATTAC ainda defende, dentre outras medidas: (1) que as perdas das crises não sejam socializadas e os lucros das atividades financeiras privatizados; (2) que os especuladores paguem pelas crises; (3) o fortalecimento dos setores bancários público e cooperativo; (4) a reforma da organização do sistema financeiro e monetário internacional liderada pela ONU; (5) a tributação progressiva das receitas de capital.

O *Finance Watch*[40] é uma organização não-governamental europeia, composta principalmente por antigos profissionais da área de finanças e outras organizações da sociedade civil, que surgiu a partir da Crise de 2008, com o propósito de defender o interesse público na regulação financeira, por exemplo, oferecendo argumentos alternativos aos falaciosamente técnicos apresentados pelos agentes de *lobby* financeiro. Ela foi fundada em Bruxelas, Bélgica, em 2011. Seus três objetivos principais são: (1) tornar o sistema financeiro seguro, de maneira a prevenir as crises financeiras e seus efeitos nefastos para as famílias, os negócios e os Estados; (2) promover uma regulação mais adequada para os serviços bancários, de seguros e pensões, incluindo a proteção dos consumidores; (3) redirecionar os fluxos financeiros das atividades especulativas para as produtivas, especialmente para o enfrentamento de grandes problemas, como as mudanças climáticas e o crescimento das desigualdades. Em síntese, atuam pela reforma do sistema financeiro a fim de que ele "sirva à sociedade". Sua atuação compreende: (1) pesquisas, com a produção de análises sobre projetos legislativos e propostas de políticas que são encaminhadas para os agendes governamentais e o público em geral; (2) atividades de *advocacy* junto a políticos e servidores públicos por meio de reuniões, respostas a consultas, cartas, publicações etc.; (3) apoio técnico a outras organizações da sociedade civil e aos cidadãos em geral para participação nos debates sobre o sistema financeiro e sua regulação, por meio de publicações, eventos e participação em grupos de trabalho junto a UE; (4) divulgação de informações sobre finanças ao grande público, objetivando uma melhor compreensão sobre seu funcionamento e seus impactos na vida das pessoas, e assim conquistar apoio da opinião pública para as causas que defende, o que inclui a publicação de um relatório anual; (5) promoção de campanhas de mobilização social pela re-

---

40 Cf. Finance Watch. *Finance Watch Website*. Brussels: Finance Watch, 2018. Disponível em: <http://www.finance-watch.org/>. Acesso em 08 fev. 2018.

forma regulatória das finanças, especialmente a *#ChangeFinance* (www.changefinance.org), a qual é voltada para convencer e pressionar os governantes e candidatos a promoverem tais reformas.

Especialmente no campo da democracia, a *Finance Watch* entende que muitos dos problemas do sistema financeiro decorrem da sub-representação dos interesses dos cidadãos na governança financeira. Assim, é preciso expandir as formas por meio das quais podem se fazer representados, de maneira que os interesses da sociedade sejam priorizados. Concretamente, propõe, por exemplo, a criação de mecanismos de transparência e controle da atividade de *lobby* exercida pelo setor financeiro sobre os políticos, o incremento da *accountability* das organizações europeias de regulação financeira e a democratização do acesso aos serviços financeiros.

Há catorze propostas defendidas pela campanha *#ChangeFinance:*[41] (1) submeter o controle do sistema financeiro à sociedade, cabendo a ela definir suas funções, dimensões e estrutura; (2) diminuir a dependência da sociedade em relação ao sistema financeiro para a concretização de direitos básicos, como moradia, saúde e educação; (3) redirecionar as atividades financeiras de investimentos de curto prazo de caráter especulativo e improdutivo, para aqueles de longo prazo que sejam social e ecologicamente úteis; (4) reestruturar o sistema financeiro e sua regulação, de maneira que não sirvam à ampliação das desigualdades e discriminações mas, pelo contrário, à sua redução; (5) redirecionar as atividades financeiras considerando-se a urgência da preservação ambiental, especialmente o problema das mudanças climáticas; (6) promover serviços financeiros democráticos, com qualidade, acessíveis a todos, transparentes, compreensíveis e com baixo custo; (7) tornar todos os responsáveis pela regulação financeira (legisladores, dirigentes de bancos centrais, supervisores, organizações internacionais e transnacionais etc.) representativos e responsáveis perante os cidadãos; (8) reduzir a força do lobby da indústria financeira junto aos reguladores e ampliar a presença e a influência da sociedade civil; (9) tornar as companhias do setor de finanças responsáveis perante todos seus *stakeholders*, incluindo acionistas, empregados, clientes e cidadãos locais; (10) tornar as informações do setor financeiro transparentes

41 CHANGE FINANCE. *Change Finance Website*. Brussels: Change Finance, 2019. Disponível em: <http//:www.changefinance.org>. Acesso em 30 set. 2019.

e compreensíveis a todos; (11) reduzir os débitos privados, com prevenção de superendividamento e bolhas especulativas; (12) diversificar o "ecossistema financeiro", de maneira que não seja dominado apenas pelas grandes firmas privadas; (13) reduzir a interconexão do sistema e garantir que as companhias sejam capazes de responder por seus próprios prejuízos, sem que sejam transferidos para o conjunto da sociedade; (14) tornar a regulação financeira efetiva sobre todo tipo de operação.

Sobre a responsabilização e a representatividade, a Campanha propõe o aperfeiçoamento da representação dos cidadãos nos processos decisórios pertinentes à regulação financeira tanto no nível nacional como no internacional, maior *accountability* em face dos parlamentos e controle democrático sobre bancos centrais, reguladores e supervisores financeiros. Concretamente, isso compreende, por exemplo: o fim da independência dos bancos centrais, que devem ser responsáveis perante as instâncias de representação democrática, inclusive assegurando diversidade e representatividade de diferentes setores da sociedade em seus corpos diretivos; a democratização das organizações de governança financeira global; a ampliação do G20; e a realização de auditorias de débitos com a participação dos cidadãos para verificação de sua legitimidade e cancelamento daqueles que não forem legítimos.

O *New Rules for Global Financial*[42] é uma organização não-governamental criada em 2006 com o objetivo de "promover reformas nas regras e instituições que governam as finanças internacionais, e mobilizar recursos a fim de apoiar um desenvolvimento global justo, inclusivo e economicamente sustentável". Trata-se de uma rede que "produz ideias" e congrega "atores críticos" e políticos de países desenvolvidos e em desenvolvimento para "identificar soluções politicamente viáveis e tecnicamente sólidas para as questões sistêmicas das finanças internacionais e para a promoção do desenvolvimento inclusivo". Para tanto, de maneira semelhante à *Finance Watch*, a *New Rules* promove esclarecimentos sobre o funcionamento do sistema financeiro e suas regras, contribuindo com a compreensão do público sobre os impactos das finanças em suas vidas, e a promoção da *accountability* e da transparência das instâncias de governança financeira e de seus processos decisórios, particularmente

---

42 Cf. New Rules for Global Finance. *New Rules for Global Finance Website*. Fairfax, VA, USA: 2018. Disponível em: <http://www.new-rules.org/home>. Acesso em 08 fev. 2018.

do G20, do FMI, e do Conselho de Estabilidade Financeira, almejando que os afetados tenham voz e compreendam as decisões. Defende, por exemplo, a reforma do sistema de cotas do FMI e maior transparência do Conselho de Estabilidade Financeira.

A *Tax Justice Network*[43] (TJN) é uma rede internacional, com origem no Reino Unido, lançada em 2003, cujo objetivo é "'mudar o clima' em uma ampla gama de questões relacionadas a impostos, paraísos fiscais e globalização financeira". Definem-se como "um *think tank* rápido, flexível, liderado por especialistas e ativistas" e politicamente "não alinhados". A TJN atua por meio da publicação de livros, relatórios, artigos e um *blog* diário sobre os temas que compõem seu objetivo, procurando promover esclarecimentos e influenciar o debate público e as decisões políticas, particularmente promovendo a ideia de que a sociedade civil deve ter voz nas discussões e decisões sobre questões tributárias.

A *Make Finance Work*[44] é uma rede europeia de organizações da sociedade civil, movimentos sociais, sindicatos, ambientalistas e outros grupos, que começou a se organizar em janeiro de 2009, como um espaço de discussões de alternativas e formulação de estratégias para enfrentar a Crise de 2008 em nível europeu, como complemento às ações no âmbito nacional. Dentre suas propostas, a rede defende a taxação das operações financeiras, por meio do que denomina de "*Tributo Robin Hood*", pois tornaria as atividades especulativas mais caras, retiraria dinheiro das elites financeiras e o transferiria para investimentos em saúde, educação, superação da pobreza, meio ambiente etc. Sua atuação consiste, basicamente, na divulgação e construção de argumentos em defesa dessa e de outras ideias.

Análise sintética e perspectivas sobre alternativas forjadas por movimentos sociais e organizações não-governamentais

Os processos que ocorreram na Europa e nos Estados Unidos não foram revolucionários, mas "*evolucionários*". Em um plano mais imediato, tiveram

---

43 The Tax Justice Network. *The Tax Justice Network Website*. Chesham, United Kingdom: TJN, 2018. Disponível em: <https://www.taxjustice.net/>. Acesso em: 07 fev. 2018.

44 FRIENDS OF THE EARTH EUROPA. *Friends of the Earth Europa Website*. Brussels: FEA, 2018. Disponível em: <http://makefinancework.org/>. Acesso em: 07 fev. 2018.

como demandas o acesso ao trabalho e a uma remuneração justa. Já em uma dimensão mais estrutural, reivindicam democracia real, ou seja, um regime político dirigido pelos cidadãos e não pelo dinheiro, bem como que a economia de mercado proporcione a todos o que é devido. Os movimentos foram criticados por não terem uma agenda específica, mas sua questão central era expressar a frustração com o sistema político, mesmo naqueles Estados nos quais há eleições. (STIGLITZ, 2012).

Em sua diversidade, podemos extrair desses movimentos algumas lições comuns que somam na construção de alternativas para a democracia na governança financeira global:

(1) há duas motivações fundamentais para seu surgimento: o sofrimento das pessoas (desemprego, insegurança, perda de renda) provocados por uma estrutura político-econômica que, por um lado, possibilita e favorece a concentração extrema da riqueza e, por outro, a socialização dos prejuízos que ocorrem nas crises financeiras; e a indignação com o insulamento dos políticos, sua indiferença em relação aos anseios dos cidadãos e sua aliança com a elite financeira;

(2) constroem-se e se organizam por meio da internet e das redes sociais virtuais, ao mesmo tempo que têm na ocupação do espaço público urbano uma estratégia fundamental para sua visibilidade, encorajamento dos participantes e formação de vínculos;

(3) rejeitam lideranças e partidos políticos, organizam-se independentemente de sindicatos, outras organizações da sociedade civil institucionalizadas e da mídia, e desconfiam das instituições de mediação política em geral;

(4) apresentam múltiplas demandas, as quais, todavia, não se materializam em um programa sistematizado, até poque acreditam que as mudanças ocorrerão por meio da experiência dos atores dos movimentos, e não de um programa preconcebido pelo qual eles deveriam lutar;

(5) identifica-se como elementos-chave de suas demandas a denúncia da desigualdade e do capitalismo financeiro global, e a luta por justiça social e democracia real;

(6) sua estrutura de poder tem como fundamento a ausência de liderança formal (todos representam a si mesmos) e a tomada de decisão por assembleias horizontais, ou seja, sem líderes e nas quais todos podem participar,

apresentar propostas e votar, privilegiando-se, a decisão por meio da construção de consensos ou, quando inviáveis, de altos quóruns decisórios;

(7) assim, a concepção sobre o que é ou pode ser a democracia se desenvolve pelo agir, pelas novas formas de organização, deliberação e tomada de decisão experimentadas (democracia deliberativa pela internet, tomada de decisão por consulta etc.);

(8) as ocupações e mobilizações, por limites estruturais e da própria condição das pessoas, não podem durar para sempre, o que demonstra o caráter indispensável da mediação institucional, dentro de uma nova perspectiva que possibilite uma conexão mais estreita e intensa com os movimentos e maior porosidades às pressões sociais sem, contudo, fazer disso um instrumento para sua cooptação e domesticação;

(9) são locais (em razão de sua intervenção no espaço público urbano, de sua indignação com a elite política nacional e de suas demandas com foco no Estado), e ao mesmo tempo globais (dada a dimensão global dos problemas que os motivam e denunciam, de sua articulação pela internet com movimentos similares em diversas partes do mundo).

Se, em princípio, os movimentos sociais poderiam constituir um campo promissor para a produção de projetos mais plurais, criativos e apropriados para conferir "voz" e real poder de influência aos "perdedores" da globalização na governança financeira global, a complexidade das questões anteriormente destacadas e as constatações empíricas não confirmam essa hipótese até o momento.

Como observa Young (2017), há uma desconfiança generalizada de muitos movimentos em relação às instâncias de governança financeira, e estas não constituem um dos focos principais das mobilizações da sociedade civil, que orientam suas energias para outras causas. Mesmo no caso do *Occupy*, embora tematizasse as finanças, seu alvo político fundamental eram as instâncias nacionais. Trata-se, porém, de uma circunstância histórica contingente, de maneira que, no futuro, os movimentos podem adotar posicionamento diferente em relação à governança financeira global, bem como tornarem-se politicamente mais fortes e representativos.

O mesmo vale para a identificação de ideias programáticas para a democratização da governança financeira global. No momento, os movimentos não apresentam programas alternativos minimamente sistematizados, mas sim algumas experiências de novas formas de organização e deliberação, as quais podem amadurecer e inspirar desenhos institucionais que permitam uma conexão mais estreita entre mobilizações episódicas e movimentos sociais com os processos decisórios das instituições, pois não se pode dispensar a mediação institucional para que os "perdedores" da globalização tenham voz e influência na governança financeira global.

As organizações não-governamentais que atuam no âmbito da governança financeira internacional apresentam propostas para reformas substantivas bastante concretas. Porém, no âmbito dos processos democráticos, também se limitam a defesas genéricas de maior representatividade, democracia, transparência, *accountability* etc. Sua maior contribuição encontra-se no fato de tornar mais plural o debate sobre as finanças globais e sua governança, na constituição da *esfera pública financeira global*, e na aproximação e nos esclarecimentos dos *cidadãos comuns* sobre a temática, o que ainda é um processo incipiente.

Essas considerações acabam por reforçar a conclusão anteriormente apresentada sobre a complexidade da expansão de ideais democráticos para o âmbito da governança financeira, bem como que, não obstante suas limitações, as perspectivas trazidas pelas propostas no âmbito da *democracia discursiva global* parecem ser as mais promissoras.

MAPA COGNITIVO

O quadro epistemológico no qual desenvolvemos este livro é a Teoria do Estado, cujo objeto são as instituições jurídico-políticas que regem o exercício real do poder, portanto, compreendendo as relações entre direito, política, economia e ideologia. No atual contexto histórico, caracterizado pela "mundialização financeira", isso significa que o Estado e a democracia devem ser analisados considerando-se as relações globais de poder e as instituições internacionais e transnacionais. O método da disciplina consiste na observação crítica da estrutura e do funcionamento das instituições (*mapeamento*), tendo em vista não apenas a produção de um conhecimento descritivo e explicativo, mas também prescritivo (projeção de instituições) (UNGER, 1996), com a consciência de que neste campo todo conhecimento é necessariamente ideológico e interessado (BUCCI, 2018, TOJAL, 1997).

Assim, entendemos que as instituições e o direito podem servir tanto para a perpetuação e legitimação da ordem estabelecida, como para a sua transformação, e nos posicionamos explicitamente por uma perspectiva emancipatória e transformadora (B. S. SANTOS, 2003). Mais particularmente, temos a questão de como as instituições conferem instrumentos e legitimação jurídico-política para que uma diminuta parcela da população global exerça seu poder sobre a governança financeira em seu favor, e se/como as instituições poderiam servir à emancipação da imensa maioria.

Não obstante a definição dessa sede epistemológica, desenvolvemos uma pesquisa de natureza interdisciplinar, em diálogo com a Economia (especialmente a Economia Política Internacional), a Ciência Política, a Teoria Democrática Normativa, as Relações Internacionais, o Direito (Direito Internacional Público, Direito Econômico Internacional) e a Sociologia.

Considerando-se os impactos da mundialização financeira sobre a soberania, a configuração e o desempenho de todas as funções dos Estados, a realização dos direitos humanos e as condições de vida das pessoas, escolhemos como tema desta pesquisa o *mapeamento de alternativas jurídico-políticas para a democratização da governança financeira global*, particularmente (mas não exclusivamente) daquelas formuladas após a *Crise de 2008*. Esse mapeamento consistiu em sistematizar, classificar e analisar criticamente as propostas, tendo como critérios: (1) um referencial normativo de democracia (*questões de arquitetura*), (2) as condicionantes impostas pelo contexto histórico-político e (3) a configuração do déficit democrático da governança financeira global (*questões de engenharia*).

O referencial normativo para a análise das alternativas propostas é uma compreensão de democracia como um *projeto de emancipação humana* contra todas as formas de opressão (políticas, econômicas e ideológicas), cujos valores fundantes são a liberdade e a igualdade de todos os seres humanos, os quais se realizam por meio da autodeterminação das pessoas e dos povos. A democracia assim concebida tem em vista, portanto, a transformação da ordem estabelecida, da distribuição de poder, riqueza e conhecimento. Concretamente, esse ideal normativo compreende os seguintes requisitos:

1. Substantivos:

1.1. Garantia dos Direitos Humanos e de condições materiais mínimas para uma vida digna e autônoma para todos;

1.2. Recursos materiais mínimos para participação e real influência nas decisões coletivas, incluindo: (a) formação educacional adequada para o desenvolvimento de capacidade crítica; (b) acesso a informações necessárias para a formação da opinião, compreensíveis e de fontes diversificadas; (c) tempo disponível para participação em atividades públicas; (4) recursos minimamente suficientes para uma atuação autônoma e influência real e equitativa nas decisões (capacidade de convencer, pressionar etc.).

2. Formais:

2.1. Submissão do exercício do poder ao direito (princípio liberal);

2.2. Centralidade das instituições para a mediação e o processamento dos conflitos – elas não resolvem tudo, mas a alternativa é o reino da força, da violência;

2.3. Igual participação de todos os interessados e afetados nas decisões coletivas (princípio democrático, ou princípio da inclusão de todos), o que ultrapassa os limites das fronteiras estatais e da cidadania fundada em bases nacionais (não obstante os problemas pertinentes aos *vínculos de solidariedade*);

2.4. Adequação do modelo de participação democrática (direta, representativa, deliberativa) e dos desenhos institucionais às particularidades das diferentes instâncias decisórias e dos temas sobre os quais se decide. Considera-se, inclusive, o problema da temporalidade dos processos políticos e sociais e que, quanto maior a escala da participação, menor a efetividade da influência de cada indivíduo, e mesmo sua motivação para participar;

2.5. Capacidade de as instâncias onde as decisões são tomadas assegurarem sua concretização.

O atual contexto histórico-político, passados pouco mais de dez anos da Crise de 2008, sem que os problemas estruturais que lhe deram causa tenham sido resolvidos, e com agravantes decorrentes da pandemia de Covid-19, é adverso ao desenvolvimento de projetos de democracia global e para a democratização da governança financeira global, com o crescimento de tendências diametralmente opostas, especialmente:

1. Crise de legitimidade da democracia liberal e ascensão de forças políticas, partidos e lideranças autoritários, nacionalistas e xenófobos;

2. Impasses nos diferentes setores da governança global (multipolaridade, fragmentação, problemas complexos e disfuncionalidades dos processos decisórios das instituições existentes) que retroalimentam a crise da democracia liberal, ao mesmo tempo em que favorecem o exercício do poder pelas "Grandes Potências", pelos tecnocratas e pelas elites financeiras;

3. Crescimento da desigualdade de renda e riqueza, com concentração em uma elite financeira transnacionalizada (*sociedade hiper-patrimonial*, de rentistas), a qual molda politicamente a seu favor a governança financeira global, resiste e resistirá à sua democratização;

Em sentido contrário, podemos apontar como tendências favoráveis às alternativas democráticas:

1. A emergência de diversos protestos e movimentos sociais ao redor do mundo, muitos dos quais atuando de forma articulada, bem como de organizações não-governamentais voltadas especificamente para o tema das finanças globais;

2. Maior popularização e melhor compreensão pelos cidadãos, ainda que de forma incipiente, dos temas referentes às finanças;

3. Crescente deslegitimação do neoliberalismo e da tecnocracia.

Há, portanto, oportunidades para a concretização de alternativas democráticas inerentes à própria situação de crise. O fato é que a superação dos impasses na governança global e, sobretudo, sua democratização, exigirão mudanças políticas radicais que só podem ser concebidas como um projeto de longo prazo.

O mapeamento crítico de alternativas deve considerar, pois, tanto os critérios normativos (democracia como um projeto emancipatório) como de viabilidade. Quanto à viabilidade, é necessário distinguir as condicionantes lógico-racionais (inafastáveis, como a impossibilidade de reunir todos os cidadãos do mundo em uma assembleia virtual para votar sobre regulamentos para as finanças globais) das histórico-políticas, as quais são contingentes, pertencem ao campo da luta política (o que inclui o convencimento das pessoas), e escalar (não é uma questão de "tudo ou nada" e varia ao longo do tempo). Deve-se verificar, por exemplo, critérios como coerência, funcionalidade e tendências empíricas.

Devemos considerar as abordagens das *teorias críticas* e as das baseadas na *solução de problemas* na análise e elaboração de projetos institucionais, de maneira que sejam descartadas tanto as hipóteses que se afastem demasiadamente dos ideais normativamente estabelecidos a partir de determinados valores, como as que se revelem disfuncionais (ou pouco plausíveis/viáveis), o que também possibilitaria antecipar potenciais fragilidades a fim de efetuar correções.

Antes de avançarmos para os diferentes níveis do déficit democrático da governança financeira global, vamos recapitular nossa compreensão sobre globalização e governança financeira.

Em síntese, a globalização é um fenômeno real, caracterizado fundamentalmente pela crescente interação e interdependência entre os povos, mas complexo, hierárquico, desigual e que também é utilizado como um instrumento retórico para tentar legitimar relações de dominação econômicas e políticas que não deixaram de existir no "mundo globalizado".

A governança global, por sua vez, é a resposta construída pelos Estados e atores não-estatais para, com diferentes graus de êxito, interesses e propósitos, tentar regular a globalização e a distribuição de seus custos e benefícios, de maneira policêntrica e com diversificados arranjos institucionais. Diferentemente da ideia de governo (hierárquico, centralizado, com capacidade de recorrer legitimamente à força para impor suas decisões), a governança funda-se na cooperação e na coordenação de ações entre diferentes instâncias, o que, repita-se, não elimina os conflitos e as relações de poder. Os Estados, assim, são simultaneamente sujeitos e objetos da globalização e da governança global. Evidentemente, as instituições de governança global expressam as relações desiguais de poder existentes na política internacional (os Estados apresentam diferentes níveis de *sensibilidade* e *vulnerabilidade* à interdependência), ou seja, as relações capitalistas de dominação ("imperialistas" ou "imperiais"). Por outro lado, não obstante os limites e fragilidades inerentes à sua natureza no âmbito internacional, as instituições também são capazes de constranger e condicionar o comportamento político, de limitar o poder de Estados e atores econômicos mais poderosos.

A financeirização da economia apresenta três características fundamentais: (1) as finanças adquirem domínio e a autonomia em relação às atividades produtivas e comerciais; (2) o valor dos patrimônios financeiros torna-se superior ao de outras formas patrimoniais; e (3) a desigualdade de renda e patrimônio retoma sua tendência histórica de crescimento – a qual, inclusive, intensificou-se após a "Crise Econômica Global" de 2008 – e adquire novas características.

A combinação de seis fatores explica a internacionalização das finanças e a interdependência financeira: (1) transformações estruturais no capitalismo; (2) decisões políticas de abertura dos fluxos globais de capitais tomadas inicialmente pelos EUA e pelo Reino Unido para responder às pressões decorrentes das transformações do sistema capitalista e para atender seus interesses geopolíticos, as quais foram disseminadas pelo mundo; (3) crescente atuação transnacional de conglomerados financeiros, bancários e não-bancários, com um papel muito relevante dos investidores institucionais (como os "fundos de pensão"); (4) desenvolvimento tecnológico que permite operações financeiras em tempo real; (5) inovações nos instrumentos de operação financeira, como os diferentes tipos de "derivativos"; e (6) a hegemonia ideológica do neoliberalismo.

As decisões no âmbito da governança financeira global (ou, mais precisamente, monetária – financeira) combinam questões tecnicamente complexas e altamente especializadas e escolhas políticas fundamentais com profundas consequências distributivas, especialmente no que se refere ao seguinte:

1. As finanças tratam da intermediação entre a poupança (excedentes de produção e de renda) e o financiamento de investimentos e do consumo (tanto dos agentes privados como dos Estados), sendo essenciais para a alocação eficiente de recursos escassos e o fomento ao desenvolvimento econômico. Assim, as regras que regem o sistema financeiro (por exemplo, a liberdade absoluta e diferentes níveis de controle para o fluxo global de capitais) e as políticas econômicas adotadas nesse campo podem incentivar investimentos produtivos ou especulativos, impactando diretamente o desempenho geral da economia, os níveis de emprego e renda da sociedade, e ainda na dependência das pessoas perante o setor financeiro para o atendimento de necessidades básicas (como moradia, educação e sobrevivência na velhice);

2. Nesse sentido, destacam-se as políticas de juros e tributária, as quais atualmente promovem a transferência de renda gerada pela produção e pelo salário para o *rentismo*, mas poderiam viabilizar um fluxo inverso (distribuição de renda e riqueza);

3. Crescentes níveis de endividamento público, resultantes da opção política pelo financiamento dos investimentos, do custeio das atividades estatais e do próprio pagamento de juros de dívidas por meio da emissão de títulos públicos (com alta taxa de retorno) em detrimento da tributação. Isso provoca a drenagem de recursos do orçamento público para pagamento de juros da dívida pública e, consequentemente, reduzem a disponibilidade financeira para serviços, políticas e investimentos públicos – escolha que também comportaria opção oposta;

4. Os bancos e outras instituições financeiras operam a coleta, a concentração e a redistribuição dos excedentes de valores. A regulação da operação dessas instituições apresenta grande impacto sobre a proteção dos consumidores contra a espoliação e práticas monopolistas e anticompetitivas, bem como para prevenção de crises financeiras pelo combate à manipulação de mercados, atividades temerárias e mesmo fraudulentas, envolvendo medidas como regras prudenciais de capital de reserva, redução da assimetria de informações, fiscalização e punição de fraudes etc.;

5. Distribuição dos custos das crises financeiras, normalmente enfrentadas por meio de resgate aos bancos e políticas de austeridade que atingem os direitos dos mais pobres e vulneráveis, o que, diversamente, poderia ser atribuído à elite financeira, em especial aos especuladores;

6. O sistema monetário internacional é o que viabiliza o comércio internacional, as trocas econômicas em geral, tendo como tarefas primordiais assegurar o equilíbrio no balanço de pagamentos, a liquidez e a estabilidade. A política monetária dos Estados, por sua vez, desempenha um papel muito importante no controle da inflação, dos níveis de emprego e na distribuição de renda. Portanto, as decisões nesse âmbito também têm natureza política.

Feitas essas considerações, podemos passar às conclusões pertinentes a cada um dos cinco objetivos específicos que estabelecemos para este livro. O primeiro deles consiste em diagnosticar as diferentes dimensões do déficit democrático da governança financeira global e as relações que estabelecem entre si, o que constitui um pressuposto para o *mapeamento de alternativas.*

Os quatro níveis do déficit democrático da governança financeira global podem ser sintetizados no seguinte quadro analítico:

1. Âmbito dos Estados (principais atores da governança financeira global):

1.1. Decisões nos campos monetário e financeiro imunes a controles democráticos, com insulamento da tecnocracia (bancos centrais e agências reguladoras autônomas) perante as instâncias representativas;

1.2. Influência da elite financeira sobre as eleições, os partidos políticos e as instituições representativas;

1.3. Limitações à capacidade dos Estados fazerem escolhas substantivas em suas políticas econômicas (e implementá-las), inclusive para regular suas moedas, impostas pela mundialização financeira (integração comercial e financeira, ideologia neoliberal, competição tributária e regulatória para atração de capitais, pressão de credores (ou mesmo controle da política econômica dos países endividados pelos credores), avaliações de agências de classificação de riscos, condicionalidades impostas pelo FMI etc.);

2. Entre os Estados:

2.1. Impactos das decisões macroeconômicas dos países centrais sobre os demais, especialmente dos Estados Unidos, da União Europeia e, mais recentemente, da China. Ressalta-se a centralidade do poder das "Grandes Potências" e das decisões de seus cidadãos para a governança financeira global e sua democratização (no caso da China, onde não há democracia representativa liberal, o problema é ainda mais complexo). Não há uma autoridade central à qual respondam, de maneira que sua *accountability* ocorre apenas perante seus eleitores, e não em face de todos os afetados por suas decisões;

2.2. No mesmo sentido do item anterior, a repercussão global dos regulamentos expedidos pelo FED, pelo Banco Central Europeu e agências de regulação financeira dos países centrais.

3. Nas Organizações Internacionais e transnacionais:

3.1. Assimetria de poder entre os Estados: (a) ausência de representação de muitos Estados e de parte significativa da população mundial; (b) desproporcionalidade de representação formal nos processos decisórios daqueles que participam (*poder de voto*); (c) *poder material* exercido pelos Estados mais fortes;

3.2. Estados não democráticos ou com democracias frágeis com assento e influência nas organizações;

3.3. Influência dos atores privados (*lobby*), especialmente da elite financeira transnacional sobre suas decisões;

3.4. Forma de operação das organizações e poder dos tecnocratas: (a) falta de transparência e assimetria de acesso a informações entre os interessados; (b) insuficiência das consultas e baixa permeabilidade a opiniões divergentes, sendo constituídas por uma *comunidade epistêmica* fechada e muito homogênea; (c) baixa responsividade perante os interessados e afetados por suas decisões; (d) dirigentes não eleitos e carência de *accountability* perante os cidadãos;

3.5. Déficit de efetividade da ação regulatória das organizações, que não têm força para assegurar o cumprimento de suas decisões.

4. Poder dos agentes do mercado e sua não submissão às regras e controle democráticos:

4.1. Formação de áreas com autorregulação privada;

4.2. Impasses e déficit de efetividade da governança financeira global.

Esses quatro níveis do déficit democrático da governança financeira global são atravessados por quatro restrições estruturais:

1. Lógica de desigualdade e dominação inerente ao capitalismo em todas as suas formas, adensada pela mundialização financeira, marcada pela

abstração do capital e pela formação de uma elite financeira transnacional, o que dificulta o controle democrático, mas não elimina a luta de classes (o capital assume altos níveis de abstração, mas a elite financeira é bastante concreta). Além disso, não há um contraponto suficientemente forte do restante da população global em termos de conexão, articulação, conhecimento crítico e mobilização. A elite financeira é global, mas os excluídos da globalização são considerados nacionalmente; por exemplo, tanto da perspectiva daquilo que sofrem os refugiados políticos, sociais e ambientais, como do pensamento nacionalista de parte significativa dos trabalhadores com renda e emprego ameaçados e restringidos pela globalização financeira. Além da dimensão material, temos a ideológica, com a limitação das alternativas em termos de ideias, projetos e discursos pelo neoliberalismo.

2. Alta complexidade técnica dos temas pertinentes às finanças;

3. Caráter rizomático, fragmentado, sem coordenação central, multinível, multiforme, plural e não sistemático da governança financeira global;

4. Resistências nacionalistas à democratização da governança financeira global, por um lado; e, por outro, o enfraquecimento dos Estados periféricos e semiperiféricos pelas decisões tomadas ao longo das últimas décadas, em grande medida em razão das condicionalidades impostas pelo FMI e outros credores, o que restringe o campo atual de escolhas e minou as forças que poderiam resistir à financeirização (como movimentos sociais de trabalhadores).

O segundo objetivo da pesquisa, explorado no Capítulo 2, foi sistematizar as diferentes propostas teóricas de democracia na esfera global e democratização da governança financeira global a partir das grandes categorias "reformistas" (ou *problem-solving theory*), das moderadas às mais ambiciosas, e críticas (ou radicais), diferenciando-se, ainda, as de natureza procedimental e as substantivas. Apresentamos a seguir um quadro esquemático sobre cada uma das perspectivas analisadas considerando-se: (1) fundamentos; (2) propostas de desenhos institucionais; (3) propostas substantivas; (4) enquadramento da proposta e observações críticas:

1. *Democracia cosmopolita* (ARCHIBUGI, 2014; HELD & MAFFETTONE, 2016b; HALE, HELD & YOUNG, 2013; ARCHIBUGI & CELLINI, 2017)

1.1. Fundamentos: há obrigações morais perante todos os seres humanos que decorrem da condição humana (igual *status* moral de todo ser humano), independentemente de quaisquer outros vínculos ou características. Trata-se de uma teoria política liberal, fundada no individualismo, no igualitarismo e no universalismo, mas que extrapola esses valores para além dos limites das fronteiras dos Estados. Disso decorre o reconhecimento de uma cidadania cosmopolita concomitante à cidadania nacional, o que implica o direito de participação política na esfera global. Reconhece a relevância das relações reais de poder, mas enfatiza que, sem instituições, as soluções hegemônicas e a força tendem a prevalecer. Há relações de dominação independentemente da estrutura de governança global. Assim, é melhor que elas existam e sejam democratizadas.

1.2. Propostas de desenhos institucionais:

(a) como os Estados continuam a ser os principais atores na governança global, e da financeira em particular, defende-se a ampliação do papel dos parlamentos nas questões internacionais;

(b) todavia, propõe-se alternativas para além do incremento da representatividade dos Estados. Assim, a maior inclusão e a distribuição mais representativa do poder de voto e do governo do FMI, do Banco Mundial e de outras instâncias são consideradas medidas necessárias, mas insuficientes. Devem ser criados mecanismos que possibilitem a participação direta dos cidadãos, especialmente dos mais fracos, excluídos e hoje privados de direitos. Tais mecanismos não devem reproduzir os modelos eleitorais e majoritários forjados para os Estados nacionais – a esfera global exige instrumentos flexíveis e adequados às suas particularidades. Essa participação direta pode ocorrer por meio de organizações não-governamentais e outros atores da sociedade civil;

(c) ressalta-se a importância da opinião pública global e da transformação de suas posições em decisões políticas;

(d) defende-se a criação de autoridades centralizadas (como uma "Autoridade Financeira Global"), o que seria importante para a coordenação das normas e políticas, bem como para a efetividade das decisões, mas nada que se assemelhe a um *Estado Global* ou uma *Federação*. Trata-se de uma proposta de governança em *múltiplos níveis*. Nesse sentido, há propostas que visam o fortalecimento da ONU, como a criação de uma Assembleia Parlamentar Global e de um Conselho de Segurança Econômica e Social (equivalente ao Conselho de Segurança). A centralização política pode assumir diferentes formas, não exige necessariamente a possibilidade do recurso à força para fazer valer as decisões;

(e) propõe-se a ampliação da transparência e de mecanismos de *accountability*, inclusive horizontais, com controles entre "Poderes"; por exemplo, por meio de órgãos internacionais de natureza jurisdicional;

(f) ressalta-se o papel do direito, cuja impositividade seria independente de mecanismos coercitivos, e propõe-se uma espécie de constitucionalismo global;

(g) para a autonomia e efetividade da ação dos organismos internacionais, também seria importante a existência de fontes de financiamento independentes da vontade dos Estados;

1.3. Propostas substantivas: com base nos direitos humanos e na ideia de justiça distributiva global, propõe-se, por exemplo: (a) a tributação de operações financeiras internacionais; (b) controles sobre os fluxos internacionais de capitais; e (c) a conexão da governança financeira com outros temas nos quais impactam, como meio ambiente, saúde e combate à fome.

1.4. Enquadramento da proposta e observações críticas: há dificuldades em termos de vínculos de solidariedade do *demos* global, para motivação à participação nessa esfera e para definição das condições e critérios concretos em que se dariam a representação e a participação. As propostas apresentadas no âmbito do modelo cosmopolita são reformistas. Seu fundamento é ambicioso. Os desenhos são bastante abrangentes, alguns mais moderados e outros mais ambiciosos, sendo seus traços perceptíveis nos demais modelos estudados. Não procede a crítica de que se pretenderia a criação de algo parecido com um *Estado Global* ou uma *Federação de Estados*, mas há, sim, uma ênfase na reforma e na construção de novas instituições.

2. *Global stakeholder democracy* (MACDONALD, 2008)

2.1. Fundamentos: são os mesmos do modelo cosmopolita (o direito à participação não se limita ao pertencimento a uma comunidade política, mas decorre do fato de ser afetado ou interessado em determinada decisão), com uma ênfase maior na constituição da *sociedade civil global* que, embora não deva ser romantizada, seria um espaço para expressão das vozes dos historicamente marginalizados. Dentre outros atores, ela seria composta por organizações não-governamentais, movimentos sociais e redes globais de ativistas.

2.2. Propostas de desenhos institucionais: diferencia-se do modelo cosmopolita por considerar suas propostas inviáveis em razão de sua exigência excessiva de institucionalização e constitucionalização. Basicamente, propõe-se a abertura das organizações internacionais e transnacionais à participação dos *stakeholders*, ou "partes interessadas", tanto por vias formais (como consultas e parcerias na execução de projetos), como informais (maior permeabilidade à opinião pública internacional e às demandas de movimentos e mobilizações sociais).

2.3. Propostas substantivas: não apresentam.

2.4. Enquadramento da proposta e observações críticas: é o modelo mais testado na prática das organizações internacionais em geral, e de governança financeira em particular, embora em experimentos incipientes e modestos. Suas principais limitações são: o fundamento de legitimação da representação dos atores da sociedade civil em sua atuação junto às instâncias de governança (embora afirmem que seja baseada nas causas em que se engajam e na reputação das organizações); a fragilidade dos vínculos e a baixa representatividade dos marginalizados da globalização (de maneira que não resolve o problema da exclusão política e reproduz as desigualdades existentes na sociedade, inclusive com risco de conferir aparente legitimação para decisões desprovidas de credenciais democráticas); a dificuldade na definição das *comunidades de interessados*, além da reduzida efetividade de sua atuação em termos de influência nos processos decisórios, embora tenham trazidos avanços como na promoção da educação pública sobre as finanças globais. Sua principal contribuição encontra-se na inclusão de temas na agenda global e de perspectivas divergentes sobre as alternativas para a governança financeira, e não propriamente na tomada de decisões. Como há baixa confrontação com a estrutura de poder vigente, enquadramos essa proposta no campo das reformas moderadas.

3. *Democracia discursiva global* (DRYZEK, 2010; GERMAIN, 2007)

3.1. Fundamentos: apresenta-se como uma proposta pós-Westphaliana, pós-liberal e pós-eleitoral. Conserva os valores da igualdade política e do controle do poder. Porém, diferentemente do modelo liberal, a concretização desses valores não ocorre por meio da agregação de preferências individuais (voto), mas sim pelo debate público sobre as preferências (e transformação de preferências por indivíduos bem informados). A deliberação deve ser autêntica (livre de pressões e bem informada), inclusiva (oportunidades e habilidades para participação de todos os afetados) e consequente (influência efetiva sobre o resultado da decisão). Estrutura-se por meio da transmissão de opiniões dos espaços públicos para os espaços de poder, bem como da *accountability* (não apenas eleitoral) e da meta-deliberação (deliberação sobre a própria organização do sistema deliberativo). Ressalta-se que a participação na esfera pública não deve ser apenas inclusiva e reflexiva, mas também efetiva – a deliberação, em algum momento, precisa se transformar em direito e políticas públicas.

3.2. Propostas de desenhos institucionais:

(a) a principal proposta é a formação de "Câmaras de Discursos", aplicáveis às instâncias de governança financeira, as quais seriam representativas de discursos (não de pessoas), o que constituiria uma resposta para o *problema da escala*, usualmente apontado como uma fragilidade deste modelo. Tais *Câmaras* seriam complementares (não substitutivas) às instâncias representativas (inclusive nas de representação dos Estados) e poderiam tomar suas decisões tanto por consenso como pelo voto quando fosse necessário;

(b) mecanismos que possibilitem o contato informal e flexível entre a opinião dos cidadãos e as instâncias decisórias (transparência, divulgação de processos decisórios, inclusão nas organizações de governança financeira de profissionais com formação diferente da Economia, diferentes formas institucionalizadas de expressão, como audiências públicas com autoridades de tais organizações, criação de órgãos para mobilização da opinião pública etc.), sem as exigências de um forte sistema institucionalizado como o do modelo *cosmopolita*, o que tornaria o *discursivo* mais viável e operacional. A ação comunicativa seria a única forma possível de controle democrático sobre redes decisórias tal como temos no âmbito da governança financeira global. Dentre outras coisas, ela permitiria a expressão das posições de cidadãos dos Estados subordinados, dos movimentos sociais, dos "contra-públicos subalternos" nos processos de governança global.

3.3. Propostas substantivas: na proposta de democracia deliberativa transnacional (FRASER, 2014) encontramos a defesa da igualdade social como condição necessária para a democracia.

3.4. Enquadramento da proposta e observações críticas: dentre as principais limitações do modelo está o fato de que, no momento efetivo da decisão, a democracia discursiva não é capaz de garantir a influência real e proporcional dos excluídos da globalização. Há também dificuldades práticas e políticas na identificação dos discursos e designação de seus representantes. À crítica usual de que pressupõem um consenso racional inatingível em contextos profundamente desiguais e plurais, responde-se que os espaços deliberativos também podem ser pluralistas e instâncias de expressão de dissensos. Trata-se de um modelo que pode ser enquadrado como crítico no sentido de que rompe com elementos estruturantes da democracia liberal clássica, mas mantêm a centralidade da racionalização dos conflitos políticos e não questiona os fundamentos do sistema capitalista, apresentando propostas de reformas ousadas.

4. *Democracia interativa* (GOULD, 2014)

4.1. Fundamentos: considera como interdependentes e articuladas as dimensões política, econômica e social; os níveis nacional, regional, transnacional e global; e as formas participativa, eleitoral e deliberativa de democracia. Na mesma linha dos modelos anteriores, defende a inclusão nos processos decisórios dos significativamente afetados pelas decisões (aqueles que têm sua capacidade de exercer direitos humanos fundamentais atingida), inclusive por aquelas tomadas em comunidades das quais não participam (como outros Estados). Essa inclusão não se limita a consultas eventuais, nem se confunde com direitos iguais de participação aos membros da comunidade, mas exige significativa influência. Além disso, a participação nesse modelo não tem natureza meramente deliberativa, mas também decisória – sempre que necessário, cabe o recurso ao princípio majoritário.

4.2. Propostas de desenhos institucionais:

(a) propõe-se novas formas de expressão da opinião pública junto às organizações internacionais e transnacionais, a constituição de "Assembleias Delegadas" regionais ou temáticas, bem como de uma "Assembleia dos Povos" com autoridade real, ressaltando-se sua articulação a partir do princípio da subsidiariedade e da constituição de "comunidades temáticas";

(b) aposta-se muito no recurso à internet e aos meios eletrônicos de participação, na interação virtual (que não dispensa a presencial).

4.3. Propostas substantivas: não apresenta específicas, embora considere as dimensões política, econômica e social como interconectadas.

4.4. Enquadramento da proposta e observações críticas: pode ser enquadrado da mesma forma que o modelo de democracia discursiva global. Entretanto, suas propostas são mais ousadas do que aquele. Isso, por sua vez, implica maiores dificuldades de viabilidade política e modelagem institucional, sobretudo em termos de participação de cidadãos diversos dos nacionais nas decisões internas de um Estado com repercussões regionais ou globais. Indaga-se, também, como transformar deliberações virtuais em efetivas decisões políticas com força vinculante.

5. *Teorias radicais Marxistas* (CALLINICOS, 2002; HARDT & NEGRI, 2006)

5.1. Fundamentos: há uma exploração do trabalho assalariado pelo capital no processo de produção capitalista vinculada à competição entre capitais rivais pela acumulação e concentração de capital. Isso também se expressa em disputas políticas, inclusive em guerras entre Estados. Nesse processo, há uma conexão histórica entre Capitalismo e globalização. Assim, a governança financeira global (e de outros setores) serve como instrumento de perpetuação e legitimação das relações de dominação. Por outro lado, também viabilizaram o surgimento de movimentos sociais nacionais e transnacionais de contestação à globalização capitalista e formulação de alternativas. Criticam os outros modelos por não confrontarem o sistema capitalista em si, e sobrevalorizarem a institucionalidade e o poder da opinião pública internacional em face de outros poderes globais ("Grandes Potências", corporações financeiras etc.).

5.2. Propostas de desenhos institucionais: não há propostas específicas de modelagem institucional, porque se entende que não cabe primordialmente à teoria formulá-las, mas sim aos movimentos de contestação e resistência, por meio de sua prática. Indica-se, porém, a centralidade desses movimentos e de sua articulação global, por exemplo, a partir do conceito de *Multidão* (que hoje substitui o proletariado internacionalista). O fato de não apresentar propostas de desenhos institucionais não implica a negação da necessidade de instituições. Seu foco, porém, não é a formulação de propostas concretas específicas, mas a transformação global da sociedade e das estruturas de poder. Isso também exige a construção de contra-hegemonias ideológicas, até que se chegue em uma sociedade pós-hegemônica.

5.3. Propostas substantivas: promoção da igualdade social e econômica, por meio da qual se expressa a democracia real, com a recuperação do *comum* em oposição à *privatização da vida*. Não é possível, pois, separar as dimensões formal e substantiva da democracia.

5.4. Enquadramento da proposta e observações críticas: são radicais porque questionam toda a estrutura do sistema capitalista no qual está inserida a governança financeira global, e não apenas a *solução de seus problemas*. Todavia, pouco avançam no campo propositivo. Reconhecem, porém, a relevância de propostas reformistas nas condições contemporâneas, as quais, inclusive, somadas e articuladas, podem levar a transformações de natureza revolucionária, ou então demonstrar que essas são imprescindíveis diante dos fracassos das tentativas de resolver problemas sem alterar a estrutura do sistema. Assim, não haveria conflito entre reforma e revolução.

Outras teorias radicais (B. S. SANTOS, 2003, CHIMI, 2012) procuram escapar do determinismo econômico marxista, destacando ideias como a expansão da democracia para todos os domínios da vida, bem como o potencial emancipatório do direito e do *cosmopolitismo dos subalternizados*, mas sem avançar em propostas de desenhos institucionais, apostando também na força dos movimentos sociais que promovem a *globalização contra-hegemônica*.

No âmbito do mapeamento teórico, consideramos ainda um conjunto de propostas oriundas dos campos da Economia Financeira Internacional e do Direito Econômico Internacional (DURAN, 2017; YOUNG, 2017; AVGOULEAS, 2012; VESTERGAARD e WADE, 2012; STIGLITZ, 2006; STIGLITZ *et al.*, 2010), as quais, como destacamo no Capítulo 2, dialogam com os diferentes modelos de democracia global que analisamos. Embora operem com os conceitos de democracia, legitimidade e déficit democrático, nota-se que não há um aprofundamento da articulação das ideias produzidas por esses campos do conhecimento com a Teoria Democrática. Sistematizamos esses projetos, bastante diversificados, em um quadro sintético construído a partir de quatro categorias: (1) fortalecimento e democratização das organizações de governança financeira global existentes; (2) criação de autoridades globais centralizadas; (3) renacionalização da governança financeira global; (4) propostas substantivas.

1. Fortalecimento e democratização das organizações de governança financeira global existentes:

1.1. Fortalecimento de agências autônomas com capacidade tecnocrática (como o FMI e o FSB) e incremento de sua legitimidade política por meio de seu fundamento de instituição (decisão do G20) e da adoção de procedimentos racionais e transparentes;

1.2. Articulação de redes de bancos centrais (multilaterais e bilaterais) a partir do BIS;

1.3. Revisão do sistema de cotas e votos do FMI e do Banco Mundial;

1.4. Revisão da composição do Comitê da Basileia, do FSB e de outras organizações transnacionais, assegurando-se melhor representatividade dos Estados com diferentes interesses e condições econômicas, e preservando-se a operacionalidade dos processos decisórios mediante a combinação da limitação de número de participantes com formas democráticas de suas escolhas;

1.5. Mudança no sistema de representação dos Estados nas organizações de governança financeira, de maneira que não seja exercida apenas por ministros de finanças, presidentes de bancos centrais e seus delegados, mas também contem com a participação de ministros de outras áreas, o que tornaria o debate mais plural;

1.6. Ampliação da transparência das organizações;

1.7. Inclusão de organizações da sociedade civil nos debates e mesmo nos processos decisórios;

1.8. Garantia de condições materiais para uma participação mais efetiva dos Estados mais pobres (especialmente pelo acesso às informações necessárias para tanto);

1.9. Ampliação da *accountability* das organizações internacionais por meio do estabelecimento de processos independentes de avaliação, da aplicação de normas de direito internacional e de procedimentos de controle jurisdicional;

1.10. Estabelecimento de mecanismos de *accountability* para instituições regulatórias privadas;

1.11. Fortalecimento da "esfera pública financeira global" (e nacional) por meio da divulgação de informações compreensíveis para os *cidadãos comuns*, com fontes e perspectivas diversificadas.

2. Criação de autoridades globais e regionais centralizadas:

2.1. Estabelecimento de uma arquitetura de governança financeira global formal, hierárquica, de múltiplos níveis e fundada em tratados internacionais;

2.2. "Autoridade Financeira Global";

2.3. "Corte Internacional para Reestruturação de Dívidas Soberanas";

2.4. "Sistema Global de Reservas" (e sistemas regionais), "Banco Global de Reservas" e "moeda global". Esse sistema deveria ser suficientemente forte para que os Estados não precisem acumular grandes reservas para sua segurança em situações de crise, liberando recursos para aplicação em investimentos e políticas públicas. Além disso, teríamos uma limitação do poder estrutural dos EUA que se valem da condição do Dólar e dos títulos emitidos por seu Tesouro como meios globais de reserva para financiamento de seus déficits orçamentários e comerciais.

2.5. Fortalecimento do Conselhos Econômico e Social da ONU ou criação de um "Conselho de Segurança Econômica e Social" (ou "Conselho Econômico Global"), como instância máxima de articulação, coordenação, supervisão e *accountability* das demais organizações de governança econômica e financeira, com *status* igual à Assembleia Geral e ao Conselho de Segurança. Esse Conselho deveria ser apoiado por um "painel de especialistas", com diferentes origens, formações e posições políticas, de maneira que suas decisões sejam informadas por um debate plural;

2.6. Submissão da governança financeira à autoridade de parlamentos regionais (caso da União Europeia) e de um eventual Parlamento Global.

3. Renacionalização da governança financeira global:

3.1. Restabelecimento do papel do Estado na regulação do mercado financeiro;

3.2. Adoção de instrumentos de controle democrático sobre os bancos centrais e outras agências nacionais de regulação financeira, especialmente pela ampliação de sua transparência e de sua *accountability* perante os parlamentos nacionais e os cidadãos, dentre outros;

3.3. Estabelecimento de sistema de crédito exclusivamente público e submetido ao controle democrático.

4. Propostas substantivas:

4.1. Revisão ou cancelamento de débitos dos países mais pobres;

4.2. Tributação das operações financeiras internacionais e constituição de fundos com os recursos arrecadados para aplicação na solução dos grandes problemas globais (pobreza, mudanças climáticas, pandemias etc.);

4.3. Aperfeiçoamento das normas prudenciais e de proteção dos consumidores contra os riscos de insolvência de bancos e outras instituições financeiras;

4.4. Diminuição da dependência em relação ao setor financeiro para o financiamento da realização de direitos básicos das pessoas.

Há uma lacuna neste mapeamento de alternativas teóricas para a democratização da governança financeira global que consiste na ausência de exploração de propostas formuladas no "Sul Global", especialmente na América Latina, ao que pretendemos nos dedicar em pesquisas futuras.

Nosso terceiro objetivo foi sistematizar as principais propostas de reforma com propósitos de democratização da governança financeira global implementadas ou projetadas por organizações internacionais ou transnacionais, e cúpulas de Chefes de Estado ou de Governo, ao qual nos dedicamos na primeira parte do Capítulo 3. Trataram-se, em síntese: (1) da constituição do G20 como reunião de cúpula, e não mais de ministros de finanças; (2) da transformação do Fórum de Estabilidade Financeira em Conselho de Estabilidade Financeira; (3) de reformas de cotas e poder de voto no FMI e no Banco Mundial, bem como da revisão dos processos de escolhas de seus dirigentes; (4) revisão da composição do Comitê da Basileia; e (4) um conjunto de desenvolvimentos em termos de transparência, consultas a organizações da sociedade civil e *accountability*, processo iniciado bem antes da Crise e sem mudanças significativas posteriores.

Verificamos que todos esses projetos apresentam o caráter de reformas incrementais modestas, não alteraram substantivamente a distribuição de poder nas instituições, sua lógica operacional e capacidade de assegurar o cumprimento de suas decisões. Nenhuma delas tem natureza de reforma ambiciosa, radical ou adota uma perspectiva contra-hegemônica. Não abrem possibilidades para transformações estruturais do sistema. Além disso, passados mais de dez anos da Crise de 2008, houve poucos avanços no sentido de concretização do que fora anunciado na sequência daquele acontecimento.

Nosso quarto objetivo consistiu em executar o mesmo procedimento sobre eventuais propostas apresentadas por organizações não-governamentais e movimentos sociais. Não foram encontradas nessas *fontes* propostas sistemáticas em termos de reformas institucionais. Suas principais contribuições encontram-se: (1) no campo da denúncia das injustiças decorrentes da mundialização financeira; (2) na luta pela responsabilização dos culpados pelas crises, por justiça social e tributária, por *democracia real*; (3) na conexão entre ocupação de espaços público e articulação por redes virtuais; (4) nas vivências de engajamento político dos atores que participam desses movimentos e instituições, e nas transformações culturais que podem desencadear. Há uma ênfase na ideia de participação direta, a qual, já problemática no plano local, mostra-se completamente inviável no da governança financeira global. Assim, a grande questão suscitada por esses movimentos é como articular as mobilizações e as *redes de democracia deliberativa direta* com *espaços institucionais* de participação e *accountability*.

Nosso quinto e último objetivo consistiu em analisar criticamente as alternativas mapeadas, considerando-se tanto critérios normativos (conceito normativo de democracia) como empíricos (adequação e plausibilidade em face do diagnóstico sobre as dimensões do déficit democrático da governança financeira global e das forças que poderiam concretizá-las ou bloqueá-las). Além do que já expusemos ao longo deste trabalho, destacamos alguns pontos a esse propósito na sequência.

Nem toda resposta ao déficit democrático da governança financeira global e suas consequências distributivas, de produção e reprodução de desigualdade e dominação econômica e política, virá propriamente do campo das instituições internacionais e transnacionais. Os Estados continuam a desempenhar um papel fundamental, e mesmo os do "Sul", em graus variados, conforme o tamanho de suas economias, capacidade institucional etc., conservam relevante margem de escolha. Por exemplo, a redução da dependência dos capitais internacionais para financiamento da dívida pública, dos serviços e investimentos estatais, ao menos em parte, pode ser obtida por meio da ampliação da tributação sobre a renda e o patrimônio das pessoas mais ricas, o que é uma decisão a ser tomada no âmbito das instituições representativas nacionais. É este, por exemplo, o caso do Brasil. É verdade, porém, que em Estados menores e com economias mais frágeis, não há o mesmo grau de autonomia, o que se nota, por exemplo, na competição pela atração de capitais por meio da aplicação de menor tributação e maior taxa de juros.

Isso não afasta o caráter indispensável das instituições internacionais e transnacionais de governança financeira, tanto para buscar a estabilidade do sistema, como para fazer face às questões distributivas. É verdade que tais instituições são dominadas pelos interesses dos Estados mais poderosos e das elites financeiras, bem como que constituem instrumento de legitimação jurídico-política de relações de dominação. Porém, não são apenas isto: a natureza das instituições multilaterais também condiciona e impõem limites à atuação dos Estados mais poderosos e da elite financeira transnacional. Além disso, são espaços de luta contra a desigualdade e pela democracia e, por consequência, para deslegitimação das relações de dominação. É fato que os Estados Unidos utilizam o "poder do Dólar" para financiar seus déficits orçamentários e comerciais, muitas vezes em prejuízo dos Estados subdesenvolvidos, o FMI para impor suas políticas etc. Todavia, o mundo contemporâneo é muito mais multipolar do que no pós-II Guerra Mundial e o exercício desse poder hegemônico sobre os Estados "mais fracos" pode ocorrer (e historicamente ocorreu) independentemente das instituições de governança financeira global. Assim, tanto os Estados do "Sul", como as pessoas e os movimentos que reúnem os "perdedores" da globalização também podem encontrar em tais instituições oportunidades de resistência.

Há distinções fundamentais entre os impactos da globalização sobre os diferentes países. Por exemplo, economias avançadas da Europa e dos Estados Unidos enfrentam desemprego e desindustrialização vinculados à competição com países emergentes com menor custo de mão de obra, sobretudo da China, acompanhado pelo crescimento da desigualdade. Em economias mais frágeis, as condicionalidades impostas para ajudas financeiras do FMI, ou pressões exercidas por agências de classificação de risco já representam um problema mais significativo. Por outro lado, há em comum um crescimento da desigualdade em favor das elites financeiras globalizadas, o que separa no mundo todo os "99%" e o "1%" (ou "0,1%).

Ocorre que, embora interdependentes em seus destinos, os "99%" encontram-se divididos em sua luta política, o que ajuda a explicar o avanço do nacionalismo e do autoritarismo de direita. A desigualdade material e as restrições ideológicas bloqueiam o exercício livre da cidadania, o que, por sua vez, produz e reproduz desigualdade. Por isso, como ressalta Stiglitz (2002), é comum que os "99%" apoiem os interesses do "1%" nas eleições e outros processos políticos. Portanto, as condições materiais e ideológicas condicionam o êxito de qualquer reforma institucional-procedimental que objetive tornar a governança financeira global mais democrática.

As relações de poder, seja entre os Estados ou classes sociais, que atravessam os diferentes níveis de governança financeira, constituem obstáculos para a democracia, mas isto não significa que as instituições e o direito não importem, que não ajudem a moldar processos mais ou menos democráticos. Se há alternativas substantivas (como a tributação e o controle sobre o capital, a eliminação das dívidas dos países mais pobres etc.), deve haver instituições inclusivas que permitam que sejam colocadas em disputa com as hegemônicas. Não é o caso de negar o saber técnico, mas, como há divergências entre os *experts*, é necessário assegurar que diferentes posições tenham igual condição de influenciar o debate.

Sobre a participação na governança financeira global, além da já ressaltada questão do saber técnico altamente especializado que os cidadãos, em geral, não dispõem, outra fundamental é que podem não querer participar, inclusive porque muitas vezes têm todo seu tempo e energia consumidos pela urgência da luta diária pela própria sobrevivência. Não há, pois, sentido em avançar na análise e construção de projetos na perspectiva de uma "democracia direta" ou "participativa" na esfera da governança financeira global. Por outro lado, uma posição conformista de que, dadas as condições reais deste campo, seria suficiente a ampliação da transparência, de consultas e *accountability* perante uma sociedade civil global extremamente elitizada (ou dentro da *comunidade epistêmica* das finanças) também não se revela como uma alternativa normativamente aceitável em face de uma concepção de democracia como projeto emancipatório. Assim, as perspectivas a serem exploradas encontram-se nas nuances, entre um extremo e outro.

O modelo de democracia cosmopolita tem nos seus fundamentos uma grande força normativa. Ao passar para as propostas, fundadas na institucionalização e no direito, mas abertas a formas flexíveis de democracia, adaptadas aos múltiplos níveis da governança global, para além dos Estados nacionais também sinaliza para um caminho adequado. Apostar na renacionalização do controle sobre as finanças como um caminho para sua democratização não é uma estratégia que favoreceria os excluídos da globalização, principalmente aqueles que vivem nos Estados mais fracos e suscetíveis às relações internacionais de dominação. A proposta de *global stakeholder democracy*, mais modesta e com os limites que já assinalamos, também não deve ser desprezada. Se a representação de partes interessadas por meio de organizações da sociedade civil não resolve os problemas de legitimidade democrática e efetividade, ao menos ampliam os atores que influenciam a formação da agenda da governança financeira.

Um dos grandes limites das duas propostas é que decisões fundamentais e com grande repercussão no âmbito de finanças globais são tomadas por autoridades nacionais dos Estados Unidos (especialmente seu Banco Central) e da China (um novo poder global), e da União Europeia (Banco Central Europeu, Comissão Europeia). A proposta de *democracia interativa* apresenta uma contribuição importante no sentido de que os afetados por decisões de órgãos estatais que se encontrem fora de suas fronteiras deveriam ser ouvidos, por exemplo, na definição das normas regulatórias sobre o sistema bancário e a política de juros dos Estados Unidos. Do ponto de vista normativo, parece bastante adequado, já em termos de viabilidade política, não soa plausível.

Diante disso, as alternativas no campo da *democracia discursiva global*, com os limites também já apontados, parecem as mais promissoras tanto em termos de enquadramento nos pressupostos normativos de uma concepção de democracia inclusiva e como projeto emancipatório, como de adequação operacional a um campo da governança estruturado em rede como o das finanças, e com déficit democrático multidimensional. O desafio político e de desenhos institucionais seria o de estabelecer ciclos e canais de mobilizações e deliberações em uma esfera pública financeira transnacional que não apenas influenciasse os processos decisórios das organizações internacionais e transnacionais, mas os cidadãos das "Grandes Potencias" e, consequentemente, seus Governos, notadamente os Estados Unidos, a China e os Estados mais poderosos da Europa. Se os Estados, particularmente os mais poderosos, permanecem como os atores principais da governança financeira global, os processos deliberativos propostos pela *democracia discursiva global* constituem uma forma de as vozes dos excluídos de todas as partes do mundo também ecoarem nas decisões internas das "Potências".

Todas as propostas apresentadas ainda se encontram em estágio inicial, constituindo perspectivas de transformação de longo prazo na histórica luta por inclusão que caracteriza a democracia. É necessário criatividade e adequação dos desenhos institucionais às especificidades da esfera da governança financeira global, bem como que sejam capazes de articular mobilização horizontal e espaços institucionais. Mudanças radicais podem ser obtidas pelo acúmulo de reformas incrementais, desde que sejam orientadas por valores, estratégias e objetivos emancipatórios. Nesse caminho, o experimentalismo, a combinação diversificada de modelos e algum senso de pragmatismo são indispensáveis.

A essa altura, devemos retomar as três grandes questões que motivaram este livro, respectivamente, de natureza política, jurídica e epistemológica: (1) A democracia é possível no capitalismo financeiro? (2) Qual o papel e quais os limites das instituições jurídico-políticas na realização da democracia? (3) Como conhecer a democracia sob a perspectiva da Teoria do Estado?

Comecemos pela primeira questão. Tanto a resposta positiva como a negativa nos parecem simplificadoras e com resultado idêntico: a prostração intelectual e política.

São fartas as análises, especialmente de inspiração Marxista, que apontam a incompatibilidade entre capitalismo e democracia. Especificamente no que se refere à governança financeira global, também é tentador responder que não há possibilidade de democracia em tal esfera. Conforme demonstramos, seu déficit democrático apresenta quatro dimensões intercruzadas (no interior dos Estados, entre os Estados, nas organizações internacionais e transnacionais, e na impotência diante do poder dos agentes privados) e quatro restrições estruturais (desigualdade e dominação capitalista, alta complexidade técnica, caráter rizomático de sua estrutura e resistências nacionalistas).

Além disso, ao mapearmos as alternativas político-institucionais existentes, notamos que: (1) os movimentos sociais e as organizações da sociedade civil desempenham um papel fundamental de contestação e defesa de valores contra-hegemônicos, porém, não têm conseguido formular projetos alternativos consistentes, sistemáticos e capazes de mobilizar apoio político suficiente para serem concretizados, inclusive porque seu poder de barganha, particularmente dos que problematizam o "conflito capital-trabalho", foi muito enfraquecido pelas transformações econômicas; (2) no âmbito das próprias organizações, o que encontramos foram alguns avanços em termos de transparência, consultas e *accountability*, as quais, todavia, ocorrem perante um público restrito e especializado; e, em termos de alteração da distribuição de poder propriamente, as reformas são pouco ambiciosas e limitadas à mudança da correlação de forças entre os Estados, o que, no fundo, significa pouco em termos de democratização, pois essa alteração no balanço de poder não está ocorrendo na direção dos excluídos da globalização, mas dos novos vencedores, em particular da China – o que acrescenta à democracia global conferir mais poder a um poderosíssimo governo autocrático? (3) há um pouco mais de ousadia programática no âmbito da teoria democrática normativa, mas também apresentam limitações, contradições, e seus próprios propositores afirmam que são projetos incipientes e de longo prazo.

Não obstante esse cenário, afirmar a incompatibilidade entre capitalismo financeiro e democracia, da perspectiva analítica, bloquearia as possibilidades de compreender as diversas gradações da democracia, que ela é um processo histórico e inacabado (não uma questão de "tudo ou nada") e que já possibilitou significativas conquistas políticas, sociais e econômicas para a humanidade. Por sua vez, em termos prescritivos, qual seria a alternativa? A superação do capitalismo está no horizonte? Se não está, o que restaria à teoria democrática normativa?

Por outro lado, uma resposta afirmativa categórica sobre a submissão da governança financeira global ao controle popular, de maneira que as finanças mundializadas estejam a serviço do desenvolvimento de todos os povos e da promoção da igualdade e da justiça por meio da cooperação entre Estados democráticos e da atuação das organizações internacionais e transnacionais democratizadas seria ingênuo, incoerente com a realidade observada e inócuo para as transformações sociais e institucionais almejadas.

Isso nos leva a uma posição semelhante com relação à segunda questão fundamental que apresentamos: as instituições são imprescindíveis para a democracia, sem elas o que resta para a solução de conflitos – cada vez mais profundos em sociedades escandalosamente desiguais – é a violência, a barbárie. Os exemplos históricos são muitos e as ameaças contemporâneas cada vez sérias. Por outro lado, a questão da democracia não se resolve nas instituições: a democracia é antes de tudo um problema de disputa de poder – ou de "poderes" político, econômico e ideológico, de luta por emancipação em face de diferentes formas de dominação. As instituições podem tanto cumprir o papel de legitimar a dominação, como de consolidar conquistas emancipatórias, bloquear retrocessos e deslegitimar quaisquer tentativas de opressão e ataques a tais conquistas. Isso se aplica perfeitamente no âmbito da governança financeira global: suas instituições devem ser compreendidas em sua complexidade, em suas contradições e com seus potenciais. Assim, a reforma das instituições deve ser concebida como um processo contínuo e fundado em um princípio de legitimidade política, o qual, no âmbito da governança financeira global não poderá ser reduzido ao critério numérico ("um homem, um voto"), revelando-se mais promissoras as perspectivas de legitimidade material (realização dos direitos humanos) e formal discursiva. Enfim, sendo seu déficit democrático multidimensional e complexo, a resposta a ele não poderá ser unidimensional e simples - nenhum modelo de teoria democrática normativa, reformador político ou movimento social será capaz de apresentar uma solução definitiva, não existe "bala de prata". O processo será necessariamente incremental, complexo, multifacetado, marcado por contradições e longo.

Em termos políticos, um dos maiores desafios é o desenvolvimento de vínculos de solidariedade entre os marginalizados pela mundialização financeira, que precisam compreender sua identidade de destinos em contraposição à diminuta e poderosa elite financeira global. Quem se engaja nas lutas sociais são os já politizados, mesmo nos grupos subalternizados e, no âmbito das finanças, em geral, grupos bastante restritos que penetram seus *mistérios* e se dispõem a subverter sua estrutura de dominação. É preciso politizar, popularizar e aumentar a energia do engajamento público nos temas pertinentes às finanças globais e sua governança, pois se trata de um campo com enorme influência sobre os mais diferentes desafios de nosso tempo: pobreza e desigualdade, financiamento de políticas públicas, mudanças climáticas, sobrevivência da democracia, enfrentamento de pandemias e suas consequências socioeconômicas etc.

A terceira questão que motivou este livro, de natureza epistemológica (como conhecer a democracia sob a perspectiva da Teoria do Estado?), foi aprofundada na Introdução. Acrescentamos, porém que, no campo científico, o desafio que nos colocamos e também propomos aos que chegaram até essas linhas finais é, a partir dos fundamentos epistemológicos da Teoria do Estado, da compreensão da democracia como um projeto emancipatório, e do conhecimento sobre o caráter multidimensional do déficit democrático da governança financeira global, explorar em profundidade, de uma perspectiva teórico-empírica, em casos e arranjos institucionais específicos, os diferentes caminhos (ou alternativas) que apresentamos neste *mapa*, ou outros que a criatividade humana – razão da esperança no futuro de nossa existência – lhes indique.

Referências

Livros, artigos e capítulos de livros

ADABA, Gemma. Trade Unions and the promotion of socially sustainable global finance. In: SCHOLTE, Jan Aart; SCHNABEL, Albrecht (eds.). *Civil society and global finance.* London: Routledge, 2002. p. 181-198.

ADAMS, James W. Reforming at the World Bank. In: WELLER, Patrick; YI-CHONG, Xu (ed.). *The politics of international organizations* – Views from insiders. London: Routledge, 2015. p. 58-81.

AGNÉ, Hans. The autonomy of globalizing states: bridging the gap between democratic theory and international political economy. *International political science review*, v. 32, Issue 1, p. 43-60, 2011.

AGNÉ, Hans; DELLMUTH, Lisa Maria; TALLBERG, Jonas. Does stakeholder involvement foster democratic legitimacy in international organizations? An empirical assessment of a normative theory. *Review of international organizations*, n. 10, p. 465-488, dec. 2015.

AKSU, Esref. Democratizing global governance. In: AKSU, Esref; CAMILLERI, Joseph A. (ed.). *Democratizing global governance.* Hampshire: Palgrave Macmillan, 2002. p. 55-73.

ALLEN, Frabklin; CARLETTI, Elena. An Overview of the Crisis: Causes, Consequences, and Solutions. *International review of finance*, v. 10, Issue 1, p. 1-26, mar. 2010.

ALVAREDO, Facundo; GASPARINI, Leonardo. Recent trends in Inequality and Poverty in Developing countries. In: ATKINSON, Anthony B.; BOURGUIGNON, François (ed.). *Handbook of income distribution.* Oxford: Elsevier, 2015. p. 697-805. v. 2A.

ANAND, Sudhir; SEGAL, Paul. The Global Distribution of Income. In: ATKINSON, Anthony B.; BOURGUIGNON, François (ed.). *Handbook of income distribution*. Oxford: Elsevier, 2015. p. 937-979. v. 2.

ANDREWS, Peter. Economic evidence and financial regulation. In: GREEN, Christopher; PENTECOST, Eric J.; e WEYMAN-JONES, Tom (ed.). *The financial crises and the regulation of finance*. Cheltenham, UK: Edward Elgar, 2011. p. 51-67.

ANHEIER, Helmut. Institutional Voids and the Role of Civil Society: the Case of Global Finance. *Global policy journal*, v. 5, Issue 1, p. 23-35, feb. 2014.

ARCHIBUGI, Daniele. The Architecture of Cosmopolitan Democracy. In: BROWN, Garrett Wallace; HELD, David (ed.). *The cosmopolitanism reader*. Cambridge: Polity, 2014. p. 312-333.

ARCHIBUGI, Daniele; CELLINI, Marco. The Internal and External Levers to achieve Global Democracy. *Global policy journal*, v. 8, p. 65-77, 2017.

ARCHIBUGI, Daniele; KOENIG-ARCHIBUGI, Mathias; MARCHETTI, Raffaele. Introduction – Mapping global democracy. In: ARCHIBUGI, Daniele; KOENIG-ARCHIBUGI, Mathias; MARCHETTI, Raffaele (ed.). *Global democracy* – Normative and Empirical Perspectives. Cambridge: Cambridge University, 2012. p. 1-21.

ARDALAN, Kavous. Globalization and Global Governance: Four Paradigmatic Views. *American review of political economy*, v. 8, n. 1, p. 6-43, june 2010.

ARMIJO, Leslie Elliot. The terms of the debate: what's democracy got to do with it? In: ARMIJO, Leslie Elliot (ed.). *Debating the global financial architecture*. Albany, NY: State University of New York, 2002. p. 2-62.

ARRIGHI, Giovanni. *The long twentieth century* – Money, Power and the Origins of Our Times. London: Verso, 1994.

ATKINSON, Anthony B.; BOURGUIGNON, François. Introduction: Income Distribution Today. In: ATKINSON, Anthony B.; BOURGUIGNON, François (ed.). *Handbook of income distribution*. Oxford: Elsevier, 2015. p. xvii-lxiv. v. 2.

AUGSBERG, Ino. Democratic Theory and the Nation-State: Some Remarks on the Concept of Democracy in the German Federal Constitutional

Court's Judgment on the Lisbon Treaty, *Ritsumeikan law review*, n. 28, p. 247-257. 2011.

AVGOULEAS, Emilios. Effective Governance of Global Financial Markets: an Evolutionary Plan for Reform. *Global policy journal*, v. 4, sup. 1, p. 74-84, july 2013.

AVGOULEAS, Emilios. *Governance of global financial markets* – The Law, the Economics, the Politics. Cambridge: Cambridge University, 2012.

AVRITZER, Leonardo. O Pêndulo da Democracia no Brasil: Uma análise da crise 2013-2018. *Novos estudos Cebrap*, São Paulo, v. 37, n. 2, p. 273-289, mai./ago. 2018.

BAKER, Andrew; HUDSON, David; WOODWARD, Richard. Introduction: Financial globalization and multi-level governance. In: BAKER, Andrew; HUDSON, David; WOODWARD, Richard (ed.). *Governing financial globalization*: International political economy and multi-level governance. Oxon: Routledge, 2005. p. 3-23.

BAKER, Andrew. Deliberative Equality and the Transgovernmental Politics of the Global Financial Architecture. *Global governance*, v. 15, n. 2, p. 195-218, apr./jun. 2009.

BALAKRISHNAN, Radhika; HEINTZ, James. Extraterritorial obligations, financial globalization and macroeconomic governance. In: NOLAN, Aoife (ed.). *Economic and social rights after the global financial crises*. Cambridge: Cambridge University, 2014. p. 146-165.

BARRY, Christian; PETERSON, Matt. Dealing Fairly with the Costs to the Poor of the Global Financial Crisis. In: MACNEIL, Iain G.; O'BRIEN, Justin (ed.). *The future of financial regulation*. Portland: Publishing, 2010. p. 351 364.

BEAUZAMY, Brigitte. Transnational Social Movements and Democratic Legitimacy. In: ERMAN, Eva; UHLIN, Anders (ed.). *Legitimacy beyond the state?* - Re-examining the Democratic Credentials of Transnational Actors. Hampshire, UK: Palgrave Macmillan, 2010. p. 110-129.

BECK, Ulrich. Risk Society Revisited: Theory, Politics and Research Programmes. In: ADAM, Barbara; BECK, Ulrich; LOON, Joost Van (ed.). *The risk society and beyond* – Critical Issues for Social Theory. London: Sage, 2004. p. 211-229.

BEESON, Mark; BELL, Stephen. The G-20 and International Economic Governance: Hegemony, Collectivism, or Both. *Global governance*, n. 15, p. 67-86, 2009.

BELFRAGE, Claes; WORTH, Owen. Critical international political economy: Renewing critique and ontologies. *International politics*, n. 49, n. 2, p. 131-135, mar. 2012.

BELLONI, Roberto; MOSCHELLA, Manuela. The IMF and civil society. *International politics*, v. 50, n. 4, p. 532-552, 2013.

BELLUZZO, Luiz Gonzaga. Prefácio. In: CHESNAIS, François (ed.). *A finança mundializada*: raízes sociais e políticas, configuração, consequências. Tradução de Rosa Maria Marques e Paulo Nakatami. São Paulo: Boitempo, 2005. p. 7-16.

BERGSTEN, C. Fred. Reforming the International Financial Institutions: duelling experts in the United States. In: ARMIJO, Leslie Elliot (ed.). *Debating the global financial architecture*. Albany, NY: State University of New York, 2002. p. 118-124.

BEXELL, Magdalena; TALLBERG, Jonas; UHLIN, Anders. Democracy in Global Governance: The Promises and Pitfalls of Transnational Actors. *Global governance*, n. 16, p. 81-101, 2010.

BIEBER, Roland. Democratic Governance of the Euro: shortcomings and proposals for reform. In: MADURO, Miguel Poiares; DE WITTE, Bruno; KUMM, Mattias (ed.). *The democratic governance of the Euro* – RSCAS Policy Papers (RSCAS PP) 2012/08. Florence: European University Institute – Robert Schumann Centre for Advanced Studies – Global Governance Programme, 2012. p. 13-20.

BIRDSALL, Nancy. Global finance: representation failure and the role of civil society. In: SCHOLTE, Jan Aart; SCHNABEL, Albrecht (eds.). *Civil Society and Global Finance*. London: Routledge, 2002. p. 264-283.

BLACKBURN, Robin. Crisis 2.0. *New left review*, v. 72, p. 33-62, nov./dec. 2011.

BLACKBURN, Robin. The Subprime Crisis. *New left review*, v. 50, p. 63-106, mar./apr. 2008.

BOD, Péter Ákos. The Illusion of Monetary Sovereignty. In: HIERONYMI, Otto; STEPHANOU, Constantine A. (ed.). *International debt economic, financial, monetary, political and regulatory aspects*. Hampshire: Palgrave Macmillan, 2013, p. 109-126.

BOGDANDY, Armin von. EU Insights for Political Inclusion in International Institutions. *Global policy journal*, v. 8, s. 6, p. 23-33, oct. 2017.

BORIO, Claudio. Implementing the macroprudential approach to financial regulation and supervision. In: GREEN, Christopher; PENTECOST, Eric J.; WEYMAN-JONES, Tom (ed.). *The financial crises and the regulation of finance*. Cheltenham, UK: Edward Elgar, 2011. p. 101-117.

BOSWELL, Terry; CHASE-DUNN, Christophe. Transnational Social Movements and Democratic Socialist: Parties in the Semiperiphery - On to Global Democracy. In: CHASE-DUNN, Christopher; BABONES, Salvatore J. *Global social change* - Historical and Comparative Perspectives. Baltimore: The Johns Hopkins University Press, 2006, p. 317-335.

BOUGHTON, James M.; LOMBARDI, Domenico; MALKIN, Anton. The Limits of Global Economic Governance after the 2007–09 International Financial Crisis. *Global policy journal*, London, v. 8, s. 4, p. 30-41, june 2017.

BOURGUIGNON, François. *The globalization of inequality*. Tradução de Thomas Scott-Railton. Princeton: Princeton University, 2015.

BRADLOW, Daniel D. The Reform of the Governance of the IFIs: A Critical Assessment. In: CISSÉ, Hassane; BRADLOW, Daniel D.; KINGSBURY, Benedict (ed.). The World Bank Legal Review. *International financial institutions and global governance*. Washington, DC: The World Bank, 2012. p. 37-58. v. 3.

BROWN, Garrett Wallace; HELD, David. Editors' Introduction. In: BROWN, Garrett Wallace e HELD, David (ed.). *The cosmopolitanism reader*. Cambridge: Polity, 2014. p. 1-14.

BRUFF, Ian. The relevance of Nicos Poulantzas for contemporary debates on 'the international'. *International politics*, v. 49, n. 2, p. 177-194, jan. 2012.

BRUMMER, Chris. Networks In(-)Action? The Transgovernmental Origins of, and Responses to, the Financial Crisis. In: CISSÉ, Hassane; BRADLOW, Daniel D.; KINGSBURY, Benedict (ed.). The World Bank Legal Review. *International financial institutions and global governance.* Washington, DC: The World Bank, 2012, p. 323-334. v. 3.

BRUNHOFF, Suzanne. A instabilidade monetária internacional. In: CHESNAIS, François (ed.). *A finança mundializada:* raízes sociais e políticas, configuração, consequências. Tradução de Rosa Maria Marques e Paulo Nakatami. São Paulo: Boitempo, 2005. p. 69-84.

BUCCI, Maria Paula Dallari. A Teoria do Estado entre o jurídico e o político. In: BUCCI, Maria Paula Dallari; GASPARDO, Murilo. *Teoria do estado:* sentidos contemporâneos. São Paulo: Saraiva, 2018. p. 27-74.

BUCKLEY, Ross P. Reforming the International Monetary Fund. *Global policy journal*, v. 3, n. 1, p. 102-107, February 2012.

CALLAGHAN, Mike. IMF governance and decision-making process – comment. In: WELLER, Patrick; YI-CHONG, Xu (ed.). *The politics of international organizations* – Views from insiders. London: Routledge, 2015. p. 119-125.

CALLINICOS, Alex. *Against postmodernism* – A Marxist Critique. Cambridge: Polity, 1989.

CALLINICOS, Alex. *Against the third way* – An Anti-Capitalist Critique. Cambridge: Polity, 2001.

CALLINICOS, Alex. *An anti-capitalist manifest.* Cambridge: Polity, 2003.

CALLINICOS, Alex. *Equality.* Cambridge: Polity, 2000.

CALLINICOS, Alex. *Imperialism and global political economy.* Cambridge: Polity, 2009.

CALLINICOS, Alex. Marxism and Global Governance. In: HELD, David; MCGREW, Anthony (ed.). *Governing globalization*: Power, Authority and Global Governance. Cambridge: Polity, 2002. p. 249-266.

CALLINICOS, Alex. Toni Negri in Perspective. In: BALAKRISHMAN, Gopal. (ed). *Debating empire.* London: Verso, 2003. p. 121-143.

CAMILLERI, Joseph A.; MALHOTRA, Kamal; TEHRANIAN, Majid. *Reimagining the future* – Towards democratic governance (A report of the Global Governance Reform Project). Victoria, Australia: The Department of Politics, La Trobe University, 2000.

CAMPBELL, Kurt and DOSHI, Rush. The Coronavirus Could Reshape Global Order. In: *Foreig Affairs*, March 18, 2020. Disponível em: <https://www.foreignaffairs.com/articles/china/2020-03-18/coronavirus-could-reshape-global-order?utm_medium=promo_email&utm_source=promo_3&utm_campaign=mj020-camp3-newsltr-panel-a&utm_content=20200423&utm_term=mj020-camp3-newsltr-panel-a>. Acesso em: 23 abr. 2020.

CARAMES, Lucas de Almeida. *Estruturas de poder, regulação financeira e crise*: Economia Política Internacional da regulação financeira no pós-crise 2007/2008. 229f. Dissertação (Mestrado em Economia Política Internacional) – Universidade Federal do Rio de Janeiro. Instituto de Economia. Programa de Pós-Graduação em Economia Política Internacional. Rio de Janeiro, 2016.

CARMONA, Magdalena Sepúlveda. Alternatives to austerity: a human rights framework for economic recovery. In: NOLAN, Aoife (ed.). *Economic and social rights after the global financial crises.* Cambridge: Cambridge University, 2014. p. 23-56.

CASSESE, Sabino. *A crise do estado.* Tradução de Ilse Paschoal Moreira e Fernanda Landucci Ortale. Campinas: Saberes, 2010.

CASTELLS, Manuel. A crise da democracia, governança global e a emergência da sociedade civil global. In: *Por uma governança global democrática.* São Paulo: Instituto Fernando Henrique Cardoso: 2004. p. 95-125.

CASTELLS, Manuel. A crise da democracia, governança global e a emergência de uma sociedade civil global. In: GUTERRES, Antônio *et al. Por uma governança global democrática.* São Paulo: Instituto Fernando Henrique Cardoso, 2005. p. 95-128.

CASTELLS, Manuel. *Redes de indignação e esperança*: movimentos sociais na era da internet. Tradução de Carlos Alberto Medeiros. Rio de Janeiro: Zahar, 2013.

CASTELLS, Manuel. *Ruptura:* a crise da democracia liberal. Tradução de Joana Angélica d'Avila Melo. Rio de Janeiro: Zahar, 2018.

CHASE-DUNN, Christopher; BABONES, Salvatore J. Introduction. In: CHASE-DUNN, Christopher; BABONES, Salvatore J. *Global social change* – Historical and Comparative Perspectives. Baltimore: The Johns Hopkins University Press, 2006. p. 1-7.

CHASE-DUNN, Christopher. Globalization – A World-System Perspective. In: CHASE-DUNN, Christopher; BABONES, Salvatore J. *Global social change* – Historical and Comparative Perspectives. Baltimore: The Johns Hopkins University Press, 2006. p. 79-105.

CHESNAIS, François. Apresentação à edição brasileira. In: CHESNAIS, François (ed.). *A finança mundializada*: raízes sociais e políticas, configuração, consequências. Tradução de Rosa Maria Marques e Paulo Nakatami. São Paulo: Boitempo, 2005a. p. 17-24.

CHESNAIS, François. Introdução. In: CHESNAIS, François (ed.). *A finança mundializada:* raízes sociais e políticas, configuração, consequências. Tradução de Rosa Maria Marques e Paulo Nakatami. São Paulo: Boitempo, 2005b. p. 25-33.

CHESNAIS, François. O capital portador de juros: acumulação, internacionalização, efeitos econômicos e políticos. In: CHESNAIS, François (ed.). *A finança mundializada:* raízes sociais e políticas, configuração, consequências. Tradução de Rosa Maria Marques e Paulo Nakatami. São Paulo: Boitempo, 2005c. p. 35-67.

CHEVALLIER, Jacques. *O estado pós-moderno.* Tradução de Marçal Justem Filho. Belo Horizonte: Fórum, 2009.

CHIMI, B. S. Global capitalism and global democracy: Subverting the other? In: ARCHIBUGI, Daniele; KOENIG-ARCHIBUGI, Mathias; MARCHETTI, Raffaele (ed.). *Global democracy* – Normative and Empirical Perspectives. Cambridge: Cambridge University, 2012. p. 233-253.

CHIRIBOGA, Manuel. Latin American NGOs and the IFIs: the quest for a South-determined agenda. In: SCHOLTE, Jan Aart; SCHNABEL, Albrecht (ed.). *Civil society and global finance.* London: Routledge, 2002. p. 35-50.

CHRISTIANO, Thomas. Is democratic legitimacy possible for international institutions? In: ARCHIBUGI, Daniele; KOENIG-ARCHIBUGI, Mathias; MARCHETTI, Raffaele (ed.). *Global democracy* – Normative and Empirical Perspectives. Cambridge: Cambridge University, 2012. p. 69-95.

CLARK, John. The World Bank and civil society: an evolving experience. In: SCHOLTE, Jan Aart; SCHNABEL, Albrecht (ed.). *Civil society and global finance*. London: Routledge, 2002. p. 111-127.

CLEGG, Liam. *Controlling world cand and IMF* – Shareholders, Stakeholders, and the Politics of Concessional Lending. Hampshire: Palgrave Macmillam, 2013.

CLEGG, Liam. Global governance behind closed doors: The IMF boardroom, the Enhanced Structural Adjustment Facility, and the intersection of material power and norm stabilisation in global politics. *Review of International Organizations*, v. 7, p. 285-308, sept. 2012.

COHENM, Benjamin J. Capital controls: why do governments hesitate? In: ARMIJO, Leslie Elliot (ed.). *Debating the global financial architecture*. Albany, NY: State University of New York, 2002. p. 93-117.

COOPER, Andrew F. The G20 and Its Regional Critics: The Search for Inclusion. *Global policy journal*, v. 2, Issue 2, p. 203-209, may. 2011.

CORNIA, Giovanni Andrea. *Liberalization, globalization and income distribution*. Helsinki: United Nations University World Institute for Development Economics Research (UNU/WIDER), 1999.

COSTA, Sérgio. Democracia cosmopolita: déficits conceituais e equívocos políticos. *RBCS*, v. 18, n. 53, p. 19-32, out. 2003.

COULDRY, Nick. What and Where is the Transnationalized Public Sphere? In: FRASER, Nancy (ed. Kate Nash). *Transnationalizing the public sphere*. Cambridge: Polity, 2014. p. 43-59.

COX, Robert W. Critical Political Economy. In: COX, Robert W. *et al* ii. *International political economy* – Understanding Global Disorder, London: Zed Books, 1995. p. 31-45.

COX, Robert. Social Forces, States and World Orders: Beyond International Relations Theory, *Millenium:* Journal of International Studies, v. 10, n. 2, p. 126-155, 1981.

COX, Robert W. Towards a Post-Hegemonic Conceptualization of World Order: Reflections on the Relevance of Ibn Khaldun. In: ROSENAU, James N.; CZEMPIEL, Ernst-Otto (ed.). *Governance without government*: Order and Change in World Politics. Cambridge: Cambridge University, 2000. p. 132-159.

CROON, Johanna; MADURO, Miguel Poiares. The Euro Crisis and the Democratic Governance of the Euro: Legal and Political Issues of a Fiscal Crisis. *Global governance programme* – Policy Brief, Issue 2012/3, p. 1-7, July 2012.

CROWFORD, James; MARKS, Susan. The Global Democracy Deficit: an Essay in International Law and its Limits. In: ARCHIBUGI, Daniele; HELD, David; KÖHLER, Matin (ed.). *Re-imagining political community*. Cambridge: Polity, 1998. p. 72-90.

CURTIN, Deirdre. Challenging Executive Dominance in European Democracy. In: JOERGES, Christian; GLINSKI, Carola (ed.). *The european crisis and the transformation of transnational governance* – Authoritarian Managerialism versus Democratic Governance. Oxford: Hart, 2014. p. 203-226.

CZEMPIEL, Ernst-Otto. Governance and Democratization. In: ROSENAU, James N.; CZEMPIEL, Ernst-Otto (ed.). *Governance without government:* Order and Change in World Politics. Cambridge: Cambridge University, 2000. p. 250-271.

DABY, Charlotte. Janus-faced NGO Participation in Global Governance: Structural Constraints for NGO Influence. *Global governance*, n. 20, p. 419-436, july 2014.

DAHL, Robert A. Can International Organizations Be Democratic? In: SHAPIRO, Ian; HACKER-CORDÓN, Cassiano (ed.). *Democracy's edges*. Cambridge: Cambridge University, 1999. p. 19-36.

DALCERO, Pedro Luiz. Globalização financeira e volatilidade de capitais: a busca de uma alternativa racionalista. *Revista brasileira de política internacional*, v. 40, n. 2, p. 131-143, 1997.

D'ARISTA, Jane. The Role of the International Monetary System in Financialization. In: EPSTEIN, Gerald A. (ed.). *Financialization and the world economy*. Cheltenham, UK: Edward Elgar, 2005. p. 220-239.

DAVENPORT, Andrew. Marxism in IR: Condemned to a Realist fate? *European journal of international relations*, v. 19, n. 1, p. 27-48, oct. 2011.

DAVIES, Howard. *Can financial markets be controlled?* Cambridge: Polity, 2015.

DAVIES, Howard; GREEN, David. *Global financial regulation*: the essential guide. Cambridge: Polity, 2008.

DAVIES, Howard. *The financial crisis* – Who is to Blame? Cambridge: Polity, 2010.

DAVIES, Howard. The financial crisis and the regulatory response: An interim assessment. *International journal of disclosure and governance*, n. 9, Issue 3, p. 206-216, aug. 2012.

DIETSCH, Peter. The Ethical Aspects of International Financial Integration. In: HELD, David; MAFFETTONE, Pietro (ed.). *Global political theory*. Cambridge: Polity, 2016. p. 236-253.

DINGWERTH, Klaus. Global democracy and the democratic minimum: Why a procedural account alone is insufficient, *European journal of international relations*, v. 20, Issue 4, p. 1-24, dec. 2014. (p. 1124-1147).

DODD, Randall. Derivatives Markets: Sources of Vulnerability in US Financial Markets. In: EPSTEIN, Gerald A. (ed.). *Financialization and the world economy*. Cheltenham, UK: Edward Elgar, 2005. p. 149-180.

DONATI, Filippo; JAYADEV, Arjun. The rise of Rentier Incomes in OECD Countries: Financialization, Central Bank Policy and Labor Solidarity. In: EPSTEIN, Gerald A. (ed.). *Financialization and the world economy*. Cheltenham, UK: Edward Elgar, 2005. p. 46-74.

DONATI, Filippo. Working Group on the Democratic Governance of the Euro Proposals for reform. In order to enhance the role of Parliaments in the governance of the Euro. In: MADURO, Miguel Poiares; DE WITTE, Bruno; KUMM, Mattias (ed.). *The democratic governance of the Euro* – RSCAS Policy Papers (RSCAS PP) 2012/08. Florence: European University Institute – Robert Schumann Centre for Advanced Studies – Global Governance Programme, 2012. p. 23-26.

DOWELL-JONES, Mary. International Finance and Human Rights: Scope for a Mutually Beneficial Relationship. *Global policy journal*, v. 3, Issue 4, p. 467-470, nov. 2012.

DOWSON, Thomas C.; BHATT, Gita. The IMF and civil society. In: SCHOLTE, Jan Aart; SCHNABEL, Albrecht (eds.). *Civil society and global finance*. London: Routledge, 2002. p. 144-161.

DRYZEK, John S.; BÄCHTIGER, André; MILEWICZ, Karolina. Toward a Deliberative Global 'Citizens' Assembly. *Global policy journal*, v. 2, Issue 1, p. 33-42, jan. 2011.

DRYZEK, John S. *Deliberative democracy and beyond* – Liberal, critics, contestations. Oxford: Oxford University, 2000.

DRYZEK, John S. *Deliberative global politics*: Discourse and democracy in a divided world. Cambridge: Polity 2006.

DRYZEK, John S. *Foundations and frontiers of deliberative governance*. Oxford: Oxford University, 2010.

DRYZEK, John S.; HONIG, Bonnie; PHILLIPS, Anne. Introduction. In: DRYZEK, John S.; HONIG, Bonnie; PHILLIPS, Anne (ed.). *The oxford handbook of political theory*. Oxford: Oxford University Press, 2006, p. 3-41.

DRYZEK, John S.; NIEMEYER, Simon. Discursive Representation. *The american political science review*, v. 102, n. 4, p. 481-493, nov. 2008.

DUBROW, Joshua Kjerulf. Governança Global Democrática, Desigualdade, Política e a Hipótese da Resistência Nacionalista. *Sociologias*, Porto Alegre, A. 15, n. 32, p. 94-110, jan./abr. 2013.

DURAN, Camila Villard. Monetary Policy: Making Fragmentation Work. In: HALE, Thomas; HELD, David. *Beyond gridlock*. Cambridge: Polity, 2017, p. 48-64.

DUMÉNIL, Gérard; LÉVY, Dominique. Costs and Benefits of Neoliberalism: A Class Analysis. In: EPSTEIN, Gerald A. (ed.). *Financialization and the world economy*. Cheltenham, UK: Edward Elgar, 2005. p. 17-45.

DUMÉNIL, Gérard; LÉVY, Dominique. O neoliberalismo sob a hegemonia norte-americana. In: CHESNAIS, François (ed.). A finança mundializada: raízes sociais e políticas, configuração, consequências. Tradução de Rosa Maria Marques e Paulo Nakatami. São Paulo: Boitempo, 2005. p. 85-108.

DURAN, Camila Villard. Monetary Policy: Making Fragmentation Work. In: HALE, Thomas; HELD, David *et al*. *Beyond gridlock*. Cambridge: Polity, 2017. p. 48-64.

DURBIN, Andrea; WELCH, Carol. The environmental movement and global finance. In: SCHOLTE, Jan Aart; SCHNABEL, Albrecht (eds.). *Civil society and global finance*. London: Routledge, 2002. p. 213-227.

EBRAHIM, Alnoor; HERZ, Steven. The World Bank and democratic accountability: the role of civil society. In: SCHOLTE, Jan Aart (ed.). Building Global Democracy? *Civil society and accountable global governance*. Cambridge: Cambridge University, 2011. p. 58-77.

EBRAHIM, Alnoor; HERZ, Steven; WEISBAND, Edward. Introduction: Forging global accountabilities. In: EBRAHIM, Alnoor; WEISBAND, Edward (ed.). *Global accountabilities* – Participation, Pluralism, and Public Ethics. Cambridge: Cambridge University, 2007, p. 1-23.

ERMAN, Eva; UHLIN, Anders. Democratic Credentials of Transnational Actors: An Introduction. In: ERMAN, Eva; UHLIN, Anders (ed.). *Legitimacy Beyond the State?* - Re-examining the Democratic Credentials of Transnational Actors. Hampshire, UK: Palgrave Macmillan, 2010. p. 3-15.

EICHENGREEN, Barry. *Globalizing capital*: a History of the International Monetary System. 2. ed. Princeton: Princeton University, 2008.

EICHENGREEN, Barry. *Hall of Mirrors:* The Great Depression, the Great Recession, and the Uses – and Misuses – of History. Oxford: Oxford University, 2015.

EICHENGREEN, Barry; LOMBARDI, Domenico; MALKIN, Anton. Multilayered Governance and the International Financial Architecture: The Erosion of Multilateralism in International Liquidity Provision. *Global policy journal*, v. 9, s. 1, p. 7-20, jun. 2018.

EICHENGREEN, Barry. *Toward a new international finance architecture*. Washington: Institute for International Economics, 1999.

ELKIM, Stephen L. Political Theory and Political Economy. In: DRYZEK, John S., HONIG, Bonnie; PHILLIPS, Anne (ed.). *The oxford handbook of political theory*. Oxford: Oxford University Press, 2006, p. 792-809.

ELSTER, Jon. *Deliberative Democracy*. Cambridge, U.K.: Cambridge University, 1998.

EPSTEIN, Gerald A. Introduction: Financialization and the World Economy. In: EPSTEIN, Gerald A. (ed.). *Financialization and the world economy*. Cheltenham, UK: Edward Elgar, 2005. p. 3-16.

ERIKSEN, Stein Sundstol; SENDING, Ole Jacob. There is no global public: the idea of the public and the legitimation of governance. *International theory*, v. 5, n. 2, p. 213-237, 2013.

ERMAN, Eva. In search of democratic agency in deliberative governance. *European journal of international relations*, v. 19, n. 4, p. 847-868, 2012.

EVERSON, Michelle. A Technocracy Governing: Power Without the State; Power Without the Market. In: JOERGES, Christian; GLINSKI, Carola (ed.). *The european crisis and the transformation of transnational governance* – Authoritarian Managerialism versus Democratic Governance. Oxford: Hart, 2014. p. 227-243.

FABRINI, Sérgio. The Democratic Governance of the Euro. In: MADURO, Miguel Poiares; DE WITTE, Bruno; KUMM, Mattias (ed.). *The democratic governance of the euro* – RSCAS Policy Papers (RSCAS PP) 2012/08. Florence: European University Institute – Robert Schumann Centre for Advanced Studies – Global Governance Programme, 2012. p. 28-31.

FALK, Richard. The Promise and Perils of Global Democracy. In: ARCHIBUGI, Daniele; KOENIG-ARCHIBUGI, Mathias; MARCHETTI, Raffaele (ed.). *Global democracy* – Normative and Empirical Perspectives. Cambridge, UK: Cambridge University, 2012, p. 274-284.

FARIA, José Eduardo. *O direito na economia globalizada*. São Paulo: Malheiros, 2001.

FARIA, José Eduardo. *O direito na economia globalizada*. São Paulo: Malheiros, 2002.

FARIA, José Eduardo. *Poucas certezas e muitas dúvidas:* o direito depois da crise financeira. Revista Direito GV, v. 5, n. 2, p. 297-324, jul./dez. 2009.

FELIX, David. The economic case against free capital mobility. In: ARMIJO, Leslie Elliot (ed.). *Debating the global financial architecture*. Albany, NY: State University of New York, 2002. p. 126-158.

FILLIEULE, Oliver; TARTAKOWSKY, Danielle. *La manifestación* – cuando la acción colectiva toma las calles. Tradução de Ariel Dilon. Buenos Aires: Siglo Veintiuno, 2015.

FLEINER-GERSTER, Thomas. *Teoria geral do estado*. São Paulo: Martins Fontes, 2006.

FRASER, Nancy. Publicity, Subjection, Critique – A Reply to my Critics. In: FRASER, Nancy (ed. Kate Nash). *Transnationalizing the public sphere.* Cambridge: Polity, 2014b. p. 129-156.

FRASER, Nancy. Reframing Justice in a Globalized World. *New left review*, n. 36, p. 69-88, nov./dec. 2005.

FRASER, Nancy. Transnationalizing the Public Sphere. On the Legitimacy and Efficacy of Public Opinion in a Post-Westphalian World. In: FRASER, Nancy (ed. Kate Nash). *Transnationalizing the public sphere.* Cambridge: Polity, 2014a, p. 8-42.

FRAZER, Michael L. Including the Unaffected. *The journal of political philosophy*, v. 22, n. 4, p. 377-395, dec. 2014.

FRERICHS, Sabine. Prologue – Money Matters: The Heads and Tails of Conflicts-Law Constitutionalism. In: JOERGES, Christian; GLINSKI, Carola (ed.). *The european crisis and the transformation of transnational governance* – Authoritarian Managerialism versus Democratic Governance. Oxford: Hart, 2014. p. 1-19.

FRIEDMAN, Milton. *Capitalismo e liberdade.* Trad. Afonso Celso da Cunha Serra. Rio de Janeiro: LTC, 2014.

FURSTENBERG, George M. Von. Transparentising the Global Money Business: Glasnost or Just Another Wild Card in Play? In: KAISER, Karl; KIRTON, John J.; DANIELS, Joseph P. (ed.). *Shaping a new international financial system:* Challenge of governance in a globalizing world. Aldershot, UK: Ashgate, 2000. p. 97-111.

GARCIA-ARIAS, Jorge. International Financialization and the Systemic Approach to International Financing for Development. *Global policy journal*, n. 6, v. 1, p. 24-33, 2015.

GARIYO, Zie. Civil society and global finance in Africa. In: SCHOLTE, Jan Aart; SCHNABEL, Albrecht (eds.). *Civil society and global finance.* London: Routledge, 2002. p. 51-63.

GARRET, Geoffrey. G2 in G20: China, the United States and the World after the Global Financial Crisis. *Global policy journal*, v. 1, Issue 1, p. 29-39, jan. 2010.

GASPARDO, Murilo; TOJAL, Sebastião Botto. A democracia sob a ótica da Teoria do Estado: esboço de um programa de pesquisa. In: BUCCI, Maria

Paula Dallari; GASPARDO, Murilo. *Teoria do estado:* sentidos contemporâneos. São Paulo: Saraiva, 2018. p. 75-107.

GERBAUBO, Paolo. *The mask and the flag* – Populism, Citizenism and Global Protest. London: Hurst & Company, 2017.

GERMAIN, Randall D. Financial Stability Board. In: HALE, Thomas; HELD, David (ed.). *Handbook of transnational governance* – Institutions & Innovations. Cambridge: Polity, 2011. p. 50-55.

GERMAIN, Randall D. Global financial governance and the problem of accountability: the rule of public sphere. In: EBRAHIM, Alnoor; WEISBAND, Edward (ed.). *Global accountabilities* – Participation, Pluralism, and Public Ethics. Cambridge: Cambridge University, 2007. p. 45-64.

GERMAIN, Randall D. Global modalities of financial governance – The public sphere and civil society. In: GERMAIN, Randall D.; KENNY, Michael (ed.). *The idea of global civil society*. London: Routledge, 2005. p. 175-191.

GERMAIN, Randall D. *Global politics & financial governance*. Hampshire, UK: Palgrave Macmillan, 2010.

GERMAIN, Randall D.; KENNY, Michael. The idea(l) of global civil society. In: GERMAIN, Randall D; KENNY, Michael (ed.). *The idea of global civil society*. London: Routledge, 2005. p. 1-15.

GILL, Stephen. The Political Economy of Globalization: the Old and the New. In: AKSU, Esref; CAMILLERI, Joseph A. (ed.). *Democratizing global governance*. Hampshire: Palgrave Macmillan, 2002. p. 77-89.

GILPIN, Robert. A Realist Perspective on International Governance. In: HELD, David; MCGREW, Anthony (ed.). *Governing globalization*: Power, Authority and Global Governance. Cambridge: Polity, 2002. p. 237-248.

GOETZ, Klaus H.; PATZ, Ronny. Resourcing International Organizations: Resource Diversification, Organizational Differentiation, and Administrative Governance. *Global Policy Journal*, v. 8, s. 5, p. 5-14, aug. 2017.

GOLDIN, Ian; VOGEL, Tiffany. Global Governance and Systemic Risk in the 21st Century: Lessons from the Financial Crisis. *Global policy journal*, v. 1, Issue 1, p. 4-15, jan. 2010.

GONZÁLEZ, Laura Zamudio. *Introducción al estudio de las organizaciones internacionales gubernamentales:* la pertinencia de una agenda de investigación interdisciplinaria. México, DF: Centro de Investigación y Docencia Económicas, 2012.

GOODIN, Robert E. Global democracy: in the beginning. *International theory*, v. 2, n. 2, p. 175-209, 2010.

GOULD, Carol C. *Interactive democracy* – The Social Roots of Global Justice. Cambridge: Cambridge University, 2014.

GOWAN, Peter. Editorial: Crisis in the Heartland. *New left review*, v. 55, p. 5-29, jan./feb. 2009.

GRAMSCI, Antonio. *Cadernos do cárcere*. Trad. Carlos Nelson Coutinho. Rio de Janeiro: Civilização Brasileira, 2006.

GREEN, Christopher; PENTECOST, Eric J.; WEYMAN-JONES, Tom (ed.). *The financial crises and the regulation of finance*. Cheltenham, UK: Edward Elgar, 2011.

GRIESGRABER, Jo Marie, Reforms for Major New Roles of the International Monetary Fund – The IMF Post-G-20 Summit. *Global governance*, n. 15, Issue 2, p. 179-185, 2009.

GROSFOGUEL, Ramón. A decolonial approach to political-economy: transmodernity, border thinking and global coloniality. *Transmodernity:* Journal of Peripheral Cultural Production of the Luso-Hispanic World, v. 1, n. 1, p. 1-36, 2011.

GUTTMANN, Robert. Chronic macro-economic and financial imbalances in the world economy: a meta-economic view. *Revista de economia política*, v. 35, n. 2, p. 203-226, abr./jun. 2015.

HABERMAS, Jürgen. A Political Constitution for the Pluralist World Society. In: BROWN, Garrett Wallace; HELD, David (ed.). *The cosmopolitanism reader.* Cambridge: Polity, 2014. p. 267-288.

HABERMAS, Jürgen. *Direito e Democracia – Entre Facticidade e Validade.* Trad. Flávio Beno Siebeneichler. Rio de Janeiro: Tempo Brasileiro, 1997.

HABERMAS, Jürgen. *The lure of technocracy*. Tradução de Ciaran Cronin. Cambridge: Polity, 2015.

HALE, Thomas; HELD, David. Introduction: Pathways beyond Gridlock. In: HALE, Thomas; HELD, David *et al. Beyond gridlock*. Cambridge: Polity, 2017a. p. 1-27.

HALE, Thomas; HELD, David. Conclusion: Breaking the Cycle of Gridlock. In: HALE, Thomas; HELD, David *et al. Beyond gridlock.* Cambridge: Polity, 2017b, p. 251 – 267.

HALE, Thomas N. Transparency, Accountability, and Global Governance. *Global governance*, v. 14, p. 73-94, 2008.

HALE, Thomas; HELD, David. *Beyond gridlock.* Cambridge: Polity, 2017.

HALE, Thomas; HELD, David. Editors' Introduction: Mapping Changes in Transnational Governance. In: HALE, Thomas; HELD, David (ed.). *Handbook of transnational governance* – Institutions & Innovations. Cambridge: Polity, 2011. p. 1-36.

HALE, Thomas; YOUNG, Kevin; HELD, David. *Gridlock* – Why global cooperation is failing when we need it most. Cambridge: Polity, 2013.

HARDT, Michael; NEGRI, Antonio. *Empire.* Cambridge: Harvard University Press, 2001.

HARDT, Michael; NEGRI, Antonio. *Multitude* – War and Democracy in the Age of Empire. London: Penguin Books: 2006.

HARRIS, Jerry. *Global capitalism and the crises of democracy.* Atlanta: Clarity, 2016.

HARVEY, David. *A Brief History of Neoliberalism.* Oxford: Oxford University, 2005.

HARVEY, David. *Cosmopolitanism and the Geographies of Freedom.* New York: Columbia University, 2009.

HARVEY, David. *The enigma of capital* – and the Crises of Capitalis. London: Profile Books, 2010.

HARVEY, David. *The limits to capital.* London: Verso, 2006.

HARVEY, David. *The new imperialism.* Oxford: Oxford University, 2003.

HAYEK, Friedrich August von. *O caminho para a servidão.* Trad. Marcelino Amaral. Lisboa: 70, 2009.

HELD, David. Democracy and Globalization. In: ARCHIBUGI, Daniele; HELD, David; KÖHLER, Matin (ed.). *Re-imagining political community.* Cambridge: Polity, 1998. p. 11-27.

HELD, David. *Introduction to critical theory* – Horkheimer to Habermas. Cambridge: Polity, 1990.

HELD, David; MAFFETONE, Pietro. Moral Cosmopolitanism and Democratic Values. *Global policy journal*, v. 8, s. 6, p. 54-64, oct. 2017.

HELD, David. Global Politics at a Crossroads. *Global politics opinion*, 2017.

HELD, David. Reframing Global Governance: Apocalypse Soon or Reform! In: BROWN, Garrett Wallace e HELD, David (ed.). *The cosmopolitanism reader*. Cambridge: Polity, 2014. p. 293-311.

HELD, David. *Modelos de democracia*. Belo Horizonte: Paidéia, 1987.

HELD, David. *Models of Democracy*. Cambridge: Polity, 2006.

HELD, David; MAFFETTONE, Pietro. Introduction. In: HELD, David; MAFFETTONE, Pietro (ed.). *Global political theory*. Cambridge: Polity, 2016a. p. 1-21.

HELD, David; MAFFETTONE, Pietro. Legitimacy and Global Governance. In: HELD, David; MAFFETTONE, Pietro (ed.). *Global political theory*. Cambridge: Polity: 2016b. p. 117-142.

HELD, David; MCGREW, Anthony. *Globalization/Antiglobalization* – Beyond the Great Divided. 2. ed. Cambridge: Polity, 2007.

HELD, David; YOUNG, Kevin. From Financial Crises to the Crises of Global Governance. In: HELD, David; ROGER, Charles (ed.). *Global governance at risk*. Cambridge, UK: Polity, 2013. p. 170-201.

HELD, David. *Global politics after 9/11:* Failed wars, political fragmentation and the rise of authoritarianism. Durham: Global Policy Institute, 2016.

HELLEINER, Eric. Reregulation and Fragmentation in Internal Financial Governance. *Global governance*, n. 15, p. 16-22, 2009.

HELLEINER, Eric. What Role for the New Financial Stability Board? The Politics of International Standards after the Crisis. *Global policy journal*, v. 1, I. 3, p. 282-290, oct. 2010.

HELLER, Herman. *Teoría del estado*. Tradução de Luis Tobío. México: Fondo de Cultura Económica, 1942.

HETTNE, Björn. Introduction: The International Political Economy of Transformation. In: COX, Robert W. *et al. International political economy* – Understanding Global Disorder. London: Zed Books, 1995. p. 1-30.

HIERONYMI, Otto. The International Monetary System and the Debt Issue. In: HIERONYMI, Otto; STEPHANOU, Constantine A. (ed.). *Internatio-*

nal debt economic, financial, monetary, political and regulatory aspects. Hampshire: Palgrave Macmillan, 2013. p. 11-94.

HOFFMAN, Steven J. Hoffman. Mitigating Inequalities of Influence among States in Global Decision Making. *Global policy journal*, v. 3, I. 4, p. 421-432, nov. 2012.

HUBLOUE, Luc; VONGTHIERES, Orasa. Governance at work at the International Monetary Fund. In: WELLER, Patrick; YI-CHONG, Xu (ed.). *The politics of international organizations* – Views from insiders. London: Routledge, 2015. p. 93-118.

IMBER, Mark F. Functionalism. In: HELD, David; MCGREW, Anthony (ed.). *Governing globalization*: Power, Authority and Global Governance. Cambridge: Polity, 2002. p. 290-304.

JAMES, Harold. Lessons for the Euro and its Governance from History. In: MADURO, Miguel Poiares; DE WITTE, Bruno; KUMM, Mattias (ed.). *The democratic governance of the euro* – RSCAS Policy Papers (RSCAS PP) 2012/08. Florence: European University Institute – Robert Schumann Centre for Advanced Studies – Global Governance Programme, 2012. p. 33-38.

JAMES, Aaron. *Fairness in practice* – A Social Contract for a Global Economy. New York: Oxford University, 2012.

JELLINEK, Georg. *Teoría general del estado*. Tradução de Fernando de los Rios. Buenos Aires: Albatros, 1954.

JOERGES, Christian. The European Economic Constitution in Crisis: Between 'State of Exception' and 'Constitutional Moment'. In: MADURO, Miguel Poiares; DE WITTE, Bruno; KUMM, Mattias (ed.). *The democratic governance of the euro* – RSCAS Policy Papers (RSCAS PP) 2012/08. Florence: European University Institute – Robert Schumann Centre for Advanced Studies – Global Governance Programme, 2012. p. 39-44.

JONES, Emily; KNAACK, Peter. Global Financial Regulation: Shortcomings and Reform Options. *Global policy journal*, v. 10, I. 2, p. 193-206, may. 2019.

KAISER, Karl; KIRTON, John J.; DANIELS, Joseph P. Shaping a New International Financial System: Contributions and Challenges. In: KAISER,

Karl; KIRTON, John J., DANIELS e Joseph P. (ed.). *Shaping a new international financial system*: Challenge of governance in a globalizing world. Aldershot, UK: Ashgate, 2000. p. 3-15.

KALDOR, Mary. *Global civil society* – An Answer to War. Cambridge: Polity, 2003.

KANBUR, Ravi. Globalization and Inequality. In: ATKINSON, Anthony B.; BOURGUIGNON, François (ed.). *Handbook of income distribution*. Oxford: Elsevier, 2015. p. 1845-1881. v. 2.

KANT, Immanuel. *A paz perpétua e outros opúsculos*. Trad. Artur Morão. Lisboa: 70, 1995.

KELLY, Robert E. Assessing the impact of NGOs on intergovernmental organizations: The case of the Bretton Woods Institutions. *International political science review*, v. 32, I. 3, p. 323-344, jun. 2011.

KELSEN, Hans. *Teoría general del estado*. Tradução de Luís Legaz Lacambra. México: Nacional, 1973.

KEOHANE, Robert O. *After Hegemony* – Cooperation and Discord in the World Political Economy. Princeton: Princeton University, 1984.

KEOHANE, Robert O.; NYE JR., Joseph S. *Power and interdependence*. 4. ed. Boston: Longman, 2012.

KERWER, Dieter. Governing Financial Markets by International Standards. In: KOENIG-ARCHIBUGI, M.; ZÜRN, M. *New modes of governance in the global system*: exploring publicness, delegation and inclusiveness. Basingstoke: Palgrave Macmillan, 2006. p. 77-100.

KINGSBURY, Benedict. Introduction: Global Administrative Law in the Institutional Practice of Global Regulatory Governance. In: CISSÉ, Hassane; BRADLOW, Daniel D.; KINGSBURY, Benedict (ed.). The World Bank Legal Review. *International financial institutions and global governance*. Washington, DC: The World Bank, 2012. p. 3-33. v. 3.

KIRTON, John. The Group of Twenty. In: HALE, Thomas; HELD, David (ed.). *Handbook of transnational governance* – Institutions & Innovations. Cambridge: Polity, 2011. p. 55-60.

KNIGHT, Malcolm D. The G20's Reform of Bank Regulation and the Changing Structure of the Global Financial System. *Global policy journal*, v. 9, s. 1, p. 21-33, jun. 2018.

KODDENBROCK, Kai Jonas. Strategies of critique in International Relations: From Foucault and Latour towards Marx. *European journal of international relations*, v. 21, n. 2, p. 243-266, 2015.

KOENIG-ARCHIBUGI, Mathias. Is global democracy possible? *European journal of international relations*, v. 17, I. 3, p. 519-542, 2010.

KOENIG-ARCHIBUGI, Mathias. How to diagnose democratic deficits in global politics: the use of the "all affected principle". *International theory*, v. 9, n. 2, p. 171-202, 2017. Disponível em: <http://eprints.lse.ac.uk/68641/>. Acesso em 31 jul. 2017.

KOENIG-ARCHIBUGI, Mathias. Introduction: Institutional diversity in global governance. In: KOENIG-ARCHIBUGI, M.; ZÜRN, M. *New modes of governance in the global system*: exploring publicness, delegation and inclusiveness. Basingstoke: Palgrave Macmillan, 2006, p. 1-30.

KOENIG-ARCHIBUGI, Mathias. Mapping Global Governance. In: HELD, David e MCGREW, Anthony (ed.). *Governing globalization*: Power, Authority and Global Governance. Cambridge: Polity, 2002. p. 46-69.

KOLB, Felix. The Impact of Transnational Protest on Social Movements Organizations: Mass Media and the Making of ATTAC Germany. In: PORTA, Donatella Della e TARROW, Sidney (ed.). *Transnational protest & global activism*. Lanhamam, USA: Rowman & Littlefield, 2005. p. 95-120.

KOTZIAN, Peter; STEFFEK, Jens. Do members make a difference? A study of Transnational Civil Society Organizations. *European political science review*, v. 5, I. 1, p. 55-81, mar. 2013.

KRUGMAN, Paul; OBSTFELD, Maurice; MELITZ, Marck J. *International finance*: Theory and Policy. 10. ed. London: Person, 2015.

KUPER, Andrew. *Democracy beyond borders* – Justice and Representation in Global Institutions. Oxford: Oxford University, 2004.

KUYPER, Jonathan W. Global democratization and international regime complexity. *European journal of international relations*, v. 20, n. 3, p. 620-646, 2014.

LADEUR, Karl-Heins. *Globalization and the conversion of democracy to polycentric networks*: Can Democracy Survive the End of the Nation

State? In: EUI Working Paper Law N. 2003/4. San Badia Fiesolana, San Domnico: European University Institute, 2003.

LAPAVITSAS, Costas. Introduction: A Crisis of Financialisation. In: LAPAVITSAS, Costas (ed.). *Financialization in crisis*. Chicago: Haymarket, 2013a, p. 1-12.

LAPAVITSAS, Costas. Financialised Capitalism: Crisis and Financial Expropriation. In: LAPAVITSAS, Costas (ed.). *Financialization in Crisis*. Chicago: Haymarket, 2013b. p. 15-50.

LAPAVITSAS, Costas. Financialised Capitalism: Crisis and Financial Expropriation. *Historical materialism*, n. 17, p. 114-148, 2009.

LAUK, Tillmann C. *The triple crisis of western capitalism:* Democracy, Banking and Currency. Hampshire: Palgrave Macmillan, 2014.

Lawford-Smith, Holly. Understanding Political Feasibility. *The journal of political philosophy*, v. 21, n. 3, p. 243-259, 2013.

LESAGE, Dries. *et al.* IMF reform after the crisis. *International politics*, v. 50, n. 4, p. 553-578, 2013.

LESSAMBO, Felix I. *International financial institutions and their challenges* – A Global Guide for Future Methods. Hampshire: Palgrave Macmillan, 2015.

LEVINE, Ross. The Governance of Financial Regulation: Reform Lessons from the Recent Crisis. *International review of finance*, v. 12, n. 1, p. 39-56, 2012.

LEVITSKY, Steven; ZIBLAT, Daniel. *Como as democracias morrem*. Tradução de Renato Aguiar. Rio de Janeiro: Zahar, 2018.

LEWANDOWSKI, Henrique Ricardo. *Globalização, regionalização e soberania*. Tese (Professor Titular na área de Teoria Geral do Estado) - Faculdade de Direito da Universidade de São Paulo. São Paulo: Universidade de São Paulo, 2002.

LIMA, Ícaro Ivvin de A. C. *A governança do sistema financeiro internacional* – Uma guinada de perspectiva no pós-crise. In: Boletim de Ciências Económicas – Working Papers 3. Coimbra: Instituto Jurídico – Faculdade de Direito da Universidade de Coimbra, fev. 2014. p. 1-38.

LOEWE, Daniel. Cinco dimensiones del cosmopolitismo. *Civitas*, Porto Alegre, v. 15, n. 4, p. 155-173, out./dez. 2015.

MACDONALD, Kate. Global democracy for a partially joined-up world. In: ARCHIBUGI, Daniele; KOENIG-ARCHIBUGI, Mathias; MARCHETTI, Raffaele (ed.). *Global democracy* – Normative and Empirical Perspectives. Cambridge: Cambridge University, 2012. p. 132-149.

MACDONALD, Terry. Citizens or stakeholders? Exclusion, equality and legitimacy in global stakeholder democracy. In: ARCHIBUGI, Daniele; KOENIG-ARCHIBUGI, Mathias; MARCHETTI, Raffaele (ed.). *Global democracy* – Normative and Empirical Perspectives. Cambridge: Cambridge University, 2012. p. 47-68.

MACDONALD, Terry. Global Political Justice. In: HELD, David; MAFFETTONE, Pietro (ed.). *Global political theory*. Cambridge: Polity, 2016. p. 75-97.

MACDONALD, Terry. *Global stakeholder democracy* – Power and Representation Beyond Liberal States. Oxford: Oxford University, 2008.

MACNEIL, Iain G.; O'BRIEN, Justin. Introduction: The Future of Financial Regulation. In: MACNEIL, Iain G.; O'BRIEN, Justin (ed.). *The future of financial regulation*. Portland: Publishing, 2010, p. 1-22.

MADURO, Miguel Poiares. Introductory Remarks. In: MADURO, Miguel Poiares; DE WITTE, Bruno; KUMM, Mattias (ed.). *The democratic governance of the Euro* – RSCAS Policy Papers (RSCAS PP) 2012/08. Florence: European University Institute – Robert Schumann Centre for Advanced Studies – Global Governance Programme, 2012. p. 1.

MADURO, Miguel Poiares; DE WITTE, Bruno; KUMM, Mattias. The Euro Crisis and the Democratic Governance of the Euro: Legal and Political Issues of a Fiscal Crisis. In: MADURO, Miguel Poiares; DE WITTE, Bruno; KUMM, Mattias (ed.). *The democratic governance of the Euro* – RSCAS Policy Papers (RSCAS PP) 2012/08. Florence: European University Institute – Robert Schumann Centre for Advanced Studies – Global Governance Programme, 2012. p. 3-11.

MALHOTRA, Kamal. Civil society and the Asian financial crises. In: SCHOLTE, Jan Aart; SCHNABEL, Albrecht (eds.). *Civil society and global finance*. London: Routledge, 2002. p. 64-78.

MARCHETTI, Raffaele. Models of global democracy: in defense of cosmo-federalism. In: ARCHIBUGI, Daniele; KOENIG-ARCHIBUGI, Mathias;

MARCHETTI, Raffaele (ed.). *Global democracy* – Normative and Empirical Perspectives. Cambridge: Cambridge University, 2012. p. 22-46.

MARTIN, Ron. Stateless Monies, Global Financial Integration and National Economic Autonomy: the End of Geography? In: CORBRIDGE, Stuart; THRIFT, Nigel; MARTIN, Ron (ed.). *Money, power and space*. Oxford: Blackwell, 1994. p. 253-278.

MARX, Karl. *Contribuição à crítica da economia política*. Trad. Florestan Fernandes. São Paulo: Expressão Popular, 2008.

MCGREW, Anthony. Liberal Internationalism: Between Realism and Cosmopolitanism. In: HELD, David; MCGREW, Anthony (ed.). *Governing globalization*: Power, Authority and Global Governance. Cambridge: Polity, 2002. p. 267-289.

MEDEIROS, Marcelo; SOUZA, Pedro H. G. Ferreira; CASTRO, Fábio Avila de. O topo da distribuição de renda no Brasil: primeiras estimativas com dados tributários e comparação com pesquisas domiciliares (2006 – 2012). *DADOS* – Revista de Ciências Sociais. Rio de Janeiro, v. 58, n. 1, p. 7-36, 2015.

MENDOZA, Ronald U. Crises and Inequality: Lessons from the Global Food, Fuel, Financial and Economic Crises of 2008–10. *Global policy journal*, v. 2, I. 3, p. 259-271, oct. 2011.

MIKKO, Huotari. Emerging Powers and Change in the Global Financial Order. *Global policy journal*, v. 5, I. 3, p. 298-310, sept. 2014.

MITTELMAN, James H. What is Critical Globalization Studies? (2004) In: MITTELMAN, James H. *Contesting global order* – Development, Global Governance and Globalization. London and New York: Routledge, 2011. p. 139-149.

MOELLENDORF, Darrel. Global Distributive Justice: a Cosmopolitan View. In: HELD, David; MAFFETTONE, Pietro (ed.). *Global political theory*. Cambridge: Polity, 2016. p. 56-74.

MONTERO, Carlos Closa. The Democratic Governance of the Euro: some proposals. In: MADURO, Miguel Poiares; DE WITTE, Bruno; KUMM, Mattias (ed.). *The democratic governance of the Euro* – RSCAS Policy Papers (RSCAS PP) 2012/08. Florence: European University Institute – Robert Schumann Centre for Advanced Studies – Global Governance Programme, 2012. p. 21-22.

MORGAN, Marc. Extreme and Persistent Inequality: New Evidence for Brazil Combining National Accounts, Surveys and Fiscal Data, 2001-2015, *WID.world Workin Paper Series*, n° 2017/12, 2017.

MOUFFE, Chantal. Democracia, cidadania e a questão do pluralismo. *Política e sociedade*, n. 3, p. 11-26, 2003.

MOUFFE, Chantal. Preface: Democratic Politics Today. In: MOUFFE, Chantal (ed.). *Dimensions of radical democracy:* Pluralism, Citizenship, Community. London: Verso, 1992, p. 1-16.

MOUFFE, Chantal. Democracia, cidadania e a questão do pluralismo. *Política & sociedade*, Florianópolis, n. 3, p. 11-26, out. 2003.

MÜLLER, Leonardo André Paes; PAULANI, Leda Maria. O capital portador de juros em o capital ou o sistema de Marx. *Trans/Form/Ação*, Marília, v. 35, n. 2, p. 69-92, maio/ago. 2012.

MURITHI, Tim. Toward the metamorphosis of the United Nations – A proposal to establishing global democracy. In: ARCHIBUGI, Daniele; KOENIG-ARCHIBUGI, Mathias; MARCHETTI, Raffaele (ed.). *Global democracy* – Normative and Empirical Perspectives. Cambridge: Cambridge University, 2012. p. 132-149.

NAPOLITANO, Giulio. The European Stability Mechanism: a constitutional authority in disguise. In: MADURO, Miguel Poiares; DE WITTE, Bruno; KUMM, Mattias (ed.). *The democratic governance of the Euro* – RSCAS Policy Papers (RSCAS PP) 2012/08. Florence: European University Institute – Robert Schumann Centre for Advanced Studies – Global Governance Programme, 2012. p. 45-46.

NASH, Kate. Introduction. In: FRASER, Nancy (ed. Kate Nash). *Transnationalizing the public sphere*. Cambridge: Polity, 2014a, p. 1-7.

NASH, Kate. Toward Transnational Democratization? In: FRASER, Nancy (ed. Kate Nash). *Transnationalizing the public sphere*. Cambridge: Polity, 2014b, p. 60-78.

NASIRITOUSI, Naghmeh; HJERPE, Mattias; BÄCKSTRAND, Karin. Normative arguments for non-state actor participation in international policymaking processes: Functionalism, neocorporatism or democratic pluralism? *European journal of international relations*, v. 22, n. 4, p 920-943, 2016.

NEGRI, Antonio. *Empire and beyond.* Tradução de Ed Emery. Cambridge: Polity, 2008.

NEGRI, Antonio. *Reflections on empire.* Tradução de Ed Emery. Cambridge: Polity, 2008.

NOBRE, Marcos. *Imobilismo em movimento:* Da redemocratização ao governo Dilma. São Paulo: Companhia das Letras, 2013.

NOLAN, Aoife. Introduction. In: NOLAN, Aoife (ed.). *Economic and social rights after the global financial crises.* Cambridge: Cambridge University, 2014. p. 1-20.

NUSSBAUM, Martha. Kant and Cosmopolitanism. In: BROWN, Garrett Wallace; HELD, David (ed.). *The cosmopolitanism reader.* Cambridge: Polity, 2014. p. 27-44.

O'BRIEN, Robert; GOETZ, Anne Marie; SCHOLTE, Jan Aart; WILLIANS, Marc. *Contesting global governance* – Multilateral Economic Institutions and Global Social Movements. Cambridge: Cambridge University, 2000.

OCAMPO, José Antonio. A Reforma do Sistema Monetário Internacional. *Revista tempo do mundo*, Brasília-DF, v. 3, n. 3, p. 57-98, dez. 2011.

PALLAS, Christopher L. *Good morals or good business?* NGO Advocacy and the World Bank's 10th IDA. In: ERMAN, Eva e UHLIN, Anders (ed.). Legitimacy Beyond the State? - Re-examining the Democratic Credentials of Transnational Actors. Hampshire, UK: Palgrave Macmillan, 2010. p. 85-109.

PANITCH, Leo; KONINGS, Martijn. Myths of neoliberal deregulation. *New left review*, v. 57, p. 67-83, may./jun. 2009.

PARK, Susan. The World Bank – plus ça change? In: WELLER, Patrick; YI-CHONG, Xu (ed.). *The politics of international organizations* – Views from insiders. London: Routledge, 2015. p. 87-92.

PAULANI, Leda Maria. Acumulação e rentismo: resgatando a teoria da renda de Marx para pensar o capitalismo contemporâneo. *Revista de economia política*, v. 36, n. 3, p. 514-535, jul./set. 2016.

PAULANI, Leda Maria. Não há saída sem a reversão da financeirização. *Estudos avançados*, v. 31, n. 89, p. 29-35, 2017.

PAULANI, Leda Maria; MÜLLER, Leonardo André Paes. Símbolo e Signo: O Dinheiro no Capitalismo Contemporâneo. *Estudos econômicos*, v. 40, n. 3, p. 793-817, out./dez. 2010.

PAULANI, Leda. Acumulação sistêmica, poupança externa e rentismo: observações sobre o caso brasileiro. *Estudos avançados*, v. 27, n. 77, p. 237-261, 2013.

PERRY, Michael J. *A Global political morality* - Human Rights, Democracy, and Constitutionalism. Cambridge: Cambridge University, 2017.

PERSAUD, Avinash. Macro-prudential regulation. In: MACNEIL, Iain G.; O'BRIEN, Justin (ed.). *The future of financial regulation*. Portland: Publishing, 2010, p. 445-454.

PHILLIPS, Nicola; HIGGOT, Richard Higgott. *Global governance and the public domain:* Collective Goods in a 'Post-Washington Consensus' Era. CSGR Working Paper No. 47, November 1999.

PIKETTY, Thomas. *O Capital no século XXI*. Tradução de Monica Baumgarten de Bolle. Rio de Janeiro: Intrínseca, 2014.

POLANYI, Karl. *A Grande Transformação - As origens da nossa época*. 3ª. ed. Trad. Fanny Wrobel. Rio de Janeiro: Campus, 1980.

POLLIN, Robert. Applying a Securities Transactions Tax to the US: Design Issues, Market Impact and Revenue Estimates. In: EPSTEIN, Gerald A. (ed.). *Financialization and the world economy.* Cheltenham, UK: Edward Elgar, 2005. p. 409-425.

POORTMAN, Christiaan. The World Bank - Comment. In: WELLER, Patrick; YI-CHONG, Xu (ed.). *The politics of international organizations* - Views from insiders. London: Routledge, 2015. p. 82-86.

PORTA, Donatella della. *Can democracy be saved?* - Participation, Deliberation and Social Movements. Cambridge: Polity, 2013.

PORTA, Donatella della; TARROW, Sidney. Transnational Process and Social Activism: An Introduction. In: PORTA, Donatella della e TARROW, Sidney (ed.). *Transnational protest & global activism*. Lanhamam, USA: Rowman & Littlefield, 2005. p. 1-17.

PORTA, Donatella della; KRIESI, Hanspeter; RUCHT, Dieter (ed.). Social Movements in a Globalising World: an Introduction. In: PORTA, Donatella della; KRIESI, Hanspeter; RUCHT, Dieter (ed.). *Social movements in a globalising world.* Hampshire: Palgrave Macmillan, 2009. p. 3-22.

PORTER, Tony; WOOD, Duncan. Reform without representation? The international and transnational dialogue on global financial architecture. In: ARMIJO, Leslie Elliot (ed.). *Debating the global financial architecture.* Albany, NY: State University of New York, 2002. p. 237-256.

POULANTZAS, Nicos. *O estado, o poder, o socialismo*. 2. ed. Tradução de Rita Lima. Rio de Janeiro: Graal, 1985.

RABIE, Mohamed. *Saving capitalism and democracy.* New York: Palgrave Macmillan, 2013.

RAMACHANDRAN, Vijaya; RUEDA-SABATER, Enrique J.; KRAFT, Robin. Rethinking Fundamental Principles of Global Governance: How to Represent States and Populations in Multilateral Institutions. *Governance:* An International Journal of Policy, Administration, and Institutions, v. 22, n. 3, p. 341-351, jul. 2009.

RAMOS, Leonardo. Potências médias emergentes e reforma da arquitetura financeira mundial? Uma análise do BRICS no G20. *Revista de sociologia política*, v. 22, n. 50, p. 49-65, jun. 2014.

RANCIÈRE, Jacques. Ódio à democracia. Tradução de Mariana Echalar. São Paulo: Boitempo, 2014.

RANIERI, Nina Beatriz. *Teoria do estado:* do Estado de Direito ao Estado Democrático de Direito. Barueri: Manole, 2013.

RHODE, R. A. W. The New Governance: Governing without Government. *Political studies*, v. 44, Issue 4, p. 652-666, 1996.

RIXEN, Thomas. Tax Competition and Inequality: The Case for Global Tax Governance. *Global governance*, v. 17, p. 447-467, 2011.

RODRIK, Dani. *The globalization paradox* – Democracy and the Future of the World Economy. New York: W.W. Orton & Company, 2011.

ROOY, Alison Van. What next? Civil society's prospect in a world of global finance. In: SCHOLTE, Jan Aart e SCHNABEL, Albrecht (eds.). *Civil society and global finance*. London: Routledge, 2002. p. 249-263.

ROSANVALLON, Pierre. *Democracy* – Past and Future. (Ed. Samuel Moyon). New York: Columbia University, 2006.

ROUSENAU, James. Citizenship in a Global Order. In: ROUSENAU, James; CZEMPIEL, Ernst-Otto. *Governance without government*: Order and Change in World Politics. Cambridge: Cambridge University, 2000. p. 272-294.

ROUSENAU, James. Governance in a New Global Order. In: HELD, David e MCGREW, Anthony (ed.). *Governing globalization*: Power, Authority and Global Governance. Cambridge: Polity, 2002. p. 70-86.

RUCHT, Dieter. The transnationalization of Social Movements: Trends, Causes, Problems. In: PORTA, Donatella della; KRIESI, Hanspeter; RUCHT, Dieter (ed.). *Social movements in a globalising world.* Hampshire: Palgrave Macmillan, 2009. p. 206-222.

RUCIMAN, David. Political Theory and Real Politics in the Age of the Internet. *The journal of political philosophy*, v. 25, n. 1, p. 3-21, 2017.

SANDMO, Agnar. The Principal Problem in Political Economy: Income Distribution in the History of Economic Thought. In: ATKINSON, Anthony B.; BOURGUIGNON, François (ed.). *Handbook of income distribution.* Oxford: Elsevier, 2015. p. 3-65. v. 2.

SANTOS, Boaventura de Sousa. Poderá o direito ser emancipatório? *Revista crítica de ciências sociais*, Coimbra, n. 65, p. 3-76, maio 2003.

SANTOS, Leandro Wolpert dos. A Ordem Mundial no início do Século XXI na Perspectiva da Teoria Crítica Neogramsciana. *Conjuntura global*, v. 6, n. 1, p. 116-137, jan./abr, 2017.

SAUVIAT, Catherine. Os fundos de pensão e os fundos mútuos: principais atores da finança mundializada e do novo poder acionário. In: CHESNAIS, François (ed.). *A finança mundializada*: raízes sociais e políticas, configuração, consequências. Tradução de Rosa Maria Marques e Paulo Nakatami. São Paulo: Boitempo, 2005. p. 109-132.

SCHOLTE, Jan Aart. Conclusion. In: SCHOLTE, Jan Aart (ed.). *Building global Democracy?* Civil Society and Accountable Global Governance. Cambridge: Cambridge University, 2011c. p. 306-342.

SCHOLTE, Jan Aart. Civil society and the governance of global finance. In: SCHOLTE, Jan Aart; SCHNABEL, Albrecht (eds.). *Civil society and global finance*. London: Routledge, 2002. p. 11-32.

SCHOLTE, Jan Aart. Civil society and IMF accountability. In: SCHOLTE, Jan Aart (ed.). *Building global democracy?* Civil Society and Accountable Global Governance. Cambridge: Cambridge University, 2011d. p. 78-104.

SCHOLTE, Jan Aart. Global Governance, Accountability and Civil Society. In: SCHOLTE, Jan Aart (ed.). *Building global democracy?* Civil Society and Accountable Global Governance. Cambridge: Cambridge University, 2011b. p. 8-41.

SCHOLTE, Jan Aart. Governing global finance. In: HELD, David; MCGREW, Anthony (ed.). *Governing globalization*: Power, Authority and Global Governance. Cambridge: Polity, 2002. p. 189-208.

SCHOLTE, Jan Aart. Introduction. In: SCHOLTE, Jan Aart (ed.). *Building global democracy?* Civil Society and Accountable Global Governance. Cambridge: Cambridge University, 2011a. p. 1-7.

SCHOLTE, Jan Aart.; SCHNABEL, Albrecht. Introduction. In: SCHOLTE, Jan Aart; SCHNABEL, Albrecht (eds.). *Civil society and global finance*. London: Routledge, 2002. p. 1-8.

SCHOLTE, Jan Aart Scholte. A More Inclusive Global Governance? The IMF and Civil Society in Africa. *Global governance*, n. 18, p. 185-206, 2012.

SCHOLTE, Jan Aart. Reinventing global democracy. *European journal of international relations*, v. 20, n. 1, p. 3-28, 2014.

SCHUTTE, Giorgio Romano. Trajetória do G20 e a regulação do poder mundial. *Revista crítica histórica*, a. V, n. 9, p. 132-155, jul. 2014.

STUCHI, Carolina Gabas. Contribuição para uma teoria realista do Estado Brasileiro. In: BUCCI, Maria Paula Dallari; GASPARDO, Murilo. *Teoria do estado:* sentidos contemporâneos. São Paulo: Saraiva, 2018. p. 135-165.

THIMNN, Christian; JUST, Christian; RITTER, Raymond. Strengthening the Governance of the International Monetary Fund: How a Dual Board Structure Could Raise the Effectiveness and Legitimacy of a Key Global Institution. *Global governance*, n. 15, p. 187-193, apr. 2009.

THIRKELL-WHITE, Ben. The International Financial Architecture and the Limits to Neoliberal Hegemony. *New political economy*, v. 12, n. 1, 19-41, 2007.

THORUP, Mikkel. Cosmopolitanism: Sovereignty denied or sovereignty restated? *International politics*, v. 47, n. 6, p. 659-679, 2010.

TOJAL, Sebastião Botto de Barros. *Teoria geral do estado:* Elementos de uma nova ciência social. Rio de Janeiro: Forense, 1997.

TOURAINE, Alain. *After the crisis*. Tradução de Helen Morrison. Cambridge: Polity, 2014.

UNAY, Sadik. The Quest for Rejuvenated Legitimacy: The Rise and Protracted Demise of the IMF as a Global Actor. *Rev. Int'l L. & Pol.*, v. 6, p. 77-104, 2010.

SCHWARZER, Daniela. Europe, the End of the West and Global Power Shifts. *Global policy journal*, v. 8, s. 4, p. 18-26, June 2017.

SEITENFUS, Ricardo. *Manual das organizações internacionais*. 3. ed. Porto Alegre: Livraria do Advogado, 2003.

SHILLER, Robert J. *The subprime solution* - How Today's Global Financial Cries Happened, and What to Do about It. Princeton: Princeton University, 2008.

SILVA, Leandro Pignatari. Building governance in the international financial system: Context and challenges. *Brazilian journal of political economy*, v. 35, n. 4, p. 845-858, oct./dec. 2015.

SINGER, Paul. A América Latina na crise mundial. *Estudos avançados*, São Paulo, v. 23, n. 66, p. 91-102, 2009.

SLAUGHTER, Anne-Marie. *A new world order*. Princeton: Princeton University, 2004.

SLAUGHTER, Steven. Debating the International Legitimacy of the G20: Global Policymaking and Contemporary International Society. *Global policy journal*, v. 4, i. 1, p. 43-52, Feb. 2013.

SOEDERBERG, Susanne. The New International Financial Architecture - An emerging multi-level structure of neo-liberal discipline. In: BAKER, Andrew; HUDSON, David, WOODWARD, Richard (ed.). *Governing financial globalization:* International political economy and multi-level governance. Oxon: Routledge, 2005, p. 189-209.

SOLIMANO, Andrés. *Elites, crises, and democracy*: alternatives beyond neoliberal capitalism. Oxford: Oxford University, 2014.

SONG, Sarah. The boundary problem in democratic theory: why the demos should be bounded by the state, *International theory*, v. 4, n. 1, p. 39-68, 2012.

STEFFEK, Jens. The output legitimacy of international organizations and the global public interest. *International theory*, v. 7, n. 2, 263-293, 2015.

STEIN, Arthur A. The great trilemma: are globalization, democracy, and sovereignty compatible? *International theory*, v. 8, n. 2, p. 297-340, july 2016.

STIGLITZ, Joseph. *Globalization and its discontents*. London: Penguin, 2002.

STIGLITZ, Joseph. *Making globalization work*. London: Penguin, 2006.

STIGLITZ, Joseph. *The great divide:* unequal societies and what we can do about them. New York: Norton & Company, 2015.

STIGLITZ, Joseph. *The price of inequality*. New York: W. W. Norton & Company, 2012.

STIGLITZ, Joseph. and Members of a UN Comission of Financial Experts. *The stiglitz report* – Reforming the International Monetary and Financial Systems in the Wake of the Global Crisis. New York: The New Press, 2010.

STRANGE, Susan. From Bretton Woods to the Casino Economy. In: CORBRIDGE, Stuart, THRIFT; Nigel, MARTIN, Ron (ed.). *Money, power and space*. Oxford: Blackwell, 1994, p. 49-62.

STUENKEL, Oliver. The Financial Crisis, Contested Legitimacy, and the Genesis of Intra-BRICS Cooperation. *Global governance*, n. 19, p. 611-630, 2013.

UHLIN, Anders. Democratic Legitimacy of Transnational Actors: Mapping Out the Conceptual Terrain. In: ERMAN, Eva; UHLIN, Anders (ed.). *Legitimacy beyond the state?* - Re-examining the Democratic Credentials of Transnational Actors. Hampshire, UK: Palgrave Macmillan, 2010. p. 16-37.

UNGER, Roberto Mangabeira. *Democracia realizada* – A alternativa progressista. Tradução de Carlos Graieb, Márcio Grandchamp e Paulo César Castanheira. São Paulo: Boitempo, 1999.

UNGER, Roberto Mangabeira. *False Necessity – Anti-necessitarian Social Theory in the Service of Radical Democracy*. London/New York: Verso, 2001.

UNGER, Roberto Mangabeira. *The Critical Legal Studies Movement – Another Time, a Great Task*. London/New York: Verso, 2015.

UNGER, Roberto Mangabeira. *What Should Legal Analysis Become?* London/New York: Verso, 1996.

VAROUFAKIS, Yanis. *O minotauro global:* a verdadeira origem da crise financeira e o futuro da economia global. Tradução de Marcela Weneck. São Paulo: Autonomia Literária, 2016.

VESTERGAARD, Jakob; WADE, Robert H. Still in the Woods: Gridlock in the IMF and the World Bank puts multilateralism at risk. *Global policy journal*, v. 6, i. 1, p. 1-12, feb. 2015.

VESTERGAARD, Jakob; WADE, Robert H. Establishing a New Global Economic Council: Governance Reform at the G20, the IMF and the World Bank. *Global policy journal*, v. 3, I. 3, p. 257-269, sep. 2012.

VILLA, Rafael Duarte; TOSTES, Ana Paula Baltasar. Democracia cosmopolita versus política internacional. *Lua nova*, São Paulo, n. 66, p. 69-107, 2006.

WADE, Robert. Financial regime change? *New left review*, v. 53, p. 5-21, sept./oct. 2008.

WALDRON, Jeremy. Political Political Theory: An Inaugural Lecture. *The journal of political philosophy*, v. 21, n. 1, p. 1-23, 2013.

WALDVOGEL, Marcelo; LINS, Maria Antonieta Del Tedesco. A posição do Brasil na governança financeira global: um estudo da conformidade entre o posicionamento do governo brasileiro e o consenso expresso nos comunicados oficiais do G20 e do FMI (2006-2012). *Carta internacional*, v. 10, n. 2, p. 41-64, jul./dez. 2015.

WALKER, George A. The Global Credit Crisis and Regulatory Reform. In: MACNEIL, Iain G.; O'BRIEN, Justin (ed.). *The future of financial regulation*. Portland: Publishing, 2010, p. 179-203.

WELLER, Patrick; YI-CHONG. Understanding the governance of international organizations. In: WELLER, Patrick; YI-CHONG, Xu (ed.). *The politics of international organizations* – Views from insiders. London: Routledge, 2015. p. 1-16.

WIENS, David. Prescribing Institutions Without Ideal Theory. *The journal of political philosophy*, v. 20, n. 1, p. 45-70, 2012.

WOLLNER, Gabriel. Justice in Finance: The Normative Case for an International Financial Transaction Tax. *The journal of political philosophy*, v. 22, n. 4, p. 458-485, 2014.

WOODS, Ngaire. Global Governance and the Role of Institutions. In: HELD, David; MCGREW, Anthony (ed.). *Governing globalization*: Power, Authority and Global Governance. Cambridge: Polity, 2002. p. 25-45.

WOODS, Ngaire. Public accountability: participatory spheres from global to local. In: EBRAHIM, Alnoor; WEISBAND, Edward (ed.). *Global accountabilities* – Participation, Pluralism, and Public Ethics. Cambridge: Cambridge University, 2007. p. 27-44.

WOODS, Ngaire. Global Governance after the Financial Crisis: A New Multilateralism or the Last Gasp of the Great Powers? *Global policy journal*, v. 1, I.1, p. 51-63, jan. 2010.

WORTH, Owen. The Poverty and Potential of Gramscian Thought in International Relations. *International politics*, v. 45, p. 633-649, 2008.

YOUNG, Iris Marion. Comunicação e o Outro: além da Democracia Deliberativa. Trad. Márcia Prates. In: SOUZA, Jessé (org.). *Democracia Hoje – Novos Desafios para a Teoria Democrática Contemporânea*. Brasília: UnB, 2001. p. 365 – 386.

YOUNG, Kevin. Finance: Risk and Progress. In: HALE, Thomas; HELD, David. *Beyond gridlock*. Cambridge: Polity, 2017, p. 28-47.

YOUNG, Kevin. Finance: Risk and Progress. In: HALE, Thomas; HELD, David *et al. Beyond gridlock*. Cambridge: Polity, 2017. p. 28-47.

YOUNG, Kevin. The Basel Committee on Baking Supervision. In: HALE, Thomas; HELD, David (ed.). *Handbook of transnational governance* – Institutions & Innovations. Cambridge: Polity, 2011a. p. 39-45.

YOUNG, Kevin. Joint Forum. In: HALE, Thomas; HELD, David (ed.). *Handbook of transnational governance* – Institutions & Innovations. Cambridge: Polity, 2011b. p. 101-106.

YOUNG, Oran R. The effectiveness of international institutions: hard cases and critical variables. In: ROSENAU, James N.; CZEMPIEL, Ernst-Otto (ed.). *Governance without government*: Order and Change in World Politics. Cambridge: Cambridge University, 2000. p. 160-194.

ZÜRN, Michael; KOENIG-ARCHIBUGI, Mathias. Conclusion II: The Modes and Dynamics of Global Governance. In: KOENIG-ARCHIBUGI, M.; ZÜRN, M. *New modes of governance in the global system*: exploring publicness, delegation and inclusiveness. Basingstoke: Palgrave Macmillan, 2006. p. 236-254.

ZÜRN, Michael, *et al.* International authority and its politicization. *International theory*, v. 4, n. 1, p. 69-106, mar. 2012.

ZÜRN, Michael. Survey Article: Four Models of a Global Order with Cosmopolitan Intent: An Empirical Assessment. *The journal of political philosophy*, v. 24, n. 1, p. 88-119, 2016.

ZÜRN, Michel. The politicization of world politics and its effects: Eight propositions. *European political science review*, v. 6, n. 1, p. 47-71, 2014.

Artigos de portais acadêmicos

CAROTHERS, Thomas; YOUNGS, Richard. Democracy is not dying: Seeing through the doom and gloom. In: *Foreign affairs*, April 11th, 2017. Disponível em: <https://www.foreignaffairs.com/articles/2017-04-11/democracy-not-dying?cid=nlc-twofa-20170413&sp_mid=53850178&sp_rid=bXVyaWxvZ2FzcGFyZG9AZnJhbmNhLnVuZXNwLmJyS0&spMailingID=53850178&spUserID=MjI2ODU4NTcwMzQ2S0&spJobID=1142188106&spReportId=MTE0MjE4ODEwNgS2>. Acesso em 21 ago. 2017.

DU TOIT, Andries. Hyper-Political Anti-Politics. In: *Global policy journal*, August 10th, 2017. Disponível em: <http://www.globalpolicyjournal.com/blog/10/08/2017/hyper-political-anti-politics>. Acesso em 21 ago. 2017.

KAUFMAN, Cynthia Kaufman. Counterhegemony. In: *Global policy journal*, January 10th, 2017. Disponível em: <http://www.globalpolicyjournal.com/blog/10/01/2017/counterhegemony?utm_source=Global+Policy+List&utm_campaign=14bdbae114-RSS_EMAIL_CAMPAIGN&utm_medium=email&utm_term=0_7c8b1a6824-14bdbae114-324844533>. Acesso em 18 ago. 2017.

KOTZ, David M. Interview. In: Polychroniou, C. J. Is Capitalism in Crisis? Latest Trends of a System Run Amok. In: *Global policy journal*, August 4th, 2017. Disponível em: <http://www.globalpolicyjournal.com/blog/04/08/2017/capitalism-crisis-latest-trends-system-run-amok>. Acesso em: 18 ago. 2017.

NARLIKAR, Amrita. The real power of G20. In: *Foreign affairs*, July 25th, 2017. Disponível em: <https://www.foreignaffairs.com/articles/2017-07-25/real-power-g-20?cid=nlc-fa_twofa-20170727>. Acesso em 21 ago. 2017.

OLDANI, Chiara. The Perils of Nationalism in Global Finance, GP Opinion, p. 1-2, 29 May 2018. Disponível em: <https://www.globalpolicyjournal.com/blog/29/05/2018/perils-nationalism-global-finance>. Acesso em: 22 jan. 2019.

O'NEILL, Jim. How Can Global Economic Governance Be Improved?, GP Opinion, p. 1-2, 29/12/2017. Disponível em: <https://www.globalpolicyjournal.com/blog/29/12/2017/how-can-global-economic-governance--be-improved>. Acesso em: 22/01/2019.

PHILLIPS, Ben. We've Won the Debate on Inequality. Now we have to Win the Fight. In: *Global policy journal*, April 20th, 2017. Disponível em: <http://www.globalpolicyjournal.com/blog/20/04/2017/we've-won-debate-inequality-now-we-have-win-fight>. Acesso em 21 ago. 2017.

PICTON, John. Book Review – The Divided: A Brief Guide to Global Inequality and its Solutions (Jason Hickel). In: *Global policy journal*, August 8th, 2014. Disponível em: < http://www.globalpolicyjournal.com/blog/08/08/2017/book-review-divide-brief-guide-global-inequality-an-d-its-solutions>. Acesso em: 18 ago. 2017.

POLYCHRONIOU, C. J. Is Capitalism in Crisis? Latest Trends of a System Run Amok. In: *Global policy journal*, August 4th, 2017. Disponível em: <http://www.globalpolicyjournal.com/blog/04/08/2017/capitalism-cri sis-latest-trends-system-run-amok>. Acesso em: 18 ago. 2017.

PRAKASH, Aseem; DOLSAK, Nives. International Organizations and the Crisis of Legitimacy. In: *Global Policy Journal*, June 12th, 2017. Disponível em: <http://www.globalpolicyjournal.com/blog/12/06/2017/international-organizations-and-crisis-legitimacy>. Acesso em 21 ago. 2017.

SCHNEIDER, Michael. The Distribution of Wealth – Growing Inequality? In: *Global policy journal*, August 8th, 2017. Disponível em: <http://www.

globalpolicyjournal.com/blog/04/01/2017/distribution-wealth-growing-inequality?utm_source=Global+Policy+List&utm_campaign=od6245de5a-RSS_EMAIL_CAMPAIGN&utm_medium=email&utm_term=0_7c8b1a6824-0d6245de5a-324844533>. Acesso em 18 ago. 2017.

Artigos, notícias e entrevistas de jornais, revistas e portais de notícias

ARBACHE, Jorge. Desigualdade entre países deve aumentar. *Folha de São Paulo*, São Paulo, jun. 2014. Mercado, p. B2.

CHEISNAIS, François. Entrevista. *Folha de São Paulo,* São Paulo, 05 jun. 2014. Mercado 2, p. B3.

CHEISNAIS, François. Desigualdade. *Folha de São Paulo*, São Paulo, 28 mai. 2014a. Primeiro Caderno, p. A2.

DELFIM NETTO, Antonio. Capitalismo. *Folha de São Paulo*, São Paulo, 30 abr. 2014. Primeiro Caderno, p. A2.

FINANCIAL TIMES. Riqueza privada atinge o recorde de US$ 152 trilhões no planeta. Tradução de Paulo Migliacci. *Folha de São Paulo*, São Paulo, 10 jun. 2014. Mercado, p. B5.

FREIRE, Vinícius Torres. Os super-ricos do Brasil. *Folha de São Paulo,* São Paulo, 21 de set. 2014. Mercado, p. B4.

KRUGMAN, Paul. 'O Capital...' revoluciona ideias sobre desigualdade. *Folha de São Paulo*, São Paulo, 26 abr. 2014. Mercado, p. 3-5.

LEAL, Leila. As desonerações tributárias concedidas ao setor privado e seus impactos sobre os trabalhadores. *Brasil de fato*, São Paulo, 15 de jan. 2015. Disponível em: <https://www.brasildefato.com.br/node/31017/>. Acesso em: 05 mar. 2018.

MADEIRO, Carlos. Com crise em 2015, 4,1 milhões entram na faixa de pobreza no Brasil, aponta estudo. *Portal UOL*, 16 de ago. 2017. Cotidiano. Disponível em: <https://noticias.uol.com.br/cotidiano/ultimas-noticias/2017/08/16/com-crise-em-2015-41-milhoes-voltaram-a-pobreza-no-pais-aponta-estudo.htm>. Acesso em 18 ago. 2017.

PESSOA, Samuel. História da Riqueza. Erros e acertos do fenômeno "O Capital no Século 21". *Folha de São Paulo*, São Paulo, 8 jun. 2014. Ilustríssima, p. 4-5.

SANTOS, Boaventura de Sousa. Entrevista: Portugal é o único da esquerda a governar à esquerda, diz sociólogo. In: MENA, Fernanda. Folha de São Paulo, 18 de junho de 2017. Disponível em: <http://www1.folha.uol.com.br/mundo/2017/06/1893753-portugal-e-o-unico-da-esquerda-a-governar-a-esquerda-diz-sociologo.shtml>. Acesso em: 18 ago. 2017.

SOTO, Hernando de. Os pobres contra Piketty. *Folha de São Paulo,* São Paulo, 07 jun. 2015. Ilustríssima, p. 5.

WENTZEL, Marina. Brasil passa por desindustrialização precoce, aponta pesquisa da ONU. *BBC Brasil*, 21 de set. 2016. Disponível em: http://www.bbc.com/portuguese/brasil-37432485. Acesso em: 05 mar. 2018.

Alameda nas redes sociais:
Site: www.alamedaeditorial.com.br
Facebook.com/alamedaeditorial/
Twitter.com/editoraalameda
Instagram.com/editora_alameda/

Esta obra foi impressa em São Paulo na primavera de 2021. No texto foi utilizada a fonte Minion Pro em corpo 10,5 e entrelinha de 15,25 pontos.